# DESCRIPTION
## DE
# L'ÉGYPTE,

### RECUEIL
### DES OBSERVATIONS ET DES RECHERCHES
QUI ONT ÉTÉ FAITES EN ÉGYPTE

PENDANT L'EXPÉDITION DE L'ARMÉE FRANÇAISE.

SECONDE ÉDITION

DÉDIÉE AU ROI

PUBLIÉE PAR C. L. F. PANCKOUCKE.

TOME DOUZIÈME

ÉTAT MODERNE

IMPRIMERIE
DE C. L. F. PANCKOUCKE.

M. D. CCC. XXII.

# DESCRIPTION
## DE
# L'ÉGYPTE.

# DESCRIPTION

DE

# L'ÉGYPTE

OU

## RECUEIL
DES OBSERVATIONS ET DES RECHERCHES
QUI ONT ÉTÉ FAITES EN ÉGYPTE
PENDANT L'EXPÉDITION DE L'ARMÉE FRANÇAISE.

SECONDE ÉDITION
### DÉDIÉE AU ROI
PUBLIÉE PAR C. L. F. PANCKOUCKE.

---

TOME DOUZIÈME.

ÉTAT MODERNE.

## PARIS
IMPRIMERIE DE C. L. F. PANCKOUCKE
M. D. CCC. XXIII.

# ÉTAT
## MODERNE.

### MÉMOIRE
### SUR LA VALLÉE DES LACS DE NATROUN
#### ET CELLE DU FLEUVE SANS EAU,

D'APRÈS LA RECONNAISSANCE FAITE LES 4, 5, 6, 7 ET 8 PLUVIOSE AN VII (23, 24, 25, 26 ET 27 JANVIER 1799)[1];

Par M. LE GÉNÉRAL ANDRÉOSSY.

On ne connaît généralement de l'Égypte que la vallée qu'arrose le Nil. Des considérations géologiques, les récits des historiens anciens et de quelques voyageurs modernes, portaient cependant à croire que les eaux du Nil avaient pénétré, dans des temps très-reculés, au sein des déserts de la Libye, et qu'il y restait des traces de leur cours.

Si, comme le prétend Hérodote, les anciens rois

---

[1] Ce mémoire a déjà été publié dans la Décade égyptienne, imprimée au Kaire.

d'Égypte s'attachèrent, par des travaux puissans, à rejeter et à contenir le Nil dans le bassin actuel, c'est sans doute un des ouvrages les plus considérables dont on ait gardé le souvenir.

La recherche de cette direction primitive du Nil devait jeter du jour sur la géographie physique de l'Égypte, sur les ouvrages qu'on avait entrepris pour sa fertilité, et indiquer la route à suivre pour réparer les désordres que le laps du temps, la barbarie et l'ignorance ont produits sur un sol privé du bienfait des pluies, et qui, sans l'inondation et les arrosemens artificiels, serait condamné à la stérilité. Cet ancien lit du Nil est désigné par les géographes sous le nom de *Bahr-belá-má*, ou *le Fleuve sans eau*, et il est connu des gens du pays sous celui de *Bahr-el-fárigh*, ou *le Fleuve vide*. On savait qu'il n'était pas éloigné des lacs de Natroun, dont on a repris l'exploitation depuis une quinzaine d'années, et dont les produits, utiles dans plusieurs arts, sont très-recherchés en France. On savait aussi qu'il y avait dans le voisinage quelques couvens de religieux qobtes fondés au IVe siècle, dans un temps où le fanatisme de la vie monastique attirait au milieu des déserts, du fond de l'Occident, des hommes ardens ou pusillanimes, qui faisaient vœu de s'éloigner des autres hommes, et qui, par leurs besoins, étaient obligés de s'en rapprocher, afin d'intéresser leur pitié ou leur crédulité.

On voit qu'il était curieux et utile, sous plusieurs rapports, de connaître la partie de l'Égypte dont nous venons de parler. C'est pour apprécier tous les avantages qu'en pouvaient retirer la géologie et les arts, que

MM. Berthollet, Fourier, et Redouté jeune[1], ont été invités à s'y transporter, et que j'ai eu ordre, en m'occupant de quelques vues militaires, de protéger leurs recherches dans un pays exposé aux incursions des Arabes errans, qui viennent, tantôt de la haute Égypte, tantôt des côtes de Barbarie, piller et assassiner, sur la lisière du désert, le paisible cultivateur, le malheureux fellâh. Nous nous sommes réunis pour tâcher de recueillir toutes les observations qui nous ont paru être de quelque utilité. Je vais rendre compte des détails du voyage, et je laisse à M. Berthollet le soin de présenter lui-même le résultat des expériences intéressantes qu'il a faites pour connaître la nature d'une substance dont le produit sera d'une valeur bien plus considérable, dès qu'il aura indiqué les véritables procédés de son exploitation.

### §. I. *De la vallée des lacs de Natroun.*

Nous sommes partis de Terrâneh le 4 pluviose (24 janvier), à deux heures du matin; et, après quatorze heures de marche, nous avons aperçu la vallée où se trouvent les lacs de Natroun.

*Topographie.* — La vallée du Nil et celle des lacs sont séparées par un vaste plateau dont la surface est légèrement ondulée, et toujours parallèlement à la mer. Ce plateau, qui se soutient à peu près au même niveau, peut avoir trente milles de largeur. Le terrain, ferme

---

[1] Habile artiste pour le dessin des plantes, des animaux, et principalement des poissons coloriés. M. Duchanoy, et M. Regnault, élève de M. Berthollet, ont été adjoints à la commission.

et solide, est recouvert de graviers de différentes grosseurs, de petits cailloux roulés, diversement colorés, et de quelques cailloux agatisés. Les vents rasans de l'ouest ont poussé sur le revers des collines qui bordent le Nil, et dans la vallée, presque tous les sables mouvans. La roche calcaire se montre en quelques endroits à la surface du terrain. Du reste, on n'aperçoit dans ce désert, qu'on dirait l'oubli de la nature, que trois ou quatre espèces de plantes faibles, petites, sans vigueur, et extrêmement disséminées, telles que le nitraria épineux [1] et la jusquiame violette [2].

Il serait bien difficile qu'aucun être vivant pût trouver sa subsistance sur un sol d'une pareille aridité : aussi nous n'y avons vu qu'une seule espèce d'insecte, et elle n'y est pas commune; c'est la *mante obscure*. L'épithète que porte cet insecte, est bien analogue à l'état d'isolement dans lequel il vit au sein d'un tel désert.

La direction de la route, en partant de Terrâneh, est d'abord de l'est à l'ouest. Environ deux heures avant d'arriver à la vallée de Natroun, après avoir passé une espèce de col très-bas qu'on appelle *Râs el-Baqarah* ou *la Tête de la Vache*, la direction se plie à peu près au nord-ouest-quart-ouest. On descend; l'on trouve à mi-côte, sur un mamelon, un *qasr*, ou fort ruiné, dont l'enceinte carrée, flanquée de tours rondes à deux de ses angles, est bâtie avec des fragmens de natroun; ce qui annonce que les pluies ne sont pas considérables dans cet endroit. On voit, sur la pente opposée, le couvent

[1] *Nitraria Schoberi*, Lin.   [2] *Hyoscyanius datura*, Fors.

d'*el-Barâmous*, ou couvent des Grecs ; à gauche, à peu près à la même distance, le couvent des Syriens et celui d'Anbâ-Bichây, placés dans le voisinage l'un de l'autre.

Nous avons lié par un triangle le qasr, le couvent d'el-Barâmous, et celui des Syriens. Ayant pris pour base la distance entre le qasr et le couvent d'el-Barâmous, que nous avons fait mesurer, et qui s'est trouvée de 7231 mètres trois quarts, le calcul du triangle nous a donné 7430 mètres deux tiers pour la distance entre le qasr et le couvent des Syriens, et 9258 mètres un quart pour celle entre ce dernier couvent et celui d'el-Barâmous. La route pour se rendre d'un de ces endroits à l'autre, est de sable mouvant, ferme parfois, avec quelques efflorescences. On aperçoit çà et là quelques plantes ; on rencontre presque partout du gypse et des bancs de roche calcaire, et l'on voit, entre le couvent d'el-Barâmous et celui des Syriens, de la très-belle craie.

*Géographie physique de la vallée.* — La vallée de Natroun fait un angle d'environ 44° ouest avec le méridien magnétique. Les lacs, quant à leurs positions respectives et à leurs longueurs, sont dans le même sens, qui est celui de la vallée. Le P. Sicard marque leur bassin perpendiculaire à la direction de la vallée ; ce qui est contraire à l'hydrographie en général. Le P. Sicard n'indique sur sa carte qu'un grand lac, et il en existe six, trois au nord du qasr et trois au sud. Les habitans de Terrâneh en comptent même sept (*voyez la carte topographique de l'Égypte*) : le lac n°. 4 a été effectivement séparé en deux par une digue actuellement rompue. D'Anville, sur la foi de Strabon, marque deux lacs; mais il leur donne la même position que le P. Sicard.

Les lacs de Natroun comprennent une étendue d'environ six lieues de longueur sur six cents à huit cents mètres de largeur, d'un bord du bassin à l'autre; ils sont séparés par des sables arides. Les deux premiers, vers le sud, portent le nom de *Birket el-Daoudrah*, ou lacs des Couvens. Les lacs n.ᵒˢ. 3, 4, 5, 6, ont des noms qui ne présentent aucune signification particulière. Les Arabes *Sammâlou*[1] font la contrebande de natroun au lac n°. 6, et le portent à Alexandrie.

On trouve de l'eau douce, plus ou moins potable, en creusant le long des lacs, sur la pente du côté du Nil. Pendant trois mois de l'année, c'est-à-dire pendant les trois mois qui suivent le solstice d'été, l'eau coule abondamment à la surface du terrain. Les eaux croissent jusqu'à la fin de décembre; elles décroissent ensuite, et quelques-uns des lacs restent à sec.

L'état physique des lacs est essentiel à remarquer.

Les bords des lacs, à l'est, sont découpés en petits golfes où l'eau transsude et se forme en fontaines, comme à la naissance des vallons; elle s'échappe ensuite en petits ruisseaux, qui se rendent dans le fond des bassins. La partie du terrain supérieure aux sources occupe, au lac n°. 3, que nous avons plus particulièrement observé,

---

[1] Les *Sammâlou* sont, comme les Arabes *Geouâby*, dont nous parlerons plus bas, pasteurs et hospitaliers. Ils ont trois chefs, dont le principal est le cheykh Solymân Abou-Demen. Cette tribu peut être composée de mille hommes, et avoir quarante chevaux.

une largeur d'environ deux cent cinquante mètres, recouverte de cristaux de sel, à travers lesquels s'élève, en assez grande quantité, cette espèce de jonc plat dont on se sert pour les nattes communes. Le terrain occupé par les sources a quatre-vingt-dix-huit mètres de largeur. Il règne ensuite, au bord du lac, une lisière de natroun de trente-un mètres. Le lac a cent neuf mètres de largeur, et cinq cent quatorze de longueur; sa plus grande profondeur est d'un demi-mètre. Le fond du lac est de craie mêlée de sable. Les eaux de ce lac seulement sont de couleur de sang.

Tel est l'état physique du lac n°. 3, du côté du Nil. Le bord opposé du bassin du lac touche aux sables arides; il y croît très-peu de joncs, et il ne paraît pas qu'il y arrive de l'eau douce. Les eaux qui alimentent les lacs, viennent-elles du Nil, en pénétrant lentement cette masse de trente milles d'étendue qui sépare la vallée du Nil d'avec celle des lacs, et suivant la combinaison des deux pentes vers le nord et vers l'ouest? ou bien, abandonnées à la résultante de ces deux pentes, arrivent-elles de la tête de la vallée, qui, comme nous le verrons plus bas, doit se rattacher à la vallée du Nil dans le Fayoum? La seconde opinion, quoique plus naturelle, ne paraît pas admissible, parce qu'il est certain que les eaux qui affluent dans les lacs sortent des pentes de la rive droite, qui les dominent. Il y a très-peu de sources sur la pente opposée, et celles qui existent se trouvent à une grande profondeur. La première opinion est fondée sur ce que les hausses et les baisses des eaux du lac sont régulières, et arrivent toutes les années, à une époque qui a un rapport à peu près constant avec l'époque de l'inondation.

*Analyse des eaux des lacs.* — Les eaux des lacs contiennent des sels qui diffèrent, même dans les parties d'un même lac qui ont peu de communication entre elles; c'est toujours du muriate de soude, du carbonate de soude, et un peu de sulfate de soude : le carbonate de soude domine dans les uns, et le muriate de soude dans les autres.

Il paraît, d'après l'état physique du terrain, que le carbonate de soude est entraîné dans ces lacs par l'eau des fontaines dont nous avons parlé, et par les eaux de pluie : cela explique pourquoi les sels s'y trouvent dans des proportions si variées.

Les eaux d'une partie du lac n°. 3 et celles du lac n°. 4 sont colorées en rouge par une substance végéto-animale. Lorsqu'on fait évaporer ces eaux, le sel marin, qui cristallise le premier, retient cette couleur rouge, et acquiert l'odeur agréable de la rose.

M. Berthollet pense que la formation de la soude est due à la décomposition du sel marin opérée par le carbonate de chaux que l'on retrouve dans la terre humide où se fait cette décomposition. La présence de l'humidité est absolument nécessaire pour la décomposition du sel marin, et l'on a vu qu'elle ne manquait pas. Quant à la pierre calcaire, elle est en grande abondance entre le Nil et les lacs, ainsi que dans la vallée, où elle se montre en roche, ou sous la forme de craie.

*Exploitation du natroun.* — L'exploitation des lacs de Natroun fait partie de la ferme de Terrâneh, dont le canton¹ est compris dans les nouvelles limites de la province de Gyzeh².

Le transport du natroun ne se fait que dans l'intervalle des semailles à la récolte.

Les caravanes s'assemblent à Terrâneh. Chaque caravane est ordinairement de cent cinquante chameaux et de cinq à six cents ânes. Elle part, avec son escorte, au coucher du soleil, arrive au jour, brise et charge le natroun, et repart de suite.

La caravane, au retour, s'arrête à mi-chemin; elle fait du feu avec le crottin des ânes et des chameaux du voyage précédent³. Les hommes d'escorte et les conducteurs boivent le café, fument la pipe, et se procurent un peu de pain en délayant de la farine dans un plat de bois, et faisant cuire la pâte sur les charbons. Le commandant de l'escorte place ses postes, pour se tenir en garde contre les Arabes; le reste de la caravane dort quelques heures; on se remet en route, et l'on est de retour à Terrâneh le matin du troisième jour.

On estime que chaque caravane transporte six cents *qantár* de natroun de quarante-huit *oqâh*⁴.

---

¹ Le canton de Terrâneh comprend six villages: *Abory'at*, *Kafr-Dáoud*, *Terrâneh*, *Lagmat*, *Hatagbé*, *Abou-Nechâbeh*.

² Sous les beys, la province de Gyzeh était limitée au nord par le *Gesr el-Eçoued*, ou Digue noire, qui la séparait de la province de Bahyreh. Elle s'étend maintenant jusqu'au village d'*Abou-l-Geroueh*. Le Gesr el-Eçoued traverse la plaine depuis les dunes, où il s'appuie, jusqu'au Nil. Cette digue a vers son extrémité, près du village d'Ommdynâr, des ponts pour l'écoulement des eaux de l'inondation. Les eaux, retenues tout le temps qu'on veut par le Gesr el-Eçoued, rendent la plaine qu'elles fertilisent du plus riche produit.

³ Le manque de combustibles détermine toujours les caravanes qui se succèdent dans le désert, à s'arrêter aux campemens de celles qui les ont précédées.

⁴ L'oqâh est de quatre cents

Terrâneh est l'entrepôt du natroun. On l'embarque à ce village; il est expédié à Rosette, d'où on l'envoie à Alexandrie, et de là en Europe; ou bien on le fait remonter au Kaire, où il est vendu pour être employé à blanchir le lin et dans la fabrication du verre[1].

On compte un dixième de déchet sur la matière, occasioné par les versemens et la dessiccation.

Les *fellâh* des six villages de Terrâneh payent leur *myry* en transport de natroun.

Lorsque, par la présence des Arabes, ou par d'autres circonstances, l'exploitation du natroun souffre des contrariétés, les *fellâh* payent onze pâras[2] pour chaque qantâr qu'ils auraient été tenus de transporter.

Le natroun se vend en Égypte une pataque de quatre-vingt-dix pâras le qantâr de trente-six *oqdh*. L'acheteur paye le transport par eau. Le fermier fournit la poudre et le plomb pour l'escorte des caravanes. Cette escorte consiste en soixante hommes armés, qu'on appelle *Basciat*, et dont le fermier paye également le salaire.

La ferme du natroun était une véritable gabelle. Les villages qui possédaient des établissemens où l'on employait cette matière, étaient obligés d'en acheter tous les ans au fermier une quantité déterminée.

drachmes, ou de deux livres et demie, poids de marc.

[1] On trouve au Kaire une autre espèce de natroun, apportée par les *Gellâb* nègres de Darfour et de Sennar, et qu'on emploie dans la préparation du tabac d'Égypte, en le mêlant avec ce dernier pour lui donner du montant. M. Regnault a fait l'analyse de ce natroun; il a trouvé qu'il contenait plus de muriate de soude que la plupart des échantillons que nous avons rapportés.

[2] Vingt sous de France valent vingt-huit pâras.

La difficulté de pénétrer à la vallée de Natroun avait éloigné toutes les occasions d'observer les lacs, en sorte que leur exploitation n'était dirigée sur aucune règle. Les bords des lacs sont couverts, comme nous l'avons déjà dit, de masses de cristaux auxquelles on ne touche point, et dont on pourrait cependant tirer un grand parti; car il y en a une immense quantité. On n'exploite dans ce moment que le lac n°. 4. Les hommes entrent nus dans l'eau, brisent et arrachent le natroun avec une pince de fer ronde, du poids d'environ soixante livres, formée à un des bouts en champignon, et terminée de l'autre en pointe acérée; ils ne font aucune attention à celui qui est à la surface du terrain, et qu'on pourrait enlever avec beaucoup moins de peine. C'est un spectacle assez bizarre de voir ces Égyptiens noirs ou basanés sortir blancs de sel de cette opération.

*Commerce du natroun.* — La mise dans le commerce du natroun dépendait également d'analyses qu'on n'était point en état de faire, et d'une sorte d'activité et de soins dont on ne se piquait pas dans un pays où les gains de l'industrie étaient en proie aux *avanies* des gouvernans. On laissait subsister dans le natroun le mélange de différens sels avec la soude, principalement celui du sel marin, d'où il résultait une augmentation de poids préjudiciable au transport. D'un autre côté, les fabricans de Marseille se plaignaient qu'ils éprouvaient des pertes considérables, en ce que les chaudières se détérioraient par les cuites. On commençait à regretter la soude d'Alicante; et l'Égypte était au moment de perdre ce débouché en Europe, lorsque la guerre survint, et rendit les communications plus difficiles.

C'est dans les années 1788, 1789 et 1790, que les négocians de Marseille, se livrant à l'engouement d'une spéculation nouvelle, importèrent en France une quantité considérable de natroun, dont une partie est restée dans leurs magasins.

L'exportation du natroun à l'étranger avait lieu sur Venise, la France et l'Angleterre. Les demandes pour la France et l'Angleterre étaient à peu près les mêmes; Venise ne tirait que le cinquième de ce qui était demandé par le commerce des deux autres pays.

M. Regnault s'occupe d'un objet bien essentiel, celui de séparer en grand la soude contenue dans le natroun, afin de l'offrir au commerce dans son plus grand état de pureté; ce qui, en augmentant de très-peu les frais d'exploitation, doublera, avec les mêmes moyens, les produits et la valeur de la soude. Dans quelques espèces de natroun, le sel marin se trouve compris entre deux couches horizontales de soude, en sorte que le premier pourrait être en quelque sorte détaché par une opération mécanique.

Le commerce du natroun, dans l'Égypte devenue colonie, dépendra donc de deux considérations essentielles :

1°. De la libre exploitation des lacs. Cette exploitation sera favorisée par des escortes, par des dispositions militaires, telles que le rétablissement du qasr, l'occupation des couvens qobtes, etc., et parce que les Arabes, mieux connus, seront moins à craindre.

2°. *Du choix et de l'épuration du natroun.* Les établissemens pour l'épuration du natroun devront être faits dans les endroits les plus rapprochés des lacs, tels que le qasr et Terrâneh.

*Productions des trois règnes dans la vallée.* — Les lacs de Natroun possèdent sur leurs bords des roseaux, des joncs plats en très-grande abondance, et d'autres productions du règne végétal; le vert de ces plantes contraste d'une manière piquante avec la blancheur des cristaux de sel, et la couleur terne et grise des graviers du désert.

On voit près des lacs, le roseau à tige élevée[1], la statice sans feuilles[2], le tamarisc de France[3], l'armoise maritime[4], le jonc épineux[5], et la massette à larges feuilles[6] : cette plante européenne, qui croît en France dans les étangs, est une des plus abondantes au bord des lacs de Natroun. On y trouve le grémil à feuilles étroites[7], le *zygophyllum* à fleurs blanches[8], la *fagonia* à feuilles ternées[9], la *suæda vera*[10], espèce de soude, ainsi appelée attendu que les Arabes la nomment *souhed*. On y voit aussi quelques palmiers qui s'élèvent peu, forment d'épais buissons, et ne portent point de fruit. Nous avons trouvé, un peu au-delà du dernier lac, une vingtaine de palmiers hors de terre, réunis confusément en un tas, et qu'on dirait avoir été arrachés et fracassés par un mouvement violent.

---

[1] *Arundo maxima*, Fors.
[2] *Statice aphylla*, Fors.
[3] *Tamarix gallica*, Fors.
[4] *Artemisia maritima*, Lin.
[5] *Juncus spinosus*, Lin.
[6] *Typha latifolia*, Lin.
[7] *Lithospermum angustifolium*, L.
[8] *Zygophyllum album*, Lin.
[9] *Fagonia scabra*, Fors.
[10] *Suæda vera*, Fors.

Les diverses espèces d'animaux n'y sont pas très-nombreuses. On y voit, dans la classe des insectes, la pimélie épineuse [1], le carabe varié [2], la fourmi ordinaire, une grosse fourmi à ailes, et une espèce de moustique dont la piqûre occasione des enflures considérables; dans la classe des testacées, le colimaçon de la petite espèce; dans celle des quadrupèdes, le caméléon et les gazelles: ces dernières se décèlent à l'empreinte de leurs petits pieds fourchus qu'elles laissent sur le sable. Nous avons reconnu, parmi les oiseaux, la poule d'eau, le canard et la sarcelle : ces oiseaux y sont en très-grand nombre, surtout au dernier lac, qui est le moins fréquenté.

On ne trouve dans la vallée des lacs de Natroun aucun reste d'anciens monumens. Nous n'avons vu, au-delà du quatrième lac, que l'emplacement d'une verrerie, que nous avons reconnue à ses débris de fourneaux en briques, et à des fragmens de scories et de verre dans différens états. Le local où elle était située, fournissait abondamment les deux matières propres à la fabrication du verre, le sable quartzeux et la soude; et le bois pouvait ne pas être aussi rare dans la vallée qu'il y est aujourd'hui. Nous ne saurions à quelle époque rapporter un pareil établissement. Une médaille ou une pièce de monnaie que nous y avons trouvée, aurait peut-être pu nous donner quelque indication; mais elle était oxidée au point qu'il n'a pas été possible d'y rien déchiffrer.

---

[1] *Pimelia muricata.*    [2] *Carabus variegatus.*

§. II. *Topographie de la vallée du Fleuve sans eau.*

La vallée du Fleuve sans eau est à l'ouest de celle des lacs de Natroun : ces vallées, contiguës l'une à l'autre, ne sont séparées que par une crête; il y a une heure et demie de chemin des deux couvens à la vallée voisine.

La vallée du Fleuve sans eau est encombrée de sables, et son bassin a près de trois lieues de développement d'un bord à l'autre. On emploie quarante minutes à descendre par une pente assez régulière dans le fond du bassin, au-dessus des sables. Cette vallée est stérile, et il n'y paraît point de sources. Nous y avons trouvé beaucoup de bois pétrifiés, et nombre de corps d'arbres entiers, dont quelques-uns ont dix-huit pas de longueur. Les corps d'arbres et les fragmens qui se sont montrés à notre vue, ne paraissent pas avoir été mis en œuvre [1]. La plupart de ces bois sont entièrement agatisés : d'autres semblent moins avancés dans leur cristallisation; alors ils sont enveloppés d'une croûte très-épaisse, très-dure, et ce qui formait la matière du bois se sépare en feuillets. Nous avons également trouvé dans ce bassin une vertèbre de gros poisson qui paraît minéralisée; ce qui ajoute une nouvelle probabilité à celle, comme nous

---

[1] Le P. Sicard (Lettres édifiantes) assure qu'on trouve dans la vallée du Fleuve sans eau des mâts et des débris de navires pétrifiés : nous n'avons rien aperçu de tout cela; il est vrai que nous n'avons vu qu'un endroit de la vallée.

Granger, dans la relation de son voyage en Égypte, prétend que ce que l'on prend communément pour du bois pétrifié n'en est point. Les échantillons que nous avons rapportés, ont si bien le caractère de bois pétrifié, qu'ils ont paru tels aux yeux les moins exercés; et d'habiles naturalistes, qui les ont examinés avec soin, en ont porté le même jugement.

le verrons plus bas, que les eaux coulaient dans cette vallée, et qu'elles contenaient des animaux qui y vivaient.

Outre les bois pétrifiés, on voit, principalement sur les pentes de la vallée, du quartz roulé qui vient sûrement de très-loin, du silex et des pierres siliceuses, du gypse, des cristallisations quartzeuses formées dans des cavités, espèces de géodes, des fragmens de jaspe roulé, des fragmens de roche à base de pétrosilex verdâtre, des jaspes dits *cailloux d'Égypte*, etc. La plupart de ces matières appartiennent aux montagnes primitives de la haute Égypte. Ces matières n'ont pu être amenées que par les eaux du Nil. Il y a donc eu anciennement une communication entre le Nil et le Bahr-belâ-mâ, et par conséquent entre les deux vallées : il n'y a pas de raison pour que cette dernière communication n'ait plus lieu; nous allons fonder son existence sur d'autres considérations.

La direction de la vallée du Fleuve sans eau est la même que celle des lacs de Natroun. L'opinion générale est qu'en remontant ces vallées on arrive dans le Fayoum, et qu'en les descendant on laisse à droite la province de Maryout[1]. C'est la route que suivent assez généralement

---

[1] Maryout est à quatre lieues ouest d'Alexandrie, vers la mer. Un détachement de cavaliers-dromadaires peut s'y rendre en deux heures et demie. On trouve à cet endroit trois puits profonds et bien entretenus, qui sont alimentés par les eaux de pluie. On aperçoit dans le voisinage quelques ruines, et des tombeaux d'Arabes, ornés d'amulettes. (Ces amulettes sont des versets du Qorân, contenus dans de petits sachets de cuir suspendus par des fils au-dessus des tombeaux.)

Le territoire de Maryout touche aux collines par où se terminent les monts libyens. Le sol est un terrain d'alluvion, pareil au sol de l'Égypte; il doit par conséquent sa formation aux eaux du Nil, qui y arrivaient

les Arabes errans pour aller faire leurs incursions vers la haute Égypte.

La direction de ces vallées fait présumer que leur point d'attache est à l'endroit où se trouve indiqué le lac Mœris[1], et que leur débouché correspond au golfe des Arabes.

La grandeur de la vallée du Fleuve sans eau, sa direction, et ce que les historiens rapportent du lac Mœris, nous portent à croire que ce réservoir n'était autre chose que la tête de cette vallée, qui avait été diguée naturellement par les sables ou par la main des hommes, en sorte que le lac Mœris aurait été formé, et non point creusé. Cette opinion est d'autant plus probable, qu'en réfléchissant sur la topographie du pays, on a bientôt lieu de se convaincre qu'un réservoir creusé au-dessous du niveau du sol de l'Égypte rendrait les eaux qu'il recevrait inutiles à ce sol; et nous avons fait voir que ces eaux, ainsi retenues, seraient plutôt disposées à couler vers le Bahr-belà-mà que dans l'intérieur de la vallée du Nil. Pour que ces eaux pussent être utiles à la partie

autrefois. Lorsqu'il pleut, il croît quelques herbes à Maryout; ce qui fait que les Arabes, principalement les *Geouiby*, y accourent avec leurs troupeaux. Les puits n'étant entretenus que par la pluie, l'eau, dans les temps de sécheresse, s'y renouvelle lentement.

Maryout est fréquenté par les Arabes, à cause de son voisinage d'Alexandrie, et parce que cet endroit se trouve à l'extrémité de la ligne de puits qui avoisine le désert, en remontant la province de Bahyreh. Cette ligne passe à *Zaousir*, *Ellauche*, *Derché*, *Qabr el-Marah*, *Ellaouié*, etc. La ligne dont nous venons de parler, se lie aux lacs de Natroun par *Ellauche*. D'*Ellauche*, en traversant le plateau qui sépare les deux vallées, on se rend, dans une journée, vers l'extrémité nord des lacs, à deux monticules voisins, qu'on appelle *les deux Mamelles*.

[1] La reconnaissance de cette partie, que les circonstances ne nous ont pas permis de faire, est la clef de la géographie physique de l'Égypte.

inférieure de l'Égypte, il faudrait au contraire que le bassin du lac, au lieu d'être creusé, fût formé par des digues supérieures au terrain naturel, afin d'avoir, après l'inondation, un volume d'eau supérieur au sol de l'Égypte. L'existence du lac Mœris et l'objet qu'on lui attribue communément, deviennent donc fort douteux, et seront peut-être toujours un problème.

Si nous osions hasarder une idée, nous dirions que l'étendue et le développement du bassin du Nil dans le Fayoum ne sont dus qu'à l'ouverture du Bahr-belâ-mâ, qui se présente obliquement. Le P. Sicard, et, d'après lui, d'Anville, marquent le bassin de cette ancienne branche se dirigeant vers le lac Mœris; mais ils laissent le point d'attache vague et indéterminé, et ils donnent au lac Mœris des proportions d'une grandeur démesurée par rapport à la largeur du Bahr-belâ-mâ. Si l'opinion que nous venons de présenter n'est qu'une conjecture, il paraît du moins résulter de la reconnaissance que nous avons faite, qu'il a existé de grands cours d'eaux dans l'intérieur des déserts, et qu'il est très-probable que le Nil se séparait en plusieurs branches à la hauteur du lac Mœris; que la branche actuelle, comme nous l'avons observé ailleurs, coulait même en dedans du bassin, le long des collines de la Libye, ainsi que le prouvent les témoignages des auteurs, et les traces d'un berceau ou bas-fond considérable qui règne le long de ces collines, et qui n'a pu être formé que par un grand courant. J'ai retrouvé ce berceau dans toute l'étendue de la province de Gyzeh, sur un espace de trente lieues: il y a apparence qu'il se prolonge plus avant en remontant, et peut-être jusqu'à l'origine du canal de Yousef, c'est-à-dire jusqu'au point où il est à croire que le Nil a été détourné pour être porté sur la rive droite. C'est dans le fond de ce berceau que coulent les eaux du Bahr-Yousef[1].

Ainsi, d'après les témoignages de l'ancienne histoire de la terre, qui sont écrits à la surface du sol de l'Égypte, il paraît,

1°. Que le Nil, et plus vraisemblablement une partie des eaux de ce fleuve, coulait dans l'intérieur des déserts de la Libye par les vallées de Natroun et du Fleuve sans eau;

2°. Que les eaux furent rejetées dans la vallée actuelle: on expliquera peut-être par-là pourquoi du temps d'Hérodote, les eaux de l'inondation s'élevaient à quinze coudées, tandis que, du temps de Mœris, elles ne s'élevaient qu'à huit, et que, de nos jours, elles ne vont qu'à dix-huit coudées;

3°. Que le Nil, après cette opération, coula en entier le long des collines de la Libye, et forma le berceau que l'on voit dans la basse Égypte, et dans une partie de l'Égypte moyenne;

4°. Que le Nil fut rejeté sur la rive droite, et que cette époque précéda immédiatement la disposition régulière des sept branches du Nil et la formation des *delta*. (*Voyez* le Mémoire sur le lac Menzaleh.)

5°. Les témoignages géologiques qui attestent les

[1] Ce canal, qui, dans la province de Gyzeh, porte d'abord le nom d'*el-Leben*, puis celui d'*Elas-sera*, reprend, dans la province de Bahyreh, le nom de *Bahr-Yousef* qu'il a dans la haute Égypte.

faits précédens, confirment en outre ce que nous avons dit dans le même mémoire, que les eaux du Nil ont une tendance à se porter vers l'ouest; tendance indiquée en Égypte, comme elle l'est dans un autre pays pour tout autre point, par la topographie générale du terrain.

Il s'ensuit de ce dernier principe, que le projet qu'avait Albuquerque de frapper l'Égypte de stérilité en détournant le cours du Nil, eût été plus praticable s'il eût rejeté les eaux de ce fleuve dans les déserts de la Libye, plutôt que du côté de la mer Rouge, comme il en avait le projet.

La vallée du Fleuve sans eau n'est pas le point le plus éloigné, dans cette partie, où l'on pénètre dans l'intérieur de l'Afrique : les habitans de Terrâneh vont couper au-delà de cette vallée des joncs épineux, que la tribu des Arabes *Geoudby* leur transporte dans les villages. On vend ces joncs à Menouf[1], où ils sont employés à faire les nattes les plus fines. Pour se rendre de la vallée du Fleuve sans eau à l'endroit où l'on coupe les joncs, on marche trois grandes journées, depuis le lever du

---

[1] Menouf, dans le Delta, vis-à-vis de Terrâneh, à deux lieues de la branche de Rosette, et à quatre de celle de Damiette, sur le bord oriental du canal de Fara'ounyeh, qui traverse obliquement la partie sud du Delta, depuis la branche de Damiette jusqu'à celle de Rosette. Ce canal est fermé, du côté de la branche de Damiette, par la digue dite *de Fara'ounyeh*.

C'est par la digue et le canal de Fara'ounyeh qu'on peut établir une juste répartition des eaux, de manière que les provinces à l'est et à l'ouest du Delta jouissent des mêmes avantages. Une administration éclairée peut aisément remédier aux désordres que la cupidité et l'ignorance de l'ancien gouvernement avaient produits, en favorisant les provinces de Mansourah et de Damiette aux dépens de la province de Bahyreh, qui, par le manque d'eau, est réduite en très-grande partie à un véritable désert.

soleil jusqu'à son coucher, sans trouver de l'eau ; il y en a à cette distance.

*Marche des sables.* — Nous avons dit, au commencement de ce paragraphe, que les sables encombraient la vallée du Fleuve sans eau. Il en est de ces sables comme de ceux qui sont dans la vallée du Nil ; les vents les ont soulevés de dessus les plateaux situés à l'ouest. La vallée de Natroun et celle du Fleuve sans eau n'étant séparées que par une crête peu large, la première n'a presque point participé à ces mouvemens de sables, quoique cette vallée ait à sa droite, ou à l'est, le vaste plateau qui la sépare du Nil. Ceci indique évidemment une certaine marche des sables de l'ouest à l'est : leurs progrès ont été depuis long-temps assez sensibles pour donner les plus vives inquiétudes sur le sort de la partie la plus fertile de l'Égypte, celle qui longe la rive gauche du fleuve.

Sans sortir du cadre que nous nous sommes tracé, les dunes sur lesquelles est situé le village de Beny-salâmeh, et qui enferme Atrys et Ouârdân (*voyez* la carte topographique de l'Égypte), sont dues au transport des sables de la Libye par les vents tenant de l'ouest. Le terrain d'alluvion, formé par le limon du Nil, se trouve au-dessous, et leur sert de base ; de très-beaux sycomores s'élèvent de cette base, au sein de ces dunes arides. Les sables, dans cette partie et ailleurs, arrivent au Nil, comme les cendres du Vésuve au bord de la mer : ils obstruent le chemin le long du fleuve, et obligent le voyageur à franchir ce sol élevé et mouvant. Ceci, et ce que nous avons dit dans le Mémoire sur le lac Menzaleh, amènent aux considérations suivantes.

L'action des gouvernemens, dont l'effet était en sens contraire du bien public; la diminution de l'action des eaux du Nil, qui, par les suites d'une mauvaise administration, ont appelé les eaux de la mer sur les parties basses et encore informes de l'Égypte, et l'action constante des vents, qui ont poussé les sables des déserts de l'ouest sur les terres cultivables, dans les canaux et dans le fleuve, sont trois causes réunies depuis long-temps pour resserrer le territoire de l'Égypte et altérer sa prospérité. Les deux premières causes peuvent être modifiées ; mais aucun effort humain ne peut s'opposer au progrès des sables. A défaut de moyens naturels, la crédulité et l'ignorance ont invoqué la superstition ; et nous lisons dans des auteurs arabes[1] que le sphinx qu'on voit auprès des grandes pyramides, est un talisman pour arrêter les sables de la Libye, et les empêcher de pénétrer dans la province de Gyzeh.

Nous croyons cependant pouvoir conclure, d'après ce que nous avons eu occasion d'observer, que l'invasion des sables de la Libye touche à son terme, du moins dans la basse Égypte : en effet, il n'existe que peu de sables mouvans sur le plateau à l'ouest du Nil.

Ce plateau est de roche calcaire.

Presque tous les sables qu'on voit dans la vallée du Nil, sont quartzeux.

Il ne reste donc aux vents que les sables qui peu-

---

[1] *Voyez* le géographe A'bd-el-Rachyd, qui écrivait en 1403 de l'ère vulgaire.

vent provenir de la décomposition de la pierre calcaire.

La vallée du Fleuve sans eau sert en outre de barrière aux sables qui, de l'intérieur de l'Afrique, marcheraient vers le Nil; cette vallée correspond aux provinces de Gyzeh et de Bahyreh. La vallée du Fleuve sans eau est encombrée : mais il s'en faut beaucoup que les sables s'élèvent à la hauteur des bords du bassin ; alors même ils seraient obligés de combler la vallée des lacs de Natroun, avant d'arriver sur le plateau, d'où ils seraient portés dans la vallée du Nil.

L'action des vents sur les sables qui se trouvent dans cette dernière vallée, est, sans contredit, la plus funeste. Ces sables sont remués, déplacés, et de proche en proche ils arriveront jusqu'au fleuve, comme on le voit déjà dans les endroits où le bassin de l'Egypte est resserré.

Les vents n'ont pas fait tous les frais du rapprochement des sables vers le Nil; les eaux du fleuve, par leur tendance à se porter sur la rive gauche, et en corrodant ses bords, se sont elles-mêmes rapprochées des sables.

### §. III. *Des couvens qobtes.*

Les couvens qobtes qui se trouvent dans la vallée de Natroun, ont été fondés dans le ive siècle; mais les monastères doivent avoir été rétablis plusieurs fois depuis cette époque. Trois de ces monastères ont la forme d'un carré long, dont le grand côté a depuis 98 mètres jusqu'à 142, et le petit côté, depuis 58 jusqu'à 68; ce qui donne une surface moyenne d'environ 7560 mètres carrés.

Les murs d'enceinte ont au moins treize mètres d'élévation, et deux mètres et demi à trois mètres d'épaisseur à la base; ils sont en bonne maçonnerie et bien entretenus. Il règne à la partie supérieure un trottoir d'un mètre de largeur. Le mur, au-dessus du trottoir, a des meurtrières, les unes dans le mur même, les autres inclinées et saillantes en dehors pour pouvoir se défendre contre les Arabes à coups de pierres; car les institutions des moines leur prohibent l'usage des armes à feu : les meurtrières saillantes ont des masques pour garantir la tête des coups de fusil.

Les couvens n'ont qu'une seule entrée, qui est basse et étroite; elle n'a pas plus d'un mètre de hauteur, et de deux tiers de mètre de largeur. Une porte très-épaisse la ferme en dedans; elle est contenue par un loquet dans le haut, par une forte serrure en bois dans le milieu, et, vers le bas, par une traverse qui pénètre à droite et à gauche dans la maçonnerie. Cette porte est recouverte en entier intérieurement par de larges bandes de fer contenues par des clous à tête. L'entrée est en outre fermée en quelque sorte hermétiquement en dehors par deux meules de granit posées de champ. Ces meules ont de diamètre un peu moins que la hauteur de l'entrée, et leur épaisseur permet qu'elles se logent à-la-fois, et de côté, dans le cadre de la maçonnerie. La porte est défendue par une espèce de mâchicoulis. Lorsqu'on veut se clore, un moine resté en dehors commence à rouler une des meules avec une pince; il la cale et présente l'autre ; il se glisse ensuite en dedans, et entraîne vers lui la seconde meule, qui se place naturellement à côté de la première. Les deux meules logées, on ferme la porte. Le mâchicoulis découvre ceux qui voudraient tenter de retirer les meules.

La cloche du couvent est placée à côté du mâchicoulis. Une longue corde, faite de filamens de dattier, y est attachée et pend jusqu'à terre. Les moines sont quelquefois réveillés pendant la nuit par le son de cette cloche ; mais, toujours défians, même lorsqu'ils ont reconnu du haut de leurs murs qu'ils ont affaire à des gens amis, ils ne se déterminent à leur ouvrir la porte pour les recevoir, que lorsqu'un moine, suspendu à l'extrémité d'une corde, est descendu par le mâchicoulis, à l'aide d'un moulinet, et est venu voir de plus près si l'on ne cherchait pas à les surprendre. Pendant qu'on ouvre et qu'on ferme la porte, un moine reste en sentinelle au haut du mur, et observe s'il n'aperçoit point d'Arabes.

Chaque couvent a dans son intérieur une tour carrée, où l'on n'entre que par un pont-levis de cinq mètres de longueur, et dont l'élévation est de six mètres et demi au-dessus du sol. On lève le pont au moyen d'une corde ou d'une chaîne qui passe à travers le mur, et qui s'enroule autour d'un moulinet ou treuil horizontal. La tour est terminée par une plate-forme supérieure au mur d'enceinte.

Les trois couvens qui sont dans le voisinage des lacs, ont des puits creusés de treize mètres, où il y a à peu près un mètre d'eau douce que l'on élève au moyen de roues à pots. Les puits servent, dans chaque couvent, aux besoins du monastère, et à arroser un petit jardin où croissent quelques légumes, et où sont plantés quelques arbres, tels que le dattier, l'olivier, le tamarisc, le henneh et le sycomore. A la fin de janvier, l'eau des puits est au *maximum* de son élévation; elle baisse en été, mais jamais les sources ne sont taries. Le couvent des Syriens possède l'arbre miraculeux de S. Éphrem [1], qui a six mètres et demi de hauteur, sur trois mètres de tour: c'est le tamarinier de l'Inde [2], dont les moines syriens se croient seuls possesseurs. Cet arbre est fort rare dans la basse Égypte, mais très-commun dans le Sa'yd.

Le quatrième couvent, qui porte le nom de *couvent de S. Macaire*, n'a qu'un puits dont l'eau est salée; mais, à environ quatre cents mètres en dehors, on trouve un puits bien entretenu [3], dont l'eau est très-bonne; et il y a une source sur la pente opposée du vallon. Les deux couvens ont également dans leur voisinage une source pareille.

Les cellules des moines sont des réduits où le jour ne pénètre que par l'entrée, qui a un peu plus d'un mètre de hauteur. Leurs meubles sont une natte; leurs usten-

---

[1] On raconte que, dans les premiers temps de la ferveur monastique, les moines du désert, déjà dégoûtés de leur état, se plaignaient de ce qu'il ne croissait aucune production dans leurs solitudes sablonneuses. S. Éphrem, pour éprouver et réchauffer leur zèle, ordonna à un de ses prosélytes de planter son bâton dans le sable, et lui annonça qu'il en viendrait un arbre. Après quelques instances, le jeune moine obéit. On dit que le miracle eut lieu, et que le bâton poussa des racines et des branches. C'est le même arbre, sur pied depuis cette époque, qui porte le nom d'*arbre de saint Éphrem*, ou d'*arbre de l'obéissance*.

[2] *Tamarindus indica*, Lin.

[3] Ce puits a cinq mètres de profondeur, un mètre un tiers en carré, et il y a un peu moins d'un mètre d'eau.

siles, une jarre et un qolleh[1]. Les églises, les chapelles, décorées d'images grossièrement peintes, sont assez bien tenues; hors de là, tout est en désordre, malpropre et dégoûtant. La pauvreté des moines ne leur permettant point de suspendre dans les églises des ornemens de luxe, ils cherchent du moins à s'en procurer l'imitation : ainsi, au lieu de lampes d'argent, ils ont des lampes en œufs d'autruche, qui font un assez joli effet.

Les religieux sont la plupart borgnes ou aveugles; ils ont un air hagard, triste et inquiet. Ils vivent de quelques revenus, et principalement d'aumônes. Ils se nourrissent de fèves et de lentilles préparées à l'huile. Leur temps se passe en prières; l'encens brûle dans ces retraites entourées d'une mer de sables, et la croix domine les coupoles les plus élevées. Il y a neuf moines au couvent d'el-Barâmâys, dix-huit au couvent des Syriens, douze au couvent d'Anbâ-Bichây, et vingt au quatrième couvent : le patriarche du Kaire entretient de sujets ces quatre monastères.

Nous ignorons quelles peuvent être les jouissances de ces pieux cénobites; nous n'avons rien aperçu qui indiquât qu'ils s'occupent de culture d'esprit, ni du travail des mains. Leurs livres ne sont que des manuscrits ascétiques sur parchemin ou papier de coton, les uns en arabe, les autres en langue qobte, ayant en marge la traduction arabe. Nous avons rapporté quelques-uns

---

[1] On dit aussi et plus généralement *bardâq* ; ce dernier mot est turk. Les *qolleh* sont des vases faits d'une terre préparée et cuite de manière à permettre une légère transsudation ; ils servent à contenir l'eau qu'on fait rafraîchir en exposant ces vases à un courant d'air.

de ces derniers, qui paraissent avoir six cents ans de date. Nous avons parcouru l'intérieur de ces monastères dans le plus grand détail. Les religieux se sont prêtés avec complaisance à cette visite, qui paraissait les flatter; et, avant de sortir, nous avons accepté le pain de la communion[1], qu'ils nous ont offert.

Les religieux exercent envers les Arabes le devoir forcé de l'hospitalité, et ils sont obligés d'être sans cesse sur leurs gardes : aussi, lorsqu'ils vont d'un hospice à l'autre, ils ne voyagent que la nuit. Les Arabes, dans leurs courses, passent auprès des couvens, et s'arrêtent pour manger et faire rafraîchir leurs chevaux. Les moines leur donnent par-dessus le mur; car ils ne leur ouvrent jamais la porte. Une poulie placée à un des angles de l'enceinte est destinée à descendre, par le moyen d'une corde et d'une couffe, le pain, les légumes et l'orge qu'il est d'usage de leur fournir. Ils sont forcés d'en agir ainsi, pour n'être point exposés, lorsqu'ils sont rencontrés hors de leurs couvens, à se voir dépouillés et peut-être assassinés. Vivant dans la crainte et dans l'oppression, ils supportent impatiemment les zélateurs de la religion dominante; et tel est le funeste effet des préjugés, que la différence de religion, ou même de secte, rend ennemis mortels, dans ces contrées, non-seulement les disciples du Christ et de Mahomet, mais même, dans l'islamisme, les hommes qui suivent des dogmes différens. On nous demandait pieusement dans ces saintes retraites : *Quand*

---

[1] Le pain de la communion, fait de pâte sans levain, est rond, épais d'un doigt, grand comme la paume de la main, et couvert en-dessus de caractères arabes.

*tuera-t-on tous les musulmans ?* et ce n'est pas la première question de ce genre que l'on ait faite depuis que nous sommes en Égypte.

L'intérêt et la superstition rapprochent cependant quelquefois ces ennemis naturels. Il arrive dans certaines provinces que lorsqu'un musulman veut établir un colombier, il envoie un exprès aux couvens du désert avec le présent d'usage : les bons moines reçoivent le présent, et donnent en retour un billet mystique, qui, mis dans le colombier, doit, suivant la croyance ordinaire, faire peupler et prospérer l'établissement.

§. IV. *Des Arabes* Geouâby, *et des Bédouins.*

Les bords des lacs de Natroun sont fréquentés toutes les années par les *Geouâby*[1], tribu d'Arabes pasteurs et hospitaliers qui y campent l'hiver avec leurs troupeaux. Ils sont employés pendant ce temps au transport du natroun et des joncs épineux : ils ont aussi celui des dattes, qu'ils vont chercher en caravanes à Syouah, dans l'Oasis d'Ammon ; c'est une route de douze à quinze jours. Ces Arabes vivent en *marabou*[2], ou gens paisibles, errant çà et là pour trouver de l'eau et des pâturages à leurs bestiaux. C'est la tribu qui a le plus conservé les usages antiques ; ils sont simplement pasteurs, et ne veulent point cultiver. Leurs mœurs sont douces ; et se ressentent de la vie qu'ils mènent. Ils ne sont ce-

---

[1] Les *Geouâby* ont pour chefs Karamit-abou-Ghâleb, grand cheykh de la tribu, Hâggy-Yça-abou-A'ly, et Hâggy-Tah-abou-Dihil. Cette tribu est composée d'environ deux mille hommes, et peut avoir soixante chevaux.

[2] Gens qui ne font point la guerre,

pendant point exempts de l'orage des passions, surtout de celle de l'amour, qui, dans tous les pays, et principalement chez les Orientaux, est si voisine de la jalousie ; elle les porte quelquefois aux excès les plus cruels [1].

Les vêtemens des *Geouâby* consistent en un hiram et un bernous, sorte de manteau qui ressemble à la chape dont on se sert dans l'Église romaine pour officier ; il est de laine blanche. Les étoffes de cette espèce, pour les vêtemens des hommes et des femmes, se fabriquent en Barbarie ; on les achète au Kaire, mais principalement à Alexandrie. Les femmes filent la laine des brebis, et font les étoffes pour les tentes et les tapis communs.

La richesse des *Geouâby*, et en général des Arabes du désert, consiste en chameaux et en troupeaux, tandis que celle des Arabes des villages est en gros bétail : ces derniers ont peu de chameaux. Qui croirait qu'au milieu des déserts l'aisance, comme chez les nations civilisées, établit des distinctions, et écarte de la nature ? Les mères arabes n'allaitent pas toutes leurs enfans ; les femmes riches prennent des nourrices.

---

qui ne prennent les armes que pour se défendre, et encore est-ce rarement ; ils traitent presque toujours pour de l'argent.

[1] Haouâd, chef d'une nombreuse famille, vieillard respectable, dépendant de Hàggy-Taba, a eu son fils unique assassiné près de son épouse. Celle-ci avait eu un premier mari, qui l'avait répudiée sur de vains prétextes : plein d'amour et de rage, ce forcené jura qu'il tuerait de sa propre main celui qui l'épouserait ; et il tint parole. Haouâd, ne pouvant supporter la vue du meurtrier de son fils, s'était retiré dans la haute Égypte, et avait entraîné, sans le vouloir, plusieurs familles. Ce père infortuné, s'apercevant que sa démarche occasionait du désordre dans la tribu, a préféré de dévorer son ressentiment plutôt que de nuire à l'intérêt commun, et il est retourné auprès de Hàggy-Taba ; mais on le voit toujours triste, les yeux remplis de larmes, et il traîne une vie languissante.

Celles qui ne livrent point leurs enfans à des mercenaires, paraissent connaître l'intérêt qu'inspire cet âge si tendre aux peuples policés. A l'attaque d'un camp arabe qui se laissa surprendre par nos troupes, les hommes montent à cheval et fuient précipitamment vers le Nil; les femmes restent seules abandonnées. Soit instinct, soit réflexion, elles pensent se garantir de la fureur du soldat et ralentir sa marche, en se couvrant, en quelque sorte, de leurs enfans, et elles vont les placer en avant d'elles. Cet obstacle n'arrête point nos braves; tout en courant ils ramassent ces pauvres créatures, les portent et les déposent près de leurs mères, et continuent à poursuivre leurs ennemis.

Il est bien difficile que le désordre ne règne point dans un camp dont on s'est emparé de vive force. On a vu pour lors des femmes arabes, dans la crainte de subir la loi du vainqueur, et pour lui inspirer du dégoût et de l'éloignement, avoir recours à un stratagème unique, celui de se barbouiller le visage avec de la bouse de vache.

Les Arabes du désert portent le nom d'*Arabes Kheych*, ou Arabes des tentes : *kheych* veut dire *canevas*. On appelle les Arabes des villages, *Arabes Hâyt*, ou Arabes des murailles : ces derniers sont d'anciens Arabes errans, qui, s'étant rapprochés des pays cultivés, ont d'abord demeuré sous des tentes, et se sont insensiblement fabriqué des habitations, comme celles des *fellâh* d'Égypte.

Il n'y a point de pacte qui lie les membres d'une tribu au chef. Ce dernier a presque toujours une origine ancienne; on se plaît à la reconnaître : mais, pour se maintenir à la tête de la tribu, il faut qu'il emploie la persuasion, l'adresse, la souplesse, en un mot tout l'art d'un chef habile; il a cependant le droit de traiter de la paix, de la guerre, et de ce qui peut être avantageux à la tribu.

Dès qu'on a fait la paix avec une tribu, ou qu'on a traité avec elle, on revêt le chef d'une pelisse ou d'un châle; l'usage des présens est si bien établi, qu'on ne croirait pas l'accord cimenté sans cette distinction.

Les cheykhs arabes négocient avec une sorte de dignité, ou plutôt de contrainte, comme tous les fourbes. Ce qu'ils appellent *manger le pain et le sel* avec leurs nouveaux alliés, ce témoignage qu'on dit si respectable, n'est qu'une grimace consacrée par l'usage. Les Arabes des deux rives du Nil ont prouvé qu'ils ne faisaient aucun cas de la foi du serment; ils violent les conditions qu'ils ont faites, suivant que la crainte ou l'intérêt les y porté.

Lorsque les Arabes vont se présenter à une personne qu'ils considèrent, ils laissent leurs chevaux à une centaine de pas, et s'avancent ensuite à pied.

Les Arabes ne connaissent d'autres lois que celle du talion. Lorsqu'il n'existe point de lois répressives, ni de magistrats pour les faire exécuter, le meurtre resterait impuni si l'assassinat ne remplaçait l'action de la force publique. Dès-lors ce que nous regardons comme un crime ou une lâcheté, devient une vengeance légitime, que les parens du mort poursuivent de génération en génération.

Les meurtres nourrissent des fermens de guerre de tribu à tribu, ou entre les tribus et les villages; on dit alors qu'il y a *du sang entre eux*. Quelquefois, pour *racheter le sang* et faire la paix, on est obligé de payer; mais c'est une honte. Ainsi le faible ou le pusillanime devient doublement tributaire du plus fort.

Les villages qui se refusent à payer, sont pillés jusqu'à trois fois. De pareils brigandages frappent les campagnes de terreur, et font regarder les Arabes comme un fléau des plus redoutables. Je demandais à un cheykh s'il avait eu cette année la peste dans son village : *Nous avons eu*, me répondit-il, *la peste et les Arabes*.

La pédérastie paraît être un goût chéri des Arabes, comme il l'est de tous les peuples d'Orient.

Les Arabes font cinq prières; ils mangent avant midi et avant la cinquième prière, c'est-à-dire vers la fin du crépuscule. La nourriture de deux habitans de village servirait pour dix Arabes. Ils font peu de pain, et ils se servent, pour moudre le grain, de moulins à bras garnis de petites meules de pierre. Ils mangent des dattes, boivent peu d'eau, du lait de chameau de préférence, et dorment environ six heures. L'usage de la viande leur est peu familier. Ils ne connaissent point les repas somptueux : un mouton rôti, qu'on présente tout entier, après en avoir coupé la tête, est le mets le plus distingué; et c'est celui que l'on sert lorsqu'un cheykh arabe arrive.

Les Arabes ne font attention à la mesure du temps qu'à cause de leurs heures de prières.

Ils estiment le temps par la longueur de leur ombre.

Ils mesurent leur ombre avec leurs pieds nus, qu'ils placent alternativement l'un devant l'autre.

Ils ont pour règle fixe, que, vers le solstice d'été, le midi est à un pied de la verticale;

Qu'en hiver, à la même heure, l'ombre a neuf pieds de longueur;

Qu'en été, l'ombre qui répond au milieu de l'intervalle du midi au coucher du soleil, a sept pieds en sus de l'ombre de midi.

Ces mesures se trouvent exactement conformes à la latitude de la contrée.

Ignorans et crédules, les Arabes sont persuadés que le traitement de la fièvre et des autres maladies consiste à placer sous la tête du malade un billet contenant quelques paroles mystiques écrites par un derviche; et le malade repose là-dessus, plein de confiance dans cette recette, et plus encore dans la Providence.

Les femmes, au terme de leur grossesse, trouvent, dans les personnes de leur sexe qui en font profession, des secours pour les aider dans l'enfantement.

On assure que les filles et les veuves arabes qui deviennent enceintes, sont tuées par leurs parens, si elles ne se détruisent elles-mêmes.

Les Arabes craignent beaucoup la petite vérole et la peste; les personnes qui n'ont point eu ces maladies, s'empressent de s'éloigner de celles qui les ont. La petite vérole laisse des marques considérables. Malgré les préjugés de religion, les corps morts de la peste sont brûlés avec le plus grand soin.

L'âge des enfans se rapporte à certaines époques:

ainsi ceux de cette année dateront de l'entrée des Français en Égypte. Les Arabes ont une sorte de chronique qui comprend environ dix ans. Il n'y a point de registres publics : on écrit la date de la naissance des enfans sur un chiffon de papier, sur une page du Qorân, et celle des enfans des villages sur les portes ou sur les murs des maisons.

Le manque d'instrumens leur fait employer, dans les blessures des armes à feu, une pratique singulière, dont l'intention, sinon l'effet, est de suppléer aux pinces pour retirer les balles qui ne sont qu'engagées dans les chairs : cette pratique consiste à faire correspondre aux lèvres de la blessure celles d'une incision faite dans la partie postérieure d'une grenouille, et à réunir le tout par une bonne ligature; les Arabes prétendent que cet appareil et les mouvemens convulsifs de l'animal mourant attirent la balle en dehors.

Ils nettoient la plaie avec de l'huile ou du beurre, et ils la brûlent avec du vert-de-gris pour l'empêcher de se fermer trop tôt. C'est dans les mêmes vues, et afin de favoriser la suppuration, qu'ils mettent dans la plaie un petit caillou; ce qui est la même chose que le cautère qu'on emploie en Europe.

Les Arabes traînent sans cesse après eux la plus grande partie de ce qui fait leurs richesses et leur approvisionnement. Dans les camps à demeure, ils tiennent leur paille hachée et leur grain dans de grands creux pratiqués dans la terre. Le voisinage de puits d'eau douce, de quelques lambeaux de terre d'un faible produit, ou de lacs salés, dont l'exploitation donne un peu de gain, détermine le choix et l'emplacement de ces camps. Les Arabes ont en outre, à quatre où cinq lieues de la lisière des terres cultivées, des entrepôts fermés d'une enceinte crénelée, et, plus avant dans le désert, des dépôts dans le sable, qui ne sont connus, à de certains indices, que de leurs propriétaires.

Les *Geouáby*, pour se garantir du pillage des tribus errantes, sont obligés de les recevoir dans leurs camps, de nourrir les hommes, et de donner de l'orge aux chevaux. Les Arabes errans ne connaissent aucune espèce de lois. Ils avaient été de tout temps ennemis du dernier gouvernement, qui était cependant parvenu, dans quelques circonstances, à les comprimer. Il y a quelques mois que les filles des *Hennâdy* [1] chantaient:

> Vive le peuple qui a chassé Mourâd du Kaire !
> Vive le peuple qui nous laisse voir les villages !
> Vive le peuple qui nous fait manger des *foutyr* [2] !

Mais, depuis que, par des mesures de vigueur, on a su réprimer leurs brigandages, ils ont cessé de célébrer notre bienvenue. On doit se défier des Arabes de même qu'on se défie des voleurs et des assassins : ils ne sont point à craindre comme troupe armée, pour peu qu'on ait du monde à leur opposer ou à faire marcher contre eux; d'ailleurs, on a pénétré les déserts où ils se

---

[1] Mouçâ-abou-A'ly est le chef de la principale tribu des *Hennâdy*. Ces tribus ont trois à quatre cents chevaux, et neuf cents à mille avec ceux des tribus amies et alliées. Les *Hennâdy* sont des plus anciennes tribus de la Libye qu'on connaisse en Égypte.

[2] Sorte de gâteau feuilleté au beurre, qu'on mange avec du miel, et plus ordinairement avec de la mélasse.

croyaient inaccessibles, et ces sables arides ne sont plus étrangers aux Français.

Les Arabes sont armés d'une pique[1] dont ils se servent avec adresse, et qu'ils lancent avec dextérité. Ils manient également leurs chevaux avec habileté; mais ils ont une manière bien préjudiciable à la bonté du cheval, celle de les arrêter tout court sur les jambes de derrière lorsqu'ils galopent : ils en ont d'ailleurs les soins les plus grands et les mieux entendus. Les Arabes ne se présentent jamais en ligne, mais toujours en fourrageurs, et en poussant de grands cris, mêlés d'invectives; leur genre de guerre est celui des troupes légères.

Les chevaux des Arabes sont très-vites, et ils les poussent à toute bride. En même temps, et sans abandonner les rênes qu'ils tiennent de la main gauche, ils mettent en joue leur ennemi. S'ils le tuent, ils le dépouillent, et quelquefois lui coupent la tête, qu'ils portent en triomphe au bout de leur pique. Lorsqu'ils manquent leur coup, ils reviennent sur leur ennemi par un demi-à-droite ou un demi-à-gauche; ou bien ils cherchent à reprendre la supériorité en gagnant le haut du terrain.

Les Arabes en général ne sont pas bien armés. Leurs armes à feu et leur poudre sont très-mauvaises; les balles sont mal coulées. La poudre est grainée d'une

---

[1] La pique est un fer carré, terminé en pointe acérée, et fixé à l'extrémité d'une hampe de quatre à cinq mètres de longueur. La pique pénètre moins que la lance, dont le fer est plat : mais les suites de sa blessure sont plus cruelles; elles causent souvent le *tétanos*. Les Arabes de la partie est du Nil portent presque tous des piques ou des lances; ceux de la Libye ont des armes à feu.

manière informe; le charbon y domine. Ils la portent dans une poire à poudre en bois, et les balles, séparément, dans un sac de peau. Il est rare qu'ils chargent leurs fusils avec des cartouches.

Les Arabes qui confinent à l'Égypte étaient dans l'usage d'envoyer à Boulâq des espions déguisés en *fellâh*, qui examinaient l'espèce et la quantité de troupes qui sortaient du Kaire pour marcher contre eux. Les espions allaient en rendre compte. Aussitôt la tribu levait son camp; elle envoyait bien avant dans le désert les femmes, les enfans, et tout ce qu'elle avait de plus précieux. Les Arabes marchaient pendant quelques jours pour fatiguer leurs ennemis : dans cet intervalle, les tribus alliées se réunissaient, et alors ils se décidaient à attaquer, ou bien à recevoir le combat.

Les camps mettent des vedettes en observation sur les hauteurs; celles-ci placent leur turban au haut de leur lance. Si le camp doit s'avancer, les vedettes marchent du côté de leurs ennemis, ou de la proie qu'ils se proposent d'enlever; dans le cas contraire, les vedettes retournent vers le camp.

Du moment où les Arabes craignent d'être attaqués, ils se séparent en plusieurs petits camps, s'éclairent de très-loin, et tiennent les chameaux attachés près des tentes, pour être plus tôt prêts à fuir.

Lorsque les camps sont aux prises avec d'autres tribus, les filles se montrent à la vue des combattans; elles jouent du tambourin, et font retentir l'air de chants propres à exciter le courage : les blessés sont accueillis par les épouses, par les maîtresses. Les femmes font grand cas de la valeur; et les tribus, en général, d'un chef couvert de cicatrices : la valeur, soutien des empires, l'est aussi de ces misérables hordes de voleurs.

Un combat où il périt vingt à vingt-cinq hommes, est regardé comme une bataille sanglante, dont l'époque est consignée dans la chronique.

On doit, quand on marche pendant la nuit dans les déserts contre les Arabes, se défier d'une erreur qui ferait soupçonner des camps où il n'y en a pas; c'est celle, comme il arrive quelquefois à la mer, de prendre des étoiles à l'horizon pour des feux.

La nature, qui a donné à l'homme la faculté de se reproduire, lui a imposé l'obligation de chercher à subsister. L'Égypte a pour voisins quarante mille Arabes qui, ne trouvant aucune ressource dans leurs sables arides, regardent le territoire d'Égypte comme leur domaine, et, sous-ce prétexte, y viennent exercer mille brigandages. Les gouvernemens ont cherché dans tous les temps à les réprimer; mais ils n'y sont pas toujours parvenus. A travers ce conflit, le malheureux fellâh s'est trouvé froissé entre les agens du gouvernement qui le pressuraient et le molestaient, et les Arabes qui le pillaient et l'assassinaient. Tel était le sort du peuple d'Égypte; il est bien à désirer qu'un pareil sort puisse être amélioré.

# VALLÉES DES LACS DE NATROUN, ETC.

*Itinéraire de la reconnaissance des lacs de Natroun et du Fleuve sans eau.*

| DISTANCES PARCOURUES, MESURÉES OU INDIQUÉES. | MÈTRES. | HEURES. | OBSERVATIONS. |
|---|---|---|---|
| De Terrâneh au Qasr............ | ..... | 12. | Pour les caravanes. |
| Du Qasr au lac n°. 3........... | 628. | | |
| Du Qasr à l'extrémité sud des lacs. | ..... | 1 ½. | |
| Du Qasr à l'extrémité nord..... | ..... | 4. | |
| Du Qasr au couvent d'el-Barà-mâys,................... | 7231. | | |
| Du Qasr au couvent des Syriens. | 7430. | | |
| Du couvent d'el-Barâmâys au couvent des Syriens............ | 9258. | | |
| Distance du couvent des Syriens au couvent d'Anbà-Bichäy.... | 444. | | |
| Du couvent des Syriens au couvent de Saint-Macaire....... | ..... | 3. | Par indication. |
| Du couvent d'el-Barâmâys au Fleuve sans eau............... | ..... | 1 ½. | Par indication. |
| Du couvent des Syriens au Fleuve sans eau................... | ..... | 1 ½. | Direction nord et sud. |
| Du couvent de Saint-Macaire au Fleuve sans eau.............. | ..... | 1. | Par indication. |
| Du couvent de Saint-Macaire à Ouârdân, par Beny-salàmeh... | ..... | 11. | |

Nous nous sommes portés........ { le 5 pluviose (25 janvier), à l'extrémité nord des lacs.
{ le 6, au couvent d'el-Barâmâys.

Le 7, nous avons traversé le Fleuve sans eau.

*Angles que font quelques directions avec le méridien magnétique.*

La direction du Qasr au couvent d'el-Barâmâys............ 102°.
— du Qasr au couvent des Syriens............. 180.
La direction générale des lacs......................... 44.
Le côté est du couvent des Syriens...................... 7.
La face d'entrée du couvent de Saint-Macaire, nord et sud.... 10.
Les entrées des trois autres couvens regardent le nord.

# MÉMOIRE

## SUR

# LES FINANCES DE L'ÉGYPTE,

DEPUIS SA CONQUÊTE

PAR LE SULTAN SELYM PREMIER [1],

JUSQU'A CELLE DU GÉNÉRAL EN CHEF BONAPARTE;

Par M. LE COMTE ESTÈVE,

TRÉSORIER GÉNÉRAL DE LA COURONNE, OFFICIER DE LA LÉGION D'HONNEUR,
EX-DIRECTEUR GÉNÉRAL DES REVENUS PUBLICS DE L'ÉGYPTE.

## INTRODUCTION.

CE mémoire sera précédé d'un court exposé sur *le gouvernement* et *les propriétés* de l'Égypte, parce qu'on ne saurait suivre la marche des impôts, sans connaître les institutions qui en sont la base ou la matière.

L'empereur Selym 1ᵉʳ ébaucha un système d'administration et de gouvernement particulier à l'Égypte; mais sa mort, survenue peu de temps après sa conquête,

[1] Selym réunit l'Égypte à son empire, l'an 923 de l'hégyre, 1517 de notre ère.

l'empêcha de terminer cet ouvrage important. Solymân, son fils et son successeur, l'ayant complété, c'est au règne de ce prince qu'il paraît appartenir, ainsi que le code entier des lois organiques sur l'Égypte. Tel est cependant l'effet que produisent les victoires et les conquêtes : les peuples sont plus frappés de leur éclat que des institutions administratives, qui influent bien davantage sur leur manière d'être. Les Égyptiens d'aujourd'hui ne se souviennent que du sultan Selym, et citent à peine le véritable auteur des lois qu'ils suivent.

### DU GOUVERNEMENT.

Le chef du gouvernement en Égypte était un pâchâ dont le pouvoir, limité par le grand et le petit dyoûân, consistait à présider ces assemblées, à sanctionner leurs résolutions, et à donner les ordres nécessaires pour qu'elles fussent exécutées[1]. Son kyâhyâ et le defterdâr prenaient ses ordres avant les délibérations, et lui rendaient compte des décisions dont elles étaient suivies. Il résidait dans la citadelle du Kaire; ses fonctions expiraient au bout d'un an, à moins qu'un firman du grand-seigneur n'en prorogeât l'exercice.

Les Orientaux donnent le nom de *dyoûân* à toutes les assemblées qui s'occupent de gouvernement et d'administration. Solymân attribua au grand dyoûân le droit exclusif de statuer sur les affaires générales du pays, dont la direction ne fut pas réservée à la Porte; il chargea le petit dyoûân, ou le dyoûân proprement dit, de

---

[1] Il assistait aux dyoûâns en se tenant derrière le rideau d'une fenêtre qui donnait sur le lieu de l'assemblée.

l'expédition des affaires courantes : toutes les parties de l'administration étaient de son ressort, à l'exception de celles que leur importance faisait traiter dans le grand dyoûân; il s'assemblait tous les jours dans le palais du pâchâ. Le kyâhyâ de cet officier, le defterdâr, le rouznâmgy, un député de chacun des corps de l'armée, le commandant et les principaux officiers de ceux de Metfaraqah et de Tchâouchyeh, siégeaient à ce conseil; ils étaient membres nés du grand dyoûân, qui se composait en outre de l'émyr hâggy, du qâdy du Kaire, des principaux cheykhs descendans de Mahomet, des quatre *moufty u'lemá* [1], et d'un grand nombre d'*ogâqlu*. Les ordres de la Porte s'adressaient au grand dyoûân; mais ils étaient reçus par le pâchâ, qui avait seul le droit de convoquer cette assemblée.

Les troupes victorieuses que Selym laissa en Égypte, furent partagées en six *ogâq*; on en forma un septième [2] avec les Mamlouks échappés à la ruine de leur monarchie, qui promirent fidélité au sultan, et demandèrent à servir dans ses armées. Ces bandes, favorisées par des concessions importantes, formèrent à-la-fois la garnison et le peuple dominant en Égypte, s'y fixèrent par des mariages qui transmirent leurs prérogatives à leurs descendans, de même que l'obligation du service militaire auquel elles étaient assujetties. Chaque ogâq avait

---

[1] Chefs des quatre sectes orthodoxes de la communion d'O'mar.
[2] Les sept *ogâq* étaient désignés par les dénominations suivantes:
*Metfaraqah;*
*Tchâouchyeh;*
*Gámoulyán;*
*Táfekgyán;*
*Saráksah;*
*Moustafuzán*, ou janissaires;
*A'zabán.*

un ou plusieurs *effendy* chargés de percevoir ses revenus, de payer sa solde, plus ou moins forte suivant son arme et la nature de son service, et d'acquitter les dépenses générales du corps. Les affaires de l'ogâq se traitaient dans un dyoûân ou conseil d'anciens, composé d'officiers et de quelques sous-officiers de tous les grades, qui recevait les comptes des *effendy*, disposait des places inférieures, présentait des sujets au pâchâ pour occuper les plus élevées, quand son choix devait être confirmé par ce magistrat. Les *ogáqlu* qui avaient entrée au dyoûân, devaient résider au Kaire, et ne pouvaient exercer aucune charge qui les aurait éloignés du siége de ce conseil : ils étaient décorés, ainsi que les autres officiers, d'un costume qui variait suivant leur grade. La force réunie des *ogáq* aurait dû produire une armée de vingt mille hommes; mais ce nombre, déterminé par le sultan Selym, fut rarement complet. Quoique l'Égypte dût être leur station habituelle, ils n'étaient pas dispensés de fournir des détachemens qui servaient passagèrement dans les armées et dans les autres provinces de l'empire. L'ogâq des janissaires était le premier en ligne pour marcher partout où le grand-seigneur jugeait à propos de l'employer; l'aghâ qui en avait le commandement, général de l'armée plutôt que simple chef de corps, étendait son autorité sur toute la milice.

Solymân créa vingt-quatre beys *tableh khâneh*[1], parmi

---

[1] *Tableh khâneh* veut dire *ayant droit d'avoir une musique*. En Turquie, ce droit est un des symboles du pouvoir. Le pâchâ du Kaire partageait avec ses collègues, dans les autres parties de l'empire, le droit d'avoir un corps de musique à sa suite. Des musiciens entretenus à ses frais lui donnaient, à certaines heures du jour, des concerts proportionnés

lesquels douze reçurent des attributions spéciales et déterminées, tandis que les autres furent destinés à remplir des missions extraordinaires, ou à relever ceux de leurs collègues dont les fonctions expiraient après un an d'exercice.

Les douze premiers étaient,

Le kyâhyâ du pâchâ;

Les trois capitans beys, commandans des places de Soueys, Damiette et Alexandrie;

Le defterdâr;

L'émyr hâggy;

L'émyr khazneh;

Les cinq gouverneurs des provinces de Girgeh, Bahyreh, Menoufyeh, Gharbyeh et Charqyeh.

Le kyâhyâ, le defterdâr et l'émyr hâggy, étaient les seuls beys qui entrassent au dyoûân.

La dignité de defterdâr rendait dépositaire du registre des propriétés. Les titres de possession conférés au nom du sultan n'étaient valables qu'après un visa de cet officier, constatant leur inscription sur son livre.

L'émyr hâggy portait à la Mekke et à Médine les présens qui y étaient envoyés annuellement au nom du grand-seigneur, et protégeait la caravane qui se joignait à lui pour arriver aux saints lieux avec sécurité.

L'émyr khazneh conduisait par terre, à Constantinople, la portion des revenus de l'Égypte qui devait être versée dans le trésor du sultan.

au rang qu'il occupait parmi les pâchâs; car ils faisaient connaître s'il était pâchâ à deux ou à trois queues; les beys étaient traités comme les pâchâs à deux queues.

Les provinces de Qelyoubyeh, Mansourah, Gyzeh et Faydum, étaient gouvernées par des *káchef*, dont l'autorité avait la même étendue et la même durée que celle des beys; les actes des uns et des autres devaient être munis du consentement des *tchourbâgy* et autres *ogâqlu* qui formaient le dyoûân particulier de la province.

A l'exception du kyâhyâ et des commandans de Soueys, de Damiette et d'Alexandrie, les autres beys étaient désignés par le dyoûân, confirmés par le pâchâ et par le grand-seigneur. Les premiers, envoyés par la Porte, perdaient le titre de bey, quand le terme de leur mission les rappelait à Constantinople : ceux-ci le conservaient à perpétuité, parce que leur dignité était inamovible, quoique leurs fonctions, hormis celles du bey defterdâr, changeassent toutes les années.

D'après une opinion généralement adoptée, on prenait les beys dans l'ogâq de Metfaraqah : ils cessaient d'appartenir à la milice, dès que le choix du dyoûân les avait élevés à cette dignité.

La Porte s'était réservé le soin de pourvoir au commandement et à la défense des ports et des places de Soueys, Damiette et Alexandrie, parce que ces villes, situées de manière à ouvrir l'accès de l'Égypte, défendue sur le reste de ses frontières par des déserts qui la séparent de peuples peu redoutables, préservaient le pays de toute invasion dangereuse, en même temps qu'elles assuraient plusieurs entrées aux troupes ottomanes, en cas de révolte de la part de ses habitans: leurs garnisons, renouvelées tous les ans, étaient envoyées de Constantinople avec les trois gouverneurs qui en avaient le commandement. Quoique ces officiers fussent au nombre des beys, ils n'appartenaient à l'Égypte que par le séjour qu'ils y faisaient, et par les subsides qu'ils recevaient du trésor public pour leur traitement et l'entretien de leurs troupes; sous les autres rapports, ils étaient étrangers au pâchâ et au dyoûân du Kaire, et ne reconnaissaient que les ordres du grand-seigneur.

La soumission et la tranquillité de l'Égypte justifièrent pendant deux siècles la sagesse des vues de Selym et de Solymân. Au bout de cette période, le pâchâ du Kaire, ayant osé se révolter, fut arrêté par le dyoûân, et traduit à Constantinople, où on le punit de mort. Cette preuve de fidélité valut à ce conseil le droit de déposer les pâchâs. L'ambition d'Ibrâhym et de Rodouân, kyâhyâs des *ogáq* des janissaires et des *a'zab*, ne tarda pas à menacer le pouvoir excessif que le dyoûân devait à cette concession. Parvenus à se perpétuer dans les places annuelles dont ils étaient pourvus, ils se servirent des *ogáq* pour dominer dans le dyoûân, et de leurs Mamlouks pour asservir les *ogáq* eux-mêmes. Jusqu'alors les Mamlouks, simples esclaves achetés par les beys et les *ogáqlu*, ne formaient pas une milice particulière; on n'en avait vu qu'un petit nombre qui, après avoir été admis dans les *ogáq*, étaient parvenus aux premiers emplois. Ibrâhym et Rodouân éloignèrent les Turks de toutes les places importantes, pour les distribuer à ces étrangers. Les Mamlouks du premier étaient si nombreux et si puissans quand leur maître mourut, qu'ils détruisirent le parti de Rodouân, et s'arrogèrent une sorte de souveraineté, en déférant à leur nouveau chef le titre de *cheykh el-beled*, ou de prince du pays[1].

A'ly-bey, revêtu de cette dignité dix-sept ans après sa création[2], prétendit à une indépendance absolue : ses talens et son audace la lui auraient peut-être acquise, sans les intrigues qui le rendirent injuste envers Mohammed-bey, son Mamlouk; celui-ci, forcé de se déclarer son ennemi pour défendre sa vie, le combattit avec tant d'avantage, qu'il le réduisit à fuir du Kaire et à se réfugier en Syrie. Le cheykh Dâher, qui commandait à Acre, uni d'intérêts avec A'ly, à qui il avait donné l'exemple de la rebellion contre la Porte, lui fournit un asile et des secours; mais A'ly-bey, trop pressé de réparer sa disgrâce, ne rentra en Égypte que pour périr des blessures qu'il reçut au combat de Sâlehyeh[3].

Son vainqueur gouvernait à peine depuis trois années, que ses ressentimens particuliers contre le cheykh Dâher, et les ordres de la Porte, le déterminèrent à envahir la Palestine. Il était maître de Jafâ et d'Acre, quand une maladie contagieuse termina sa carrière.

Mourâd et Ibrâhym beys, héritiers de son pouvoir, dominèrent sans contradiction durant quelques années. Au bout de ce terme, Ismâ'yl-bey, ancien Mamlouk d'Ibrâhym kyâhyâ des janissaires, mécontent d'être éloigné de l'administration, souleva contre eux un parti

---

[1] Il est important de ne pas confondre ces Mamlouks avec les Mamlouks plus anciens, connus dans l'histoire sous le nom de *Circassiens*, dont l'existence politique était interrompue depuis la conquête de l'Égypte par Selym.

[2] En 1180 de l'hégyre, 1767 de notre ère.

[3] En 1773.

qui les contraignit de se retirer dans le Sa'yd. Ismâ'yl les ayant poursuivis, Haçan-bey, chef des Mamlouks de la maison d'A'ly, qui jusqu'alors avait fait cause commune avec Ismâ'yl, passa du côté de ses adversaires, à qui cette défection fit recouvrer tout ce qu'ils avaient perdu. Ismâ'yl, forcé de fuir en Asie, eut recours à la Porte, qui le relégua à Brousse. Mourâd et Ibrâhym jouirent, après cette crise, d'une longue prospérité : ils en abusèrent pour éluder les ordres du grand-seigneur, usurper ses revenus, et tyranniser les peuples.

Leur souverain, lassé d'une conduite peu différente d'une révolte, chargea le capitan pâchâ de les punir[1]. Les deux beys n'attendirent pas son arrivée au Kaire. Une partie de la haute Égypte était occupée par Ismâ'yl-bey, qui s'était évadé de son exil, et par Haçan-bey, qui avait rompu avec eux. Mourâd et Ibrâhym, attaqués du côté du Kaire par les troupes du capitan pâchâ, pris en queue par les Mamlouks d'Ismâ'yl et de Haçan, résistèrent aux uns et aux autres. Le capitan pâchâ, rappelé à Constantinople pour aller combattre les Russes, transigea avec ceux qu'il n'avait pas encore pu soumettre, en leur abandonnant la possession de plusieurs districts de la Thébaïde.

Ismâ'yl et Haçan beys, qu'il laissa maîtres du Kaire, du Delta et des provinces limitrophes, se concilièrent la bienveillance de la Porte par une soumission dont leurs prédécesseurs avaient perdu l'usage; mais, au bout de quatre ans, une peste, plus meurtrière que toutes celles dont on conserve le souvenir, fit périr la plus grande

[1] En 1786.

partie des Mamlouks du Kaire, et Ismâ'yl lui-même. O'smân bey tobal, son successeur, croyant avoir tout à craindre de Haçan bey, ne vit de salut pour les siens que dans le rappel de Mourâd et d'Ibrâhym : le pâchâ favorisa leur rétablissement, qui fut préparé avec tant d'adresse, que les Mamlouks de Haçan, pris au dépourvu quand ces deux beys parurent aux portes du Kaire, se virent réduits à fuir sans combat, et à chercher un asile dans le Sa'yd.

Mourâd et Ibrâhym, replacés à la tête du gouvernement, ne tardèrent pas à renouveler les abus de pouvoir qui avaient signalé la première époque de leur administration : ils semblaient avoir acquis le droit de braver leur souverain, d'opprimer l'Égypte, et d'insulter à tous les peuples, quand un grand capitaine mit un terme à leur domination.

On connaît actuellement les causes qui, en défigurant le gouvernement dont Selym et Solymân fondèrent l'existence, ont ramené les Mamlouks en Égypte.

Nous allons exposer les principes de propriété admis dans cette contrée.

### DES PROPRIÉTÉS.

On distingue trois sortes de propriétés en Égypte :
La propriété des terres ;
La propriété des charges ;
La propriété des droits sur l'industrie et les consommations.

Le sultan est réputé propriétaire universel ; toutes les terres lui appartiennent : mais, comme il en transfère la possession à des cessionnaires appelés *moultezim*, qui peuvent les aliéner, qu'il s'interdit le droit de révoquer ses concessions, et qu'il est rare qu'il en refuse la continuation aux héritiers de ceux qui en ont joui, cet ordre de choses se concilie avec des avantages équivalens à ceux de la propriété. Les *felláh*, paysans cultivateurs, conservent la possession immédiate et héréditaire de la plus grande partie des terres assignées aux *moultezim*; leurs obligations leur en interdisent la vente et l'abandon. Lorsqu'ils meurent sans enfans et sans héritiers, celles qu'ils possèdent sont à la disposition du moultezim, qui est obligé de les donner à un autre paysan. Après la mort d'un moultezim également privé de successeurs, sa terre revient au sultan, qui s'en dessaisit toujours pour la conférer à un autre feudataire.

Toutes les terres sont divisées en terres d'*atâr*, d'*ousyeh*, de *rezâq* et d'*atlâq*.

Les *felláh* possèdent les *atâr*.

La propriété des *ousyeh* est dévolue aux *moultezim*.

Les *rezâq* sont des terrains affectés à des œuvres pieuses, libres et francs de toute imposition, que Selym trouva en Égypte, et dont il confirma les immunités, en s'abstenant de les donner à des *moultezim*. Les personnes désignées dans l'acte de fondation continuent encore aujourd'hui à les administrer avec la même indépendance.

Quelques terres, connues sous le nom d'*atlâq*, jouissent des mêmes franchises, et sont destinées à fournir des fourrages aux chevaux du pâchâ et des beys.

Selym greva plusieurs *moultezim* de rentes annuelles,

qu'il assigna ou reconnut appartenir à des particuliers, et aux établissemens publics ou pieux connus sous le nom d'*ouaqf;* ses successeurs soumirent d'autres *moultezim* à des rétributions pareilles; enfin des *moultezim* en ont établi de nouvelles, et ont assujetti leurs héritiers à la même charge. Ces redevances, qui forment de véritables propriétés, puisque les *moultezim* sont tenus de les payer à perpétuité, s'appellent *rezâq en argent;* elles font ordinairement partie, ainsi que les *rezâq* en terres, des revenus des *ouaqf*. Leurs propriétaires ayant eu la faculté de les aliéner, elles s'acquittent à ceux qui les ont acquises par achat, comme à ceux qui les ont recueillies par droit de succession.

On distingue deux sortes d'*ouaqf* : les *ouaqf soultâny*, c'est-à-dire de fondation impériale, et les *ouaqf* particuliers. Les premiers ne se composent que de redevances en argent et en grains : le sultan, par qui elles sont établies, les applique lui-même à leur destination. Les autres se forment non-seulement de *rezâq* en terres et en argent ou en grains, mais encore de maisons, d'*okel*, de jardins, etc., possédés en entier, soit par un établissement ou un service pieux, soit par les descendans du fondateur, qui ne donne à sa propriété une destination religieuse qu'à défaut d'héritiers à l'infini. Cette disposition est très-usitée en Égypte, parce qu'elle met sous la garantie de la religion les droits que le donateur transmet à ses enfans.

Les charges sont ou annuelles ou inamovibles. Le sultan a affecté à la dotation des unes et des autres des concessions en terres et en droits de toute espèce. Ceux qui sont pourvus des premières, n'ont qu'une simple jouissance qui se termine à l'expiration de leurs fonctions. Les autres participent de la nature des propriétés, en ce que l'investiture n'en est jamais refusée par le prince à celui à qui le possesseur les vend ou les résigne; on voit communément celles-ci passer aux enfans ou aux héritiers du fonctionnaire qui les a remplies.

La propriété des droits sur l'industrie et les consommations dérive de celle des charges; elle consiste dans la jouissance pleine et entière des droits de cette nature que Solymân créa en faveur des personnes en charge et autres, de manière à ce qu'elles trouvassent dans leur perception un traitement proportionné au rang et aux attributions de chacune d'elles.

Les maisons, les capitaux, le mobilier, forment des propriétés qui semblent ignorées du gouvernement; les Égyptiens en jouissent, les achètent, les vendent et en héritent, sans entrer en compte avec le fisc.

# SECTION PREMIÈRE.

*Impositions publiques.*

## CHAPITRE Iᵉʳ.

*Impôts sur les terres.*

Ce ne fut qu'après beaucoup de travaux et de recherches que les Turks parvinrent à fixer les impôts de l'Égypte. Les archives du gouvernement ayant été brûlées par les Mamlouks, le sultan Selym tenta d'y suppléer par des renseignemens qu'il puisa chez les agens de l'ancienne administration : il connut le produit des impôts, en contraignant les officiers publics qui remettaient à chaque contribuable la note de ce qu'il devait payer, à livrer les registres de leurs opérations. Cependant, les notions obtenues par cette mesure n'ayant pas fourni tous les résultats qu'il voulait connaître, il ordonna une division générale par provinces, villes et villages : chaque territoire fut subdivisé en *feddán*. Il faut convenir néanmoins que les travaux de ce cadastre ne furent point achevés, puisqu'il existe, dans presque toutes les provinces, des propriétés et des villages entiers dont les dimensions sont encore inconnues au gouvernement.

§. I. *Du mâl el-hourr.*

La totalité des impôts qui furent établis sur les terres, est comprise sous la dénomination de *mâl el-hourr* (droit pur). Son produit, perçu par le moultezim, est affecté,

1°. Au paiement du myry,
2°. A celui du kouchoufyeh,
3°. A celui du fàyz.

Le moultezim paye le myry au sultan, le kouchoufyeh au bey ou kâchef gouverneur de la province; le fàyz est son revenu net.

Nous donnerons l'état des sommes imposées sur les provinces de l'Égypte sous ces trois différens titres, à l'époque de l'arrivée de l'armée française. On verra dans le compte de M. Estève les moyens qu'il a dû employer pour l'obtenir.

Voici celui du myry:

| DÉSIGNATION des PROVINCES. | MYRY PROPREMENT DIT. | KOUCHOUF. | TEZAKER TCHAOUCHYEH. | TOTAL. | OBSERVATIONS. |
|---|---|---|---|---|---|
| | Médins. | Médins. | Médins. | Médins. | |
| Qénég | 1049121. | 11045. | 1797. | 1061963. | Dans ces provinces, qui composent la haute Égypte, la plus grande partie de l'impôt s'acquitte en nature; on n'énonce ici que ce qu'elles payent en argent. |
| Esné | 511600. | 1050. | 10531. | 523181. | |
| Girgeh | 5443437. | 366558. | 13579. | 5693074. | |
| Syout | 2191051. | 28643. | 4207. | 2223901. | |
| Manfalout | 806870. | 26696. | 966. | 828532. | |
| Minyeh | 3221030. | 23736. | » | 3245866. | |
| Beny-Soueyf. | 3431001. | 40292. | 37651. | 3517944. | |
| Fayoum | 2293021. | 21816. | 22371. | 2337208. | |
| Atfyeh | 632780. | 6035. | 8156. | 646971. | |
| Gyzeh | 4331773. | 33834. | 77600. | 4443207. | |
| Qelyoubyeh | 3836134. | 30274. | 62034. | 3930742. | |
| Charqyeh | 5012159. | 39984. | 94489. | 5146632. | |
| Bahyreh | 1114339. | 42689. | 92479. | 1249507. | |
| Mansourah | 9499142. | 52381. | 156115. | 9707638. | |
| Gharbyeh | 15400535. | 125112. | 260547. | 15786194. | |
| Menoufyeh | 12403908. | 110046. | 230886. | 12744840. | |
| Totaux | 78314491. | 632897. | 1073508. | 80017890. | Faisant 285,778 l. 15 s. 8 d, ou 2822500 f 52 c. |

Le myry est le tribut que s'est réservé le sultan : celui qu'il perçoit sur les terres ne s'élevait originairement qu'à 70898598 médins; mais, les sultans Ahmed, Mohammed et Moustafā l'ayant successivement augmenté de 7412893, il est arrivé au total que nous avons énoncé. Sa répartition actuelle est la même que celle qui fut faite par Selym ou Solymân. Soit vice dans le travail, soit détérioration ou amélioration des terres, elle est très-vicieuse : dans la plupart des provinces, on voit des territoires étendus et fertiles moins imposés que d'autres qui n'ont pas les mêmes avantages.

La somme de 632891 médins, mentionnée sous le titre de *kourekgy*, n'entrait pas autrefois dans le trésor public : elle faisait néanmoins partie du mâl el-hourr ; un effendy la recevait directement des *moultezim*, et l'employait au transport et aux travaux nécessaires pour que les décombres du Kaire fussent conduits aux embouchures du Nil et jetés dans la mer. Le rouznâmgy surveillait la gestion et recevait les comptes de cet effendy. Les gens en place ayant détourné l'emploi de ce fonds depuis environ un siècle, la Porte ordonna qu'il serait versé dans son trésor : la cessation de la dépense à laquelle il devait pourvoir, a produit, dans les environs du Kaire, des collines factices d'où s'élèvent continuellement des exhalaisons et une poussière désagréables et malsaines.

Le tezâker tchâouchyeh fut établi par le sultan pour fournir un supplément de paye aux membres de l'ogâq tchâouchyeh, chargé d'assurer la levée du myry. Il était perçu directement par les officiers de ce corps ;

mais, dans les derniers temps, les *moultezim* en ayant refusé le paiement, le pâchâ vint au secours de cet ogâq, devenu trop faible pour l'exiger, en ordonnant par un firman que ce droit serait perçu comme faisant partie du myry, et qu'il aurait la destination prescrite par le réglement.

Nous distinguerons le kouchoufyeh établi par Solymân, et faisant conséquemment partie du mâl el-hourr, d'avec le nouveau kouchoufyeh survenu depuis ce prince.

L'état ci-après fera connaître le produit de l'un et de l'autre.

# DE L'ÉGYPTE.

| DÉSIGNATION des PROVINCES. | ANCIEN KOUCHOUFYEH. | | | | NOUVEAU KOUCHOUFYEH. | | | | | OBSERVATIONS. |
|---|---|---|---|---|---|---|---|---|---|---|
| | MAL EL-OUBAT. | KHEDEM EL-L'MAR. | ROULIER. | TOTAL. | RAFÂ el-mazièm harqj el-byâdi. | PERDES EL-TABAYE. | ROULIER. | TOTAL. | TOTAL GÉNÉRAL. | |
| | Médins. | Médins. | Médins. | Médins. | Médins. | Médins. | Médins. | Médins. | Médins. | |
| Qéné........ | » | » | 125664. | 125664. | » | » | » | » | 125664. | Dans ces provinces, qui composent la haute Égypte, la plus grande partie de l'impôt s'acquitte en nature; en n'éumure ici que ce qu'elles payent en argent. |
| Esné......... | » | » | 954267. | 954267. | » | » | 125000. | 125000. | 1079267. | |
| Girgeh....... | 8000. | » | 1858316. | 1858316. | » | » | 1993366. | 1993366. | 2077683. | |
| Syout........ | 281887. | » | 8560975. | 858975. | » | » | 63650. | 63650. | 9226125. | |
| Manfalout.... | » | » | 1377478. | 4193635. | » | » | 420420. | 420420. | 8400335. | |
| Minyeh....... | 582778. | 415633. | » | 9978111. | » | » | 2101918. | 2101918. | 3009729. | |
| Bény-Soueyf. | 960822. | 458728. | 822941. | 2281491. | 1128250. | » | 1128250. | 1128250. | 3356711. | |
| Fayoum...... | 191920. | » | 137349. | 332269. | 95124. | » | 2203229. | 2203229. | 647722. | |
| Atfyeh....... | » | » | » | » | » | » | » | » | » | |
| Gyzeh........ | 322157. | 1085790. | 4625. | 472252. | 2596600. | » | 1622866. | 1922406. | 2394758. | |
| Qelyoubyeh. | 382308. | 235345. | 43444. | 661097. | 627365. | » | 655559. | 1049165. | 1710462. | |
| Charqyeh.... | 642862. | 606950. | 93167. | 1348119. | 2368880. | 422000. | » | 4126529. | 5476648. | |
| Bahyreh..... | 604262. | 456338. | 499100. | 1559690. | 2140925. | 1061770. | » | 3814017. | 5406703. | |
| Mansourah... | 741883. | 680710. | 340273. | 1762866. | 2635025. | 1728088. | 824624. | 4362366. | 6154192. | |
| Gharbyeh.... | 1475481. | 832938. | 82938. | 2397564. | 4506320. | 1611607. | 1650074. | 7768001. | 10165665. | |
| Menouffyeh. | 7439832. | 5584100. | 209306. | 1517658. | 2513430. | 1406052. | 930401. | 4849883. | 6395781. | |
| TOTAUX. | 6951288. | 4396313. | 6217313. | 17566914. | 16274839. | 7096194. | 8914547. | 32315580. | 49880404. | Faisant 7984461 fr 34 ou 7*.70*.10*. |

Le mâl el-gihât indique une perception faite sur tous les villages de l'arrondissement. Son produit, grevé de la plus grande partie des dépenses de l'islâmyeh, était mis par les *moultezim* à la disposition des gouverneurs des provinces, qui acquittaient ces dépenses et gardaient le reste à leur profit.

Le khedem el-a'skar était levé au profit des *tchourbâgy* et autres officiers et soldats de la milice, et notamment des *ogâq* Tâfekgyân, Gâmoulyân et Sarâkseh, répandus dans les provinces pour servir de conseils et de surveillans aux beys ou *kâchef* gouverneurs. Ils levaient directement cet impôt sur les *moultezim*, d'après une autorisation écrite du bey ou kâchef. Mohammed-bey ayant trouvé ce droit augmenté, le ramena au taux fixé par Solymân.

Le koulfeh représente plusieurs droits en nature et en argent, attribués par les anciens réglemens aux gouverneurs et aux personnes de leur maison, et convertis en prestations pécuniaires payables par les *moultezim*. Nous y avons compris un droit connu sous le nom de *haouâlet el-haouâlât*, expressions arabes qui désignent l'indemnité revenant aux messagers dépêchés dans les villages pour prévenir les contribuables du paiement qu'ils ont à faire du kouchoufyeh, parce que nous avons reconnu que dans toutes les provinces de l'Égypte, à l'exception de celles de Gharbyeh et de Menoufyeh, on a confondu le haouâlet el-haouâlât avec le koulfeh.

Long-temps avant Mohammed-bey, les gouverneurs s'étaient mis en possession d'augmenter arbitrairement les droits de kouchoufyeh. A l'époque où ce bey gouverna l'Égypte, les *moultezim*, hors d'état de supporter ces exactions toujours croissantes, lui firent sentir la nécessité d'y mettre un terme. Mohammed reconnut que si, d'un côté, il convenait d'augmenter ces droits, il était, de l'autre, souverainement injuste d'en abandonner l'évaluation à la cupidité des gouverneurs. Prenant le parti d'abolir tout ce qu'ils exigeaient indépendamment de l'ancien kouchoufyeh, il leur accorda le produit d'un nouvel impôt, qui reçut le nom de *rafa' el-mazâlem* (délivrance de la tyrannie).

Haçan, capitan pâchâ, qui tenta de remettre l'ordre en Égypte après les troubles qui suivirent la mort de Mohammed-bey, voulut d'abord réduire les impositions au taux fixé par les réglemens de Solymân : des réflexions ultérieures l'ayant détourné de ce projet, il adopta les considérations qui avaient déterminé l'établissement du rafa' el-mazâlem, et se borna à remplacer cette dénomination par celle de *haqq el-byâtât* (prix du séjour).

Les événemens qui suivirent son départ ayant rétabli la domination d'Ibrâhym et de Mourâd beys, les gouverneurs des provinces surpassèrent leurs devanciers en concussions et en rapines, de sorte qu'il fallut en venir à de nouvelles transactions. Mourâd et Ibrâhym ajoutèrent aux droits existans celui de *ferdeh el-tahryr* (imposition fixe).

Ils convertirent ensuite le haqq el-taryq institué par Mohammed-bey pour subvenir aux frais de perception du rafa' el-mazâlem, le nouvel haqq el-taryq nécessaire pour la levée du ferdeh el-tahryr, et finalement toutes les charges imposées arbitrairement sur les villages depuis la mort de Mohammed-bey, en une redevance unique, qu'ils désignèrent par le nom de *koulfeh* à cause de la conformité des droits qui la composaient, avec ceux connus sous ce nom dans l'ancien kouchoufyeh.

L'état que nous allons produire indique la portion des impositions revenant aux *moultezim*, lorsque toutes les terres sont arrosées.

| DÉSIGNATION des PROVINCES. | FAYZ. | AUGMENTATIONS. | | TOTAL. | OBSERVATIONS. |
|---|---|---|---|---|---|
| | | Barniny ancien. | Barniny nouveau. | | |
| | Médins. | Médins. | Médins. | Médins. | |
| Qéné............ | 3017107. | 297826. | » | 3315023. | La perception du mâl el-hourr ayant lieu dans le Sa'yd en argent ou en grains, suivant le genre de culture que les *fellâh* donnent aux terres, nous avons dû adopter, pour pouvoir établir le produit du fâyz exigible en argent, le montant des recouvremens de cette nature, qu'on opère ordinairement dans ces provinces lorsque toutes les terres sont arrosées. |
| Esné............. | 1946269. | » | » | 1946269. | |
| Girgeh........... | 10339770. | 4543499. | » | 14883278. | |
| Syout............ | 1821988. | 3270157. | 110500 | 5202645. | |
| Manfalout........ | 2284578. | 579266. | 162859. | 3026703. | |
| Minyeh........... | 2487132. | 1039170. | » | 3526302. | |
| Beny-Soueyf...... | 15228009. | 713315. | 3098690. | 19040014. | |
| Fayoum.......... | 5436310. | 776679. | 883193. | 7086182. | |
| Atfyeh........... | 4624609. | 362034. | 182411. | 5169175. | |
| Gyzeh............ | 8543167. | 937082. | 710963. | 10191212. | |
| Qelyonbyeh....... | 9026631. | 589428. | 5503150. | 15119199. | |
| Charqyeh......... | 12368726. | 3232796. | 3625926. | 19227448. | |
| Bahyreh.......... | 19800449. | 1552344. | 1715578. | 23068371. | |
| Mansourah........ | 21616066. | 8658867. | 6783313. | 37058840. | |
| Gharbyeh......... | 39802886. | 12050816. | 13066103. | 65609805. | |
| Menoufyeh........ | 21824036. | 6957384. | 12176133. | 40757553. | |
| TOTAUX.......... | 180158507. | 45350673. | 48718849. | 274228209. | Faisant 9793858¹ 3ᵗ 7ᵈ, ou 9672946ᶠ 24ᶜ. |

Le fâyz est la portion du mâl el-hourr attribuée par le sultan aux *moultezim;* il n'est pas invariable et rigoureusement exigible chaque année, comme le myry et le kouchoufyeh. Les *moultezim* n'y ont aucun droit avant de s'être libérés envers le sultan et les gouverneurs des provinces; et, comme en principe les terres non arrosées ne devraient pas payer d'impôt, il s'ensuit qu'il est susceptible d'augmentation ou de diminution, suivant le plus ou moins d'étendue des terres arrosées qui acquittent le mâl el-hourr.

Les augmentations du fâyz ont reçu la dénomination d'*ancien* et de *nouveau barrâny, moudâf qadym, moudâf mestegedd :* aucun titre formel n'indique leur établissement. Les *moultezim* ont converti en droits rigoureusement exigibles, des présens et des rétributions payés par les *fellâh* pour un service accidentel ou d'après un usage.

La perception de l'ancien barrâny remonte à une époque très-reculée; elle est regardée aujourd'hui comme aussi régulière que celle du mâl el-hourr primitif.

Le nouveau barrâny s'est introduit sous les beys mamlouks, à la faveur des mêmes prétextes qui avaient été employés pour lever l'ancien.

Aujourd'hui tous les droits formant l'ancien et le nouveau barrâny s'acquittent en argent. Cet abonnement n'empêche pas que leur objet primitif ne soit encore énoncé dans le rôle des impositions du village. On ne trouve pas le même détail dans les diverses branches du nouveau kouchoufyeh, parce que, le gouvernement ayant obligé les *moultezim,* déjà grevés du paiement de l'ancien, à payer aux commandans des provinces le rafa' el-mazâlem, le ferdeh el-tahryr et le nouveau koulfeh, cette perception a pour titre une autorité que le village ne saurait méconnaître : au contraire, les *barrâny* n'étant pas exigibles des *fellâh* en vertu d'un titre précis, il est nécessaire que le moultezim perpétue le souvenir de l'usage qui fonde les redevances dont ils sont composés.

L'administration particulière d'un village donnait lieu à des frais de perception ayant pour objet les dépenses locales et le salaire des officiers institués par le sultan dans chaque commune : ils n'entrent pas dans les états que nous avons fournis, parce que le collecteur, les appliquant directement à leur destination, en déduit le montant des versemens qu'il fait au moultezim.

Nous produirons un rôle littéral des impositions levées sur un village, tel qu'il était dressé par cet agent; l'ordre du travail exige qu'il soit placé dans l'article où nous parlerons des perceptions. Il expliquera, de la manière la plus claire, tout ce qui vient d'être dit touchant l'objet et la répartition de l'impôt sur les terres.

§. II. *De l'administration des villages.*

Le moultezim chargé de la police et de l'administration du village a sous ses ordres un qâymmaqâm qui le représente, et des officiers dont il fait choix. Leur existence et leurs fonctions sont déterminées par les réglemens du sultan.

Ces officiers sont, les cheykhs, le châhed, le serrâf, le khaouly, le mechhed, les *ghafyr*, l'oukyl, le kallâf.

Le châhed et le khaouly doivent être pris parmi les habitans du village.

Le cheykh a l'inspection et la surveillance des terres et des paysans : il est chargé de veiller à ce que les intérêts du moultezim ne souffrent pas de leur inconduite ou de leur négligence, et tenu de payer pour les contribuables s'il n'a pas averti le seigneur de leur fuite ou de leurs torts. Les ordres du moultezim ne parviennent aux *fellâh* que par son entremise. Il transmet à ce dernier leurs demandes et leurs réclamations. Le moultezim établit quelquefois plusieurs cheykhs dans les terres de sa dépendance : le premier d'entre eux, distingué par le titre de *cheykh des cheykhs*, remplit à l'égard de ses collègues le ministère qu'ils exercent envers leurs *fellâh*. Quand le moultezim est absent et qu'il n'a point de qâymmaqâm dans son village, il est représenté par ce premier cheykh. Les cultivateurs distingués par leur aisance et leur dextérité sont ordinairement choisis pour remplir ces places : il arrive souvent qu'elles passent du père au fils; ce qui fait que les enfans d'un cheykh croient avoir des droits à hériter de son titre.

Le châhed tient le registre qui indique la nature et l'étendue de tous les fonds qui composent le territoire du village : les noms et les propriétés de chacun de ses habitans y sont inscrits, de même que les mutations qui surviennent. On lui donne l'épithète de *a'del* ou juste, pour caractériser la probité qui doit présider à ses fonctions.

Le serrâf reçoit les contributions conformément à la répartition établie d'après le registre du châhed, recon-

époques et à des heures où ces opérations sont interdites, entrent également dans leurs attributions.

L'oukyl exploite les terres d'ousyeh; mais il est obligé de se servir du khaouly pour les faire semer : il en recueille le revenu, dont il dispose conformément aux ordres du moultezim.

Le kallâf ou berger est chargé, sous les ordres de l'oukyl, de la garde et du soin des troupeaux et bestiaux de l'ousyeh. Il en perçoit les produits en laine, beurre, fromage, etc. Sa profession lui suppose des connaissances dans l'art vétérinaire, qui tournent au profit du village; car il est obligé d'accorder ses soins aux *fellâh* qui réclament ses secours en faveur de leurs bestiaux.

On trouve ensuite dans chaque village un imâm, un barbier et un menuisier. Quoiqu'omis dans les réglemens du sultan, il est d'usage qu'ils reçoivent un traitement de la communauté; ce qui fait que chacun dans sa partie est tenu d'accorder son travail ou son ministère aux habitans.

§. III. *Des perceptions.*

Anciennement, quoique le serrâf fût au nombre des officiers créés par Solymân, il était subordonné au châhed, et n'avait d'autre emploi que celui de recevoir de chaque fellâh la somme à laquelle il était imposé par le dyouân de perception. La complication et la multiplicité des droits modernes ayant rendu ce travail plus difficile, le moultezim et le cultivateur, également embarrassés pour déterminer leurs droits et leurs obliga-

DE L'ÉGYPTE.   69

tions, ont eu recours à ceux qui ont acquis une connaissance parfaite des réglemens et des usages qui servent à les fixer. Or, il n'y a pas de village, il n'existe pas de terrain pour lequel il ne se trouve un Qobte[1] en état de donner les notes les plus exactes sur les droits anciens et nouveaux, locaux ou généralement établis, légitimes ou abusifs, qui ont été levés sur ses possesseurs. Ces renseignemens rendent sa médiation entre les *moultezim* et les *felláh* tellement essentielle, que ces derniers payent avec résignation quand il a prononcé, et ne se soumettent que par contrainte à des redevances qu'il n'a pas reconnues. Les Qobtes doivent à leur instruction dans cette partie l'avantage d'être les intendans des beys et des *moultezim*. On trouve entre eux les mêmes rapports qui existent entre ceux dont ils administrent les biens: les intendans des *moultezim* et ceux des beys reconnaissent pour supérieur celui du bey cheykh el-beled, qui prend le titre d'intendant général. Avant d'exercer de pareils emplois, ils se forment aux affaires sous la direction de leurs devanciers; et, toujours attentifs à concentrer dans leur nation le système d'industrie qui forme son héritage, ils n'associent que des Qobtes à leurs travaux et à leurs connaissances. Le moultezim confie les fonctions de serrâf à l'un de ces élèves connus sous le nom d'*écrivains*. Son choix est guidé par son intendant et approuvé par l'intendant général; de sorte que ce dernier a, sur l'administration de l'Égypte, l'in-

---

[1] Les Qobtes sont les descendans naturels du pays qui refusèrent d'embrasser la religion de Mahomet: ils professent un christianisme corrompu par leur ignorance et les erreurs de Nestorius.

fluence attachée à la distribution des emplois dérivant de ses fonctions.

Dès que les eaux du Nil abandonnent les terres, et que les semailles sont terminées, le serrâf se rend dans le village qui lui est assigné, muni du travail relatif aux impositions des années précédentes. Les notions de cette nature, censées appartenir à la nation qobte en général, sont toujours communiquées par celui qui en est nanti. Immédiatement après son arrivée, il convoque le dyouân de perception, dont il est membre né, de même que les cheykhs et le châhed, et s'occupe du soin de répartir et de lever l'impôt. Le dyouân, qui devrait être l'auteur ou du moins le juge de ses opérations, n'en est plus que le témoin. Les *fellâh* eux-mêmes préfèrent l'administration du serrâf à celle du dyouân et du châhed, parce que le zèle avec lequel il justifie la confiance du moultezim, ne l'empêche pas de mettre de l'adresse et quelque bonne foi dans ses procédés. Sa qualité d'étranger, la nature de ses fonctions, qui expirent avec l'année, concourent à le rendre impartial; tandis que les cheykhs et le châhed ont toujours été justement accusés d'épouser les divisions locales qui rendent si souvent injuste.

La perception s'applique à trois objets différens :

1°. Au mâl el-hourr primitif;

2°. Aux additions faites au mâl el-hourr [1];

3°. Aux dépenses accidentelles et d'usage du village.

Le registre du châhed, qui constate l'étendue et la qualité des terres possédées par chaque contribuable, sert de base au serrâf pour établir la répartition de l'impôt.

---

[1] Elles se composent de deux *barrâny* et du nouveau kouchoufyeh.

DE L'ÉGYPTE.

Outre les *rezâq* et les *atlâq*, les *ousyeh* et les *atâr*, il y a dans chaque village des terrains appelés *bour* et *menâgezeh*.

Nous avons dit que les *rezâq* et les *atlâq* étaient exempts de toute imposition; il en est de même des terres improductives ou *bour*.

Celles d'une mauvaise qualité, dites *menâgezeh*, appartenant au moultezim ou aux *fellâh*, payent une taxe modérée, inférieure à celle qui est perçue sur les terres d'ousyeh et d'atâr, dont elles forment la quatrième classe, puisque celles-ci se partagent en supérieures, moyennes et inférieures. Les unes et les autres sont également sujettes au mâl el-hourr, et l'acquittent à raison de leur qualité [1].

Les *atâr* supportent seuls, en outre, les additions qui ont été faites à cet impôt, ainsi que les dépenses accidentelles et d'usage, sans aucun égard pour leur qualité; on se borne à répartir, par portions égales, la somme à laquelle ces dépenses s'élèvent, suivant le nombre de *feddân* possédé par chaque fellâh.

Les terres de cette nature qui appartiennent aux cheykhs et aux autres officiers du village, sont traitées, dans la haute Égypte, aussi favorablement que celles d'ousyeh; mais, dans l'Égypte inférieure, ils n'obtiennent cet avantage que pour une portion de leurs possessions.

Les territoires non mesurés sont taxés en masse; la

---

[1] Pour démontrer avec quelle inexactitude cet impôt était réparti, il suffit de dire qu'il variait de 90 à 300 médins par feddân de terre de première classe; de 60 à 150 médins par *idem* de deuxième classe; de 30 à 120 médins par *idem* de troisième classe et de menâgezeh.

répartition de l'impôt y est faite par le serrâf et l'administration intérieure du village : les perceptions de cette nature s'appellent *kelâleh*. Elles sont en plus grand nombre dans le Sa'yd que dans la basse Égypte.

Quelques villages sont à demi mesurés : la partie mesurée est imposée par feddân, et l'autre par kelâleh.

Les villages sont ordinairement composés de plusieurs communes (*kafr*), qui ne forment qu'un seul et même arrondissement, sous la dénomination du village principal.

La totalité de l'arrondissement, quelles que soient ses dimensions, se divise en vingt-quatre portions (*qyrât*), qui sont toujours égales, et qui appartiennent à un ou plusieurs *moultezim*.

Voici le rôle des impositions que le territoire d'el-Anboutyn, situé dans la province de Gharbyeh, a payées l'an 1213 de l'hégyre, VIIe de la république (1798) : il offrira, comme nous l'avons promis, le tableau de toutes les impositions écrites d'un village, et notamment le détail des droits qui composent le barrâny. Ceux-ci variant dans chaque province, et même dans chaque village, nous avons dû nous borner à fournir un exemple qui fît connaître ceux qui sont le plus généralement établis.

Rôle *des impositions de l'arrondissement* d'el-Anboutyn, *province de* Gharbyeh, *pour l'an* 1213 *de l'hégyre.*

EL-ANBOUTYN, village principal.
BAQLOULEH............... }
MINYET HEBEYCH EL-BAHARYEH... } KAFR, autres villages qui en dépendent.

| | El-Anboutyn. | Baqlouleh. | Minyet-Hebeych. | | El-Anboutyn. | Baqlouleh. | Minyet-Hebeych. | TOTAL. |
|---|---|---|---|---|---|---|---|---|
| | | | | | \multicolumn{4}{c}{FEDDANS.} | | | |
| Contenance des terres................. | | | | | 1626 $\frac{144}{176}$ | 476 $\frac{144}{176}$ | 1106 $\frac{40}{176}$ | 3209 $\frac{71}{176}$ |
| A DÉDUIRE | | | | | | | | |
| *Terres franches de tous droits.* | | | | | | | | |
| Rezqa appartenant à divers particuliers....... | 45 $\frac{144}{176}$ | " | 21 $\frac{107}{176}$ | | 47 $\frac{108}{176}$ | 16 $\frac{176}{176}$ | 21 $\frac{107}{176}$ | 85 $\frac{215}{176}$ |
| Bour, terres incultes, rives, chemins, etc., etc.... | 1 $\frac{107}{176}$ | 16 $\frac{176}{176}$ | " | | | | | |
| Reste supportant les droits comme il suit.................. | | | | | 1579 $\frac{144}{176}$ | 459 $\frac{144}{176}$ | 1084 $\frac{11}{176}$ | 3123 $\frac{132}{176}$ |

| | FEDDANS. | | El-Anboutyn | Baqlouleh | Minyet-Hebeych | TOTAL | TOTAL GÉNÉRAL |
|---|---|---|---|---|---|---|---|
| | | | Médins. | Médins. | Médins. | Médins. | Médins. |
| El-Anboutyn... 1579 116/576 | 114 56/72 | *Mendgezeh*, terres de mauvaise qualité, payant un droit fixe | 8721. | | | | |
| | 126 148/176 | Supérieurs formant l'ousych, à 107 médins le feddàn...... | 13565. | | | | |
| | 898 13/26 | Moyens...... atàr, à 107... | 96158. | | | | |
| | 410. | Inférieurs.... id. à 103... | 43310. | | | | |
| Baqlouleh...... 459 144/576 | 32 176/176 | *Mendgezeh*. Comme dessus, fixe. | » | 2511. | | | |
| | 31 17/72 | Supérieurs formant l'ousych, à 107.................... | » | 3330. | | | |
| | 396 12/72 | Moyens...... atàr...107... | » | 42386. | | | |
| Minyet-Hebeych. 1084 144/576 | 13 142/176 | Supérieurs formant l'ousych, à 107.................... | » | » | 1474. | | |
| | 1070 147/176 | Inférieurs...... atàr...115... | » | » | 123093. | | |
| TOTAL pareil.. 3123 176/576 | | Payant................. | 163764. | 48217. | 124567. | | |
| | | TOTAL formant le mâl el-hourr primitif..... | | | | 336578. | |
| | | *Augmentations du mâl el-hourr.* | | | | | 361558. |
| | | Quote-part de ce village dans la répartition des 741893 médins ajoutés au myry par les sultans Ahmed, Mohammed et Moustafa... | | | | 14887. | |
| | | Droit fixe sur de nouvelles terres à Baqlouleh............ | | | | 300. | |
| | | Surplus sur les terres des Arabes de la tribu el-Atahyà......... | | | | 9893. | |
| | | TOTAL général du mâl el-hourr............ | | | | 361558. | |

A DÉDUIRE

*Dépenses locales, et frais d'administration payés à qui de droit.*

| | El-Anboutyn | Baqlouleh | Minyet-Hebeych | TOTAL | TOTAL GÉNÉRAL |
|---|---|---|---|---|---|
| *Khetmyeh*. C'est un premier droit perçu par le râs noubeh, petit officier des ogâq............ | 224. | | | 224. | |
| *Qiymet el-ramleh*, droit de celui qui vient régler les comptes de certains droits du kouchoufych............ | 165. | 165. | 165. | 495. | |
| *Teqâdem el-manchour*, présent aux officiers des ogâq........ | 165. | 165. | » | 330. | |
| Pour l'entretien des bœufs nécessaires aux canaux......... | 165. | 165. | 165. | 495. | |
| *Moqaddem el-oulâyeh*, employé dans la province pour conduire le gouverneur............ | 165. | » | 180. | 345. | |
| *Messaouddeh el-oulâyeh*, autre employé dans la province...... | 320. | » | 360. | 690. | |
| *Mouaqqi el-oulâyeh*, officier dans la province, qui indique les campemens au gouverneur............ | 165. | 165. | 165. | 495. | |
| *El-gourâfeh el-soultâny*, à l'inspecteur des digues publiques...... | 195. | 220. | 210. | 625. | |
| *Gesr el-banao-goudy*, digue à l'entretien de laquelle ce village doit contribuer............ | 75. | 170. | » | 245. | |
| *Moqaddem el-a'skar*, employé dans la province pour conduire les *tchour-bagy*............ | 60. | » | » | 60. | |
| *Tesouyf mouqarrar*, autre employé dans la province......... | 187. | 330. | 330. | 847. | |
| *Mosaliem el-oulâyeh*, officier dans la province, chargé d'informer le gouverneur de ce qui s'y passe........ | 150. | » | » | 150. | |
| *Taqryr el-effendy*, droit des *effendy* percepteurs du myry...... | 624. | 180. | 90. | 894. | |
| *Aghnâm el-dameh*, moutons que l'on égorge lors de la moisson...... | » | » | 96. | 96. | |
| *Râs noubeh*, second droit de l'officier de ce nom........ | » | » | 387. | 387. | |
| *A'det el-da'ouch*, droit pour celui qui termine les discussions entre *fellâh*............ | » | » | 60. | 60. | |
| *Nâyb reybeh*, officier pour le maintien des bonnes mœurs dans la province............ | 150. | » | » | 150. | |
| *Ouêly*, santon du lieu............ | » | » | 30. | 30. | |
| *Barrâny moqaddem el-a'skar*, Surplus de droit pour cet employé..... | 37. | » | » | 37. | |
| Usage en faveur des cheykhs............ | 1910. | 6510. | 12600. | 31020. | |
| | 4787. | 8070. | 14838. | 37695. | 361558. |

| | El-Aebourya | Bagtouleh | Minyat-Beheych | TOTAL | TOTAL GÉNÉRAL |
|---|---|---|---|---|---|
| | Médins. | Médins. | Médins. | Médins. | Médins. |
| Report.................... | 14787. | 3070. | 14838. | 37695. | 361568. |
| Pour faire les digues.................. | 360. | 248. | 380. | 988. | |
| Pour garder le lieu où se fait la perception des droits et escorter l'argent au Kaire........... | 816. | 166. | 440. | 1422. | |
| *Khaouly el-gourdfêh*, inspecteur des digues............ | 202. | » | » | 202. | |
| *Ghafyr el-douhâr*, gardien du village................. | 200. | » | » | 200. | |
| *Kallif el-atoudr*, berger des bœufs du village........ | 101. | » | 50. | 151. | |
| Pour le menuisier chargé de réparer les instrumens aratoires..... | 100. | » | » | 100. | 63508. |
| Pour le cheykh imâm................... | 100. | » | » | 100. | |
| *Khaouly el-zera'*, inspecteur des ensemencemens, et arpenteur...... | » | » | 110. | 110. | |
| *Soghdir el-gourifêh*, salaire de ceux qui travaillent aux digues de la province.......... | 1270. | » | 1038. | 2308. | |
| Pension aux Arabes de la tribu el-Atayâh............. | 4315. | 2000. | 2000. | 8315. | |
| Usage du serrâf percepteur............... | 1000. | 1000. | 1000. | 3000. | |
| *Reziq* qui se payent en argent................ | 5000. | 1500. | 1500. | 8000. | |
| Entretien pour les digues particulières du village........... | 917. | » | » | 917. | |
| | 29168. | 12984. | 21356. | 63508. | |
| RESTE................... | | | | | 298050. |

Lesquels sont distribués par le moulteshin, ainsi qu'il soit, selon les réglemens du sultan :

AU SULTAN...... pour le myry.................. | | | | 106336. |

Médins.

| | El-Aulnatyn | Baqtouteh. | Mieyet-Debeyeh. | Total. | TOTAL GÉNÉRAL. |
|---|---|---|---|---|---|
| | Médins. | Médins. | Médins. | Médins. | Médins. |
| *Report*.................. | 15587. | » | 2008. | 17595. | 454146. |
| Usage du moultezim................... | 1333. | » | 2080. | 3413. | |
| Usage du hanoûlet el-haouâlât........... | 24000. | » | 16500. | 40500. | |
| Présent au moultezim.................. | 20500. | » | 13500. | 34000. | |
| Usage du kyâhyâ du moultezim.......... | 1800. | » | 1281. | 3081. | |
| Usage du tesouyf mouçarrar............. | 330. | » | » | 330. | 108192. |
| Dépenses sur les terres de Mohammed Gafar. | 4280. | » | » | 4280. | |
| Usage du mesallem de la province......... | 89. | » | » | 89. | |
| Roukbet el-touâfch.................... | 1500. | » | » | 1500. | |
| Surplus pour lédit.................... | 165. | » | 1109. | 1274. | |
| Bœufs pour les digues................. | 900. | » | » | 900. | |
| Moutons des moissons................. | 300. | » | » | 300. | |
| Tchhouch de la province............... | 109. | » | » | 109. | |
| Divers objets des dépenses locales reportés une seconde fois | » | » | 821. | 821. | |
| KOUCHOUFYEH NOUVEAU. | 70793. | » | 37399. | 108192. | |
| Rafa' el-mazâlem ou haqq el-hyâtât....... | 17875. | 6000. | 12000. | 35825. | |
| Ferdeh el-tahryr..................... | 6800. | 3000. | 4500. | 14300. | 60198. |
| Nouveau koulfeh.................... | 5015. | 1743. | 3315. | 10073. | |
| | 29690. | 10743. | 19815. | 60198. | |
| TOTAL des droits de ce village.................................. | | | | | 622536. |

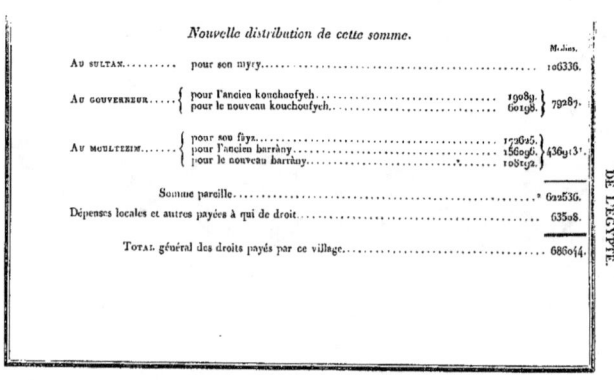

*Nouvelle distribution de cette somme.*

| | | M. dins. |
|---|---|---|
| Au sultan......... | pour son myry............................................. | 106336. |
| Au gouverneur..... { | pour l'ancien konchoufyeh............................. 19089.<br>pour le nouveau kouchoufych............................ 60198. | } 79287. |
| Au moultezim...... { | pour son fàyz........................................... 172646.<br>pour l'ancien barràny................................... 156096.<br>pour le nouveau barrâny................................. 108792. | } 436913[1]. |
| | Somme pareille.............................................[2] | 622536. |
| | Dépenses locales et autres payées à qui de droit................ | 63508. |
| | Total général des droits payés par ce village................... | 686044. |

[1] Non compris le fermage des *ousyeh*.
[2] Cette somme réunit les différentes parties du mâl el-houre et les additions qui y ont été faites, et forme le montant de toutes les impositions écrites ou fixes. *Voyez* les états pag. 56, 59 et 63.

L'exemple que nous venons de présenter, explique et confirme tout ce que nous avons dit touchant l'établissement et la répartition de l'impôt. Les détails fournis sur l'ancien et le nouveau barrâny prouvent évidemment que leur objet primitif consistait en fournitures et présens d'usage que le village faisait au moultezim, et le moultezim à ses supérieurs et à d'autres. Ces prestations ayant fini par être rigoureusement exigées, parce que, suivant un usage ayant force de loi en Égypte, il suffit qu'une somme ait été perçue deux ou trois années de suite, pour qu'elle soit réclamée comme un droit indéfini, elles devinrent la matière d'un abonnement en argent. L'ancien barrâny n'est autre chose que le premier abonnement de ce genre. Quoiqu'il dût tenir lieu de tous les dons qui l'avaient précédé, il n'empêcha pas les *moultezim* d'en obtenir de semblables. Le temps ayant sanctionné ce nouvel usage, il fut également racheté par un abonnement connu sous le nom de *nouveau barrâny*. Aujourd'hui l'un et l'autre entrent dans le revenu net du moultezim, qui les applique entièrement à son profit.

Outre le rôle que nous avons cité, qui réunit le mâl el-hourr primitif et les additions qui y ont été faites, on forme dans chaque village un état particulier pour les dépenses accidentelles et d'usage. On y comprend toutes celles qui proviennent d'une augmentation de salaire des officiers du village, des réparations des digues et canaux non *soultâny;* des rétributions ou présens usités envers le moultezim, le bey, l'intendant ou une tribu d'Arabes, sans qu'il y soit question des demandes extraordinaires faites par ceux-ci d'époque à époque.

Il est aisé de voir que cet état était, pour ainsi dire, la pépinière des demandes spécieuses et abusives qui augmentaient successivement les droits des *moultezim* sur les *fellâh*, et des gouverneurs sur les *moultezim*. L'ancien et le nouveau barrâny, le kouchoufyeh moderne, n'ont pas d'autre origine. Dans les derniers temps, ils s'augmentaient par des moyens semblables; de sorte que les droits acquis par le moultezim prépareraient un troisième barrâny, et ceux exigés par le gouverneur auraient donné lieu à un autre kouchoufyeh.

Les demandes extraordinaires sont presque toujours facilitées par la connivence des cheykhs, chargés de toutes les levées de fonds qui s'opèrent en l'absence du serrâf. Il était de l'intérêt du moultezim de ménager ses paysans : un cheykh adroit les détournait de toutes les extrémités qui pouvaient lui devenir préjudiciables, et les déterminait souvent à payer, en leur exagérant les droits et l'autorité de celui qui avait fait la demande, et surtout en la leur présentant comme une somme une fois payée, dont la perception ne se renouvellerait plus. Cet esprit d'intrigue et de dextérité ménageait aux cheykhs plusieurs moyens de fortune. Sûrs d'un présent de la part de celui à qui ils procuraient de l'argent, ils obtenaient la même récompense du village, qui croyait à leur zèle pour ses intérêts. On les accusait encore d'infidélité dans la répartition des dépenses de cette nature, en levant sur chaque fellâh une somme un peu plus forte que celle qu'il devait payer. Dans ce cas, le produit de leurs rapines devait être partagé avec le châhed et le serrâf, qui n'auraient pas manqué d'en ins-

|  | El-Aslantyn | Bsqhoulch | Miayet-Hebeych |
|---|---|---|---|
|  | Médins | Médins | Médins |
| Report..................... | 15587. | » | 2008. |
| moultezim..................... | 1333. | » | 2080. |
| haouàlet el-haouàlàt............. | 2'200. | » | 16500. |
| au moultezim................... | 20500. | » | 13600. |
| kyâhyâ du moultezim............. | 1800. | » | 1281. |
| tesouyf mouçarrar............... | 310. | » | » |
| sur les terres de Mohammed Gafar.. | 4280 | » | » |
| mesallem de la province.......... | 89. | » | » |
| el-touâfeb..................... | 1500 | » | » |
| pour ledit.................... | 165. | » | 1109. |
| ur les digues.................. | 900. | » | » |
| des moissons.................. | 300. | » | » |
| de la province................. | 109 | » | » |
| jets des dépenses locales reportés une seconde fois.... | » | » | 821. |
| KOUCHOUFYEH NOUVEAU. | 70793. | » | 37399. | 10 |
| nazâlem ou haqq el-byâtât......... | 17845. | 6000. | 12000. | 3 |
| tahryr......................... | 6800. | 3000. | 4500. | 1 |
| koulfeh........................ | 5015. | 1743. | 3315. | 1 |
|  | 29640 | 10743. | 19815. | 6 |

Total des droits de ce village....................

*Nouvelle distribution de cette somme.*

Au sultan.......... pour son myry....................

Au gouverneur..... { pour l'ancien konchoufyeh.................... 1
pour le nouveau kouchoufyeh.................... (

Au moultezim....... { pour son fâyz.................... 1
pour l'ancien barràny.................... 1
pour le nouveau barràny.................... 1

Somme pareille....................
Dépenses locales et autres payées à qui de droit....................

Total général des droits payés par ce village....................

cription y sera omise, soit qu'on ait quelque motif pour ne pas les faire paraître, soit afin qu'elles ne tirent point à conséquence, ainsi qu'on l'a promis aux *felláh*. Le moultezim signe rarement ce compte sans mettre le cheykh à contribution, pour prendre part à ses bénéfices, ou pour le punir de ses malversations. S'il néglige ce moyen d'accroître ses revenus, en paraissant fermer les yeux sur la conduite de son cheykh, la spoliation de celui-ci n'en est que différée : au bout d'un terme plus ou moins éloigné, il finit par trouver l'occasion de lui enlever en un jour le produit d'une gestion de plusieurs années.

En revenant au village, le serrâf joint au recouvrement du troisième tiers des impositions fixes, celui des dépenses accidentelles et d'usage, dont l'état vient d'être arrêté. Le nouveau bulletin qu'il remet au contribuable, n'est autre chose que l'extrait de la répartition des impositions fixes, auquel il ajoute sa quote-part pour les dépenses accidentelles et d'usage. Il y inscrit successivement tous les à-comptes payés par les *felláh*. Ces derniers, qui ont disposé de leur récolte, et qui voient cette perception considérablement augmentée, ne se libèrent qu'avec beaucoup de peine et de répugnance : la bastonnade, la prison et les fers sont employés pour les y contraindre.

A mesure que le recouvrement s'avance, le serrâf en expédie le produit au moultezim, ou le remet au qâymmaqâm, suivant les ordres qu'il a reçus. Dans le premier cas, il confie l'envoi à ses domestiques ou à ceux du moultezim; mais il exige qu'ils soient accompagnés par deux cheykhs, parce que, le village étant responsable du vol qui pourrait se commettre en route, leur attestation servirait au moultezim pour prouver le délit, et obliger ses *felláh* à payer une seconde fois.

Lorsque la totalité des contributions se trouve soldée, le serrâf tire une double barre sur la partie du bulletin restée en blanc, devant le cheykh et le châhed. L'usage a fait adopter cette espèce d'acquit, dont la validité n'a jamais été contestée. En obtenant cette décharge, les *felláh* se livrent à une joie extrême, faite pour prouver combien ils redoutent les mauvais traitemens auxquels ils sont exposés quand ils demeurent en retard.

Le serrâf acquittait les dépenses locales et les frais d'administration imputables sur le mâl el-hourr, de même que les droits de l'ancien et du nouveau kouchoufyeh. Il arrivait fréquemment que les beys et les *moultezim* disposaient de leurs revenus par des délégations en faveur de leurs créanciers : ces anticipations tournaient au profit du serrâf, qui exigeait des remises plus ou moins considérables, à proportion de la célérité qu'il mettait à en effectuer le paiement. L'usage l'autorisant à recevoir deux ou trois médins de chaque contribuable, quand il lui remettait le bulletin de sa taxe, il en obtenait une rétribution pareille toutes les fois qu'il inscrivait un à-compte; et comme ces sortes de paiemens étaient multipliés, ils lui produisaient un bénéfice assez considérable. Enfin on comprenait dans les dépenses du village trois médins qui lui étaient comptés lorsqu'il délivrait le *chetbeh* ou quittance finale. Le serrâf gagnait encore sur les espèces qui lui étaient remises en paiement, en ne les recevant qu'à un taux inférieur au cours qu'elles avaient au Kaire. Il profitait de la détresse où il voyait les *fellâh*, et du bas prix des bestiaux dans le village où il était employé, pour spéculer sur des achats de ce genre. Sa place mettant journellement des fonds à sa disposition, il lui était facile d'en détourner l'usage pour faire des avances qui lui étaient chèrement payées. Il avait donc des moyens multipliés de porter ses émolumens à des sommes considérables; mais, comme la source en était connue par l'intendant du moultezim, une bonne partie revenait à ce dernier, qui, à son tour, était mis à contribution par l'intendant général, et quelquefois même par son moultezim.

L'impôt se payait en médins : 90 médins forment une monnaie devenue idéale, appelée *pataque;* mais, comme le moultezim, en recevant une pataque ou 90 médins, ne les passe en compte qu'à raison de 85, il s'ensuit que le village paye 9000 médins pour n'en acquitter que 8500. A l'exception de la province de Fayoum, la pataque était reçue par le serrâf à un taux inférieur à celui de 85 médins, variant de 80 à 85. Les *serrâf*, comptant toujours avec les *moultezim* à raison de 85 médins par pataque, s'appropriaient encore cette différence. La pataque n'est autre chose que le *talaris* de l'ancien empire germanique. Dans les temps d'Ibrâhym et de Rodouân kyâhyâs, elle valait 85 médins. L'effet d'une altération dans la fabrication de cette monnaie, ordonnée par A'ly-bey, porta sa valeur à 90 médins. Les *moultezim*, ne voulant pas souffrir d'une opération qui diminuait le prix intrinsèque du médin, introduisirent l'usage que nous venons d'exposer. Depuis A'ly-bey, les mêmes altérations se sont multipliées au point que, de nos jours, un talaris valait de 155 à 160 médins; mais les *moultezim*, ayant trouvé des moyens de se dédommager de cette dépréciation, n'ont rien changé dans ce mode de paiement.

Avant de clore sa recette, le serrâf s'occupe des terres de l'ousyeh, pour en toucher le loyer si elles ont été affermées, et pour recevoir les comptes de l'oukyl quand elles ont été exploitées pour le moultezim. Il termine ses opérations au Kaire, où il rend compte à ce dernier, ou à son intendant, de toutes les parties de sa gestion.

On a actuellement une idée précise de l'origine et de la nature des impôts levés sur les terres. La routine pernicieuse qui fait que la Porte se refuse à tous les changemens, l'a détournée d'augmenter elle-même l'ancien kouchoufyeh et le fâyz dans la proportion demandée par la différence des temps et de la valeur des espèces. Les gouverneurs des provinces et les *moultezim* ont abusé de cette négligence, en exigeant eux-mêmes ce qu'on ne leur accordait pas. Il ne s'agit plus que de savoir si l'équité justifie les nouveaux revenus qu'ils se sont attribués.

La comparaison des anciennes et des nouvelles impositions du village d'el-Anboutyn servira à résoudre la question.

## DE L'EGYPTE.

médins.
Il payait, à titre de mâl el-hourr primitif............ 361558
Pour l'ancien barràny................. 156096
Pour le nouveau barràny.............. 108192   } 324486
Pour le kouchoufyeh nouveau........... 60198

Ainsi les contribuables d'el-Anboutyn sont imposés
aujourd'hui à........................... 686044
et payaient, sous les règnes de Selym et de Solymàn... 361558

médins.
DIFFÉRENCE.......... 324486

Nous allons examiner si la somme payée dans les années voisines de la conquête de l'Égypte par Selym, ne présente pas une valeur réelle supérieure à celle qui se paye de nos jours.

Le cours du talaris, fixé par A'ly-bey, en 1185 de l'hégyre (1772), à 90 médins, avait été porté à 150 quand les Français arrivèrent en Égypte. Cette variation donne la mesure des altérations faites dans la valeur intrinsèque des médins pendant vingt-sept ans: elle en suppose d'antérieures, qui seront supputées avec une très-grande modération, si l'on estime que, sous Solymàn, la pataque ou le talari n'aurait valu que 60 médins. Cette évaluation prouve que, 361558 médins payés durant son règne, représentant 905895 médins actuels, le village d'el-Anboutyn, dont les impositions semblent, d'après son rôle, ne devoir s'élever qu'à 686044 médins, paierait 217851 médins au-dessous de la valeur réelle des impositions fixées par Solymàn.

Ce rapprochement, fait dans tous les villages de l'Égypte, nous fournirait un résultat peu différent de celui que nous venons de présenter.

Si les charges qui pèsent sur les contribuables se réduisaient à celles dont nous avons produit le rôle, la citation que nous avons faite de ces dernières prouverait certainement qu'il ne manque que la sanction du sultan à la légitimité des augmentations faites aux impositions écrites; mais, comme il ne comprend point les dépenses dites accidentelles et d'usage, ni celles qui, étant levées militairement, n'étaient pas même inscrites dans l'état séparé qu'on en dressait dans chaque village, et que, presque toutes les années, la tyrannie du bey, la cupidité du moultezim, les besoins du gouvernement et les rapines des Arabes, portaient ces dernières à une somme aussi forte que celle qui forme le montant des impositions fixes, il sera facile de concilier ce que nous avons dit sur la modération des impositions écrites, avec l'oppression et la misère qui accablent réellement le cultivateur du sol le plus fécond de la terre.

Cependant, par une bizarrerie inexplicable, on voit les *felláh* moins sensibles au bonheur d'avoir un moultezim juste et modéré, quand il est faible et peu considéré, qu'à l'avantage absurde d'avoir pour seigneur un homme puissant, quoique le premier les traite équitablement, tandis que l'autre les rançonne sans pitié.

§. IV. *De l'Égypte supérieure.*

Dans l'Égypte supérieure, c'est-à-dire dans les provinces de Qéné, Esné, Girgeh, Syout, Manfalout, Minyeh, et le tiers de celle de Beny-Soueyf, l'administration est modifiée par des dispositions analogues au système de possession établi dans ces contrées.

Les *atâr* et les *ousyeh* varient toutes les années, parce que les *moultezim* et les *fellâh* possèdent les terres en commun.

Dès que la retraite des eaux permet l'ensemencement des terres, le messâh qobte, désigné par le moultezim, arrive dans le village ; il mesure les terres susceptibles de culture, en présence du moultezim ou de son lieutenant et des officiers du lieu. Celles qu'il assigne aux *fellâh*, deviennent les *atâr* de l'année et sont soumises à des droits équivalens à ceux perçus par les *moultezim* de la basse Égypte ; celles qu'il retient pour ces derniers, composent l'ousyeh. Il constate par un procès-verbal les dimensions et la qualité des unes et des autres, et détermine la nature de l'impôt dont elles seront grevées. Cet ordre de partage et de possession annuels a pour cause l'inégalité des inondations et la bizarrerie de leurs effets, qui rendent quelquefois stérile un terrain qui était excellent, et fécond celui qui ne valait rien.

Le châhed et le khaouly aident le messâh dans ses opérations, et veillent à ce qu'elles soient impartiales et régulières. Le titre et les fonctions des autres officiers du village correspondent parfaitement à l'organisation municipale des communes de la basse Égypte.

Quelque diversité que l'usage ait mise dans la dénomination de l'impôt territorial perçu dans le Sa'yd, toutes ses branches appartiennent au mâl el-hourr, ou aux additions qu'on y a faites sous les noms de *kouchoufyeh* et de *barrâny* : ainsi les droits de *nabâry*, *baly*, *ongre*, *chetaouy*, *bayâdy*, dont il est composé, ne sont autre chose que les désignations adoptées pour énoncer l'application de cet impôt à tel ou tel genre de culture. On appelle *nabâry* la contribution des terres semées en maïs et en herbages, quand elles ont été arrosées artificiellement, c'est-à-dire à l'aide des *chadouf*. Les mêmes productions donnent lieu au *baly*, lorsque l'inondation a procuré les irrigations naturelles. Dans ce dernier cas, le cultivateur qui fait quelquefois une seconde récolte, devient redevable de l'*ongre*. Les terres semées en blé, orge, féves et autres grains, sont assujetties au droit de *bayâdy*, indépendamment de celui de *chetaouy* qu'elles acquittent aussitôt que les grains commencent à pousser.

Les *fellâh* payent en argent le nabâry, le baly, l'ongre et le chetaouy : ils acquittent le bayâdy en grains. On évalue aujourd'hui les denrées nécessaires pour composer ce dernier droit aux quatre cinquièmes de la totalité de l'imposition ; ce qui prouve que les productions de cette contrée consistent principalement en grains.

Les sommes perçues à raison des terres semées en maïs et en herbages, et le produit du chetaouy, composent le mâl el-hourr en argent : les recouvremens du bayâdy forment le mâl el-hourr en nature [1]. Les denrées avec lesquelles on acquitte ce dernier, sont toujours réduites en ardebs d'orge, évalués dans une proportion admise pour régler la valeur comparative de l'orge et des

---

[1] Le mâl el-hourr d'un feddân de terre de toute classe, semé en maïs ou en herbages, varie de 100 à 250 médins pour le nabâry, le baly et l'ongre. Celui d'un feddân également de toute classe, semé en grains, est de 20 à 40 médins pour le chetaouy, et de 2 à 4 ardebs de blé, mesure du Kaire, pour le bayâdy.

autres grains : un ardeb de blé représente un ardeb et demi d'orge, et un ardeb et un quart d'orge équivaut à un ardeb de féves, lentilles, pois, etc.

Nous avons dit que le myry et le kouchoufyeh ne variaient jamais dans la basse Égypte; il en est de même dans le Sa'yd, où, comme on vient de le voir, ces droits sont perçus en argent et en grains. Les *moultezim* y sont tenus en outre de les acquitter dans les valeurs fixées par les réglemens, de quelque manière que le mâl elhourr leur ait été payé par les *felláh :* ainsi, quoique le genre de culture des terres détermine dans la haute Égypte la nature de l'imposition dont ces derniers sont redevables, il est très-indifférent pour le sultan et les gouverneurs de province qu'elles soient semées en maïs et en herbages, ou en blé, féves, orge, etc.

Le Qobte percepteur, appelé *serráf* dans la basse Égypte, prend le nom de *â'mil* dans le Sa'yd.

Le travail du meçâhah remplace le registre du châhed des villages de l'Égypte inférieure, et sert de base à la répartition de l'impôt. La portion due en argent est exigée avant les récoltes; celle qu'on acquitte en nature se recouvre à mesure qu'elles se font.

Les denrées doivent être portées dans un magasin situé sur les bords du fleuve, quelle que soit la distance des possessions des contribuables. On tolère que les grains soient mêlés d'un sixième de corps étrangers, en terre, paille et autres substances : si les non-valeurs excédaient cette proportion, les *felláh* seraient tenus de dédommager leurs *moultezim*.

Les possessions des *moultezim* de la haute Égypte

comprennent plusieurs peuplades formant un seul arrondissement, dont l'importance est telle, que les seigneurs qui n'habitent pas leurs terres sont obligés d'y entretenir un kâchef, de qui dépendent les *qáymmaqâm* des communes subordonnées au village principal. Quand le â'mil se voit hors d'état de suffire au travail dont il est chargé, il délègue une partie de ses fonctions à des préposés appelés *qoubâd,* dont il reçoit les perceptions et dont il règle les comptes, de sorte que leur gestion rentre toujours dans la sienne.

Les *fellâh* de la haute Égypte n'ont jamais été attachés à la glèbe comme ceux de l'Égypte inférieure : le moultezim ne peut pas les contraindre à rester et à travailler dans sa terre; ce n'est que par un engagement volontaire, borné à l'intervalle des semences à la récolte d'une année, qu'ils se rendent cultivateurs et contribuables.

Avant la domination d'A'ly-bey, l'Arabe cheykh Hammâm gouvernait les provinces du Sa'yd au nom de la régence du Kaire. Les troupes ottomanes n'y pénétraient jamais; il était même rare que les Turks parussent dans les villages dont ils étaient *moultezim*. Tous ses soins tendaient à perpétuer une administration qui préservait son pays des vexations de l'étranger, en acquittant avec exactitude le myry dû à la Porte, et en veillant à ce que les cheykhs des villages ne donnassent aucun sujet de plainte à leurs seigneurs. La ruine de ce prince équitable rendit le Sa'yd aux oppresseurs des autres parties de l'Égypte : cependant les impôts et les concussions ne s'y sont pas accrus avec le même excès,

soit à cause des ménagemens qu'il a fallu garder avec
des paysans maîtres d'appauvrir leur seigneur en abandonnant sa terre, soit, ce qui est plus vraisemblable,
parce que, les contributions en nature ayant toujours
la même valeur, l'altération et la baisse progressive des
espèces n'en ont jamais justifié l'augmentation.

Les *felláh* de la haute Égypte sont exempts du rafa'
el mazâlem, du ferdeh el-tahryr, et de la plupart des
droits compris dans la dénomination du nouveau barrâny.

La liberté dont ils jouissent, le temps que leur laisse
une culture peu pénible, dont les travaux sont suspendus durant six mois, depuis la récolte jusqu'à l'écoulement des eaux, leur permettent de se livrer à plusieurs
genres d'industrie : ils fabriquent des toiles, de la poterie, des cordes, des nattes, etc.; ils fournissent beaucoup
d'ouvriers et de domestiques au Kaire, et notamment
des portiers à tous les *okel* de cette capitale. Ils se rendent ordinairement dans leurs villages pendant la saison
des récoltes, et reviennent au Kaire après avoir pris
part aux travaux qu'elles occasionent.

Les cheykhs doivent à leur éloignement du siége du
gouvernement, à l'autorité qu'ils avaient acquise sous
l'administration du cheykh Hammâm, des attributions
plus étendues que celles de leurs confrères établis dans
la basse Égypte. Les *moultezim* sont favorables au maintien de leurs prérogatives; ils affranchissent des augmentations survenues au mâl el-hourr les terres cultivées
par les cheykhs, et leur accordent d'autres avantages,
parce qu'il est essentiel pour eux d'attacher à leurs in-

térêts des hommes qui disposent de l'esprit de leurs paysans.

Le rôle littéral que nous allons présenter des impositions en argent et en nature, du village de Tahtah, province de Syout, pendant l'an 1213 de l'hégyre, viie de la république (1798), expliquera et confirmera tout ce que nous venons de dire touchant le mode d'administration et de perception particulier au Sa'yd.

Rôle *des impositions du territoire de* Tahtah, *province de* Syout, *pendant l'an* 1213 *de l'hégyre.*

TAHTAH, village principal.

*Kafr,*
autres villages qui en dépendent.
{ El-Madmâr, el-A'tâmneh, el-Ouaqât, Koum el-A'rab, el-Helleh, el-Sâhel, el-Koubey-çât, el-Haoumdyeh, el-Tâleyhât, Nezeh, Fezârah, Geheyneh, el-Qaryeh, el-Khedar, A'nnebys, Aoulâd-Ismâ'yl, el-Haràfcheh, Beny-A'mmâr, Koum-Échkaou. }

FEDDANS SUPPORTANT LES DROITS COMME IL SUIT :

*Nabâry.*         Médins.

| | | | |
|---|---|---|---|
| 6. 19. ensemencés pour la première fois en indigo.. | à 362 méd. | 2459. | |
| 4. 9. ensemencés pour la seconde fois en indigo.. | 181. | 792. | 227161. |
| 1821. 1. ensemencés en maïs et herbages............ | 110. | 211315. | |
| 214. 12. *id*.......... *id*..... | 110. | 12595. | |

2046. 17. [1]

[1] Les fractions ont pour dénominateur le nombre 24.

DE L'ÉGYPTE.

|  |  | Médins. |
|---|---|---|
| Report..................... |  | 227161. |

*Chetaouy.*

| | | | | |
|---|---|---|---|---|
| | 942. 16. El-Madmâr.. | ⎫ | 3109. 12. | |
| | 371. 18. El-A'tâmneh. | ⎪ | à | |
| | 62. 18. El-Ouaqât... | ⎬ | 22 m. ¼. | 68798. |
| | 1732. 08. El-Helleh et el-Sâhel... | ⎭ | | |
| | 346. 14. Tahtah..... | ⎫ | | |
| | 150. 00. El-Koubey-çât...... | ⎪ | | |
| | 120. 00. El-Haoum-dyeh..... | ⎪ | | 168736. |
| 7601. 2. | 500. 00. El-Tâleyhât. | ⎪ | 4491. 14. | |
| | 420. 00. Nezeh...... | ⎬ | à | |
| | 250. 00. Fezârah..... | ⎪ | 22 m. ½. | 99938. |
| | 1400. 00. Geheyneh... | ⎪ | | |
| | 110. 00. El-Qaryeh.. | ⎪ | | |
| | 120. 00. El-Khedar.. | ⎪ | | |
| | 570. 00. A'nnebys... | ⎪ | | |
| | 250. 00. Aoulâd-Is-ma'yl.... | ⎪ | | |
| | 120. 00. El-Harâfcheh. | ⎪ | | |
| | 135. 00. Beny-A'mmâr... | ⎭ | | |

| | | |
|---|---|---|
| 9647. 19. | feddâns payant des droits en argent. | |
| 130. 8. | { 125. 00. de Koum el-A'rab, entièrement ruiné. | |
| | 5. 08. anciennes déductions. | |
| 9778. 03. | | |

TOTAL formant le mâl el-hourr primitif.... 395897[1].

## A DÉDUIRE

*Dépenses locales et frais d'administration payés à qui de droit :*

Bonification aux cheykhs pour les terres qu'ils
  ensemencent en nabâry, 54 fedd. 8 à 110..   5977. ⎫
Bonification aux mêmes, sur les ter-
  res qu'ils ensemencent en grains,                 ⎬ 31970.
    799 feddâns 2. à 22 ½..... 17680. ⎫ 
    642.     6. à 22 ¼..... 14290. ⎭

---

[1] Ne perdez pas de vue que ce total varie chaque année, suivant la nature de l'ensemencement des terres.

|   | Médins. |
|---|---|
| Aux menuisiers qui raccommodent les instrumens aratoires.................... 440. | |
| A la mosquée d'Abou-Douneh à Tahtah, pour huile et nattes................. 110. | |
| Aux cheykhs Mohammed................. 220. | |
| A'bd-allah................ 110. | |
| Solymàn el-Nasyry.......... 807. | 52136. |
| O'mar................... 500. | |
| Mouçà A'bd el-Kerym...... 220. | |
| A'bd el-Rahmàn el-A'raby (l'Arabe)................ 397. | |
| Usage des cheykhs d'el-Saouâmah........ 6000. | |
| Usage des cheykhs d'el-Helleh........... 1500. | |
| Usage des cheykhs d'el-Madmâr......... 1700. | |
| Au cheykh Ibràhym el-A'gez........... 85. | |
| Aux gardiens du port où abordent les barques. 300. | |
| Au cheykh Bekry el-Zouàqy............ 1000. | |
| Aux enfans Ouheyleh.................. 800. | |

Reste.................. 343761.

Lesquels sont distribués par le moultezim ainsi qu'il suit :

Au SULTAN, pour le myry. Il est dû 439514 médins; mais on ne porte ici que...,.... 212097. parce que, le mâl el-bourr n'étant que de 343761, il ne reste pas davantage après le paiement du kouchoufyeh qui suit. Dans ce cas, il n'existe aucun fayz, et le moultezim est tenu de déduire des *barrâny* ce qu'il reste devoir pour solder le myry. (*Voyez* ci-après.)

Au GOUVERNEUR, pour le kouchoufyeh..... { dépense de la province... 86788. Haqq el-taryq. 6000. Koulfeh..... 38876. } 131664.

Somme pareille............. 343761.

## MOUDAF QADYM, Barrany ancien.

*Mâl el-meghârem*, appelé *mâl el-chetaouy* et *mâl el-seyfy*.

du côté du nord........ 67086.
du côté du midi........ 125661. } 192747.

*Mâl el-meràdy*...... des prairies............ 13316.
*Mâl el-gourouf*..... des digues et haies.... 1966.

208029.

… DE L'ÉGYPTE. 97

|  | Médins. |
|---|---|
| Report.................... | 343761. |
| Report du *Moudáf qadym*.......... 208029. | |
| *Hamlet el-koubâd*...... droits des percepteurs (*serráf*)................... 10412. | |
| *Gharámet el-ou'char*.... impôt des aides... 3700. | |
| Anciens usages dus par el-Madmâr........ 5405. | |
| Dîme sur les moutons.................. 1100. | |
| Moutons des moissons.................. 210. | |
| Droits sur les mesures................. 543. | |
| Droits du marché qui se tient les samedis à el-Helleh........................ 2500. | |
| Divers droits........................ 240. | |
| Du village de Nezeh.................. 4400. | |
| D'Ibrâhym el-Dabyah................. 400. | |
| Koulfeh du moultezim, droits en nature convertis en argent................. 20478. | |
| Usage de haouâlet el-haouâlât....... quatre bourses........................ 100000. | |
| Montant des bœufs dus d'après l'usage..... 20440. | |
| Montant des droits du village de Koum el-A'rab, vu qu'il est ruiné............. 42500. | |
| Droits du marché de Tahtah............ 85000. | |

505357.

*A déduire ce qui est bonifié ou payé à divers.*

| | | |
|---|---|---|
| Le contingent de Koum-Echkaou, qui ne dépend plus de Tahtah, à la charge du moultezim.... | 1560. | 331627. |
| Celui de Koum el-A'rab, qui est ruiné..................... | 905. | |
| Celui de Koum-Echkaou, sur le haouâlet el-haouâlât......... | 6250. | |
| Celui de Koum el-A'rab, qui est ruiné..................... | 2803. | |
| Celui de Koum-Echkaou, sur le montant des bœufs......... | 1277. | 173730. |
| Celui de Koum el-A'rab....... | 425. | |
| Bonification aux Arabes....... | 75375. | |
| Droits de divers sur l'usage du haouâlet el-haouâlât........ | 10850. | |
| Décharge ancienne........... | 29851. | |
| Usage du qâymmaqâm de Tahtah. | 44434. | |

**MOUDAF MESTEGEDD, BARRANY NOUVEAU.**

Droits de serdâryeh sur chaque feddân nabâry, 10 médins................... 19897.

É. M. XII.

|  | Médins. |
|---|---|
| *Report*........................ | 675388. |
| *Report du Moudáf mestegedd*....... 19897. | |
| Sur les divers villages................. 382474. | |
| Présens au moultezim pour beurre, etc..... 303065. | |
| Somme imposée sur ces villages à titre de ferdeh............................... 296000. | |
| 1001436. | |
| *A déduire ce qui est payé à divers.* | 598922. |
| Présens d'usage à divers........ 269847. | |
| *Kisoueh*, présent d'habits aux grands cheykhs lorsqu'ils apportent le présent.......... 100000. } 402514. | |
| Kisoueh aux petits cheykhs, *id*.. 32667. | |
| TOTAL des droits de ce village........ | 1274310. |

*Nouvelle distribution de cette somme.*

|  |  |  |
|---|---|---|
| AU SULTAN........ pour son myry............... | | 439514. |
| AU GOUVERNEUR.... pour le kouchoufyeh........ | | 131664. |
| AU MOULTEZIM.... { pour l'ancien barrâny. 331627. pour le nouveau barrâny........... 598922. | | |
| 930549. | | |
| ☞ A déduire ce qu'il a déboursé pour compléter le myry.... 227417. | | 703132. |
| SOMME pareille............. | | 1274310. |

*Dépenses locales et autres payées à qui de droit.*

|  |  |
|---|---|
| Sur le mâl el-hourr..................... 52136. | |
| Sur l'ancien barrâny................... 173730. } | 628380 [1]. |
| Sur le nouveau barrâny................. 402514. | |
| TOTAL général des droits en argent payés par ce village............................... | 1902690. |

[1] On voit que ces dépenses s'élèvent à 49 pour § sur la portion des impositions de ce village, payable en argent.

## Etat des droits en grains dus par le même village.

Feddâns.
7601. 2. soumis au chetaouy dans le compte en argent, et payant conséquemment le bayâdy.

*A déduire,*

118. 22. { 70. 00. feddâns ensemencés par le moultezim pour ses bestiaux et ses chevaux.
48. 22. dont l'ensemencement a été brûlé dans une affaire entre les Français et les Mamlouks.

Ardebs de blé.
7482. 4. restant à 2 ardebs ¼ de blé par feddân..... 16834. 21.

*Augmentation du mâl el-hourr.*

248. 6, { 298. 6. Rizqah des *birket* de Madmâr et el-Helleh.
50. Diminution ancienne.

76. { 248. 6. restant à 2 ard. de blé l'un. 496. 12.
Rizqah du birket el-Asedaryeh à 1 ard. 16... 126. 16. } 50. 16.
Diminution ancienne. 76.
Sur les terres el-A'mrah et el-Gharabà Madmâr et à el-Ouaqât...... 445. 12. } 442. 12. } 1301. 8.
Diminution ancienne. 3.
Sur le rizqah Khâmis à el-Helleh. 113. 8.
33. 8. Manquant à el-Helleh, à 2 ardebs. 66. 16.
79. Rizqah el-Kalâyeh à Geheyneh, à 1. 16..................... 131. 16.

TOTAL des ardebs, mesure du pays. 18136. 5.
Différence de la mesure pour obtenir celle du Kaire, de 80 pour ⅔ d'augmentation.. 14508. 21.

TOTAL général du mâl el-hourr, ardebs du Kaire, blé........................ 32645. 2.

*A déduire les dépenses locales et les frais d'administration payés à qui de droit.*

Bonification en faveur des cheykhs pour leurs droits.
Mesure du pays.
799 fed. 2. { fed. 1441. 8. par
642. 6. { eux ensemencés à
{ 2 ardebs ½ le fed. 3243.

7.

## MÉMOIRE SUR LES FINANCES

|  | Mesure du pays. | Mesure du Kaire. |
|---|---|---|
| Aux cheykhs { des divers villages..... | 2219. 13. | 55. 4. |
| O'smân.................... | | 7. 12. |
| O'mar Tâhâ................ | | 10. |
| Mohammed el-Nasyry......... | | 10. |
| Ahmed Abou-Sa'oud.......... | | 20. |
| Abou-Zeyd el-Nabâs......... | | 15. |
| Ahmed O'mar........ 10. | | |
| Abd el-Fahtâh Ibrâhym Hagary............ 50. | | |
| Meça'oud................. | | 30. |
| Mohammed el Gâby........... | | 7. 11. |
| Ghânem.................. | | 10. |
| Mohammed................ | | 20. |
| El-Faqyr................. | | 30. |

12020. 12 ½.

| Droits d'après l'ancien usage des chéryfs et des *u'lemá* ........ | 807. 21 ½. | |
|---|---|---|
| Droits des *matamsyn*, ouvriers chargés du travail des digues.... | 31. | |
| Aux gardiens des digues............. | | 21. |
| Loyers des greniers................ | | 165. |
| Droits du qâymmaqâm de Tahtah............. | 84. 3. | |
| A celui qui reçoit les grains dans les greniers....... | 43. 2. | |

6488. 15 ½.  
Augmentation de la mesure du pays à celle du Kaire, de 80 pour ⅔.......... 5190. 18.  } 11679. 9 ½.

RESTE ..... Ardebs de blé ...... 20624. 13 ¼.

Lesquels, à 1 ardeb ½ d'orge pour 1 ardeb de blé, font, valeur en orge..................... 30936. 20 ¼.
qui sont distribués par le moultezim comme il suit :

AU SULTAN, pour son myry......... 8073.

Mesure du Kaire.

AU GOUVERNEUR, pour frais de la province. Grenailles. 4520. 13.
Augmentation de mesure à 4 ½ pour ⅔........... 188. 8 ½.
Koulfch pendant ses passages,  
pour sa nourriture.. Blé. 60.  
pour bourghoul, espèce de gruau........... 8.  
pour lentille.......... 8.  
pour la nourriture des chevaux.......... 130.  } 4918. 21 ½.

206.

## DE L'ÉGYPTE.

                                                          Mesure du Kaire.

Report.......... Ardebs de blé. 30936. 20 ¼.

             Mesure du Kaire.

Report du *koulfeh*... 176.  
Différence pour les ré-  
duire en orge....... 34 } 210. }

AU MOULTEZIM, pour son *fâyz*...... 17944. 22 ¼.

                  QUANTITÉ pareille....... 30936. 20 ¼.

BARRANY *en faveur du* kâchef *envoyé par le* moultezim *pour gouverner le village et ses dépendances.*

*Gerâyeh el-serdâryeh*, droits pour sa nourriture et celle de ses chevaux pendant vingt-sept nuits de séjour, ci............ 27
A déduire pour Koum-Echkaou, qui ne dépend plus de ce village............. 1 ¾

            Reste....... 25 ¼ divisés comme il suit :

                                    Mesure du pays.

5 ¼ par Tahtah.....  
7 par el-Helleb....  } 25 ¼, à 19 ar-  
13 par Geheyneh...     debs ½ l'une..  486. 2.
Droits sur les divers villages............ 750.
     sur les mesureurs des greniers..... 30.
     sur les *rizqah* ci-après :

rizqah el-Alekyeh,  
  fed............ 184. } 234, à 1 ardeb ½  
rizqah el-Raboueh. 50.   l'un........ 351.

                                    1617. 2.
Augmentation pour différence de la mesure du pays à celle du Kaire, à 80 p. ⅔. 1293. 14.

             Ardebs de blé...... 2910. 16.

Lesquels, à 1 ardeb ½ d'orge pour 1 ardeb de blé, font................... 4366.

|  | Mesure du Kaire. |
|---|---|
| *Report*.......... Ardebs de blé. | 30936. 20 ¼. |
| *Report*........ 4366. | |

*A déduire ce qui est payé à qui de droit.*

Mesure du pays.

| | |
|---|---|
| Le contingent de Koum el-A'rab, village ruiné, sur la nourriture du kâchef et de ses chevaux....... Blé... | 11. 10. |
| Bonification en faveur des cheykhs, à la charge du kâchef, appelée *don des cheykhs*..... | 711. 8. |
| Bonification à divers du village d'A'nnebys.............. | 81. |
| | 803. 18. |
| Augmentation pour la différence de la mesure du pays à celle du Kaire, à 80 pour ⁸⁄₉. | 642. 22. |
| Total........ 1446. 16. | |

} 2196.

Lesquels, à 1 ardeb ⅐ d'orge pour 1 ardeb de blé, font...................... 2170.

Total des droits de ce village..... en orge. 33132. 20 ¼.

*Nouvelle distribution de cette quantité.*

| | |
|---|---|
| Au SULTAN, pour son myry.... ardebs d'orge, mesure du Kaire....................................... | 8073. |
| Au GOUVERNEUR, pour le kouchoufyeh............ | 4918. 21 ⁷⁄₈. |
| Au MOULTEZIM, pour le fâyz..................... | 17914. 22 ⅜. |
| Au KACHEF commandant le village, pour le barrâny... | 2196. |
| Somme pareille,................... | 33132. 20 ¼. |

*Dépenses locales et autres payées à qui de droit.*

| | |
|---|---|
| Sur le mâl el-hourr, blé 12020. 12 ½, faisant............... grenailles. 18030. 19 ¼. } | 20200. 19 ¼ [1]. |
| Sur le barrâny..................... 2170. | |
| Total général des grains payés par ce village.... | 53333. 16. |

[1] Ce village est du nombre de ceux où les dépenses locales sont

| | ARDEBS, valeur en orge, mesure du Kaire. |
|---|---|
| Le myry en denrées de la haute Égypte s'élevait à trois cent soixante-cinq mille soixante-treize ardebs, ci......................................... | 365073. |
| Faute de renseignemens suffisans, nous ne pouvons pas indiquer avec précision le produit des autres branches de l'impôt; si on l'établissait d'après la proportion qui existe entre le myry en argent, qui est de 12158467 médins, et le myry en denrées, nous porterions, | |
| Le kouchoufyeh ancien et nouveau, dont le montant en argent est de 9270602 médins, à.......... | 278361. |
| Le fàyz et les *barrány*, qui s'élèvent en argent à 39539185 médins, à........................ | 1187213. |
| TOTAL, non compris les dépenses locales, qui, comme dans la basse Égypte, sont déduites des comptes des villages, pour être appliquées directement à leur destination........................... | 1830647. |

Cette quantité, réduite en ardebs de froment, mesure du Kaire, donne 1220431 ardebs qui, évalués à 10 liv. ou 280 méd., prix moyen, de nos jours, de l'ardeb de blé, produisent brut 12204310 liv. tournois, ou 341720680 médins, faisant en francs 12053639$^f$ 50$^c$.

En rapprochant cette somme des impositions en deniers perçues dans cette contrée, dans laquelle la province de Beny-Soueyf n'est comprise que pour le tiers, et celle d'Atfyeh pour le quart, parce que les deux tiers du territoire de la première et les trois quarts de celui de la seconde appartiennent à la basse Égypte, on trouve une valeur cinq fois plus considérable, qui prouverait que notre aperçu ne s'écarte pas de la vérité, puisque cette proportion est généralement admise quand on compte l'impôt en nature de la haute Égypte avec son impôt en argent.

L'état ci-après énonce l'emploi du myry en denrées.

portées à des sommes aussi exorbitantes. On voit qu'elles s'élevaient à 61 pour ⅗.

MÉMOIRE SUR LES FINANCES

Celui du kouchoufyeh, que nous ne pouvons pas produire, à cause de l'insuffisance de nos renseignemens, s'applique aux mêmes objets que les dépenses en argent, qui sont à la charge des beys ou *kâchef* gouverneurs des provinces, et dont il sera question dans la suite de ce mémoire.

|  |  | CHARYEH DE BLÉ, à 12 ardebs l'une, ou 18 d'orge. | CHARYEH D'ORGE, à 13 ardebs l'une. | TOTAL en ardebs d'orge. |
|---|---|---|---|---|
|  | Au pâchâ.................... | 231. | 651. | 13923. |
| Aux *ogáq*. | A cinq de ces corps........ | 53 12/24. | 71 14/24. | 2036 12/24. |
|  | Aux mêmes pour aller à la rencontre de la caravane..... | 10. | 17. | 435. |
|  | Aux *kyáhyá* de ces cinq corps. | 9. | 21  6. | 480  18. |
|  | Aux trois *ogáq* Tàfekgyàn, Gâmoulyàn et Saràkseh... | » | 2017  8. | 30260. |
|  | A soixante-quatorze *tchourbagy* des *ogáq*........... | 74. | 74. | 2442. |
|  | A la troupe en garnison dans les châteaux............. | 335  12. | 319. | 10824. |
|  | A la garde des forts situés sur la route du Kaire à la Mekke. | 58. | » | 1044. |
| Aux beys. | A l'émyr hâggy, pour sa provision en route........... | 324  6. | 473  20. | 12944. |
|  | Au defterdâr bey.......... | 41. | 33  10. | 1239  6. |
|  | Au corps des beys......... | 380. | 608. | 15960. |
|  | Aux trois capitans beys de Soueys, Alexandrie et Damiette, et au commandant de Rosette.............. | 129. | » | 2322. |
|  | Au commandant de Soueys.. | 20. | 32. | 840. |
|  | Au qâdy du Kaire............. | 20  16. | 16. | 612. |
|  | Aux *effendy* du dyouân.......... | 66. | 105  18. | 2774  6. |
|  | Aux serviteurs du dyouàn........ | 29. | » | 522. |
|  | Aux écrivains des registres des denrées. ...................... | 13. | » | 234. |
|  | Aux artificiers et aux fabricans de poudre pour le gouvernement... | 9. | 30. | 612. |
|  | Pour la nourriture des bœufs employés à l'aqueduc du vieux Kaire. | » | 309  12. | 4642  12. |

| | CHARYEH DE BLÉ, à 12 ardebs l'une, ou 18 d'orge. | CHARYEH D'ORGE, à 15 ardebs l'une. | TOTAL en ardebs d'orge. |
|---|---|---|---|
| **Aux établissemens pieux ci-contre.** *A la grande mosquée dite d'el-Azhar.................... Aveugles et malades de l'hôpital du Mouristân....... Aux Mogrebins, Damasquins et autres étudiant dans l'université d'el-Azhar........ Aux desservans de la mosquée dite Imâm-Châfe'y....... Ouqqf du musulmanisme en Égypte................... Droits des familles el-Bekry, Sâdât et autres........... | » | » | 154339 4. |
| Divers ouaqf en faveur de cheykhs du Kaire........ | » | 10 12. | 157 12. |
| Ouaqf d'Ibrâhym pâchâ à la mosquée d'Atâr el-Neby... | 25 12. | 3 6. | 507 18. |
| Ouaqf d'Isma'yl pâchâ en faveur... du lecteur du Qorân à la citadelle.... | 5. | » 5. | 93 3. |
| des 4 moufty u'lemâ..... | 12 12. | » | 225. |
| **Envois à la Mekke et à Médine.** Au chéryf et aux servans des temples de la Mekke et de Médine............... | 3558 12. | » | 64053. |
| Aux qâdy de ces deux villes. | 48. | » | 864. |
| Aux équipages des bâtimens destinés aux transports des denrées à la Mekke....... | 75 12. | » | 1359. |
| Non-valeurs que les beys se sont fait allouer comme chargés de surveiller la perception............... | ....... | ....... | 39326 23. |
| TOTAL pareil à la recette du myry en denrées... | | | 730635. |

L'Égypte cultivable doit son existence aux inondations du Nil : si les eaux du fleuve ne la fécondaient pas, elle serait anéantie par les sables. Dans ce pays où il ne pleut jamais, le degré des inondations du Nil est l'unique mesure des travaux et des récoltes. En principe, l'impôt n'est pas dû par les *felláh*, quand les terres ne sont pas inondées; mais, comme il suffit que le gouvernement fasse ouvrir le khalyg pour que l'inondation soit légalement constatée et que l'impôt soit établi, il s'ensuit que le défaut d'inondation suffisante n'affranchit pas toujours les terres. La Porte ne faisait jamais la remise du myry, et les gouverneurs faisaient encore moins celle du kouchoufyeh. Lorsque l'inondation était défectueuse ou excessive, les récoltes médiocres ou mauvaises, le moultezim se taisait; le recouvrement de son fâyz était suspendu : mais l'année suivante, il était ordinairement exigé cumulativement avec le nouveau. Aucun réglement n'obligeant les beys ou les *moultezim* à diminuer les impositions quand les récoltes sont mauvaises, leur humanité, et plus souvent encore l'impuissance des contribuables, déterminaient le montant des dégrèvemens qu'ils accordaient quelquefois aux *felláh*.

### §. V. *Des* ouaqf.

Nous avons expliqué ce qu'on entend par *ouaqf*; il nous reste à faire connaître en quoi consistent leurs revenus.

|  |  | Médins. | Médins. |
|---|---|---|---|
| Revenus en argent des ouaqf soudány. | Dechycheh el-koubra | 1907765. | |
| | Mohammedyeh | 1206274. | |
| | Ahmedyeh | 581033. | *Pour mémoire.* |
| | Mourâdyeh | 969857. | |
| | Harameyn | 638670. | |

|  | | Médins. | Médins. |
|---|---|---|---|
| Myry du *nâdir* (directeur) de l'ouaqf Dechycheh el-koubrä........................ | | | 50000. |
| Myry des *ouaqf particuliers*. | Solymàn pâchà............ | 102000. | |
| | Soultân Ghoury............ | 37500. | |
| | Soultân el-Achrâf.......... | 25000. | |
| | Soultân Beybars........... | 20000. | 392178. |
| | Ouizyr Kheyra bây......... | 30000. | |
| | Qâyd bây................. | 30000. | |
| | O'beyd allah.............. | 15000. | |
| | Ouizyr Hyàz bây.......... | 12500. | |
| Ces huit *ouaqf* payaient encore autrefois ce que le pâchâ paye maintenant pour eux, parce qu'un de ses prédécesseurs les déchargea de cette somme. | | 120178. | |
| Total................ | | | 442178. |
| Faisant en livres..... | | | 15792$^l$ 1$^s$ 5$^d$. |
| et en francs........ | | | 15597$^f$ 11$^c$. |

Le sultan Mohammed bey Saråkseh, ancien souverain de l'Égypte, fonda l'ouaqf Dechycheh el-koubrä: l'empereur Selym respecta ses dispositions, de sorte que les *moultezim* des terres désignées par ce sultan payent encore de nos jours les redevances qui le composent au nâdir (directeur) de l'ouaqf. Les sultans Mohammed, Ahmed et Mourâd, qui ont occupé le trône de Constantinople postérieurement à Selym 1$^{er}$, instituèrent successivement les *ouaqf* qui portent leurs noms, sans diminuer les revenus publics; parce qu'en renouvelant les concessions des terres, ils soumirent les nouveaux *moultezim* aux redevances qui forment le produit de ces *ouaqf*. L'ouaqf el-harameyn, fondé par un sultan, et maintenu par Selym, a une origine semblable à celle de l'ouaqf Dechycheh el-koubrä; il en diffère seulement en ce qu'il n'a pas de nâdir, et que sa perception est faite et son emploi dirigé par le rouznâmgy, tandis que chacun des quatre autres *ouaqf* a un nâdir chargé de son administration, sous la surveillance de ce trésorier.

Les sommes que nous avons énoncées forment tous les revenus en argent de ces cinq *ouaqf :* comme ils ne faisaient que passer dans les mains du rouznâmgy, qui les appliquait entièrement à leur destination, sans en faire mention dans son livre de recettes, et qu'ils semblent appartenir aux propriétés particulières plutôt qu'aux impositions et aux dépenses publiques, nous ne les avons cités dans notre état que pour mémoire.

Indépendamment de ces sommes, les *ouaqf soultâny* possèdent des revenus en grains et autres comestibles, ayant tous la même destination. L'argent et les grains disponibles, après que tous les frais sont acquittés, sont confiés à l'émyr hâggy, qui les porte à la Mekke et à Médine, où on les distribue conformément aux intentions des fondateurs.

On ignore pourquoi les *nâdir* des *ouaqf* Mohammedyeh, Ahmedyeh et Mourâdyeh, n'ont pas été soumis à un myry comme celui de l'ouaqf Dechycheh el-koubrâ.

Les *ouaqf* particuliers que nous avons désignés, existaient en Égypte lors de sa conquête par Selym. Ce sultan, en confirmant les dispositions de leurs fondateurs, les assujettit au paiement d'un myry que leurs *nâdir* n'ont pas discontinué de verser dans la caisse du rouznâmgy : nous ne faisons aucune mention de ceux que les sultans, les pâchâs et les particuliers ont créés depuis le règne de ce prince, à cause de leur grand nombre, et parce qu'ils ne sont soumis au paiement d'aucun myry.

## CHAPITRE II.

*Impôts sur les charges.*

Les officiers institués par le sultan, ayant des revenus en délégations sur le myry, en villages et surtout en droits indirects, dont la perception leur était accordée, payaient au sultan un myry, que nous désignons comme impôt sur les charges, parce qu'il était établi sur la totalité des revenus, et non pas sur le produit de tel ou tel droit dont ils avaient la jouissance.

Le tableau ci-après fera connaître les titulaires des charges soumises au paiement de ce myry :

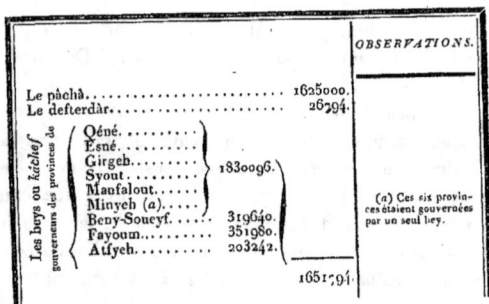

# MÉMOIRE SUR LES FINANCES

|  |  | OBSERVATIONS. |
|---|---|---|
| *Report*............ 1651794. |  |  |
|  | 5821349. |  |
| Gyzeh........... 107040. |  |  |
| Qelyoubyeh..... 154195. |  |  |
| Charqyeh....... 619078. |  |  |
| Bahyreh........ 362740. |  |  |
| Mansourah...... 396168. |  |  |
| Gharbyeh....... 869240. |  |  |
| Menoufyeh...... 607930. |  |  |
| Le rouznâmgy.................... | 27291. |  |
| L'interprète du dyouân............. | 75024. |  |
| L'emyn darb khâneh.............. | 582447. |  |
| Les *aghâ des ogáq* { Metfaraqah...... 53591. <br> Tchâouchyeh..... 281342. <br> Gâmoulyân....... 107182. <br> Tâfekgyân....... 107182. <br> Saråkseh......... 107182. <br> Moustahfazân..... 45382. <br> A'zabàn.......... 48230. } | 750091. |  |
| Les trois *kydhyd* des *ogáq* Gâmoulyân, Tâfekgyân et Saråkseh (*b*)........ | 6000. | (*b*) Dans les derniers temps, le pâchâ s'était mis au lieu et place de ces trois *kydhyd* pour le paiement de ce myry. |
| Les *écrivains des ogáq* { Metfaraqah...... 55970. <br> Tchâouchyeh..... 58946. <br> Gâmoulyân....... 37513. <br> Tâfekgyân....... 32155. <br> Saråkseh......... 26794. <br> Moustahfazân..... 64309. <br> A'zabàn.......... 15018. } | 290705. |  |
| Le ma'margy bâchy................. | 51794. |  |
| Le qechegy bâchy.................. | 66993. |  |
| Le qâfleh bâchy.................... | 69000. |  |
| L'emyn ehteçeb (*c*)................ | 443638. | (*c*) Il ne payait, dans les derniers temps, que 269119 médins, parce que, sur ses réclamations, le pâchâ se mit à son lieu et place pour les 174528 médins restans. |
| L'emyn a'nbar..................... | 294332. |  |
| L'aghâ el-mechâq.................. | 24209. |  |
| Le serdâr de Girgeh................ | 15600. |  |
| Les *aghâ des châteaux* { d'Alexandrie... 21840. <br> de Sâry Ahmed, à Alexandrie..... 7280. <br> d'el-Rouknch, à Alexandrie..... 9880. <br> d'Abouqyr....... 16640. <br> de Rosette....... 27040. <br> de Qorayn....... 4167. } | 86847. |  |
| Les cheykhs *el-deldlyn*............. | 30000. |  |
|  | 10287114. |  |

|  |  |  | OBSERVATIONS. |
|---|---|---|---|
|  | Report............ | 10287114. | (*d*) Dans les derniers temps, le pâchâ s'était mis au lieu et place de ces trois *oudly* pour le paiement de leur myry. |
| Les *oudly* (*d*) | du Kaire........ 15464.<br>du vieux Kaire.... 15464.<br>de Boulâq........ 15464. | 46392. |  |
| Les *effendy* | de la Charqyeh.... 74814.<br>de la Gharbyeh... 78974.<br>Chaher......... 71750.<br>des denrées...... 82036.<br>contrôleur des denrées du myry... 21436.<br>du kourekgy..... 11786.<br>du kechydeh..... 13398.<br>des orphelins, etc. 61943.<br>du goûàly........ 99694. | 515831. |  |
|  | L'effendy des *rezâq*................ | 21436. | Faisant<br>388241¹ 17ˢ 10ᵈ, |
|  | Total............ | 10870773. | et en francs,<br>383448ᶠ 79ᶜ. |

Le pâchâ pourvu de la plus éminente de ces dignités était cessionnaire du droit de halouân. A la mort d'un moultezim, son héritier n'obtenait le titre nécessaire pour succéder à sa terre, à sa charge ou à ses droits, qu'en payant au sultan trois années de son revenu net; il n'était tenu cependant, lorsqu'il héritait d'un village, qu'au paiement triple de son fâyz proprement dit. En Égypte, le sultan cédait ce droit au pâchâ, qui avait en outre des droits sur les grains, sur les comestibles, et sur tous ceux qui, promus à des emplois, devaient lui être présentés pour être revêtus de la pelisse ou du qaftân.

Le defterdâr jouissait d'une rétribution de mille médins par bourse, sur le prix de la terre adjugée à un nouveau moultezim; il en faisait la perception en lui délivrant le *taqsyt*, titre nécessaire pour exercer ses droits, soit que la mutation eût lieu par succession ou par vente.

Les beys et les *kâchef* gouverneurs de province recevaient un traitement du trésor public, et trouvaient un revenu assez considérable dans la portion des droits de kouchoufyeh qu'ils levaient à leur profit.

Le rouznâmgy jouissait d'une remise sur chaque article de sa recette, recevait des présens, ou plutôt des pensions annuelles, du pâchâ, des *ogâq*, et généralement de tous ceux qui avaient à traiter avec lui.

L'interprète du dyouân retirait une rétribution de toutes les personnes qui recevaient l'investiture.

L'emyn darb khâneh, directeur de la monnaie, était nommé par la Porte. Les bénéfices qu'il obtenait sur la fabrication des espèces, formaient son traitement. Outre le myry de sa charge, il payait quinze bourses au pâchâ. Son travail n'était pas déterminé; il fallait seulement que les monnaies qu'il émettait fussent au titre requis. Depuis A'ly-bey, la Porte avait cédé l'exercice de cette place au pâchâ, qui en payait le myry, et qui vendait toujours son privilége au bey cheykh el-beled du Kaire.

Les *aghâ*, c'est-à-dire les commandans des sept *ogâq*, jouissaient de divers droits dans l'intérieur de leurs corps. L'aghâ des janissaires, ayant la police de tous les gens de guerre et de la ville du Kaire, en percevait de multipliés sur les comestibles dont il fixait le prix. L'aghâ des *tchâouchyeh* recevait une somme égale à celle du defterdâr, mille médins par bourse, toutes les fois qu'un nouveau moultezim entrait en possession de sa terre.

Les trois *kyâhyâ*, c'est-à-dire les *bâch ekhtyâr* ou lieutenans des *ogâq* Gâmoulyân, Tâfekgyân et Sarâkseh, étaient pensionnés par le pâchâ. Ce magistrat acquitte actuellement le myry de ces trois charges, parce qu'à l'exemple d'un de ses prédécesseurs il ne fait plus le paiement des pensions qui y donnaient lieu. Ils recevaient un traitement de leurs corps.

Les *effendy* ou quartier-maîtres des sept *ogâq* avaient une remise sur les fonds qui passaient dans leurs mains; leurs corps leur faisaient en outre un traitement.

Le ma'margy bâchy était chargé de la direction de toutes les constructions publiques; il recevait par jour un sequin zer-mahboub, par atelier dont il ordonnait et surveillait le travail. On voit qu'il était le chef du génie civil et militaire.

Le qeebegy bâchy était chargé d'approvisionner les arsenaux de poudre et de munitions. Le prix lui en était payé par le trésor public, à l'exception de ce qui s'employait à trois feux d'artifice qui avaient lieu à l'arrivée du pâchâ, au départ de la caravane, et à celui du khazneh qui s'envoyait à Constantinople. Il était le chef de tous les ouvriers qui fabriquaient la poudre. Ses revenus se formaient de divers droits sur le myry et sur deux villages de la province de Qelyoubyeh.

Le qâfleh-bâchy, inspecteur des caravanes qui partent de l'Égypte ou qui la traversent, avait le privilége exclusif de fournir les guides et les chameaux qui leur étaient nécessaires. Chaque caravane lui payait une rétribution. Il levait en outre un quart de pataque sur chaque farde de café qui se transportait de Soueys au Kaire.

L'emyn ehteçeb veillait à ce que les marchands n'abusassent pas des poids et mesures pour tromper le peuple. Son traitement se composait de droits établis en sa faveur sur les marchands. Le myry de sa charge ayant paru trop considérable, un pâchâ le diminua de 174519 médins, qu'il paya lui-même. Les successeurs de ce dernier dûrent l'imiter, parce que les revenus du sultan ne peuvent pas être diminués.

L'emyn a'nbar, en sa qualité de directeur des greniers publics, levait des droits en argent et en grains sur les *moultezim* qui payaient leurs impôts en nature. Tous les employés attachés à son administration étaient à sa solde; il était autorisé à se servir, pour recevoir les grains des contribuables, d'une mesure un peu plus forte que celle qu'il employait dans les distributions qu'il en faisait d'après les réglemens.

L'aghâ el-mechâq, fournisseur de l'étoupe, recevait de vingt à cent médins, par village, des *moultezim* de la basse Égypte. Il était tenu d'expédier à Constantinople la quantité d'étoupe qui lui était demandée. On lui remboursait le prix de ses fournitures, pourvu qu'il produisît une attestation du qâdy de Boulâq qui en déterminait la quantité et le prix.

Le serdâr de Girgeh était le lieutenant du bey gouverneur du Sa'yd. Cette place lui donnait le village de Bender el-Toubnet, et un traitement pris sur les revenus du bey.

Les *aghâ* des châteaux recevaient un traitement du trésor public, et levaient divers droits sur les comestibles qui se vendaient dans les places dont ils avaient le commandement et la police.

Les cheykhs *el-dellâlyn*, chefs des courtiers au Kaire, percevaient un droit sur tous les courtiers qui font dans les marchés publics la vente des linges, hardes, habits, etc. Hors de là, chacun peut vendre par lui-même; mais, dans les marchés, le ministère des courtiers est indispensable. Ces cheykhs étaient au nombre de deux; l'un était turk, et l'autre égyptien.

Les trois *ouâly* du Kaire, de Boulâq et du vieux Kaire, étaient chargés, sous les ordres de l'aghâ des janissaires, des détails de la police; ils avaient des droits sur les consommations et les amendes, et jouissaient anciennement d'une pension qui leur était payée par le pâchâ. Il y a environ soixante-dix ans que celui-ci, se refusant à l'acquitter, obligea l'ouâly du Kaire à satisfaire ses collègues, et lui-même demeura chargé d'acquitter le myry de ces trois officiers. Cette disposition mit les *ouâly* du vieux Kaire et de Boulâq dans la dépendance de celui du Kaire, qui jouissait en outre d'un traitement assigné sur le trésor public. Ce dernier était attaché au service du dyouân, où il remplissait des fonctions analogues à celles d'huissier audiencier.

Les *effendy* de la Charqyeh, de la Gharbyeh, et l'effendy chaher, tenaient le registre du myry dû en argent par toutes les provinces : le premier était chargé de celles de la basse Égypte, à l'exception du Delta, qui appartenait au second; le troisième avait les provinces de l'Égypte supérieure. Ils étaient payés par le trésor public, et levaient un droit sur les *moultezim* de leurs arrondissemens. L'effendy des denrées, *el-ghalâl*, tenait le registre de toutes les terres qui payaient le myry en nature; il était doté comme ses collègues. L'effendy contrôleur des grains du myry surveillait les opérations de l'emyn a'nbar; il tenait le registre de toutes les denrées qui entraient dans les greniers publics, de même que celui qui réglait leur emploi. L'emyn a'nbar ne pouvait disposer de rien sans sa participation. Le pâchâ et le rouznâmgy contribuaient à son traitement; il percevait en outre des droits sur les distributions faites par l'emyn a'nbar. L'effendy du kourekgy tenait, pour cette branche du myry sur les terres, un registre qui énonçait la taxe payable par chaque village : ses honoraires étaient payés par le pâchâ, le rouznâmgy et les *moultezim*. L'effendy kechydeh était un eunuque chargé de payer les pensions assignées à ceux de ses confrères que la Porte exilait en Égypte. C'est la disgrâce infligée à ces malheureux quand ils déplaisent à leur maître. L'effendy des orphelins, etc., etc., tenait le registre des pensions accordées par les sultans aux orphelins, aux veuves, aux cheykhs et autres; il était pensionné par le pâchâ, et recevait une rétribution de chaque partie prenante. L'effendy gouâly était l'écrivain qu'employait l'aghâ envoyé annuellement de Constantinople pour la perception du *karach* ou *kharâg*, impôt établi sur les sujets du grand-seigneur non musulmans. Cet aghâ pourvoyait au traitement de l'effendy sur le produit de cet impôt. Tous ces *effendy* géraient leurs places sous les ordres du rouznâmgy ; ce qui n'empêchait pas qu'elles ne fussent inamovibles.

L'effendy des *rezâq* tenait le registre des terrains ou des propriétés en terres qui avaient cette dénomination. Sa gestion était indépendante de celle du rouznâmgy. Le pâchâ lui faisait une pension ; il avait en outre un droit sur l'établissement et les mutations des *rezâq*.

Tels étaient les titulaires des charges soumises à l'impôt du myry. On a vu qu'elles consistaient moins en revenus sur le trésor public, qu'en redevances sur les terres et les personnes.

## CHAPITRE III.

*Impôts sur l'industrie et les consommations.*

§. I. *Des douanes.*

Le sultan Solymân établit quatre douanes principales en Égypte :
A Boulâq et au vieux Kaire,
A Alexandrie,
A Damiette,
Et à Soueys.
Leurs produits furent abandonnés, sous la réserve du myry que nous allons mentionner ;

SAVOIR:

| | |
|---|---|
| A l'ogàq des janissaires, ceux des douanes de Boulàq et du vieux Kaire, qui furent réunies et soumises à un seul et même myry de.......................... | 4311872 méd. |
| Au même corps, ceux de la douane d'Alexandrie, moyennant un myry de..................... [1] | 6744396. |
| Au même, ceux de la douane de Damiette, moyennant un myry de.......................... | 2318162. |
| Au pàchà, ceux de la douane de Soueys, moyennant un myry de.......................... | 6071056. |
| TOTAL............... | 19445486 méd. |
| Faisant.................... | 69448 l. 12 s. 10 d., |
| et en francs............... | 68590 f. 81 c. |

L'esprit de l'islamisme réprouve tous les bénéfices étrangers au travail et à l'industrie : ceux qui proviennent des douanes paraissant étrangers à cette origine, la perception de cet impôt est ordinairement confiée à des chrétiens ou à des Juifs qui s'en rendent les fermiers.

La position géographique des places où étaient établis les bureaux des douanes, indique les contrées d'où provenaient les importations, et celles où arrivaient les exportations. Le commerce de Sennâr, des royaumes de Dârfour, de Fezen, etc., se faisait par des caravanes qui venaient arriver au vieux Kaire ; celui de la Turquie d'Europe et d'Asie se partageait entre Alexandrie et Da-

---

[1] Les beys, qui s'étaient approprié toutes les douanes, ne payaient dans les derniers temps, pour le myry de celle d'Alexandrie, que 5413147 médins, parce que, sur les réclamations faites antérieurement par l'ogàq des janissaires, le pàchà se mit à son lieu et place pour 1331249 médins.

miette : Alexandrie faisait principalement le commerce de l'Europe et de la Barbarie ; et Soueys, celui de l'Arabie et de l'Inde.

Le tarif suivant, en nous faisant connaître les différentes productions et marchandises que ces contrées fournissaient à l'Égypte et celles qu'elles en recevaient, nous indiquera en quoi consistaient les droits de douane qu'elles devaient payer, suivant les réglemens du sultan Solymân.

## IMPORTATIONS.

### COMMERCE DE SENNAR, DE DARFOUR, DE FEZEN, ETC.

| DÉSIGNATION des MARCHANDISES. | DROITS AUXQUELS ELLES SONT SOUMISES à la douane du vieux Kaire, OÙ ELLES ARRIVENT. |
|---|---|
| Chichm (*tchichm*) (drogue), graine noire ressemblant à une lentille dure............ | 90 médins le grand sac. 10 médins le petit sac. |
| Cravaches de cuir............. | 10 pour cent en nature. |
| Dents d'éléphant............. | 7 médins la charge de chameau. |
| Esclaves.... { mâles......... | 120 médins l'un. |
|             { femelles...... | 110 médins *idem*. |
|             { eunuques...... | 246 médins *idem*. |
| Gomme arabique............. | 8 médins la charge de chameau. |
| Perruches................... | 15 médins par cage et une perruche. |
| Plumes d'autruche............ | 10 pour cent en nature. |
| Poudre d'or................. | Rien. |
| Tamarin.................... | 40 médins le quintal, et 8 médins par charge de chameau. |

MÉMOIRE SUR LES FINANCES

COMMERCE D'EUROPE,

| DÉSIGNATION DES MARCHANDISES. | DROITS A ALEXANDRIE[1]. | | | | |
|---|---|---|---|---|---|
| | DES ÉTATS DU G. S. | DE BARBARIE. | DE MARSEILLE. | DE VENISE. | DE LIVOURNE ET TRIESTE. |
| | Pour $\frac{1}{7}$. | Pour $\frac{2}{9}$. | Pour $\frac{2}{5}$. | Pour $\frac{2}{7}$. | Pour $\frac{2}{9}$. |
| Abricots.................. | 11. | ....... | ....... | ....... | ....... |
| Acier..................... | 5. | ....... | de 3 à 5. | de 3 à 5. | de 3 à 5. |
| Aiguilles.................. | 5. | ....... | Idem. | Idem. | Idem. |
| Ail....................... | | | | | |
| Alun..................... | 5. | ....... | de 3 à 5. | de 3 à 5 | de 3 à 5. |
| Amadou.................. | 11. | | | | |
| Amandes................. | 11. | ....... | de 3 à 5. | ....... | de 3 à 5 |

[1] Les marchandises arrivant des États du grand-seigneur et de la Barbarie acquittaient presque toujours en nature les droits auxquels elles étaient soumises à la douane d'Alexandrie. La perception de ceux qui étaient levés sur les importations venant de Marseille, de Venise, de Livourne et Trieste, d'Angleterre, et de tous ces pays par Smyrne, était établie en argent, d'après un tarif toujours inférieur au prix véritable des objets importés.

[2] Les droits ne variaient point à Damiette suivant la nation de laquelle provenaient les marchandises, comme à Alexandrie. Ceux que cette douane percevait, également dus par les négocians d'Europe, d'Asie et de Barbarie, étaient levés partie en argent et partie en nature. Les droits en argent étaient déterminés par une évaluation spéciale et presque réelle de la valeur des marchandises, qui avait lieu à mesure que les débarcations s'opéraient.

[3] Les marchandises venant de l'étranger qui arrivaient au Kaire, étaient assujetties au paiement des droits établis à la douane de Boulâq, indépendamment de ceux qu'elles avaient déjà acquittés dans les ports d'Alexandrie et de Damiette. De même qu'à Alexandrie, ils étaient perçus en argent, d'après une estimation très-

## COMMERCE D'EUROPE, D'ASIE ET DE BARBARIE.

| DÉSIGNATION DES MARCHANDISES. | DROITS AUXQUELS ELLES SONT SOUMISES | | | | | | | | | | | |
|---|---|---|---|---|---|---|---|---|---|---|---|---|
| | A ALEXANDRIE[1]. | | | | | A DAMIETTE[2]. | | A BOULAQ[3]. | | | | |
| | DES ÉTATS DU G. S. | DE BARBARIE. | DE MARSEILLE. | DE VENISE. | DE LIVOURNE ET TRIESTE. | D'ANGLETERRE. | DÉLIVRÉ PAR ANVERS. | D'EUROPE, D'ASIE ET DE BARBARIE. | des États du G. S. et de la Barbarie. | de la chrétienté. | AUX NÉGOCIANS d'Europe. | AUX NÉGOCIANS égyptiens. | AUX NÉGOCIANS d'autres nations. | AUX NÉGOCIANS égyptiens. | ACHETÉES par LES NÉGOCIANS d'Europe à ALEXANDRIE. |
| | Pour $\frac{2}{3}$. | Pour $\frac{2}{3}$. | Pour $\frac{2}{3}$. | Pour $\frac{2}{3}$. | Pour $\frac{2}{3}$. | Pour $\frac{2}{3}$. | P. $\frac{2}{3}$. | Pour $\frac{2}{3}$. | Pour $\frac{2}{3}$. | P. $\frac{2}{3}$. | P. $\frac{2}{3}$. | P. $\frac{2}{3}$. | Médus. |
| Abricots............ | 11. | | | | | | | Frais, 10 pour cent. Secs, 12 pour cent. En pâte, 1 méd. le rouleau. | 10. | | | | 6 le quintal. |
| Acier............ | 5. | | de 3 à 5. | de 3 à 5. | de 3 à 5. | de 3 à 5. | 5. | 10 p. $\frac{2}{3}$. | 4. | 2. | 1. | 3. | 36 la caisse. |
| Aiguilles............ | 5. | | Idem. | Idem. | Idem. | Idem. | 5. | 10. | 4. | 2. | 1. | 3. | 60 le baril. |
| Ail............ | | | | | | | | 12. | 10. | | | | |
| Alun............ | 5. | | de 3 à 5. | de 3 à 5. | de 3 à 5. | | 5. | 10. | 10. | | 1. | 3. | 30 la caisse. |
| Amadou............ | 11. | | | | | | | 12. | 4. | | | | 18 la pièce. |
| Amandes............ | 11. | | de 3 à 5. | | de 3 à 5 | | | 12. | 10. | | 1. | 3. | 6 le quintal. |

[1] Les marchandises arrivant des États du grand-seigneur et de la Barbarie acquittaient presque toujours en nature les droits auxquels elles étaient soumises à la douane d'Alexandrie. La perception de ceux qui étaient levés sur les importations venant de Marseille, de Venise, de Livourne et Trieste, d'Angleterre, et de tous ces pays par Smyrne, était établie en argent, d'après un tarif toujours inférieur au prix véritable des objets importés.

[2] Les droits ne variaient point à Damiette suivant la nation de laquelle provenaient les marchandises, comme à Alexandrie. Ceux que cette douane percevait, également dus par les négocians d'Europe, d'Asie et de Barbarie, étaient levés partie en argent et partie en nature. Les droits en argent étaient déterminés par une évaluation spéciale et presque réelle de la valeur des marchandises, qui avait lieu à mesure que les débarcations s'opéraient.

[3] Les marchandises venant de l'étranger qui arrivaient au Kaire, étaient assujetties au paiement des droits établis à la douane de Boulâq, indépendamment de ceux qu'elles avaient déjà acquittés dans les ports d'Alexandrie et de Damiette. De même qu'à Alexandrie, ils étaient perçus en argent, d'après une estimation très-modique des objets importés, à l'exception de ceux fixés à 10 pour cent, qu'on recevait en nature. On doit remarquer que, lorsque les marchandises arrivent des États du grand-seigneur et de la Barbarie, les droits de cette douane varient de 4 à 10 pour cent, si c'est à un négociant égyptien qu'elles appartiennent, et de 2 à 4 pour cent, si c'est à un négociant européen; et que, lorsqu'elles arrivent de la Chrétienté, ils sont fixés à 3 pour cent pour les négocians égyptiens, et à 1 pour cent seulement pour les négocians européens étrangers à la nation d'où sont envoyées les marchandises. Ce droit est nul, lorsque les expéditions arrivent d'un port de la nation du négociant européen auquel elles sont adressées; et c'est dans cette circonstance que le droit d'entrée à Alexandrie est de 5 pour cent pour le premier, tandis qu'il n'est que de 3 pour cent pour le dernier. Il existe une autre position dans laquelle les marchandises expédiées au Kaire ne payent pas à Boulâq les droits que nous énonçons; c'est lorsque les négocians égyptiens les ont achetées à Alexandrie : ils en sont quittes alors moyennant le léger droit fixé par balle ou par pièce, porté dans le tarif; tandis que le négociant européen est soumis aux mêmes droits qu'il acquitte lorsque les marchandises lui arrivent de l'étranger.

| DÉSIGNATION DES MARCHANDISES. | DROITS AUXQUELS ELLES SONT SOUMISES ||||||||||||
|---|---|---|---|---|---|---|---|---|---|---|---|---|
| | A ALEXANDRIE. ||||| A DAMIETTE. || A BOULAQ. |||| |
| | DES ÉTATS DU G. S. | DE BARBARIE. | DE MARSEILLE. | DE VENISE. | DE LIVOURNE ET TRIESTE. | D'ANGLETERRE. | D'EUROPE PAR SMYRNE. | D'EUROPE, D'ASIE ET DE BARBARIE. | des États du G. S. et de la Barbarie. AUX NÉGOCIANS égyptiens. | de la AUX NÉGOCIANS chrétiens. | consentis, à d'autres AUX NÉGOCIANS coptes. | ACHETÉS par LES NÉGOCIANS égyptiens A ALEXANDRIE. |
| | Pour $\frac{0}{0}$. | Pour $\frac{0}{0}$. | Pour $\frac{0}{0}$. | Pour $\frac{0}{0}$. | Pour $\frac{0}{0}$. | Pour $\frac{0}{0}$. | P. $\frac{0}{0}$. | Pour $\frac{0}{0}$. | Pour $\frac{0}{0}$. | P. $\frac{0}{0}$. | P. $\frac{0}{0}$. | P. $\frac{0}{0}$. | |
| Ambre jaune............ | | | | | de 3 à 5. | | | | | | | | Médius. |
| Ancres de vaisseau...... | | | | | | | 5. | 12. | 4. | 2. | 1. | 3. | 60 la caisse. |
| Argent brut en lingot.... | | | | | | | | 12. | 10. | | | | |
| Argent vif.............. | 5. | | de 3 à 5. | de 3 à 5. | de 3 à 5. | | | 10. | | | | | |
| Aruwa................. | 5. | | Idem. | Idem. | Idem. | de 3 à 5. | 5. | 12. | 4. | 2. | 1. | 3. | 89 les 75 rotles. |
| Arquifoux.............. | 5. | | Idem. | Idem. | Idem. | Idem. | 5. | 10. | 4. | 2. | 1. | 3. | 12 la pièce. |
| Arsenic................ | | | Idem. | Idem. | Idem. | Idem. | 5. | 12. | 4. | 2. | 1. | 3. | 10 les 120 rotles. |
| Aspic (fleurs d')........ | | | de 3 à 5. | | | | 5. | | 4. | 2. | 1. | 3. | 51 le baril. |
| Bardaques et jarres...... | | 10. | | | | | 5. | | 4. | 2. | 1. | 3. | 51 la balle. |
| Bernous, manteaux de laine.. | | 10. | | | | | | 10. | 4. | | | | 6 l'une. |
| Bas.................... | 5. | | | | | | | 10. | 4. | 2. | | | 5 l'un. |
| Beurre fondu........... | | | | | | | | | 4. | | | | 2 les 10. |
| Bijouterie.............. | 5. | 11. | de 3 à 5. | de 3 à 5. | de 3 à 5. | | | 12. | 4. | | | | 6 à 30 la jarre. |
| Blanc de céruse......... | | | | Idem. | Idem. | de 3 à 5. | 5. | 10. | 10. | 2. | 1. | 3. | 80 la caisse. |
| Bœufs................. | | | | | | | 5. | 12. | 4. | | | 3. | 12 les 75 rotles. |
| Bois à brûler........... | 10. | | | | | | | 180 méd. l'un. | | | | | |
| | | | | | | | | 12 p. $\frac{0}{0}$. | 4. | | | | |
| Bois de construction..... | de 4 à 17. | | | | 11. | | | 13 et demi p. cent. De 11 à 31 médins les cent pièces. | 10. | | | | de 8 à 50 médins les 100 pièces. |
| Bois de Fernambouc..... | 5. | | de 3 à 5. | de 3 à 5. | de 3 à 5. | | | | | | | | |
| Bonnets rouges......... | | 10. | Idem. | Idem. | Idem. | de 3 à 5. | 5. | 12 p. $\frac{0}{0}$. | 7. | 2. | 1. | 3. | 60 le quintal. |
| Bougies................ | | | Idem. | Idem. | Idem. | | | 10. | 4. | | | | 1 la paire. |
| Bourre de brousse....... | 4. | | | | | de 3 à 5. | 5. | 12. | 4. | 2. | 1. | 3. | 30 la caisse. |
| Bourre de soie, et coton et soie.. | 10. | | | | | | | | 4. | | | | 10 à 30 l'oc. |
| Brai................... | 14. | | | | | | | 60 méd. la pièce. | 4. | | | | 3 à 30 la pièce. |
| Bure pour vêtemens..... | | | | | | | | de 10 à 13 $\frac{1}{2}$ p. $\frac{0}{0}$. | 10. | | | | 23 la jarre. |
| Café................... | | | | | | | | 11. | 10. | 4. | | | 8 la balle. |
| Caraonia (drogue)....... | | 11. | | | | | | 5. | | | | | |
| Caroubes............... | 11. | | | | | | | | 10. | | | | 5o la balle. |
| Cerceaux............... | | | | | | | | | 10. | | | | 7 le quintal. |
| Chabraques............. | | | | | | | | 2 m. pour 100 cerc. | 4. | | | | 1 pour 100 cerc. |
| Chair salée............. | 11. | | | | | | | 10 p. $\frac{0}{0}$. | 10. | | | | 8 la balle. |
| Châles................. | 10. | | | | | | | 12. | 10. | | | | 12 le baril. |
| | | | | | | | | 10. | 7. | | | | 5 l'un. |

| DÉSIGNATION DES MARCHANDISES. | DROITS AUXQUELS ELLES SONT SOUMISES | | | | | | | | | | | | ACHETÉES par LES NÉGOCIANS égyptiens. A ALEXANDRIE. |
|---|---|---|---|---|---|---|---|---|---|---|---|---|---|
| | A ALEXANDRIE. | | | | | A DAMIETTE, | | | A BOULAQ. | | | | |
| | DES ÉTATS DU G. S. | DE BARBARIE. | DE MARSEILLE. | DE VENISE. | DE LIVOURNE ET TRIESTE. | D'ANGLETERRE. | D'EUROPE, PAR SUYRNE. | D'EUROPE, D'ASIE ET DE BARBARIE | des États du G. S. et de la Barbarie, AUX NÉGOCIANS égyptiens. | AUX NÉGOCIANS européens. | de la CHRÉTIENTÉ, qu'aux nationaux, d'ailleurs | AUX NÉGOCIANS égyptiens. | |
| | Pour §. | Pour §. | Pour §. | Pour §. | Pour §. | Pour §. | P. §. | Pour §. | Pour §. | P. §. | P. §. | P. §. | Médins. |
| Châles de laine.......... | .... | 10. | .... | .... | .... | .... | .... | 10. | 4. | 2. | .... | .... | 2 l'un. |
| Châlons................ | 5. | .... | de 3 à 5. | de 3 à 5. | de 3 à 5. | de 3 à 5. | 5. | 10. | 4. | 2. | 1. | 3. | 10 la pièce. |
| Chaly d'Angora......... | 5. | .... | .... | .... | .... | .... | .... | 10. | 10. | .... | .... | .... | 15 la pièce. |
| Chandelles............. | .... | .... | .... | .... | .... | .... | .... | 12. | 4. | .... | .... | .... | 25 la caisse. |
| Charbon............... | .... | .... | .... | .... | de 3 à 5. | .... | 5. | 10 m. pour 2 couff. | .... | .... | .... | .... | .... |
| Châtaignes............. | .... | .... | .... | .... | .... | .... | .... | .... | 5. | .... | .... | .... | .... |
| Chevaux............... | 5. | .... | .... | .... | .... | .... | .... | 180 méd. l'un. | 4. | 2. | 1. | 3. | 60 le quintal. |
| Cinabre................ | 10. | 11. | .... | .... | .... | .... | 5. | .... | 4. | 2. | 1. | 3. | 93 les 75 rotles. |
| Cire brute............. | .... | .... | de 3 à 5. | de 3 à 5. | de 3 à 5. | .... | .... | 10 p. §. | 7. | .... | .... | .... | 18 le quintal. |
| Clous.................. | 5. | .... | Idem. | Idem. | Idem. | de 3 à 5. | 5. | 10. | 10. | 2. | 1. | 3. | 20 le baril. |
| Cochenille............. | .... | .... | .... | .... | .... | Idem. | 5. | 10. | 5. | 2. | 1. | 3. | 1 l'oque. |
| Cocos.................. | .... | .... | .... | .... | .... | .... | .... | 10. | 10. | .... | .... | .... | .... |
| Colophane............. | 10. | .... | de 3 à 5. | de 3 à 5. | de 3 à 5. | .... | .... | 12. | 10. | 2. | .... | .... | 50 le baril. |
| Confitures............. | .... | .... | .... | Idem. | Idem. | .... | 5. | 12. | 10. | 2. | 1. | 3. | 25 la caisse. |
| Contaries de toute qualité. | .... | 11. | .... | .... | .... | .... | .... | 10. | 4. | 2. | 1. | 3. | 90 la barrique. |
| Contes (drogue de Barbarie). | .... | .... | de 3 à 5. | de 3 à 5. | de 3 à 5. | de 3 à 5. | 5. | .... | 10. | 2. | .... | .... | 50 la balle. |
| Corail................. | .... | .... | .... | Idem. | Idem. | .... | 5. | 10. | 4. | 2. | 1. | 3. | 60 la caisse. |
| Corail faux............ | 11. | .... | .... | .... | .... | .... | .... | 10. | 4. | .... | .... | .... | 25 la caisse. |
| Cordages.............. | 11. | .... | .... | .... | .... | .... | .... | 12. | 4. | .... | .... | .... | 10 les 120 rotles. |
| Coton en laine........ | .... | .... | .... | .... | .... | .... | .... | 12. | 10. | .... | .... | .... | 23 le quintal. |
| Cottes de mailles...... | .... | .... | de 3 à 5. | de 3 à 5. | de 3 à 5. | de 3 à 5. | 5. | .... | 4. | 2. | 1. | .... | 50 la barrique. |
| Couteaux grossiers.... | 10. | .... | .... | .... | .... | .... | .... | 12. | 10. | .... | .... | .... | 8 la balle. |
| Cuillers de bois....... | .... | 10. | .... | .... | .... | .... | .... | 10. | .... | .... | .... | .... | .... |
| Cuirs de bœuf......... | .... | .... | .... | .... | .... | .... | .... | 10. | 4. | 2. | .... | .... | 4 l'un. |
| Cuirs maroquins....... | de 4 à 5. | .... | .... | .... | .... | .... | .... | de 10 à 12. | 10. | .... | .... | .... | 60 le quintal. |
| Cuivre { neuf ouvré... | 5. | .... | .... | .... | .... | .... | .... | 10. | 10. | .... | .... | .... | 53 le quintal. |
| { brut......... | 5. | .... | .... | .... | .... | .... | .... | 12. | 10. | .... | .... | .... | 60 le quintal. |
| { vieux........ | | | | | | | | | | | | | |
| Dents d'éléphant...... | .... | .... | .... | .... | .... | .... | .... | 10. | .... | .... | .... | .... | .... |
| Dorures............... | 5. | .... | de 3 à 5. | de 3 à 5. | de 3 à 5. | de 3 à 5. | 5. | 10. | 4. | 2. | 1. | 3. | 90 la caisse. |
| Draps................. | 5. | .... | Idem. | Idem. | Idem. | Idem. | 5. | 5. | 4. | 2. | 1. | 3. | 25 la pièce. |
| Drogueries............ | 5. | .... | Idem. | Idem. | Idem. | Idem. | 5. | 12. | 10. | 2. | 1. | 3. | 50 la balle. |
| Eau de girofle......... | .... | .... | .... | .... | .... | .... | .... | 10. | 10. | .... | .... | .... | .... |

| DÉSIGNATION DES MARCHANDISES. | DROITS AUXQUELS ELLES SONT SOUMISES ||||||||||||
|---|---|---|---|---|---|---|---|---|---|---|---|---|
| | A ALEXANDRIE, |||||| A DAMIETTE, | A BOULAQ, |||| ACHETÉES par LES NÉGOCIANS égyptiens A ALEXANDRIE. |
| | DES ÉTATS DU G. S. | DE BARBARIE. | DE MARSEILLE. | DE VENISE. | DE LIVOURNE ET TRIESTE. | D'ANGLETERRE. | DE SMYRNE PAR SAYDE. | D'EUROPE, D'ASIE ET DE BARBARIE | des États du G. S. et de la Barbarie AUX NÉGOCIANS égyptiens | de la Barbarie à d'autres | AUX NÉGOCIANS égyptiens | |
| | Pour ⅔. | Pour ⅔. | Pour ⅔. | Pour ⅔. | Pour ⅔. | Pour ⅔. | P. ⅔. | Pour ⅔. | Pour ⅔. | P. ⅔. | P. ⅔. | P. ⅔. | Médins. |
| Eau-de-vie........... | | | | | | | | 10. | | | | | |
| Éponges.............. | | | | | | | | 10. | 4. | | | | 15 la balle. |
| Esclaves............. | | | | | | | | 146 méd. pour ¼. | | | | | |
| Étain................ | | | | | | de 3 à 5. | 5. | 12 p. ½. | 4. | 2. | | 3. | 131 le baril. |
| Étoffes.............. | 5. | | de 3 à 5. | de 3 à 5. | de 3 à 5. | Idem. | 5. | 10. | 4. | 2. | 1. | 3. | 15 à 60 la pièce. |
| Étoffes de Haleb..... | 5. | | Idem. | Idem. | Idem. | | | 30 méd. la pièce. | 5. | | | | 5 pour ⅔. |
| Étoffes d'Augouy..... | | | | | | | | 40 méd. la pièce. | 4. | | | | Idem. |
| Étoffes de Turquie... | 4. | | | | | | | 10 p. ⅔. | 4. | | | | 8 à 50 la pièce. |
| Faïence.............. | | | de 3 à 5. | de 3 à 5. | de 3 à 5. | de 3 à 5. | 5. | 10. | 10. | 2. | 1. | 3. | 25 la caisse. |
| Passour (drogue)..... | | 11. | | | | | | | 10. | | | | 50 la balle. |
| Fer.................. | 11. | | Idem. | Idem. | Idem. | Idem. | 5. | de 10 à 12. | 4. | 2. | 1. | 3. | 178 les 100 barres. |
| Fer-blanc............ | 5. | | Idem. | Idem. | Idem. | Idem. | | 10. | 4. | 2. | 1. | 3. | 35 le baril. |
| Fer en plateau....... | 5 ½. | | | | | | | | 10. | | | | 40 le quintal. |
| Fers à cheval........ | 5 ½. | | | | | | | 12. | 4. | | | | 40 le quintal. |
| Ficelle.............. | | | | | | | | 62 méd. et demi les 100 roties. | | | | | 8 le quintal. |
| Fil.................. | | | | | | | | | 4. | | | | 15 le quintal. |
| Fils de fer et de laiton. | | | de 3 à 5. | de 3 à 5. | | | 5. | 10 p. ⅔. | | 2. | 1. | 3. | 12 le quintal. |
| Fingans (tasses)..... | 10. | | | | | de 3 à 5. | 5. | | 4. | 2. | 1. | 3. | 8 la caisse. |
| Flanelles peintes.... | | | de 3 à 5. | de 3 à 5. | de 3 à 5. | | | | 10. | | | | 8 la pièce. |
| Foueh (drogue pour la teinture). | | | | | | | | de 10 à 12. | 10. | | | | 50 la balle. |
| Fromages............. | 11. | | | | | | | 12. | 10. | | | | 6 le quintal. |
| Fruits secs.......... | 11. | | | | | | | 12. | 10. | | | | 5 à 9 le panier. |
| Galles............... | 11. | 11. | | | | | | | 10. | | | | 18 le quintal. |
| Geálry (drogue pour la teinture). | | 11. | | | | | | | 10. | | | | 50 la balle. |
| Giaglou (idem)....... | 5. | | de 3 à 5. | de 3 à 5. | de 3 à 5. | de 3 à 5. | 5. | 10. | 4. | 2. | 1. | 3. | 45 le quintal. |
| Girofle.............. | | | | | | | | 13. | | | | | |
| Gomme de Syrie....... | 5. | | | | | | | 7 méd. le rouba'. | 4. | | | | 7 ½ la couffe. |
| Goudron.............. | | | | | | | | 80 méd. le sac. | 4. | | | | 80 le sac. |
| Graines de concombre. | | | | | | | | 1 méd. ⅓ le rouba'. | 4. | | | | 60 le sac. |
| Graines d'indigo..... | | | | | | | | 12 p. ⅔. | 4. | | | | 14 la balle. |
| Graines de pastèque.. | | | | | | | | | | | | | |
| Grenade.............. | | | | | | | | | | | | | |

## DROITS AUXQUELS ELLES SONT SOUMISES

| DÉSIGNATION DES MARCHANDISES. | A ALEXANDRIE. | | | | | | A DAMIETTE, D'EUROPE, ASIE ET DE BARBARIE. | | | A BOULAQ. | | ACHETÉES par LES NÉGOCIANS égyptiens A ALEXANDRIE. |
|---|---|---|---|---|---|---|---|---|---|---|---|---|
| | DES ÉTATS DU G. S. | DE BARBARIE. | DE MARSEILLE. | DE VENISE. | DE LIVOURNE ET TRIESTE. | D'ANGLETERRE, D'EUROPE PAR SMYRNE. | | AUX NÉGOCIANS égyptiens | AUX NÉGOCIANS européens | AUX NÉGOCIANS à d'autres qu'aux nationaux | AUX NÉGOCIANS égyptiens | |
| Haclych*. | Pour ç. | Pour ç. | Pour ç. | Pour ç. | Pour ç. | P. ç. | Pour ç. | P. ç. | P. ç. | P. ç. | | Médines. |
| Haclych . . . . . . . . . . . | | | | | | | 4. | 2. | | | | 14 la balle. |
| Haclych non lié . . . . . . | | | | | | | 4. | 2. | | | | 14 la balle. |
| Haricots . . . . . . . . . . | | | | | | | 12. | 4. | | | | |
| Écrim de toute qualité (couvertures de laine). | 10. | 10. | de 3 à 5. | de 3 à 5. | | | 10. | 4. | | | | 40 l'un. 50 l'un. |
| Écrim de soie . . . . . . . | 10. | 10. | de 3 à 5. | de 3 à 5. | | | | | | | | 10 la caisse. |
| Horlogerie . . . . . . . . . | | | | | | | | | | | | 1 à 2 la caisse. |
| Huile . . . . . . . . . . . . | 7. de 3 à 5. m. la pol. | | de 3 à 5. la pot. | | | | 12. | 4. | | | | 3 la jarre. |
| Huile pour la peinture . . | | | | | | | 12. | 7. | | | | |
| Indigo . . . . . . . . . . . | 5. | 5. m. l'une | | | | 5. | 12. | 10. | | | | 2 l'une. |
| Jarres pleines de terraille | | | | | | | 10. | 5. | | | | 60 la caisse. |
| Jus de réglisse . . . . . . | | | | | | | 10. | 10. | | | | 8 la balle. |
| Kohab, yolyub (tchas, p. les fcm.) | 11. | 11. | | de 3 à 5. | de 3 à 5. | | 12. | 4. | | | | 12 la balle. |
| Laine . . . . . . . . . . . . | 5. | 5. | de 3 à 5. | de 3 à 5. | de 3 à 5. | 5. | 10. | 4. | 1. | 3. | | 45 le baril. |
| Laiton . . . . . . . . . . . | 5. | 5. | de 3 à 5. | de 3 à 5. | de 3 à 5. | 5. | 12. | 5. | 1. | 3. | | 30 la caisse. |
| Lunettes d'argent et fausses | 5. | 5. | de 3 à 5. | de 3 à 5. | de 3 à 5. | 5. | 10. | 4. | 1. | 3. | | 24 à 44 la balle. |
| Loupes de verre . . . . . | | | | | | | 10. | 4. | 1. | 3. | | 25 la caisse. |
| Liqueurs . . . . . . . . . | 5. | | de 3 à 5. | de 3 à 5. | de 3 à 5. | 5. | 8o méd. le cafas. 10 p. ç. | 10. | 1. | 3. | | 14 la balle. |
| Mahleb (noyau de cerises) et tables. | | | | | | | | | | | | |
| Marbres en blocs, colonnes, carreaux | | | | | | | | | | | | |
| Marchandises de l'Inde. | 5. | | | | | 5. | 10. | 10. | 10. | 3. | | 2 à ½ la pièce. |
| Mastic . . . . . . . . . . . | | | 10. | 10. | 10. | 10. | 10. | 2. | 2. | 3. | | 10 pour ç. |
| Merceries . . . . . . . . . | | | | | | 5. | 10. | 4. | 2. | 3. | | 20 la caisse. |
| Meules de moulin . . . . | | | | | | 5. | 10. | 4. | | 3. | | 30 la caisse. |
| Miel . . . . . . . . . . . . | 5. | | de 3 à 5. | de 3 à 5. | de 3 à 5. | 5. | 86 méd. l'une. | 27 m. l'une | | | | 27 l'une. |
| Minium . . . . . . . . . . | 11. | | | | | | 12 p. ç. | 10 p. ç. | 2. | | | 6 à 60 la jarre. |
| Miroirs . . . . . . . . . . . | | | de 3 à 5. | de 3 à 5. | de 3 à 5. | 5. | 10. | 4. | 1. | 3. | | 67 le baril. |
| Mortiers . . . . . . . . . . | | | Idem. | Idem. | Idem. | | 10. | 4. | 1. | 3. | | 60 la caisse. |
| Mouchoirs de soie . . . . | 10. | | | | | 5. | 12. | 4. | | | | 2 l'un. 5 à 10 l'un. |

* C'est la plante du chanvre séchée et qui sert à préparer des drogues enivrantes, ou que l'on fume mêlée avec du tabac.

E. M. XII. 9

| DÉSIGNATION DES MARCHANDISES | DROITS AUXQUELS ELLES SONT SOUMISES | | | | | | | | | | | | ACHETÉES par LES NÉGOCIANS À ALEXANDRIE. |
|---|---|---|---|---|---|---|---|---|---|---|---|---|---|
| | À ALEXANDRIE. | | | | | À DAMIETTE. | | À BOULAQ, de la Barbarie, etc. | | | | | |
| | DES ÉTATS DU G. S. | DE BARBARIE. | DE MARSEILLE. | DE VENISE. | DE LIVOURNE ET TRIESTE. | D'ANGLETERRE. | D'EUROPE PAR SMYRNE. | D'EUROPE, D'ASIE ET DE BARBARIE. | AUX NÉGOCIANS égyptiens. | AUX NÉGOCIANS européens. | à d'autres égyptiens. | AUX NÉGOCIANS égyptiens. | Médins. |
| | Pour $\frac{0}{0}$ | Pour $\frac{0}{0}$ | Pour $\frac{0}{0}$ | Pour $\frac{0}{0}$ | Pour $\frac{0}{0}$ | Pour $\frac{0}{0}$ | P. $\frac{0}{0}$ | Pour $\frac{0}{0}$ | Pour $\frac{0}{0}$ | P. $\frac{0}{0}$ | P. $\frac{0}{0}$ | P. $\frac{0}{0}$ | |
| Mousselines. | 10. | 11. | | | | | | 10. | 10. | | | | 3 à 40 la pièce. |
| Mousselines peintes. | 4. | | | | | | | 12. | 5. | | | | 3 à 40 la jubbe. |
| Moutons. | de 3 à 10. | 11. | | | | | | | | | | | |
| Négresses. | ? | | | | | | | | | | | | |
| Nosettes. | de 5 à 10. | | | | | | | 16 méd. l'une. | 10. | | | | 6 le quintal. |
| Noix. | 10. | | | | | | | 12 p. $\frac{0}{0}$ | 6. | | | | 6 le quintal. |
| Noix de pipes. | 10. | | | | | | | 12. | 10. | | | | 8 la caisse. |
| Œufs de poisson du caviar. | | | | | | | | 15 m. p. 2 confis. | 10. | | | | 30 le baril. |
| Oignons. | | | | | | | | 12 p. $\frac{0}{0}$ | 4. | | | | 12 la jarre. |
| Olives. | 11. | 11. | de 3 à 5. | de 3 à 5. | de 3 à 5. | de 3 à 5. | 5. | 10 p. $\frac{0}{0}$ | m. l'une. | 2. | 1. | 1. | 12 la boîte. |
| Or clinquant. | | | | | | | | | 4 p. $\frac{0}{0}$ | | | | 50 la balle. |
| Oud barâh (pyrèthre). | | | | | | | | 3 méd. l'une. | m. l'unc. | | | | 1 l'une. |
| Outres. | | | | | | | | 2 à 3 m. la rotle. | 4. | | | | 39 à 67 la balle. |
| Papier. | | | | | | | | 10 p. $\frac{0}{0}$ | 4. | | | | 1 l'une. |
| Pastèques de Jaffa. | 5. | | de 3 à 5. | de 3 à 5. | de 3 à 5. | de 3 à 5. | 5. | 1 méd. l'une. | 4. | | | | 1 à 3 l'une. |
| Peaux de chèvre. | 10. | | | | | | | 12 p. $\frac{0}{0}$ | 4. | 2. | | | 8 la balle. |
| Peignes de bois. | 5. | | de 3 à 5. | de 3 à 5. | de 3 à 5. | de 3 à 5. | 5. | | 10. | 2. | | 3. | 17 à 330 la peau. |
| Pelleteries. | | | Idem. | Idem. | Idem. | | 5. | | 4. | 2. | | 3. | 30 la barrique. |
| Pierres à fusil. | 11. | | de 3 à 5. | de 3 à 5. | de 3 à 5. | | 5. | 29 m. les 10 planch. | 4. | 2. | | 3. | 1 à 15 l'une. |
| Planches et solives. | | | Idem. | Idem. | Idem. | | 5. | 12 p. $\frac{0}{0}$ | 4. | 2. | | 3. | 7 le pain. |
| Plomb. | 5. | | de 3 à 5. | de 3 à 5. | de 3 à 5. | | 5. | 12. | 10. | 2. | | | 50 la balle. |
| Poil de chèvre. | | | | | | | | | 10. | | | | 6 le quintal. |
| Poires des Arabes de Tor. | | | | | | | | 36 méd. la caisse. | 4. | | 1. | 3. | 60 le baril. |
| Poisson sec et salé. | 11. | 11. | de 3 à 5. | de 3 à 5. | de 3 à 5. | | | 12. | 4. | | 1. | 1. | 1 l'une. |
| Poivre giroflé. | | | Idem. | Idem. | Idem. | | | 12. | 4. | 2. | 1. | 3. | 60 la caisse. |
| Pomme. | | | | | | | | | 7. | | | | |
| Pommes. | | | | | | | | | 10. | | | | 18 la balle. |
| Porcelaine. | 5. | | | | | | | | 4. | 2. | 1. | 2. | 5 à 9. le panier. |
| Poudre à canon. | 5 ½. | 11. | | | | | | | 10. | | | 1. | 1 l'une. |
| Poudre pour colle (nisris). | | | | | | | | | 4. | | 1. | 3. | 50 la balle. |
| Prunes. | | | | | | | | | 10. | | | | 8 la balle. |
| Qayb (drogue). | | | | | | | | | 10. | 2. | 1. | 3. | 38 la caisse. |
| Queues de cheval. | 10. | | | | | | | 10. | 10. | | | | |
| Quincailleries de toute espèce. | 5. | | de 3 à 5. | de 3 à 5. | de 3 à 5. | de 3 à 5. | 5. | 10. | 10. | | | | |

## DROITS AUXQUELS ELLES SONT SOUMISES

| DÉSIGNATION DES MARCHANDISES | A ALEXANDRIE | | | | | | | A DAMIETTE | A BOULAQ | | | | ACHETÉES PAR LES NÉGOCIANS égyptiens A ALEXANDRIE |
|---|---|---|---|---|---|---|---|---|---|---|---|---|---|
| | DES ÉTATS DU G. S. | DE BARBARIE | DE MARSEILLE | DE VENISE | DE LIVOURNE ET TRIESTE | D'ANGLETERRE | D'EUROPE PAR SMYRNE | D'EUROPE, D'ASIE ET DE BARBARIE | AUX NÉGOCIANS égyptiens, des États du G.S., de la Barbarie, et des autres nationaux | AUX NÉGOCIANS européens | À d'autres qu'aux nationaux | AUX NÉGOCIANS égyptiens | |
| | Pour $\frac{0}{0}$ | Pour $\frac{0}{0}$ | Pour $\frac{0}{0}$ | Pour $\frac{0}{0}$ | Pour $\frac{0}{0}$ | P. $\frac{0}{0}$ | P. $\frac{0}{0}$ | Pour $\frac{0}{0}$ | Pour $\frac{0}{0}$ | P. $\frac{0}{0}$ | P. $\frac{0}{0}$ | P. $\frac{0}{0}$ | |
| Raisins en caisse | | | | | | | | 36 méd. la caisse. | 10. | | | | Médins. 15 la caisse. |
| Raisins frais | 10. | | | | | | | 10 p. $\frac{0}{0}$ | 10. | | | | 10 le panier. |
| Raisins secs | 11. | | | | | | | 12. | 10. | | | | 5 à 9 le panier. |
| Réchauds en terre | 11. | | | | | | | 10. | 10. | | | | 1 l'un. |
| Réglisse | 10. | 11. | | | | | | 12. | 10. | | | | 13 la balle. |
| Safran | 5. | 5. | | | | | | 12. | 4. | 2. | | | 5 $\frac{1}{2}$ la rolle. |
| Salep | | | | | | | | | 10. | 2. | | | 18 la caisse. |
| Savon en pain / liquide | 10. | 11. | | | | | | de Syrie, 30 m. le bal.; de Damas, 10 pour cent | 4. | 2. | | 3. | 3 à 30 la caisse. / 3 à 30 la jarre. |
| Saie | | | | | | | | | 10. | 2. | 1. | 3. | 25 la pièce. |
| Scies | | | | | | | | 6 p. $\frac{0}{0}$ | 10. | 2. | | 3. | 40 la caisse. |
| Sel de nitre | | | | | | | | | 10. | 2. | | | |
| Selles avec les étriers, etc. | 5. | | de 3 à 5. | de 3 à 5. | de 3 à 5. | 5. | 5. | 10. | 4. | 2. | | 3. | 8 la balle. |
| Serviettes | 5. | | de 3 à 5. | de 3 à 5. | de 3 à 5. | 5. | | 10. | 4. | 2. | | 3. | 25 à 31 l'une. |
| Sirops | 5. | | de 3 à 5. | de 3 à 5. | de 3 à 5. | 5. | 5. | | 4. | 2. | | 3. | 25 la caisse. |
| Soie | 5. | | de 3 à 5. | de 3 à 5. | de 3 à 5. | 5. | 5. | 11 à 20 m. la rolle. | 4. | 2. | 1. | 3. | 2 à 7 la rolle. |
| Soie de Brousse | 4. | | de 3 à 5. | de 3 à 5. | de 3 à 5. | 5. | 5. | 10. | 4. | 2. | 1. | 3. | 2 à 7 la rolle. |
| Soie teinte et cordonnet | 5. | | de 3 à 5. | de 3 à 5. | de 3 à 5. | 5. | 5. | 12 p. $\frac{0}{0}$ | 4. | 2. | 1. | 3. | 5 le paquet. |
| Soieries | 10. | 10. | de 3 à 5. | de 3 à 5. | de 3 à 5. | 5. | 5. | 10. | 4. | 2. | 1. | 3. | 15 à 60 la pièce. |
| Soufre | 5. | 11. | de 3 à 5. | de 3 à 5. | de 3 à 5. | 5. | 5. | 10. | 4. | 2. | | 3. | 6 les 165 rolles. |
| Soufflets | 5. | 10. | de 3 à 5. | de 3 à 5. | de 3 à 5. | | 5. | | 4. | 2. | | 3. | 8 la balle. |
| Souliers | | | de 3 à 5. | de 3 à 5. | | | 5. | 12. | 4. | 2. | 1. | 3. | 2 la paire. |
| Spice celsica | | | Idem. | Idem. | | | | | 10. | | 1. | 3. | 96 la barrique. |
| Sublimé | | | Idem. | Idem. | | | | | 12. | | 1. | 3. | 80 les 75 rolles. |
| Sucre | 5. | | | | | | 5. | | 4. | | | | 60 le quintal. |
| Suif | | | | | | | 5. | | 4. | | | | 3 à 12 l'un. |
| Surfaix en laine | | | | | | | | 1 méd. et demi à 2 et demi le pic. | | | | | |
| Tabac | 11. | | | | de 3 à 5. | 4. | | de Turquie, 10 p. $\frac{0}{0}$; de Syrie, de 2 à 4 l'oque, A priser, 12 p. $\frac{0}{0}$ | | | | | 27 la balle. |

| DÉSIGNATION DES MARCHANDISES. | DROITS AUXQUELS ELLES SONT SOUMISES | | | | | | | | | | | |
|---|---|---|---|---|---|---|---|---|---|---|---|---|
| | A ALEXANDRIE, | | | | | A DAMIETTE, | | A BOULAQ, | | | | |
| | DES ÉTATS DU G. S. | DE BARBARIE. | DE MARSEILLE. | DE VENISE. | DE LIVOURNE ET TRIESTE. | D'ANGLETERRE. | BELGIQUE PAR SUYESS. | D'EUROPE, D'ASIE ET DE BARBARIE. | des États du G. S. et de la Barbarie, AUX NÉGOCIANS égyptiens. | AUX NÉGOCIANS européens. | de la chrétienté, à d'autres qu'aux indigènes. | AUX NÉGOCIANS égyptiens | ACHETÉES par LES NÉGOCIANS égyptiens A ALEXANDRIE. |
| | Pour %. | Pour %. | Pour %. | Pour %. | Pour %. | Pour %. | P. %. | Pour %. | Pour %. | P. %. | P. %. | P. %. | Médins. |
| Taioles............ | 5. | .... | .... | .... | .... | .... | .... | 10 p. %. | 4. | 2. | .... | .... | 1 les quatre. |
| Tapis de sofa....... | 5. | .... | .... | .... | .... | .... | .... | 10. | 4. | .... | .... | .... | 2 à 5 l'un. |
| Tapis de toute qualité. | .... | 10. | .... | .... | .... | .... | .... | 10. | 4. | 2. | .... | .... | 5 à 12 l'un. |
| Tartre............. | .... | .... | de 3 à 5. | de 3 à 5. | de 3 à 5. | de 3 à 5. | 5. | .... | 4. | 2. | 1. | 3. | 90 le baril. |
| Toileries........... | 5. | .... | .... | .... | .... | .... | .... | 10. | 5. | .... | .... | .... | 3 à 15 la pièce. |
| Toiles de Barut et autres. | .... | .... | .... | .... | .... | .... | .... | 5. | 4. | .... | .... | .... | 1 à 5 la pièce. |
| Toiles de Dobour, Baghdâd, etc. | .... | .... | .... | .... | .... | .... | .... | 10. | 4. | .... | .... | .... | 1 à 5 la pièce. |
| Toiles des Indes...... | 10. | .... | .... | .... | .... | .... | .... | 10. | 10. | .... | .... | .... | 3 à 40 la pièce. |
| Toiles de soie........ | 5. | .... | .... | .... | .... | .... | .... | 10. | 4. | .... | .... | .... | 1 à 12 la pièce. |
| Toiles peintes....... | .... | .... | de 3 à 5. | de 3 à 5. | de 3 à 5. | de 3 à 5. | 5. | 10. | 4. | 2. | 1. | 3. | 4 à 20 la pièce. |
| Tounbac (espèce de tabac). | .... | .... | .... | .... | .... | .... | .... | 10. | 5. | 2. | 1. | 3. | 28 la balle. |
| Toyaux de pipe...... | de % à 10. | .... | .... | .... | .... | .... | .... | 12. | 10. | .... | .... | .... | 8 la balle. |
| Verrerie............ | 10. | .... | .... | .... | .... | .... | .... | 10. | 10. | .... | .... | .... | 8 la balle. |
| Verrerie et cristaux... | .... | .... | .... | de 3 à 5. | de 3 à 5. | .... | 5. | 10. | 4. | 2. | 1. | 3. | 7 le quintal. |
| Vin................ | .... | .... | .... | .... | .... | .... | .... | 10. | .... | .... | .... | .... | |
| Vinaigre............ | .... | .... | .... | .... | .... | .... | .... | 50 méd. le baril. | .... | .... | .... | .... | |
| Vitriol............. | .... | .... | de 3 à 5. | de 3 à 5. | .... | .... | 5. | .... | 4. | 2. | 1. | 3. | 75 la barrique. |
| Vieux souliers...... | 10. | .... | .... | .... | .... | .... | .... | 10 p. %. | 4. | .... | .... | .... | 2 la paire. |

AUXQUELS ELLES SONT SOUMISES

| D'ANGLETERRE. | D'EUROPE PAR SMYRNE. | A DAMIETTE, D'EUROPE, D'ASIE ET DE BARBARIE. | A BOULAQ, des États du G. S. et de la Barbarie, AUX NÉGOCIANS égyptiens. | AUX NÉGOCIANS européens. | de la chrétienté, d'autres qu'aux nationaux. | AUX NÉGOCIANS égyptiens. | ACHETÉES par LES NÉGOCIANS égyptiens A ALEXANDRIE. |
|---|---|---|---|---|---|---|---|
| Pour ⅔. | P. ⁰⁄₀. | Pour ⁰⁄₀. | Pour ⁰⁄₀. | P. ⁰⁄₀. | P. ⁰⁄₀. | P. ⁰⁄₀. | Médins. |
| ..... | .... | 10 p. ⁰⁄₀. | 4. | 2. | .... | .... | 1 les quatre. |
| ..... | .... | 10. | 4. | .... | .... | .... | 2 à 5 l'un. |
| ..... | .... | 10. | 4. | 2. | .... | .... | 5 à 12 l'un. |
| de 3 à 5. | 5. | ........ | 4. | 2. | 1. | 3. | 90 le baril. |
| ..... | .... | 10. | 5. | .... | .... | .... | 3 à 15 la pièce. |
| ..... | .... | 5. | 4. | .... | .... | .... | 1 à 5 la pièce. |
| ..... | .... | 10. | 4. | .... | .... | .... | 1 à 5 la pièce. |
| ..... | .... | 10. | 10. | .... | .... | .... | 3 à 40 la pièce. |
| ..... | .... | 10. | 4. | 2. | .... | .... | 1 à 12 la pièce. |
| de 3 à 5. | 5. | 10. | 5. | 2. | 1. | 3. | 4 à 20 la pièce. |
| ..... | .... | 12. | 10. | .... | .... | .... | 28 la balle. |
| ..... | .... | 10. | 10. | .... | .... | .... | 8 la balle. |
| ..... | .... | 10. | 10. | .... | .... | .... | 8 la balle. |
| ..... | 5. | 10. | 4. | 2. | 1. | 3. | 7 le quintal. |
| ..... | .... | 10. | | | | | |
| ..... | .... | 50 méd. le baril. | | | | | |
| ..... | 5. | ........ | 4. | 2. | 1. | 3. | 75 la barrique. |
| ..... | .... | 10 p. ⁰⁄₀. | 4. | .... | .... | .... | 2 la paire. |

COMMERCE DE L'ARABIE ET DE L'INDE.

| DÉSIGNATION des MARCHANDISES. | DROITS AUXQUELS ELLES SONT SOUMISES à la douane de Soueys, OÙ ELLES ARRIVENT. |
|---|---|
| Aloès soccotrin............. | 165 médins le quintal. |
| A'nzarout................. | 165 idem. |
| Assa fœtida............... | 99 idem. |
| Baume de la Mekke......... | 165 idem. |
| Benjoin................... | 165 idem. |
| Bois d'Inde................ | 99 idem. |
| Bois de parfum............ | Ne payent aucun droit. |
| Bois de sandal............. | 165 médins le quintal. |
| Bois de Fernambouc........ | 66 idem. |
| Café de Mokhà............. | 400 médins la farde. |
| Café en coque.............. | 82 idem. |
| Canelle................... | 165 idem. |
| Cardamome................ | 340 médins le quintal. |
| Ceintures................. | Chaque dix pièces, une en nature. |
| Châles.................... | Idem. |
| Chichm (tchichm)........... | 66 médins le quintal. |
| Cocos..................... | 25 idem. |
| Confitures................. | Ne payent aucun droit. |
| Copal..................... | 165 médins le quintal. |
| Coques du Levant........... | 16 idem. |
| Coton filé des Indes......... | Ne paye aucun droit. |
| Defr...................... | 99 médins le quintal. |
| Dents de poissons........... | 26 médins l'ardeb. |
| Doukrame (doukhán)........ | Ne paye aucun droit. |
| Eau de canelle............. | Idem. |
| Encens.................... | 23 médins le quintal. |
| Étoffes.................... | Chaque dix pièces, une en nature. |
| Farerk ou menaleh.......... | 165 médins le quintal. |
| Gingembre................. | 66 idem. |
| Gomme................... | Ne paye aucun droit. |
| Gomme élémi.............. | 165 médins le quintal. |
| Gomme laque.............. | 32 idem. |
| Graines noires............. | Ne payent aucun droit. |
| Habb el melouk (graine purgative)................. | 306 médins le quintal. |
| Hermodates............... | 66 idem. |
| Indigo des Indes............ | 198 idem. |

| DÉSIGNATION des MARCHANDISES. | DROITS AUXQUELS ELLES SONT SOUMISES à la douane de Soueys, OU ELLES ARRIVENT. |
|---|---|
| Khoulàn (drogue)............ | 110 médins le quintal. |
| Kourkouin (c'est le *curcuma*)... | 66 *idem*. |
| Lota..................... | 66 *idem*. |
| Lyf...................... | Ne paye aucun droit. |
| Mousselines............... | Chaque dix pièces, une en nature. |
| Myrobolans................ | 66 médins le quintal. |
| Myrrhe................... | 165 *idem*. |
| Noix vomique.............. | 32 *idem*. |
| Peaux de chèvre et de mouton.. | Ne payent aucun droit. |
| Pignons d'Inde............. | 66 médins le quintal. |
| Poivre................... | 132 *idem*. |
| Poivre giroflé.............. | 99 *idem*. |
| Porcelaine................. | Chaque vingt pièces, une en nature. |
| Racine pour nettoyer les dents.. | Ne paye aucun droit. |
| Rhubarbe................. | 99 médins le quintal. |
| Ryteb (fruit du savonnier).... | 32 *idem*. |
| Sandaraque............... | 165 *idem*. |
| Semen-contra.............. | 99 *idem*. |
| Séné..................... | Ne paye aucun droit. |
| Spica d'Inde............... | 66 médins le quintal. |
| Toiles de coton............. | Chaque dix pièces, une en nature. |
| Tounbac (espèce de tabac).... | Ne paye aucun droit. |
| Turbith................... | 99 médins le quintal. |
| Zédoaire.................. | 66 *idem*. |

# EXPORTATIONS.

## COMMERCE DE SENNAR, DE DARFOUR ET DE FEZEN.

| DÉSIGNATION des MARCHANDISES. | DROITS AUXQUELS ELLES SONT SOUMISES à la douane du vieux Kaire, D'OÙ ELLES PARTENT. |
|---|---|
| Ambre........................ Contaries..................... Corail........................ Dents de poissons............. Dorures...................... Draps........................ Étoffes de soie............... Girofle....................... Lames de sabre............... Mahleb....................... Miroirs....................... Or clinquant.................. Quincailleries................. Spica celtica.................. Toiles de coton............... | 12 m. par charge de bourrique, et 24 m. par charge de chameau. |

| DÉSIGNATION des MARCHANDISES. | A ALEXANDRIE[1], | | | A DAMIETTE[1], |
|---|---|---|---|---|
| | Pour les États du Grand-Seigneur. | Pour la Barbarie. | Pour la Chrétienté. | Pour les États du Grand-Seigneur, la Barbarie et l'Europe. |
| | Pour %. | Pour %. | Pour %. | Pour %. |
| Acier | ........ | ........ | ........ | 10. |
| Aloès soccotrin | 5. | 225 m. le quintal. | 3. | 10. |
| Anis | ........ | ........ | ........ | 10. |
| Assa fœtida | 5. | 330 m. le quintal. | 3. | 10. |
| Assiettes de faïence | ........ | ........ | ........ | 10. |
| Baume de l'Inde | 10. | | | |
| Blé | | | | |
| Bois d'aloès | 10. | | | |
| Bois d'Inde | ........ | 330 m. le quintal. | ........ | 10. |
| Bois de parfum et de teinture | ........ | ........ | ........ | 10. |
| Bourres de fil | ........ | 2 m. la pièce. | | |
| Bourres de soie | ........ | 30 m. la pièce. | 3. | |
| Bourres, fabrique du Kaire | ........ | 15 m. la pièce. | 3. | |
| Bourres ordinaires | ........ | 25 m. la pièce. | 3. | |
| Bourres rouges | ........ | 3 méd. la pièce. | | |
| Café | 30 méd. le quintal. | 16 m. ½ le quintal. | 3. | 3 médins le quintal. |
| Cardamome | 5 p. %. | 330 m. le quintal. | ........ | 10 p. %. |
| Cendres de soude | 2 méd. la couffe. | ........ | 40 méd. la couffe. | |
| Cerceaux | ........ | ........ | ........ | 20 m. pour 100 cerceaux. |
| Châles du Fayoum en laine | 3 méd. l'un. | ........ | ........ | 3 médins l'un. |
| Châles et étoffes de l'Inde | 10 p. %. | ........ | ........ | 10 p. %. |

[1] Les droits perçus à Alexandrie et à Damiette, sur les exportations, étaient dus indistinctement par les négocians de toutes les nations : leur perception avait lieu d'après une estimation inférieure à la valeur des marchandises exportées.

| DÉSIGNATION des MARCHANDISES. | A ALEXANDRIE. | | | A DAMIETTE. |
|---|---|---|---|---|
| | Pour les États du Grand-Seigneur. | Pour la Barbarie. | Pour la Chrétienté. | Pour les États du Grand-Seigneur, la Barbarie et l'Europe. |
| | Pour $\frac{3}{4}$. | Pour $\frac{2}{3}$. | Pour $\frac{2}{3}$. | Pour $\frac{2}{3}$. |
| Châlons.................. | ............ | ............ | ............ | 10. |
| Chichm (tchichm)........ | 5. | 33 m. le quintal. | ............ | 60 médins le quintal. |
| Clous (gros)............. | ............ | ............ | ............ | 12 p. $\frac{1}{2}$. |
| Cocheuille............... | ............ | ............ | ............ | 10. |
| Cocos................... | 5. | ............ | ............ | 10. |
| Coutrics................. | ............ | 33 m. la balle. | ............ | 10. |
| Copal................... | 5. | 86 p. g. | 3. | 10. |
| Coques du Levant......... | 5. | 120 m. le quintal. | 3. | 10. |
| Cornes de bœuf et de chèvre... | ............ | ............ | ............ | 10. |
| Coton en coque........... | ............ | ............ | ............ | 10. |
| Coton en rame............ | ............ | 27 m. $\frac{1}{2}$ le quintal. | 3. | 10 |
| Coton filé de l'Inde....... | 10. | ............ | 3. | |
| Coton filé { rouge....... | ............ | 300 m. le quintal. | | |
| bleu........ | ............ | 200 m. le quintal. | | |
| blanc....... | ............ | 55 m. le quintal. | 3. | |
| Couvertures rouges........ | 4 méd. l'une. | ............ | | |
| Couvertures des Indes en tapis... | ............ | 20 m. la pièce. | | |
| Couvertures de Syrie...... | ............ | 6 m. la pièce. | | |
| Crin de cheval........... | ............ | ............ | | 10. |
| Cuirs de { buffle....... | 2 méd. l'un. | 6 m. l'un. | 3. | 3 médins l'un. |
| vache, chameau et taureau...... | | | | |
| Dattes en gâteau.......... | 2 méd. l'un. | 6 m. l'un. | 3. | 3 médins l'un. |
| Dattes sèches............ | 3 méd. la couffe. | 13 m. le quintal. | 3. | 2 médins la couffe. |
| Dents de poissons......... | de 13 à 20 m. le quintal. | 13 m. le quintal. | 3. | 45 médins la couffe. |
| Dimitties piqués, nankins ou ba- | 5 p. $\frac{2}{3}$. | 330 m. le quintal. | | |

| DÉSIGNATION des MARCHANDISES. | A ALEXANDRIE, | | | A DAMIETTE, |
|---|---|---|---|---|
| | Pour les États du Grand-Seigneur. | Pour la Barbarie. | Pour la Chrétienté. | Pour les États du Grand-Seigneur, la Barbarie et l'Europe. |
| | Pour $\frac{o}{o}$. | Pour $\frac{o}{o}$. | Pour $\frac{o}{o}$. | Pour $\frac{o}{o}$. |
| Châlons......................... | | | | 10. |
| Chichm (*tchichm*)............. | 5. | 33 m. le quintal. | | 60 médins le quintal. |
| Clous (gros).................... | | | | 12 p. $\frac{o}{o}$. |
| Cocheuille..................... | | | | 10. |
| Cocos........................... | 5. | | | 10. |
| Contaries....................... | | 33 m. la balle. | | |
| Copal........................... | 5. | 86 p. $\frac{o}{o}$. | 3. | 10. |
| Coques du Levant.............. | 5. | 120 m. le quintal. | 3. | 10. |
| Cornes de bœuf et de chèvre... | | | | 10. |
| Coton en coque................. | | | | 10. |
| Coton en rame.................. | | 27 m. $\frac{1}{2}$ le quintal. | 3. | 10. |
| Coton filé de l'Inde............ | 10. | | 3. | |
| Coton filé { rouge............. | | 300 m. le quintal. | | |
|            { bleu.............. | | 200 m. le quintal. | | |
|            { blanc............. | | 55 m. le quintal. | 3. | |
| Couvertures rouges............ | 4 méd. l'une. | | | |
| Couvertures des Indes en tapis.. | | 20 m. la pièce. | | |
| Couvertures de Syrie........... | | 6 m. la pièce. | | |
| Crin de cheval.................. | | | | 10. |
| Cuirs de { buffle............... | 4 méd. l'un. | 6 m. l'un. | 3. | 3 médins l'un. |
|       { vache, chameau et taureau...... | 2 méd. l'un. | 6 m. l'un. | 3. | 3 médins l'un. |
| Dattes en gâteau................ | 3 méd. la couffe. | 13 m. la couffe. | 3. | 2 médins la couffe. |
| Dattes sèches................... | de 13 à 2 m. le quintal. | 13 m. le quintal. | 3. | 45 médins la couffe. |
| Dents de poissons.............. | 5 p. $\frac{o}{o}$. | 330 m. le quintal. | | |
| Dimitties piqués, nankins ou basins, qui, en anglais, sont appelés *dimitties*............. | | 2 m. la pièce. | 3. | |
| Drogues de toute espèce....... | 5. | 86 m. le quintal. | 3. | 10 p. $\frac{o}{o}$. |
| Eau de rose..................... | | | | 10. |
| Encens.......................... | 5. | 30 m. le quintal. | 3. | 10. |
| Esclaves noirs.................. | 25 méd. l'un. | | | |
| Étain............................ | | | | 10. |
| Étoffes de laine dites *za'bout*... | | | | 5 médins la pièce. |
| Étoffes de soie d'Alexandrie et de Mahallet el-Kebyreh..... | | | | 10 p. $\frac{o}{o}$. |
| Fer-blanc....................... | | | | 10. |
| Fer en barre.................... | | | | 10. |
| Gingembre...................... | 5 p. $\frac{o}{o}$. | 86 m. le quintal. | | 60 m. pour 100 rotles. |
| Gomme.......................... | 5. | 26 m. le quintal. | 3 p. $\frac{o}{o}$. | |
| Gomme laque................... | | 330 m. le quintal. | | 10 p. $\frac{o}{o}$. |
| Graines de cumin............... | | | | 15 médins l'ardeb. |
| Gros lin......................... | | | | 2 médins par charge. |
| Henneh, poudre dont se servent les femmes pour se teindre les ongles et les cheveux........ | de 4 à 16 médins le sac, suivant sa grandeur. | 6 m. $\frac{1}{4}$ la balle. | | 8 médins le ballot. |
| Hermodates..................... | | 330 m. le quintal. | 3. | 10 p. $\frac{o}{o}$. |
| Indigo. { 1re qualité............ | | | | 80 médins le quintal. |
|      { 2e qualité............ | | | | 60 médins le quintal. |
|      { 3e qualité............ | | | | 40 médins le quintal. |
| Ivoire........................... | 5 p. $\frac{o}{o}$. | 125 m. le quintal. | 3. | 10 p. $\frac{o}{o}$. |
| Kalakh.......................... | | 110 m. le quintal. | | 10. |
| Khoulân (drogue).............. | | 110 m. le quintal. | | 10. |
| Kourkoum (*curcuma*).......... | 5. | 86 m. le quintal. | 3. | 10. |
| Laine............................ | | 27 m. le quintal. | 3. | 10. |
| Légumes, grains et grenailles... | | 16 m. $\frac{1}{4}$ l'ardeb. | 16 m. l'ardeb. | 100 médins l'ardeb. |
| Lin.............................. | 5. | 4 m. la balle. | | 18 m. les 100 rotles. |
| Lin filé......................... | | 6 m. le ballot. | 3. | 62 m. $\frac{1}{2}$ pour 100 rotles. |
| Lisières de drap................ | | | | 10 p. $\frac{o}{o}$. |
| Marmites de terre.............. | | | | 10. |
| Mousselines de l'Inde.......... | 10. | | | 10. |
| Myrobolans..................... | 5. | 86 m. le quintal. | 3. | 60 m. les 100 rotles. |

| DÉSIGNATION des MARCHANDISES. | A ALEXANDRIE, | | | A DAMIETTE, |
| --- | --- | --- | --- | --- |
| | Pour les États du Grand-Seigneur. | Pour la Barbarie. | Pour la Chrétienté. | Pour les États du Grand-Seigneur, la Barbarie et l'Europe. |
| Myrrhe................ | Pour ?. | Pour ?.* | Pour ?. | Pour ?. |
| Nacre de perle........ | 5. | 86 m. le quintal. | 3. | 10. |
| Natroun (sel de)....... | ............ | 66 m. la balle. | 3. | ............ |
| Nattes................ | ............ | 33 m. la balle. | ............ | ............ |
| Noisettes............. | ............ | ............ | 40 méd. la couffe. | 2 médins l'une. |
| Noisettes des Indes.... | ............ | ............ | ............ | 10 p. ?. |
| Noix vomique.......... | 10. | 86 m. le quintal. | ............ | 60 m. les 100 rotles. |
| Peaux................. | 5. | 86 m. le quintal. | 3. | 10 p. ?. |
| Peaux fines........... | 1 méd. l'une. | ............ | ............ | 1 médin l'une. |
| Plumes d'autruche..... | 8 méd. l'une. | ............ | ............ | 3 médins l'une. |
| Pois chiches.......... | 5 p. ?. | ............ | 3. | 10 p. ?. |
| Poisson salé.......... | ............ | ............ | ............ | 9 médins l'ardeb. |
| Poisson sec........... | 41 m. la barrique. | ............ | ............ | ............ |
| Poivre................ | 8 méd. le baril. | ............ | ............ | ............ |
| Porcelaine............ | 5 p. ?. | 86 m. le quintal. | 3. | 60 m. les 100 rotles. |
| Poudre à canon........ | 10. | ............ | ............ | ............ |
| Poudre pour teindre les cheveux. | ............ | ............ | ............ | 10 p. ?. |
| Riz................... | ............ | ............ | ............ | 30 m. les 100 rotles. |
| Robes de laine pour les paysans | 2 méd. l'une. | 4 m. l'ardeb. | 135 m. l'ardeb. | 70 médins l'ardeb. |
| Roses sèches.......... | ............ | ............ | ............ | 3 médins la pièce. |
| Safran................ | ............ | 37 m. ½ le quintal. | ............ | ............ |
| Safranum.............. | ............ | ............ | ............ | 6 m. les 100 rotles. |
| Sel................... | 5 p. ?. | 13 m. la balle. | 3. | 10 p. ?. |
| Sel ammoniac.......... | ............ | ............ | ............ | 25 médins les 10 ardebs. |
| Sel de nitre.......... | 5. | 30 m. le quintal. | 3. | 1 médin la rotle. |
| Semences de ben....... | ............ | ............ | 3. | 10 p. ?. |
| Séné.................. | 5. | 26 m. le quintal. | 3. | 10. |
| Serpillières.......... | ............ | 1 m. la pièce. | ............ | ............ |
| Serviettes { de Damiette | ............ | 6 à 12 m. la pièce. | ............ | ............ |
| { du Kaire | ............ | 6 m. la pièce. | ............ | ............ |
| Soufre................ | ............ | ............ | ............ | ............ |
| Sucre................. | 5. | 20 m. ½ le quintal. | 3. | 10. |
| Sucre raffiné......... | 5. | 41 m. le quintal. | ............ | 10. |
| Tabac................. | ............ | ............ | ............ | 10. |
| Tabac en poudre....... | 10. | ............ | ............ | 10. |
| Taffetas.............. | ............ | ............ | ............ | 10. |
| Tamarin............... | 5. | 45 m. le quintal. | 3 | 10. |
| Tamis fins............ | ............ | ............ | ............ | 10. |
| Tasses de faïence..... | ............ | ............ | ............ | 10. |
| Terre à faire des pipes. | ............ | ............ | ............ | 5. |
| Toileries............. | ............ | 37 m. le quintal. | 3. | ............ |
| Toiles homayouny...... | ............ | 40 m. la pièce. | ............ | ............ |
| Toiles atky........... | ............ | 15 m. la pièce. | ............ | ............ |
| Toiles bleues......... | ............ | 3 m. la pièce. | 3. | ............ |
| Toiles dâbouly de Constantinople. | ............ | 20 m. la pièce. | ............ | ............ |
| Toiles dâbouly de l'Égypte. | ............ | 5 m. la pièce. | ............ | ............ |
| Toiles dâbouly ordinaires..... | ............ | 10 m. la pièce. | ............ | ............ |
| Toiles de coton....... | ............ | ............ | 3. | ............ |
| Toiles de lin......... | ............ | ............ | 3. | 300 médins la balle. |
| Toiles de lin pour chemises. | 2 méd. la pièce. | ............ | ............ | ............ |
| Toiles de l'Inde...... | ............ | ............ | 3. | 10. |
| Toiles en couleur..... | ............ | 6 m. la pièce. | 3. | ............ |
| Toiles fitelly { de 1re qualité | ............ | 40 m. la pièce. | ............ | ............ |
| { ordinaires | ............ | 30 m. la pièce. | ............ | ............ |
| { communes | ............ | 20 m. la pièce. | ............ | ............ |
| Toiles habachy........ | ............ | 3 m. la pièce. | ............ | ............ |
| Toiles pour matelas... | ............ | 4 m. la balle. | 3. | ............ |
| Toiles pour les voiles. | ............ | ............ | ............ | ............ |
| Toiles sahan.......... | ............ | 3 m. la pièce. | ............ | 1 médin la pièce. |
| Turbans............... | ............ | 30 m. la pièce. | ............ | ............ |
| Tuyaux de pipe en baguette. | ............ | ............ | ............ | 10. |
| Zédoaire.............. | 5. | 26 m. le quintal. | 3. | 10. |

| | | | | | |
|---|---|---|---|---|---|
| Serpillières............ | ............ | 7 m. la pièce. | | | |
| Serviettes { de Damiette.... du Kaire.... | ............ | 6 à 12 m. la pièce. 6 m. la pièce. | | | |
| Soufre................. | | | | | 10. |
| Sucre.................. | 5. | 20 m. ½ le quintal. | 3. | | 10. |
| Sucre raffiné........... | 5. | 41 m. le quintal. | | | 10. |
| Tabac.................. | 10. | ............ | | | 10. |
| Tabac en poudre........ | | | | | 10. |
| Taffetas................ | | | | | 10. |
| Tamarin................ | 5. | 45 m. le quintal. | 3 | | 10. |
| Tamis fins.............. | | | | | 10. |
| Tasses de faïence........ | | | | | 10. |
| Terre à faire des pipes... | | | | | 5. |
| Toileries............... | | 37 m. ½ le quintal. | 3. | | |
| Toiles *hamayouny*...... | | 40 m. la pièce. | | | |
| Toiles *athy*............ | | 15 m. la pièce. | | | |
| Toiles bleues............ | | 3 m. la pièce. | 3. | | |
| Toiles *dibouly* de Constantinople. | | 20 m. la pièce. | | | |
| Toiles *dibouly* de l'Égypte. | | 5 m. la pièce. | | | |
| Toiles *dibouly* ordinaires.. | | 10 m. la pièce. | | | |
| Toiles de coton.......... | | | 3. | | |
| Toiles de lin............ | | | 3. | | 300 médins la balle. |
| Toiles de lin pour chemises. | 2 méd. la pièce. | | | | |
| Toiles de l'Inde......... | | | 3. | | |
| Toiles en couleur........ | | 6 m. la pièce. | 3. | | 10. |
| Toiles *fitelly* { de 1re qualité.. ordinaires..... communes..... | | 40 m. la pièce. 30 m. la pièce. 20 m. la pièce. | | | |
| Toiles *habachy*......... | | 3 m. la pièce. | | | |
| Toiles pour matelas...... | | 4 m. la balle. | 3. | | |
| Toiles pour les voiles.... | | | | | 1 médin la pièce. |
| Toiles *sahan*........... | | 3 m. la pièce. | | | |
| Turbans................ | | 30 m. la pièce. | | | |
| Tuyaux de pipe en baguette. | | | | | 10. |
| Zédoaire............... | 5. | 26 m. le quintal. | 3. | | 10. |

MÉMOIRE SUR LES FINANCES

COMMERCE DE L'ARABIE ET DE L'INDE.

| DÉSIGNATION des MARCHANDISES. | DROITS AUXQUELS ELLES SONT SOUMISES à la douane de Soueys. |
|---|---|
| Acier.............................<br>Aiguilles........................<br>Ambre jaune..................<br>Arquifoux......................<br>Arsenic..........................<br>Blé.................................<br>Canons de fusil..............<br>Cochenille......................<br>Contaries et verroteries de toute espèce......................<br>Draps communs..............<br>Fer..................................<br>Fèves..............................<br>Fil de fer........................<br>Fil de laiton....................<br>Lames de sabre...............<br>Lentilles..........................<br>Miroirs............................<br>Or clinquant...................<br>Papier fin lissé.................<br>Papier gris......................<br>Piastres d'Espagne..........<br>Plomb............................<br>Riz...................................<br>Sequins de Venise............<br>Soufre.............................<br>Talaris de l'Empire...........<br>Vieux cuivre....................<br>Vitriol.............................. | L'exportation n'est soumise à aucun droit. |

Les importations venant des royaumes de Sennâr, de Dârfour et de Fezzân, atteignent ordinairement le Nil à Syène ou à Syout. On ne saurait assigner aucun titre légitime aux droits que l'usage leur fait acquitter dans les provinces qu'elles traversent avant d'arriver au Kaire :

la conduite des gouverneurs qui les ont usurpés, a fait établir en principe qu'il était impossible qu'un bey ou un kâchef laissât passer dans sa province une caravane sans la mettre à contribution. L'ancienneté de cet abus, et l'intérêt qu'ont ses auteurs à ne pas le rendre excessif, pour ne pas abolir le commerce qui le supporte, avaient, dans les derniers temps, changé en rétributions fixes et connues, des demandes originairement arbitraires. On sait qu'indépendamment des droits payés à la douane du vieux Kaire,

| | |
|---|---|
| Un esclave mâle ou femelle payait............... | 480 méd. |
| Un chameau chargé de gomme.................. | 900. |
| Un chameau chargé de plumes d'autruche......... | 1980. |
| Un chameau non chargé....................... | 240. |

Depuis que l'Égypte était en proie aux divisions intestines, le Sa'yd étant le refuge du parti malheureux, et Girgeh la résidence ordinaire du bey chargé de le contenir, les caravanes arrivant à Syène, qui parcourent successivement les provinces occupées par les deux partis, sont exposées à acquitter le double des droits ordinaires.

Outre ces caravanes, il en arrivait d'autres à Boulâq, venant de Tor, du fond de l'Afrique et de la Syrie.

La première, formée par les Arabes qui habitent le mont Sinaï, portait au Kaire et dans toute la basse Égypte, de la gomme thurique, du charbon et des poires, qu'on soumettait aux droits d'entrée établis à la douane de Boulâq[1].

[1] La gomme ne payait rien.

L'objet principal de la seconde était le pélerinage de la Mekke : elle partait des extrémités de l'empire de Maroc, recueillait dans sa route les pélerins d'Alger, de Tunis et de Tripoli, et parvenait au Kaire, pour achever son voyage avec la caravane d'Égypte, dont elle précédait ou suivait la marche, à une journée de distance.

Quelques négocians s'y joignaient, pour porter en Arabie des marchandises fines, telles que des draps, de la cochenille, du girofle, etc., et en rapportaient du café, réputé le meilleur parce qu'il ne passait pas la mer, des châles, des essences, et généralement tout ce qui a une grande valeur et peu de poids. Ils ne payaient aucune douane, parce que toute marchandise importée ou exportée avec la caravane de la Mekke était exempte de tout droit.

Lorsque la navigation est dangereuse, il arrive quelques caravanes de la Syrie, apportant les mêmes marchandises que cette contrée fournit à l'Égypte, par le port de Damiette. Alors les exportations arrivent en Syrie par la même voie, et les droits d'entrée et de sortie se réduisent à ceux qui sont perçus à la douane de Boulâq.

Le commerce des Européens était établi par des conventions qui déterminaient les droits qu'il devait payer. Les plus anciennes, conclues avec les Français et les Vénitiens, remontent à une époque voisine de la conquête de l'Égypte par l'empereur Selym. Les Allemands, les Anglais, et successivement toutes les nations avec lesquelles les Ottomans contractèrent des alliances, furent admis aux mêmes priviléges. Il suffit de comparer les droits de douane payés par les sujets du grand-seigneur, avec ceux bien plus modiques levés sur les Européens, pour juger des avantages dont ces derniers jouissaient. Il n'existait qu'une seule circonstance dans laquelle les Égyptiens ou les Turks étaient plus favorablement traités qu'eux ; c'est lorsqu'ils achetaient des marchandises à Alexandrie pour les envoyer au Kaire : ils en étaient quittes alors moyennant un léger droit fixé par balle ou par pièce, qu'ils acquittaient à Boulâq, tandis que le Franc qui était dans le même cas, payait celui d'un ou de deux pour cent, auquel il était assujetti lorsqu'elles lui arrivaient d'Europe ou de Turquie.

Il ne faut pas croire cependant que, depuis la domination tyrannique des Mamlouks, le commerce européen ne fût point exposé à des extorsions et à de mauvais traitemens. L'estimation des marchandises devrait se faire encore aujourd'hui au-dessous de leur valeur ; mais les réclamations des négocians, fondées sur les capitulations qui s'opposent à tout changement de prix, ne les ont pas empêchées d'être assujetties à une évaluation proportionnée à leur valeur actuelle. Il était stipulé qu'un navire franc qui aurait payé les droits dans un des ports de l'empire, jouirait d'une franchise entière dans les autres, en produisant un *tezkeret*, acquit de douane : on méconnaissait cet article des conventions, et les vaisseaux européens, venant des États du grand-seigneur, étaient traités comme ayant chargé dans les ports d'où ils étaient partis, soit qu'ils produisissent ou ne produisissent pas des acquits de douane. La sortie des grains, du riz et du café, leur était interdite, ainsi qu'aux

Grecs, quoique sujets de la Porte; la fraude qui les faisait entrer dans leurs cargaisons, coûtait toujours quelques présens. L'exportation du blé et du riz, beaucoup plus difficile, n'avait lieu que par une double infraction aux réglemens, qui s'opposaient à ce qu'elle fût opérée par des vaisseaux chrétiens, lors même que ces denrées étaient destinées pour une province de l'empire; mais, comme on se procurait un firman qui en autorisait l'embarcation, lorsqu'on manquait de navires musulmans, on parvenait, sous ce prétexte, et en prenant quelques expéditions pour un des ports de la Turquie, à les transporter en Europe. C'est ainsi que, pendant 1793, et les années suivantes, la France a tiré beaucoup de subsistances de l'Égypte. Chaque chargement de cette nature valait de treize à quinze mille médins à la douane. L'usage avait également introduit un droit de fret sur les cargaisons composées d'autres marchandises, dont le montant se réglait de gré à gré entre le douanier et le capitaine du navire. Les vaisseaux de Raguse étaient soumis en outre à un droit de deux pour cent en faveur de leur gouvernement, qui en abandonnait le tiers à la douane, pour ménager à ses sujets des moyens faciles de chargement. Ces innovations, auxquelles les Francs se soumirent pour obtenir des opérations lucratives ou des expéditions qui leur étaient refusées, ne furent préjudiciables au commerce qu'en ce qu'elles en préparèrent d'autres véritablement onéreuses.

Pendant le gouvernement d'A'ly-bey, Hannâ Fakhr, chrétien de Syrie, qui avait sous-fermé la douane de Damiette, fit tant par ses intrigues, que les Juifs furent ruinés, et perdirent la ferme des douanes, qu'ils géraient depuis un temps immémorial.

Nous avons dit que les droits perçus à Alexandrie ou à Damiette n'exemptaient pas de ceux qui devaient s'acquitter à Boulâq, quand les marchandises arrivaient jusqu'au Kaire. Lorsque les fermiers des deux premières douanes n'étaient pas unis d'intérêts avec celui de Boulâq, ils procuraient aux marchands des moyens de se soustraire à une portion des droits exigibles par ce dernier. Hannâ Fakhr, devenu fermier général, fit cesser ces infidélités, en réunissant sous ce titre les perceptions d'Alexandrie, de Damiette et de Boulâq[1]. Le peu de soin qu'il mit à conserver à chaque douane des attributions distinctes, l'indifférence avec laquelle il vit que l'on payait à Boulâq ce qui aurait dû être acquitté à Alexandrie ou à Damiette, ont jeté de l'incertitude sur le produit particulier de chaque douane : la confusion des revenus, amenant celle des droits, changea en nécessité la convenance qu'on trouvait à les affermer à un seul homme. Sous sa gestion et celle de ses successeurs, on exigea un droit considérable à raison de toutes les expéditions pour Livourne et Trieste. Les navires turks et francs qui chargeaient à Damiette, furent soumis en outre à une rétribution de 200 pataques, qui s'était accrue dans les derniers temps jusqu'à la moitié du fret. Ces usurpations n'étant colorées par aucun prétexte, le commerce aurait eu de justes motifs de blâmer les agens

---

[1] La douane de Boulâq ne fut point séparée de celle du vieux Kaire, quant au paiement du myry ; mais elle entra dans le bail du douanier général, tandis que la douane du vieux Kaire continua d'être confiée à un agent particulier.

des puissances européennes de les avoir tolérées, s'il n'était pas si difficile de lutter avec succès contre les douâniers de l'Égypte. Les bénéfices qu'ils procuraient aux beys, leur assuraient une faveur qui subordonnait tout à leur autorité dans les places et dans les ports où les perceptions étaient établies. Les *serdâr*, les *aghâ* et les autres officiers militaires qui y commandaient, couraient le risque d'être destitués ou punis, s'ils ne se conduisaient pas à leur gré. Les moyens nombreux qu'ils avaient de faciliter ou de retarder et même d'empêcher les chargemens, soumettaient donc le négociant à toute leur influence [1].

A Soueys, on n'a augmenté que les droits sur le café. Il y a environ soixante-dix ans que la Porte elle-même ordonna qu'ils seraient accrus de 146 médins par farde, au profit de l'émyr hâggy. Ibrâhym et Rodouân, kyâhyâs, exigèrent pour leur compte cinq pataques par farde. A'ly-bey, qui leur succéda dans le gouvernement, renchérit sur cette innovation. Enfin Mourâd et Ibrâhym l'avaient fait arriver à dix-huit pataques, lorsque la caisse de la douane suspendit ses paiemens.

Nous allons donner quelques notions sur les causes qui la réduisirent à cet état de faillite.

Quand les beys eurent pris part aux bénéfices de la douane, il n'y eut rien de changé dans le mode employé pour la perception des droits. Dès que la flotte chargée des marchandises de l'Arabie et de l'Inde avait

---

[1] Un d'eux, Antoun Qassys Fara'oun, s'évada de l'Égypte pour s'établir à Trieste, après avoir acquis une fortune de plusieurs millions dans la ferme des douanes.

abordé à Soueys, l'effendy administrateur de la douane, qui portait le titre de *qâdy el-bahâr*, envoyait dans ce port un écrivain chargé de constater les importations en café, et de dresser un état nominatif des négocians auxquels il était destiné : ce contrôle était envoyé au qâdy el-bahâr, à qui il servait de base pour établir la répartition des droits exigibles par les beys et le pâchâ. La remise du café s'opérait immédiatement après ; et les commerçans qui s'en étaient rendus propriétaires, soldaient les droits auxquels il avait été soumis. Les chefs du gouvernement profitèrent d'un ordre de choses qui les mettait en rapport d'intérêt avec les négocians, pour leur faire des emprunts : la facilité qu'on leur ménagea d'en obtenir le remboursement par des déductions sur les droits qu'ils avaient à payer à raison des expéditions de café qui leur parvenaient, et l'intérêt de vingt pour cent qui leur fut promis et réellement passé en compte, les amenèrent à devenir en quelque sorte les actionnaires et les fermiers de la douane. Leur fortune entière ne tarda pas à dépendre de cet établissement. Les importations de café cessèrent d'être abondantes, et diminuèrent à proportion des droits dont elles furent grevées ; les marchands étrangers à l'administration de la douane cessèrent de spéculer sur cette denrée ; les Européens, voyant plus d'avantage à la faire arriver par le cap de Bonne-Espérance, la firent dévier de sa route ordinaire ; les Orientaux eux-mêmes aimèrent mieux l'attirer à Smyrne par Tokat et le golfe Persique, que de continuer à se pourvoir à Soueys [1] : de sorte que,

[1] Nouvelle preuve que le commerce parvient toujours à se frayer une

les droits sur le café ne fournissant plus les moyens de supporter les avances dont les beys n'avaient pas cessé de se faire une ressource invariable, la ruine des actionnaires devint inévitable. Au bout de quelques années, pendant lesquelles ils éprouvèrent les plus grandes pertes, les intérêts des fonds confiés à la douane furent perdus, et le paiement des capitaux demeura suspendu.

Lorsque Haçan, capitan pâchâ, eut chassé du Kaire Ibrâhym et Mourâd, Isma'yl bey, qui voulait rétablir le commerce du café, fixa les droits de douane à 22 pataques par farde; mais il comprit dans cette somme les 546 médins attribués au pâchâ et à l'émyr hâggy, et 900 médins affectés au remboursement des créances du commerce. Ce réglement fit renaître la confiance; les négocians égyptiens [1] renouvelèrent leurs spéculations, et les importations devinrent presque aussi considérables qu'elles l'avaient été. Malheureusement l'expérience est sans utilité pour le despotisme ignorant et cupide : Mourâd et Ibrâhym, rétablis au Kaire, recommencèrent leurs extorsions, et ramenèrent les choses à peu près dans l'état où Isma'yl les avait trouvées. Le produit de la douane ne varia pas, à cause des droits onéreux qu'ils exigèrent; mais les importations devinrent beaucoup plus rares.

Les autres marchandises qui arrivent à Soueys, ne payent rien au-delà des droits créés par le sultan Solymân : on ne trouve pas la cause de cette modération,

voie pour se soustraire aux extorsions insensées.

[1] Les négocians francs établis en Égypte ne recevaient aucune expédition de café de l'Arabie; ils achetaient aux négocians égyptiens celui qu'ils envoyaient en Europe.

qui contraste tant avec les procédés ordinaires de l'administration égyptienne.

On levait, en outre, dans tous les bureaux de perception, des frais de douane si multipliés, qu'ils formaient un revenu considérable pour les fermiers, et pourvoyaient aux frais de bureau et au traitement des écrivains. Toutes les marchandises y étaient sujettes, même celles dont le commerce était libre : ils étaient moins forts pour les Européens que pour les naturels du pays.

Les douaniers de Boulâq et du vieux Kaire, d'Alexandrie et de Soueys, acquirent la propriété de leurs emplois en obtenant du pâchâ du Kaire un firman qui créa ou reconnut leur titre, et qui les assujettit au paiement d'un myry.

| | | |
|---|---|---|
| Le douanier du vieux Kaire et de Boulâq payait.... | | 2080 méd. |
| Celui d'Alexandrie payait....................... | | 27040. |
| Ceux de Soueys payaient..... | celui qui résidait au Kaire....... | 163433. |
| | celui qui résidait à Soueys...... | 410. |
| | le pescur.................. | 510. |
| Total....................... | | 193473 méd. |
| Faisant............ | 6909¹ 15ᵗ, | |
| et en francs........ | 6824ᶠ 46ᶜ. | |

Le douanier général établi sous A'ly-bey, ayant cumulé ces places, à l'exception de celles du vieux Kaire et de Soueys, il en acquitta le myry. On ne sait pas pourquoi le pâchâ n'agit pas de la même manière à l'égard du douanier de Damiette, surtout depuis que cette douane était comprise dans le bail du fermier général.

Les beys mamlouks avaient établi des douanes à Qoçeyr et à Rosette.

L'intention suivie du gouvernement du Kaire, d'attirer le commerce de l'Arabie à Soueys, empêchait que l'abord des marchandises ne fût considérable à Qoçeyr : les droits s'y percevaient au profit du kâchef de Qéné, d'après l'usage adopté par lui-même ou par ses prédécesseurs.

La douane de Rosette fut moins établie pour créer de nouveaux droits que pour reconnaître si l'on n'avait commis aucune fraude à celles de Boulâq et d'Alexandrie : on vérifiait si la quantité et la nature des marchandises se trouvaient conformes aux acquits de douane dont on exigeait l'exhibition, en faisant passer dans d'autres barques les cargaisons des navires arrivant à ce point. Peu d'années avant l'arrivée des Français, les douaniers parvinrent à joindre à cette vérification la levée d'un droit par ballot de marchandises ; mais les Européens firent valoir leurs priviléges, et n'y furent pas soumis. A la même époque, Mourâd-bey, séduit par l'avantage qu'offrait l'envoi des grains dans la chrétienté, en permettait l'exportation, moyennant un sequin zer-mahboub par ardeb. Les embarcations se faisant à Rosette, y produisirent la création d'une douane, dont Mourâd, qui la fit gérer pour son compte particulier, retira des sommes très-fortes.

Comme on ne payait pas de myry au trésor, à raison des douanes de Qoçeyr et de Rosette, elles doivent être indiquées comme un surcroît de charge pour le commerce, et non pas comme faisant partie des revenus du sultan.

Il faut ranger dans la même classe les droits perçus

sur le commerce intérieur, connus à Boulâq, Alexandrie, Rosette, Damiette et Soueys, sous le nom de *petites douanes*, provenant d'impôts ou d'octrois sur les consommations, ordinairement affermés aux douaniers, qui avaient une connaissance parfaite de leur nature et de leur multiplicité.

Nous allons donner l'état des droits qui nous furent déclarés par ceux de leurs écrivains ou employés que nous conservâmes dans leurs places après notre arrivée.

TARIF *des droits que l'on perçoit aux petites douanes de*
*et sur celles provenant*

MARCHANDISES PROVE

| DÉSIGNATION DES MARCHANDISES. | Lorsque les marchandises viennent de l'intérieur de l'Égypte, villes ci-dessous désignées, elles sont soumises | | | |
|---|---|---|---|---|
| | VIEUX KAIRE. | BOULAQ. | ALEXANDRIE. | ROSETTE. |
| | | | | Médins. |
| Abàqadra (espèce de graine)......... | ......... | ......... | ......... | ......... |
| Abricots en pâte...... | ......... | ......... | ......... | ......... |
| Acier............. | ......... | ......... | ......... | 45 la caisse. |
| Aiguilles........... | ......... | ......... | ......... | Idem. |
| Aloès.............. | ......... | ......... | ......... | ......... |
| Aloès soccotrin...... | ......... | ......... | ......... | ......... |
| Amadou............ | ......... | ......... | ......... | 15 la balle. |
| Amandes........... | ......... | ......... | ......... | 20 la couffe. |
| Ambre............. | ......... | ......... | ......... | 90 la caisse. |
| Ancres de vaisseau... | ......... | ......... | ......... | ......... |
| Argent en lingot..... | ......... | ......... | ......... | ......... |
| Armes............. | ......... | ......... | ......... | ......... |
| Arquifoux.......... | ......... | ......... | ......... | 30 le baril. |
| Assa fœtida......... | ......... | ......... | ......... | ......... |
| Blanc d'Espagne..... | ......... | ......... | ......... | ......... |
| Bois à brûler........ | ......... | ......... | ......... | ......... |
| Bois de teinture..... | ......... | ......... | ......... | 20 le quintal. |
| Bonnets rouges...... | ......... | ......... | ......... | 45 la caisse. |
| Bougies............ | ......... | ......... | ......... | 90 la caisse. |
| Bracelets de verre.... | ......... | ......... | ......... | 20 la balle. |
| Brai............... | ......... | ......... | ......... | ......... |
| Café............... | 50 m. la balle. | ......... | ......... | |
| Carroubes.......... | ......... | ......... | ......... | 10 la couffe. |
| Ceintures brodées.... | ......... | ......... | ......... | ......... |

# MÉMOIRE SUR LES FINANCES DE L'ÉGYPTE.

**TARIF** *des droits que l'on perçoit aux petites douanes de l'Égypte, sur les marchandises provenant de l'étranger et sur celles provenant du sol de l'Égypte.*

| DÉSIGNATION DES MARCHANDISES. | MARCHANDISES PROVENANT DE L'ÉTRANGER. | | | | | | | | | | |
|---|---|---|---|---|---|---|---|---|---|---|
| | Lorsque les marchandises viennent de l'intérieur de l'Égypte, villes ci-dessous désignées, elles sont soumises aux droits suivans : | | | | | Lorsque les marchandises sortent des villes ci-dessous désignées, et qu'elles sont destinées pour l'intérieur de l'Égypte, elles sont soumises aux droits suivans : | | | | |
| | VIEUX KAIRE. | BOULAQ. | ALEXANDRIE. | ROSETTE. | DAMIETTE. | SOUEYS. | VIEUX KAIRE. | BOULAQ. | ALEXANDRIE. | ROSETTE. | DAMIETTE. | SOUEYS. |
| Abàqadra (espèce de graine) | | | | Méms. | | | | | | Méms. | | |
| Abricots en pâte | | | | | 6 p. º/º. | | | | | | | |
| Acier | | | | | Idem. | | | | | | | |
| Aiguilles | | | | 45 la caisse. | Idem. | | | | | | | |
| Aloès | | | | Idem. | Idem. | | | | | | | |
| Aloès soccotrin | | | | | Idem. | | | | | | | |
| Acadou | | | | | | | | | | | | |
| Amandes | | | | 15 la bail. | Idem. | | | | | | | |
| Ambre | | | | 20 la couff. | Idem. | | | | | | | |
| Ancres de vaisseau | | | | 90 la caisse. | Idem. | | | | | | | |
| Argent en lingot | | | | | Idem. | | | | | | | |
| Armes | | | | | | | de 9 à 24 m. la charge. | | | 60 la bal. | | |
| Arquifoux | | | | 30 le baril. | Idem. | | | | | | | |
| Assa fœtida | | | | 20 le quintal. | Idem. | | | | | | | |
| Blanc d'Espagne | | | | 45 la caisse. | Idem. | | | | | | | |
| Bois à brûler | | | | 90 la caisse. | 16 m. le paq. | | | | | | | |
| Bois de teinture | | | | 20 la bali. | 6 p. º/º. | | | | | | | |
| Bonnets rouges | | | | | Idem. | | | | | 60 la bal. | | |
| Bougies | | | | | Idem. | | | | | | | |
| Bracelets de verre | | | | | | | | | | | | |
| Brai | | | | | | | | | | | | |
| Café | 50 m. la balle. | | | | 30 m. le quintal quand il n'a pas payé à Boulâq. | | 30 médins le quintal. | | | de 12 à 90 la balle. | | |
| Carroubes | | | | 10 la couff. | 6 p. º/º. | | | | | | | |
| Ceintures brodées | | | | | | | | | | | | |

## MÉMOIRE SUR LES FINANCES DE L'ÉGYPTE.

| DÉSIGNATION DES MARCHANDISES. | Lorsque les marchandises viennent de l'intérieur de l'Égypte, villes ci-dessous désignées, elles sont soumises | | | | et qu'elles entrent dans les aux droits suivans: | | Lorsque les marchandises sortent des villes ci-dessous désignées, et qu'elles sont destinées pour l'intérieur de l'Égypte, elles sont soumises aux droits suivans: | | | | |
|---|---|---|---|---|---|---|---|---|---|---|---|
| | VIEUX KAIRE. | BOULAQ. | ALEXANDRIE. | ROSETTE. | DAMIETTE. | SOUEYS. | VIEUX KAIRE. | BOULAQ. | ALEXANDRIE. | ROSETTE. | DAMIETTE. | SOUEYS. |
| Clairons........ | | | | Médins. | | | | | | Médins. | | |
| Chaly d'Angora.. | | | | 90 le ballot. | 6 p. c. | | | | | | | |
| Chapelets de bois. | | | | 30 la harriq. | Idem. | | | | | | | |
| Charbon........ | | 6 m. le sac. | | | Idem. | | | | | | | |
| Châtaignes...... | | | | 90 le baril. | Idem. | | | | | | | |
| Ciseaux......... | | | | 45 le baril. | Idem. | | | | | | | |
| Clous........... | | | | 90 la caisse. | Idem. | | | | | | | |
| Cochenille...... | | | | 45 le baril. | Idem. | | | | | | | |
| Cocos.......... | | | | 20 le baril. | Idem. | | | | | | | |
| Confitures...... | | | | 90 la caisse. | Idem. | | | | | 60 la bal. | | |
| Contaris de Venise. | | | | 45 la balle. | Idem. | | | | | | | |
| Coque du Levant. | | | | 60 la balle. | Idem. | | | | | | | |
| Corail.......... | | | | 45 le sac. | Idem. | | | | | | | |
| Cordages....... | | | | 90 le ballot. | Idem. | | { de 9 à 24 m. la charge. } | | | | | |
| Couteaux communs. | | | | | Idem. | | | | | | | |
| Creusets pour les orfévres. | | | | | Idem. | | | | | | | |
| Cristaux ou verrerie. | | | | 90 le baril. | Idem. | | | | | | | |
| Cuivre.......... | | | | 45 le ballot. | Idem. | | | | | | | |
| Core-oreilles.... | | | | | Idem. | | | | | | | |
| Dents d'éléphant. | | 7 m. la charge. | | | Idem. | | | | | | | |
| Dents de poissons. | | | | 5 le panier. | Idem. | | | | | | | |
| Draps........... | | | | 45 le baril. | Idem. | | | | | | | |
| Eau de girofle... | | | | 2 la barre. | Idem. | | | | | de 3o à 6o la balle. | | |
| Encens......... | | | | | Idem. | | 2 m. le colis. | | | | | |
| Épingles........ | | | | | | | | | | | | |
| Éponges........ | | | | | | | | | | | | |
| Étain........... | | | | | | | | | | | | |
| Étoffes de laine de Barbarie. | | | | | | | | | | | | |
| Fanaux de verre de Venise. | | | | | | | | | | | | |
| Fer-blanc....... | | | | | | | | | | | | |
| Fer en barre.... | | | | | | | | | | | | |
| Figues.......... | | | | | | | | | | | | |

160 MÉMOIRE SUR LES FINANCES

| DÉSIGNATION DES MARCHANDISES. | Lorsque les marchandises viennent de l'intérieur de l'Égypte, villes ci-dessous désignées, elles sont soumises | | | | et qu'elles entrent dans les cinq droits suivans : | | Lorsque les marchandises sortent des villes ci-dessous désignées, et qu'elles sont destinées pour l'intérieur de l'Égypte, elles sont soumises aux droits suivans : | | | | | |
|---|---|---|---|---|---|---|---|---|---|---|---|---|
| | VIEUX KAIRE. | BOULAQ. | ALEXANDRIE. | ROSETTE. | DAMIETTE. | SOUEYS. | VIEUX KAIRE. | BOULAQ. | ALEXANDRIE. | ROSETTE. | DAMIETTE. | SOUEYS. |
| Fleurs de lavande (aspic)...... | ......... | ......... | ......... | Médins. 30 la balle. | | | | | | | | |
| Fruits secs........... | ......... | ......... | ......... | ......... | ......... | ......... | de 0 à 24 m. la charge. | | | | | |
| Fusils................ | ......... | ......... | ......... | ......... | 6 p. $\frac{o}{o}$. | | | | | | | |
| Gingembre............ | ......... | ......... | ......... | 60 le cafas. | | | | | | | | |
| Girofle............... | ......... | ......... | ......... | 90 le baril. | | | | | | | | |
| Gomme adragante..... | ......... | ......... | ......... | 20 le sac. | Idem. | | | | | | | |
| Gomme arabique....... | ......... | ......... | ......... | 60 le cafas. | | | | | | | | |
| Gomme copale........ | ......... | ......... | ......... | 90 le cafas. | Idem. | | | | | | | |
| Goudron.............. | ......... | ......... | ......... | ......... | Idem. | | | | | | | |
| Huile d'olive.......... | ......... | ......... | ......... | 10 la jarre. 30 la caisse. | Idem. | | | | | | | |
| Jus de réglisse........ | ......... | ......... | ......... | ......... | Idem. | | | | | | | |
| Lampes de verre....... | ......... | ......... | ......... | ......... | Idem. | | | | | | | |
| Liqueurs.............. | ......... | ......... | ......... | ......... | | | | | | | | |
| Mahleb............... | ......... | ......... | ......... | 30 la balle. | | | | | | | | |
| Marbre............... | ......... | ......... | ......... | 20 la caisse. | | | | | | | | |
| Marbre en carreaux.... | ......... | ......... | ......... | 1 l'un. | | | | | | | | |
| Marchandises en caisse. | ......... | ......... | ......... | 90 la caisse. | Idem. | | | | | | | |
| Maroquin rouge et jaune. | ......... | ......... | ......... | ......... | Idem. | | | | | | | |
| Mastic................ | ......... | ......... | ......... | 45 la caisse. | | | | | | | | |
| Mercure.............. | ......... | ......... | ......... | ......... | | | | | | | | |
| Meules de moulin...... | ......... | 14 médins les deux. | ......... | ......... | Idem. | | | | | | | |
| Miroirs............... | ......... | ......... | ......... | 90 la caisse. | Idem. | | | | | | | |
| Mortiers.............. | ......... | ......... | ......... | ......... | Idem. | | | | | | | |
| Mousselines........... | ......... | ......... | ......... | ......... | | | | | | | | |
| Myrrhe............... | ......... | ......... | ......... | 60 le cafas. | | | | | | | | |
| Nacre de perles........ | ......... | ......... | ......... | 45 la caisse. | Idem. | | | | | | | |
| Noisettes............. | ......... | ......... | ......... | 15 le sac. | | | | | | | | |
| Noix.................. | ......... | ......... | ......... | ......... | Idem. | | | | | | | |
| Noix de galle......... | ......... | ......... | ......... | 20 le sac. | Idem. | | | | | | | |
| Olives................ | ......... | ......... | ......... | ......... | Idem. | | | | | | | |
| Or brut............... | ......... | ......... | ......... | ......... | | | | | | | | |
| Or clinquant.......... | ......... | ......... | ......... | 90 la balle. | | | | | | | | |
| Outres pour l'eau...... | ......... | ......... | ......... | 45 la caisse. | | | | | | | | |

| DÉSIGNATION DES MARCHANDISES. | Lorsque les marchandises viennent de l'intérieur de l'Égypte, villes ci-dessous désignées, elles sont soumises | | | | et qu'elles entrent dans les aux droits suivants : | | Lorsque les marchandises sortent des villes ci-dessous désignées, et qu'elles sont destinées pour l'intérieur de l'Égypte, elles sont soumises aux droits suivants : | | | | | |
|---|---|---|---|---|---|---|---|---|---|---|---|---|
| | VIEUX KAIRE. | BOULAQ. | ALEXANDRIE. | ROSETTE. | DAMIETTE. | SOUEYS. | VIEUX KAIRE. | BOULAQ. | ALEXANDRIE. | ROSETTE. | DAMIETTE. | SOUEYS. |
| Pantoufles de Constantinople...... | ......... | ......... | ......... | Médins. ......... | 6 p. ⅝. | | | | | | | |
| Papier de Gênes....... | ......... | ......... | ......... | de 22 à 45 la balle. | 1 m. et demi la rame. | ......... | de 14 à 24 m. la charge. | | | | | |
| Papier de Venise....... | ......... | ......... | ......... | Idem. | | | Idem. | | | | | |
| Peaux teintes.......... | ......... | ......... | ......... | Idem. | 6 m. la rame. | | Idem. | | | | | |
| Pierres à fusil......... | ......... | ......... | ......... | 20 la liasse. | | | | | | | | |
| Pistaches............. | ......... | ......... | ......... | 20 la barriq. | | | | | | | | |
| Plomb................ | ......... | ......... | ......... | 45 la couffe. | | | | | | | | |
| Plumes d'autruche..... | ......... | ......... | ......... | 90 la couffe. | 6 p. ⅞. Idem. | | | | | | | |
| Poivre................ | ......... | ......... | ......... | 90 la caisse. | 40 m. les 100 rotles. | | | | 30 le q¹. | | | |
| Porcelaine............ | ......... | ......... | ......... | 90 la balle. | 6 p. ⅞. | | | | | | | |
| Poudre à canon....... | ......... | ......... | ......... | | 15 m. la jar. | | | | | | | |
| Quincaillerie......... | ......... | ......... | ......... | ......... | | | de 9 à 24 m. la charge. | | | | | |
| Racine de foueh...... | ......... | ......... | ......... | 20 le sac. | | | | | | | | |
| Racine de satyrium... | ......... | ......... | ......... | Idem. | | | | | | | | |
| Raisins secs.......... | ......... | ......... | ......... | 10 la caisse ou 2 la boîte. | | | | | | | | |
| Raisins secs pour l'eau-de-vie............ | ......... | ......... | ......... | 30 la balle. | | | | | | | | |
| Résine............... | ......... | ......... | 13 m. les 10 poins. | 30 le baril. | | | | | | | | |
| Safran................ | ......... | ......... | ......... | 90 le sac. | | | | | | | | |
| Salep................. | ......... | ......... | ......... | 90 la balle. | | | | | | | | |
| Salsepareille.......... | ......... | ......... | ......... | 90 la balle. | 6 p. ⅝. | | | | | | | |
| Savon................ | ......... | ......... | ......... | 20 la caisse ou le sac. | Idem. | | | | | | | |
| Soie.................. | ......... | ......... | ......... | 90 la balle. | | | | | | | | |
| Soieries.............. | ......... | ......... | ......... | 90 la caisse. | | | | | | | | |
| Soufflets............. | ......... | ......... | ......... | | Idem. | | | | | | | |
| Soufre................ | ......... | ......... | ......... | 30 la barriq. | 18 m. les 100 rotles. | | | | | | | |

| DÉSIGNATION DES MARCHANDISES. | Lorsque les marchandises viennent de l'intérieur de l'Égypte, villes ci-dessous désignées, elles sont soumises aux droits suivans: |||||| Lorsque les marchandises sortent des villes ci-dessous désignées, et qu'elles sont destinées pour l'intérieur de l'Égypte, elles sont soumises aux droits suivans: ||||||
|---|---|---|---|---|---|---|---|---|---|---|---|
| | VIEUX KAIRE. | BOULAQ. | ALEXANDRIE. | ROSETTE. | DAMIETTE. | SOUEYS. | VIEUX KAIRE. | BOULAQ. | ALEXANDRIE. | ROSETTE. | DAMIETTE. | SOUEYS. |
| | | | | Médins. | | | | | | | | |
| Souliers............ | ......... | ......... | ......... | 45 la balle. | 1 m. et demi la paire. | | | | | | | |
| Tabac de Syrie...... | ......... | ......... | ......... | | 6 p. ?. | | | | | | | |
| Tabac de Turquie.... | ......... | ......... | ......... | de 45 à 80 la balle. | 48 médins la couffe. | | | | | | | |
| Tabatières.......... | | | | | | | | | | | | |
| Taffetas............ | | | | | | | | | | | | |
| Tamarin............ | ......... | ......... | ......... | | 40 m. les 108 rotles. | | | | | | | |
| Tapis de prière...... | ......... | ......... | ......... | 90 la balle. | 6 p. ½. | | | | | | | |
| Tapis à poil et de pied. | ......... | ......... | ......... | 45 la balle. | | | | | | | | |
| Tartre.............. | ......... | ......... | ......... | 90 le baril. | | | | | | | | |
| Tounbac............ | ......... | ......... | ......... | 45 la balle. | Idem. | | | | | | | |
| Tuyaux de pipe...... | ......... | ......... | ......... | 10 la liasse. | Idem. | | | | | | | |
| Verres.............. | ......... | ......... | ......... | | | | | | | | | |
| Vin................ | ......... | ......... | ......... | 45 la barriq. | | | | | | | | |
| Vitres.............. | ......... | ......... | ......... | 30 la caisse. | | | | | | | | |
| Vitriol............. | ......... | ......... | ......... | 30 le baril. | | | | | | | | |

## MARCHANDISES PROVENANT DU SOL DE L'ÉGYPTE.

| DÉSIGNATION DES MARCHANDISES. | Lorsque les marchandises viennent de l'intérieur de l'Égypte, villes ci-dessous désignées, elles sont soumises | | | | et qu'elles entrent dans les bas droits suivans : | | Lorsque les marchandises sortent des villes ci-dessous désignées, et qu'elles sont destinées pour l'intérieur de l'Égypte, elles sont soumises aux droits suivans : | | | | |
|---|---|---|---|---|---|---|---|---|---|---|---|
| | VIEUX KAIRE. | BOULAQ. | ALEXANDRIE. | ROSETTE. | DAMIETTE. | SOUEYS. | VIEUX KAIRE. | BOULAQ. | ALEXANDRIE. | ROSETTE. | DAMIETTE. | SOUEYS. |
| Absinthe sèche........ | | | | Médins. 10 le sac. | | | | | | | | |
| Ail.................. | 13 m. le sac. | | | | | | | | | | | |
| Alun................ | 5 m. le quint. | | | 90 la barriq. | | | | 30 le sac. | | | | |
| Anis................. | 8 m. l'ardeb. | | | 30 le sac. | | | | | | | | |
| Assiettes............ | | | | | 6 p. ξ. | | | | | | | |
| Barques chargées de comestibles ou de combustibles......... | de 4 à 540 m. l'une. | | | | | | | | | | | |
| Beurre fondu........ | de 5 à 40 m. la jarre. | 5 m. la jarre | | 20 la jarre. | | | | | | | | |
| Blé................. | 7 m. l'ardeb. | | | | | | | ½ en nature, 2 m. l'ardeb. | 1 m. l'ardeb. | | | |
| Bœufs et vaches...... | 12 m. l'un. | | | | | | | | | | | |
| Bois de la haute Égypte. | 40 m. la charge | | | | | | | | | | | |
| Bonnets blancs....... | 1 sur 10. | | | | | | | | | | | |
| Buffles.............. | 25 m. la bouyer et 25 méd. les vaches. | | | | | | | 90 m. l'un. | | | | |
| Cannes à sucre....... | | 30 m. la charge. | | | | | | | | | | |
| Capillaire........... | 4 m. l'ardeb. | | | | | | | | | | | |
| Châles de soie....... | | 3 m. l'un. | | | | | | | | | | |
| Châles du Fayoum... | de 194 62 m. | | | | | | | | | 45 la bal. | | |
| Cire du pays........ | | 100 m. le quint. | | | | | | | | | | |
| Cordes d'écorce d'arbres. | 12 m. la charge. | | | | | | | | | | | |
| Cornes de bœuf...... | | 16 m. la bal. | | | | | | | | | | |
| Cornes de buffle..... | | | | | Idem. | | | | 10 méd. le paquet. | | | |
| Coton en coque...... | | | | | Idem. | | | | | | | |
| Coton en laine....... | | | | 45 la balle. | Idem. | | | de 9 à 21 m. la charge. | | 45 la bal. | | |

| DÉSIGNATION DES MARCHANDISES. | Lorsque les marchandises viennent de l'intérieur de l'Égypte, villes ci-dessous désignées, elles sont soumises aux droits suivans: | | | | et qu'elles entrent dans les | | Lorsque les marchandises sortent des villes ci-dessous désignées, et qu'elles sont destinées pour l'intérieur de l'Égypte, elles sont soumises aux droits suivans: | | | | | |
|---|---|---|---|---|---|---|---|---|---|---|---|---|
| | VIEUX KAIRE. | BOULAQ. | ALEXANDRIE. | ROSETTE. | DAMIETTE. | SOUEYS. | VIEUX KAIRE. | BOULAQ. | ALEXANDRIE. | ROSETTE. | DAMIETTE. | SOUEYS. |
| | | | | Médins. | | | | | | Médins. | | |
| Coton filé............ | ............ | ............ | ............ | ............ | 6 p. ?. | ............ | ............ | ............ | ............ | 90 la bal. | | |
| Couvertures de laine... | 12 m. les 100 pièces. | | | | | | | | | | | |
| Couvertures de coton.. | 1+3 m. et demi les 100 pièces. | de 10 à 20 méd l'une. | | | | | | | | | | |
| Couvertures pour les chevaux............. | 1 m. l'une. | | | | | | | | | | | |
| Cruches (grandes)..... | ............ | ............ | ............ | ............ | 46 m. pour 4 cruches. | | | | | | | |
| Cuirs de bœufs ou de buffle............. | 137 m. ¼ les 100. | | | | 2 m. l'un. | | ............ | 1 m. l'un. | ............ | 3 m. l'un. | | |
| Cuirs de Damanhour... | ............ | | | | 2 m. l'un. | | | | | 3 m. l'un. | | |
| Cuivre vieux......... | de 3 à 50 m. la pièce. | 24 médins le quintal. | ............ | 30 la balle. | 6 p. ?. | | | | | | | |
| Cumin............... | 6 m. l'ardeb. | | | | | | | | | | | |
| Dattes en pâte....... | ............ | | | | 10 la couffe. | | | | | | | |
| Dattes sèches........ | de 2 à 62 m. la couffe. | | | | de 20 à 45 m. la caisse. | | 10 méd. la cage | 24 méd. la cage | ......... | 30 m. lesac. | | |
| Dimitties piqués, nankins ou basins qui, en anglais, sont appelés dimitties......... | ............ | | | | | | | | | 4 la pièce. | | |
| Draps de lit brodés, de Damiette......... | ............ | 20 m. l'un. | | | | | | | | | | |
| Draps de lit en soie, de Damiette......... | ............ | 10 m. l'un. | | | | | | | | | | |
| Droguerie........... | ............ | ............ | ............ | 60 la balle. | 6 p. g. | | ............ | le 9 à 24 m. la charge. | ............ | ............ | | |
| Ecorce de dattier..... | 5 m. le quint. | ............ | | | | | | | | | | |
| Ecorce de grenades... | ............ | 16 m. la bal. | | | | | | | | | | |
| Etoffes.............. | ............ | ............ | | | ............ | | | de 12 à 24 m. la charge. | | | | |
| Etoffe de Damiette et de Mehallet el-Kebyreh. | ............ | 1 m. deux 5ᵉˢ la pièce. | | | | | | | | | | |

| DÉSIGNATION DES MARCHANDISES. | Lorsque les marchandises viennent de l'intérieur de l'Égypte, villes ci-dessous désignées, elles sont soumises aux droits suivants : | | | | | | Lorsque les marchandises sortent des villes ci-dessous désignées, et qu'elles sont destinées pour l'intérieur de l'Égypte, elles sont soumises aux droits suivants : | | | | | |
|---|---|---|---|---|---|---|---|---|---|---|---|---|
| | VIEUX KAIRE. | BOULAQ. | ALEXANDRIE. | ROSETTE. | DAMIETTE. | SOUEYS. | VIEUX KAIRE. | BOULAQ. | ALEXANDRIE. | ROSETTE. | DAMIETTE. | SOUEYS. |
| Etoffe a'nbary, travail d'Alexandrie et de Damiette.......... | | 2 m. 1 quart la pièce. | | Medem. | | | | | | | | |
| Etoffe de laine........ | 120 méd. les 100 pièces. | | | | | | | | | | | |
| Etoffe de laine noire... | 87 m. et demi les 100 pièces. | | | | | | | | | | | |
| Etoffe habar de Mehalleh........... | | 2 m. un quart la pièce. | | | | | | | | | | |
| Farine........... | 6 m. l'ardeb. | | | | | | | | | | | |
| Fèves............. | 7 m. l'ardeb. | | | 10 l'ardeb. | | | | | | | | |
| Fourrures de pelleterie. | de 50 à 80 m. l'une. | | | 90 la balle. | | | | | | | | |
| Foutah de Damiette.... | | D'un demi à 5 m. l'une. | | | | | | | | | | |
| Fromages........... | 6 m. la jarre. | de 2 à 40 m. le colis. | | 20 le colis. | | 24 médins la charge. | | | | | | |
| Froment germé....... | 6 m. l'ardeb. | | | | | | | | | | | |
| Fruits du Fayoum..... | 5 m. la charge. | | | | | | | | | | | |
| Gomme du pays...... | 270 m. la grande touffe, 10 m. la petite. | 80 m. le quintal. | | | | | | | 35 méd. la touffe. | | | |
| Graine de coton...... | | | | | | | | 8 m. l'ardeb. | | | | |
| Graine de rave....... | 12 m. l'ard. | | | | | | | | | | | |
| Graine de semence .... | 1 m. la balle. | | | | | | | | | | | |
| Graine d'indigo...... | 20 m. la bal. | | | | | | | | | | | |
| Graine de lin........ | ½ m. l'ardeb. | | | | | | | | 30 médins l'ardeb. | | | |
| Grenades........... | | | | | 6 p. ç. | | | | | | | |
| Grenailles de div. qualités........... | de ¼ à 15 m. l'ardeb. | | | | | | | | | | | |
| Habb el-a'zyz [a]...... | | 9 m. les 100 rotles. | | | | | | | | | | |

[a] Petite racine cultivée dans la basse Égypte, et qui approche du goût de la châtaigne.

| DÉSIGNATION DES MARCHANDISES. | Lorsque les marchandises viennent de l'intérieur de l'Égypte, villes ci-dessous désignées, elles sont soumises aux droits suivants : | | | | et qu'elles entrent dans les | | Lorsque les marchandises sortent des villes ci-dessous désignées, et qu'elles sont destinées pour l'intérieur de l'Égypte, elles sont soumises aux droits suivants : | | | | | |
|---|---|---|---|---|---|---|---|---|---|---|---|---|
| | VIEUX KAIRE. | BOULAQ. | ALEXANDRIE. | ROSETTE. | DAMIETTE. | SOUEYS. | VIEUX KAIRE. | BOULAQ. | ALEXANDRIE. | ROSETTE. | DAMIETTE. | SOUEYS. |
| Henneh.......... | .......... | .......... | .......... | Médins. | .......... | .......... | .......... | .......... | .......... | Médins. 20 le double sac. | | |
| Huile de lin....... | de 5 à 30 m. la jarre. | | | | | | | | | | | |
| Huile de navet..... | .......... | .......... | .......... | .......... | 6 p. ⅔. | | | | | | | |
| Huile de sésame.... | de 5 à 40 m. la jarre. | de 3 à 16 m. la jarre. | .......... | 10 la jarre. | | | | | | | | |
| Indigo de la br. Égypte. | 96 m. le quintal. | | | | | | | | | | | |
| Indigo du Kaire.... | .......... | .......... | ? | | | | 5m. Iscoufi. | | | | | |
| Jonc pour les nattes... | 11 m. la charge. | | | | | | | | | | | |
| Laine............. | .......... | .......... | .......... | 20 la double coufle. | | | de 9 à 24 m. la charge. | | | | | |
| Lentilles concassées... | .......... | .......... | .......... | .......... | .......... | | | 6 m. l'ardeb. | | | | |
| Lin............... | 2 m. la balle. | .......... | .......... | 30 la balle. | 25 médins le quintal. | | | | | | | |
| Lin (gros)......... | .......... | | | | | | | | | | | |
| Lin filé........... | 5 m. la charge. | | | 20 la balle. | | | | | | | | |
| Lin en liasse....... | 100 m. pour 30 paquets. | .......... | .......... | 10 l'une. | | | | | | de 8 à 15 m. le sac. | | |
| Lin en sac......... | .......... | | | | | | | | | | | |
| Macaroni et vermicelle. | .......... | .......... | .......... | .......... | .......... | | | 6 m. l'ardeb. | | | | |
| Marchandises de toutes espèce, partant pour la haute Égypte. | .......... | .......... | .......... | .......... | .......... | | de 5 à 26 m. la charge. | | | | | |
| Marmites de terre.... | .......... | .......... | .......... | .......... | 6 p. ⅔. | | | | | | | |
| Mélasse........... | de 5 à 36 m. la jarre. | | | | | | | | | | | |
| Melons............ | le flu à 120 m. la banque. | | | | | | | | | | | |
| Miel.............. | de 5 à 40 m. la jarre. | de 2 à 25 m. la jarre. | .......... | 20 la jarre. | | | | | | | | |
| Mouchoirs de soie... | .......... | 5 m. l'un. | | | | | | | | | | |

| DÉSIGNATION DES MARCHANDISES. | Lorsque les marchandises viennent de l'intérieur de l'Égypte, villes ci-dessous désignées, elles sont soumises | | | | et qu'elles entrent dans les aux droits suivans: | | Lorsque les marchandises sortent des villes ci-dessous désignées, et qu'elles sont destinées pour l'intérieur de l'Égypte, elles sont soumises aux droits suivans: | | | | | |
|---|---|---|---|---|---|---|---|---|---|---|---|---|
| | VIEUX KAIRE. | BOULAQ. | ALEXANDRIE. | ROSETTE. | DAMIETTE. | SOUEYS. | VIEUX KAIRE. | BOULAQ. | ALEXANDRIE. | ROSETTE. | DAMIETTE. | SOUEYS. |
| Mouchoirs p. les femmes. | .......... | 25 m. les 100. | | Médins. | | | | | | Médins. | | |
| Moutons............. | | | | | | une livre de viande l'un. | | | | | | |
| Nattes du Fayoum..... | 2 m. la charge. | | | | | | | | | | | |
| Œufs................ | 1 œuf et 1 m. le 100. | 5 médins le panier. | | | | | 25 m. les 100 paquets. | | | | | |
| Œufs de Girgeh...... | 146 m. le cafas. | | | | | 24 m. la charge et les œufs à cafas. | | | | | | |
| Oguons.............. | 2 m. le sac. | | | | | | | | | | | |
| Oranges............. | | | | | | 24 médins la charge. | | | | | | |
| Orge................ | 7 m. l'ardeb. | | | | 40 m. la caisse. | | | | | | | |
| Pastèques........... | 5 m. la charge. | | | | | | | | | | | |
| Peaux de chèvre...... | 9 m. la balle. | 8 m. la balle. | | 30 le paquet. | | 24 médins la charge. | | | | | | |
| Peaux de mouton..... | 9 m. la balle. | 8 m. la balle. | | | 3 méd. pour 100 peaux. | | | | | | | |
| Peaux fines.......... | | 1 m. les deux. | | | | | | | | | | |
| Peaux fraîches....... | | cinq 8es de m. l'une. | | | | | | | | | | |
| Pierre-ponce......... | 20 pierres la bal. | | | | | | | | | | | |
| Poisson salé......... | | | | | | | | | | | | |
| Poisson sec.......... | 10 pour 2. | | | | | | de 9 à 24 m. la charge. | | | | | |
| Poules.............. | | 2 m. le cafas. | | | | une poule par cafas. | | | | | | |
| Raisins.............. | | | | | 6 p. 5. | | | | | | | |
| Réchauds de terre.... | | | | | Idem. | | | | | | | |
| Réglisse............ | de 3 0 à 182 méd. la balle. | | | 10 la couffe. | Idem. | | | | | | | |
| Ris................. | | de 2 et demi à 5 m. le sac. | | | | | 60 m. l'ard. | | | de 1 un quart à 20 le sac. | | |

| DÉSIGNATION DES MARCHANDISES. | Lorsque les marchandises viennent de l'intérieur de l'Égypte, villes ci-dessous désignées, elles sont soumises aux droits suivans: | | | | et qu'elles entrent dans les | | Lorsque les marchandises sortent des villes ci-dessous désignées, et qu'elles sont destinées pour l'intérieur de l'Égypte, elles sont soumises aux droits suivans: | | | | | |
|---|---|---|---|---|---|---|---|---|---|---|---|---|
| | VIEUX KAIRE. | BOULAQ. | ALEXANDRIE. | ROSETTE. | DAMIETTE. | SOUEYS. | VIEUX KAIRE. | BOULAQ. | ALEXANDRIE. | ROSETTE. | DAMIETTE. | SOUEYS. |
| | | | | Médins. | | | | | | Médins. | | |
| Safranum......... | 1 trelle le quintal et 1 m. la balle | | | | | | | | | 90 la bal. | | |
| Salpêtre......... | | | | | 6 p. ⅔ | | | | | | | |
| Sel............. | | | | | 2 m. l'ardeb. | | de 9 à ¼ m. la charge. | | | | | |
| Sel ammoniac..... | | 1 médin ⅕ le pain. | | | | | | | | 60 la bal. | | |
| Sel d'alun........ | 5 m. le quint. | | | | | | | | | | | |
| Sel de nitre....... | | | | | 6 p. ⅔ | | | | | | | |
| Sel de natroun.... | 50 m. la charge. | | | | | | | | | | | |
| Séné............ | 12 m. la natte. | | | | | | | | | | | |
| Serpillières....... | | | | 20 la balle. | | | | | | 90 la bal. | | |
| Sésame.......... | 15 m. l'ard. | 10 m. l'ard. | | | | | | | | 2 le roul. | | |
| Sucre........... | de 3 et demi à 22 m. le quintal. | | | | | | | | | 45 la bal. | | |
| Surfaix de laine... | | | | | Idem. | | | | | | | |
| Tabac du pays.... | de 10 à 27 m. la botte | de 10 à 30 m. la botte. | | | | | | | | | | |
| Tan pour préparer les cuirs........... | 4 m. l'ardeb. | | | | | | | | | | | |
| Tasses de faïence.. | | | | | Idem. 45 m. la bal. | | | | | | | |
| Tuileries......... | | | | | | | | | | | | |
| Toiles blanches.... | | | | | | | | | | 1 la pièce. | | |
| Toiles bleues...... | | | | | | | | | | 1 la pièce. | | |
| Toiles de coton.... | | d'un demi à 4 m. la pièce. | | | | | | | | | | |
| Toiles de lin...... | | Idem. | | | | | | | | | | |
| Toiles fines....... | | de 4 à 14 m. les 10 pièces. | | | Idem. | | | | | | | |
| Voiles pour les femmes. | | 2 médins un quart l'un. | | | | | | | | | | |

# DE L'ÉGYPTE.

| | et qu'elles entrent dans les aux droits suivans: | | Lorsque les marchandises sortent des villes ci-dessous désignées, et qu'elles sont destinées pour l'intérieur de l'Égypte, elles sont soumises aux droits suivans: | | | | | |
|---|---|---|---|---|---|---|---|---|
| | DAMIETTE. | SOUEYS. | VIEUX KAIRE. | BOULAQ. | ALEXANDRIE. | ROSETTE. | DAMIETTE. | SOUEYS. |
| | | | | | | *Médins.* | | |
| | .......... | .......... | .......... | .......... | ........ | 90 la bal. | | |
| | 6 p. ?. | | | | | | | |
| | 2 m. l'ardeb. | .......... | de 9 à 24 m. la charge. | | | | | |
| | .......... | .......... | .......... | .......... | ........ | 60 la bal. | | |
| | 6 p. ?. | | | | | | | |
| | .......... | .......... | .......... | .......... | ........ | 90 la bal. | | |
| | .......... | .......... | .......... | .......... | ........ | 2 le roul. | | |
| | .......... | .......... | .......... | .......... | ........ | 45 la bal. | | |
| | *Idem.* | | | | | | | |
| | *Idem.* 45 m. la bal. | | | | | | | |
| | .......... | .......... | .......... | .......... | ........ | 1 la pièce. | | |
| | .......... | .......... | .......... | .......... | ........ | 1 la pièce. | | |
| | *Idem.* | | | | | | | |

É. M. XII.

Pour compléter l'idée que nous désirions donner du commerce de l'Égypte, nous devions exposer par un dernier tableau le produit exact des douanes, ainsi que la valeur, la quantité et la nature des importations et des exportations qui s'y sont opérées pendant les douze années qui ont précédé notre arrivée dans ce pays; mais les directeurs français que nous établîmes à chaque douane immédiatement après notre entrée en fonctions, ne satisfirent pas aux demandes que nous leur fîmes des extraits des registres qui constataient l'arrivée et le départ des marchandises pendant ce laps de temps. Celui d'Alexandrie nous informa que l'ancien douanier étant mort de la peste, les conservateurs de la santé avaient brûlé tous ses papiers et ceux de la douane. Les directeurs de Damiette et de Soueys nous adressèrent deux états qui ne font aucune mention de la valeur, de la nature et de la quantité des objets importés ou exportés, et d'après lesquels on sait seulement que la perception des droits a produit à ces deux douanes, depuis l'an 1201 de l'hégyre jusqu'à 1212, vi$^e$ de la république (1797);

SAVOIR:

| ÈRE DE L'HÉGYRE. | DAMIETTE. | | | SOUEYS. | | OBSERVATIONS. |
|---|---|---|---|---|---|---|
| | Importations. | Exportations. | TOTAL. | Importations. | Exportations. | |
| | Médins. | Médins. | Médins. | Médins. | | |
| 1201..... | 8417907. | 532003. | 8950910. | 41657527. | Les exportations ne sont soumises à aucun droit. | * L'année lunaire 1205 de l'hégyre n'a rien produit à Damiette, parce qu'elle est une de celles que les comptables d'Égypte se trouvent avoir perdues tous les trente-trois ans, puisqu'ils ne rendent compte des impôts que par année solaire. Aucune des deux années lunaires dont nous n'avons pas le produit, ne s'est trouvée celle que l'administration turque de la douane de Soueys perd également tous les trente-trois ans. |
| 1202..... | 8907510. | 845244. | 9752784. | 43395643. | | |
| 1203..... | 8006990. | 685721. | 8693681. | 50008682. | | |
| 1204..... | 7383085. | 1309113. | 8692198. | 28484358. | | |
| 1205..... | " | " | " | 35170899. | | |
| 1206..... | 10758984. | 3023101. | 13782085. | 35526392. | | |
| 1207..... | 12018177. | 466302. | 12404479. | 41758301a. | | |
| 1208..... | 9685405. | 312882. | 9918287. | 27357286. | | |
| 1209..... | 1184,5108. | 83688. | 11978796. | 17254985. | | |
| 1210..... | 13607545. | 873317. | 14070062. | 44310858. | | |
| 1211..... | 14633708. | 2031456. | 16665184. | 36509612. | | |
| 1212..... | 10737488. | 645232. | 11382720. | 34965575. | | |
| | 116217087. | 10812059. | 127029146. | 442114509. | | |
| Année commune. | 10565190. | 982914. | 11548104. | 36842876. | | |

Faisant ensemble.......... 483509080 médins.

180    MÉMOIRE SUR LES FINANCES

|  | Médins. |
|---|---|
| *Report*........................ | 483909080. |
| Les négocians du Kaire prétendent que les recettes de la douane d'Alexandrie sont à peu près les mêmes que celles de la douane de Damiette; si nous adoptons leur opinion, ci........................ | 11548104. |
| Les droits perçus aux douanes, y compris le revenu de celles de Boulâq et du vieux Kaire, qu'ils disent être de........................ | 15000000. |
| Ne produiraient annuellement que.......... | 74939084. |
| Faisant en livres tournois..... 2643353. 18 ¹, |  |
| et en francs............. 2610719. 90. |  |

§. II. *Droits divers.*

Les autres droits créés par le sultan Solymân sont ceux énoncés dans le tableau suivant :

|  | Médins. |  |
|---|---|---|
| Le bahryn, appartenant à l'ogâq des a'zab, payant au trésor du sultan un myry de........................ | 964992. | Cet ogâq ne payait plus que 804992 médins, parce que, sur ses réclamations, le pâchâ l'avait déchargé de 160000 médins. |
| Le khourdeh appartenant au même ogâq, payant un myry de.......... | 908174. |  |
| Les droits sur la casse et le séné, appartenant à l'ogâq des janissaires, payant un myry de............... | 901666. |  |
| Les droits sur les boucheries d'Alexandrie, appartenant à l'ogâq tchâouchyeh, payant un myry de......... | 500. |  |
| Ceux sur les boucheries du Kaire, appartenant aux *ogâq* tchâouchyeh et des janissaires, payant un myry de... | 43256. |  |
| Total........................ | 2818583. |  |
| Faisant......... 100663ˡ 17ˢ 2ᵈ, |  |  |
| et en francs.... 99421. 14. |  |  |

¹ Si les Mamlouks retiraient, dans les derniers temps, six millions de la ferme des douanes, comme on nous l'a assuré, il fallait que les douaniers commissent bien des exactions et des avanies, puisque, d'après notre aperçu, les perceptions des droits écrits ne s'élevaient pas à trois millions.

Les droits du bahryn sont présumés avoir été portés, par des augmentations successives, au taux auquel ils s'étaient élevés quand nous arrivâmes en Égypte. Nous en trouvâmes la perception divisée en cinq branches : la première, la seconde et la troisième consistaient en droits sur les grains arrivant à Boulâq et au vieux Kaire ; la quatrième et la cinquième, en droits sur toutes les barques naviguant sur le Nil, dans les ports, les lacs et les eaux de l'Égypte.

Le khourdeh se percevait sur les spectacles publics, les baladins, les escamoteurs, les *a'lmés*, les tambours, les sépulcres, et sur divers fabricans et marchands de plusieurs villes. Les droits compris dans cette dénomination, infiniment multipliés sous le régime des beys, ne furent qu'imparfaitement connus par l'administration française, puisqu'en les affermant on n'en retira pas ce qui se payait à titre de myry.

Les droits sur la casse et le séné donnaient le privilége exclusif de les récolter et de les vendre. Le séné vient sans culture, à l'entrée du désert qui s'étend au-dessus de Syène. On affermait ordinairement le droit de le recueillir, à des particuliers qui le faisaient passer dans le commerce. Les bateaux servant au transport de cette drogue jouissaient de certaines exemptions. Dans les derniers temps, une seule famille d'Esné traitait avec le fermier du gouvernement, pour la récolter et la transporter au Kaire. Soit diminution dans les produits, soit spéculation pour en augmenter le prix, les transports étaient devenus moins abondans, puisque l'Égypte fournissait autrefois à l'Europe plus de quinze cents quintaux de séné, et que les exportations actuelles sont réduites à huit cents ou à mille. La casse est soumise au même monopole. Les propriétaires des arbres qui la produisent, sont obligés de la vendre au fermier qui a traité avec les beys. La casse d'Égypte, bien inférieure à celle qui nous vient des colonies, parce qu'on la recueille avant sa parfaite maturité, est rarement expédiée dans la chrétienté; la Turquie la consomme presque toute.

Les droits établis sur les boucheries d'Alexandrie et du Kaire se composaient des pieds, des peaux, de la tête, etc., des animaux qui y étaient égorgés.

Les perceptions énoncées dans le tableau ci-après devinrent la matière d'une propriété semblable à celle des droits dont nous venons de parler, dès que le sultan les eut sanctionnées, en admettant ceux qui les avaient introduites au paiement du myry.

Nous entrerons dans quelques détails sur ces perceptions, parce que les indications portées sur l'état ne suffiraient pas pour les faire connaître.

|  | MYRY dû par les MOULTEZIM. | LIEUX DES PERCEPTIONS. |
|---|---|---|
| Sur la marque de l'or et de l'argent................ | 10400. | |
| Sur la vente des esclaves noirs.. | 1623. | Au Kaire. |
| Sur le bain des Turks Hammâm khassâ.................... | 12685. | |
|  | 24708. | |

| | MYRY dû par les MOULTEZIM. | LIEUX DES PERCEPTIONS. |
|---|---|---|
| Report.......... | 24708. | |
| Sur la fabrique du sel ammoniac. | 1500 | |
| Sur l'okel du safranum....... | 5000. | |
| Sur sept boutiques de bouchers de viande de mouton....... | 500. | A Boulàq. |
| Sur l'okel du poisson salé...... | 312. | |
| Sur la pêche dans le lac....... | 44783. | A Damiette. |
| Sur le cheykh des courtiers.... | 1543. | |
| Sur l'okel du pàchà.......... | 1082. | A Rosette. |
| Sur l'okel du bahàr........... | 63005. | A Soueys. |
| Sur le lieu où arrivent les bateaux du Nil............... | 100. | A Meballet el-Kebyrch. |
| Sur les *okels* du coton........ | 13236. | A Boulàq. |
| | 500. | A Damiette. |
| | 1082. | A Rosette. |
| Sur les *okels* du riz.......... | 182225. | A Damiette |
| | 1082. | A Rosette. |
| TOTAL............ | 354258. | Faisant 12652¹ 1ᵉ 5ᵈ, en francs, 12495 90. |

Le droit de marque de l'or et de l'argent appartenait à un moultezim, qui recevait une rétribution sur la mise en œuvre de ces métaux. Après avoir reconnu s'ils étaient au titre requis, il les envoyait à la monnaie, où l'aghâ les marquait d'un poinçon dont il avait la garde. Il examinait les ouvriers qui voulaient exercer la profession d'orfévre, et levait un droit sur tous ceux qu'il admettait à la maîtrise. Ses revenus étaient ordinairement affermés dans les villes d'Alexandrie, Rosette,

Damiette, Mansourah, Belbeys et Soueys; il les percevait par lui-même au Kaire, où anciennement tous les orfèvres étaient obligés de travailler sous ses yeux dans un même okel. On commença par éluder cet usage, qui tendait à les empêcher d'altérer le titre des bijoux et des ouvrages qu'ils mettaient en circulation, lorsqu'on permit aux orfèvres de travailler dans leurs maisons. On se relâcha ensuite sur l'obligation où ils étaient de faire contrôler leurs ouvrages à la monnaie : mais, comme les habitans de la campagne répugnaient à acheter des objets d'or et d'argent dont la valeur n'était pas garantie, le moultezim sollicita et obtint la permission d'avoir un poinçon particulier; le peuple, abusé par la ressemblance de cette marque avec l'ancienne, acheta sans aucune défiance les bijoux sur lesquels elle était empreinte. On vit alors des objets vendus comme or ou argent, altérés par neuf dixièmes d'alliage, et le moultezim s'entendre avec les orfèvres pour s'enrichir par cette infidélité criante.

Le droit sur la vente des esclaves était également le patrimoine d'un moultezim : ils ne peuvent se vendre au Kaire que dans un okel, où son agent perçoit le droit et délivre le titre nécessaire pour constater la vente. Cet acte doit être signé par le moultezim : il énonce le sexe et le nom de l'esclave, le lieu et le nom du vendeur et de l'acheteur; il est remis à tous ceux qui l'achètent postérieurement à ce premier marché, et à l'esclave lui-même quand on le met en liberté. Une déclaration d'affranchissement, faite devant témoins, suffit pour le faire jouir de tous les droits accordés aux sujets du grand-seigneur. Il n'y a ni marché ni droit pour les esclaves blancs, parce que les Mamlouks, qui ne se perpétuent que par leur achat, sont intéressés à en favoriser la vente.

*Hammâm khassâ.* Le droit perçu sous ce nom tire son origine de l'antipathie qui a régné dans tous les temps entre les Turks et les habitans du Kaire. Un pâchâ fit bâtir un bain au-dessous de la citadelle, pour éviter les rixes qui s'élevaient entre les gens de sa suite et les Égyptiens, dans les bains où les ablutions prescrites par le Qorân attiraient journellement les uns et les autres. Le bain construit pour éviter ces rencontres fut cédé en propriété à un moultezim, sous condition qu'il servirait exclusivement aux Turks. Son entretien n'était pas à sa charge.

Les 1500 médins payés au trésor par le moultezim de la fabrique de sel ammoniac lui donnaient le privilége exclusif de le fabriquer et de le vendre. Il y avait autrefois plusieurs fabriques semblables dans la basse Égypte; mais le privilége accordé à celle de Boulâq les a anéanties.

Le safranum de la haute Égypte, arrivant au Kaire, ne pouvait être déposé que dans l'okel dit *du safranum,* situé à Boulâq, où il était vendu après que le propriétaire de l'okel avait perçu les droits dont les 5000 médins qu'il payait au trésor lui donnaient la jouissance.

Le myry établi sur les sept boutiques de bouchers de viande de mouton donnait à leur propriétaire le droit de vendre cette denrée à Boulâq, sans aucune concurrence.

Il arrive à Boulâq une quantité considérable de poisson salé, venant de Damiette. Le propriétaire de l'okel où il doit être vendu, jouit, moyennant le myry de 312 médins qu'il verse au trésor, de quelques légers droits dont les marchands de poisson lui font le paiement.

La pêche dans le lac de Damiette était un privilége *exclusif*, pour lequel le moultezim payait au trésor du sultan un myry de 44783 médins.

Il s'était introduit à Rosette, à l'imitation du Kaire, un cheykh des courtiers, qui percevait un droit sur tous les courtiers faisant la vente dans les marchés publics, des habits, linges et hardes.

Les marchandises arrivant à Rosette, qui étaient déposées dans l'okel du pâchâ, étaient soumises au paiement d'un droit dit *de séjour*, en faveur du moultezim de cet établissement.

Celles qui arrivaient à Soueys ne pouvaient être emmagasinées que dans l'okel du bahâr, jusqu'à ce que les caravanes les transportassent au Kaire. Le loyer de cet entrepôt, indépendant des frais de douane, se levait, pour le compte du pâchâ, par l'écrivain dépêché à Soueys pour connaître la quantité des importations.

Les bateaux faisant la navigation du Nil, qui arrivaient à Meballet el-Kebyreh, étaient soumis au paiement d'un léger droit en faveur du moultezim qui payait les cent médins de myry.

Ce que nous avons dit sur l'okel du safranum de Boulâq, est applicable aux *okels* du coton et du riz, situés à Boulâq, Damiette et Rosette. Ces marchandises ne pouvaient être déposées et vendues que dans ces magasins, où les *moultezim* qui payaient le myry énoncé, levaient divers droits de loyer ou de séjour créés à leur profit.

 Les douanes et les divers droits dont nous venons de parler, créés par le sultan Solymân ou introduits postérieurement à son règne, étaient ordinairement affermés par les individus qui en étaient *moultezim*. Les *ogâq* et le pâchâ, auxquels ils appartenaient presque tous, les ayant perdus successivement sous la domination des beys, ils devinrent la proie des Mamlouks qui avaient de la puissance ou du crédit; cependant ils parurent ne pas avoir changé de destination, parce que ces derniers, s'étant revêtus des grades élevés dans chaque ogâq, ne s'approprièrent les revenus qui y étaient attachés, qu'en paraissant succéder à ceux qui les occupaient avant eux, et en se soumettant au paiement du myry.

 Outre ces droits, il en existait d'autres qui n'étaient pas soumis au myry, et qui, conséquemment, n'avaient rien de commun avec les finances du sultan; mais, comme ils semblaient faire partie du traitement des beys et autres agens en place qui les avaient créés, et que le peuple avait pris l'habitude de les acquitter, les Français les ont rangés dans la classe de ceux créés ou approuvés par le sultan dont ils ont continué la perception. L'état ci-après nous les fera connaître : ils étaient de la même nature que les droits assujettis au myry, et il n'existait de différence entre les uns et les autres, qu'en ce que ces derniers étaient légitimés par l'autorité du prince, tandis que les autres attendaient sa sanction.

Nous donnerons quelques détails sur la perception de ceux qui ne sont pas suffisamment connus par les indications portées sur l'état.

| DÉSIGNATION DES DROITS. | LIEUX OÙ LES DROITS SONT PERÇUS. |
|---|---|
| Vente exclusive du sel.................<br>Droits dits *des échelles*, dus par les marchandises arrivant dans des barques, des villages situés sur les rives de la branche orientale du Nil dans la basse Égypte.... | A Boulâq. |
| Fonte de l'argent......................<br>Marché des chevaux et des bêtes de somme.<br>Tannerie des cuirs et blanchissage des toiles.<br>Impression des { de l'Inde...............<br>toiles....... { du pays................ | Au Kaire. |
| Privilége exclusif du natroun............ | A Tarrâneh, province de Bahyreh. |
| Droit de pêche { dans le Nil............ | Au Kaire, à Boulâq et au vieux Kaire. |
| dans le lac Ma'dyeh...... | A Alexandrie. |
| au boghâz............. | A Rosette. |
| Fabrication et vente des eaux-de-vie..... | Au Kaire.<br>A Alexandrie.<br>A Damiette.<br>A Mahallet el-Kebyreh. |
| Droits dits *serdâryeh* et *tchâouchyeh*, ou du gouverneur........................ | A Damiette.<br>A Rosette. |
| Droits de *hamleh* ou sur les marchés...... | A Rosette.<br>A Damanhour.<br>A Mehallet el-Kebyreh.<br>A Semennoud.<br>A Mansourah. |
| Droits d'*ehteçeb*, ou sur les comestibles qui entrent............................ | A Alexandrie.<br>A Rosette.<br>A Mehallet el-Kebyreh. |

| DÉSIGNATION DES DROITS. | | LIEUX OÙ LES DROITS SONT PERÇUS. |
|---|---|---|
| Droits sur les grains qui entrent dans les villes ci-contre pour y être vendus.......... | | A Bâb el-Cha'ryeh, marché du Kaire. A Alexandrie. A Damiette. A Rosette. |
| Droits dits de *loyer* ou de *séjour* perçus aux *okels* dénommés ci-contre, sur les marchandises énoncées.... | Du savon et des semences d'indigo............ Du sucre............ Du riz............ De l'indigo............ Des graines de trèfle, de lin et de safranum..... Des semences de toute espèce............ De l'huile de lin........ Des dattes sèches........ | Au Kaire. A Boulâq. A Damiette. |
| Droits perçus sur l'entrée du coton....... | | A Boulâq, Damiette et Mansourah. |
| Droits sur la sortie des toiles fabriquées... Droits sur les graines et sur les poulets éclos dans les fours.................. | | A Mehallet el-Kebyreh. |

On ne fabriquait le sel que sur les côtes de la basse Égypte, et surtout à Rosette. Les paysans qui le recueillaient étaient obligés de le livrer, à un taux déterminé, à un fermier désigné par le gouvernement, qui avait le privilége exclusif de le débiter, à Boulâq, à un prix supérieur, également fixé. Des droits infiniment multipliés sur les comestibles, herbages, animaux, fruits, etc., vendus dans les marchés d'un grand nombre de villages, étaient réunis à ce privilége. Nous ne trouvons aucun motif de ce mélange et de cette complication de droits : on croit que le monopole du sel était compris autrefois dans le khourdeh, et que les innovations qui l'ont si considérablement augmenté, en ayant fait partager la jouissance entre deux Mamlouks puissans, celui qui l'eut dans son lot ne demeura pas chargé du paiement du myry.

L'or et l'argent destinés à la broderie et à d'autres ouvrages devaient se préparer dans un lieu où l'on fournissait tout ce qui était nécessaire. Les ouvriers qui les mettaient en œuvre, payaient au fermier, des droits désignés sous le nom de *kahal el-faddah* : les droits levés sur les dents d'éléphant, les nacres de perles, les cornes de licornes, etc., sont compris sous la même dénomination, sans qu'on sache pourquoi des objets qui ont si peu de rapport entre eux, se trouvent réunis.

Le natroun se forme dans les lacs dépendans du village de Terrâneh. Les *felláh* y payent leurs impositions avec ce sel; et ils procurent au moultezim un revenu d'autant plus sûr, que tous les villages de la basse Égypte sont tenus d'en acheter annuellement une certaine quantité à un prix déterminé. Depuis quelques années, la France, l'Italie et l'Angleterre, s'étant pourvues de natroun en Égypte, le bey moultezim afferma ses droits à M. Rossetti, négociant vénitien, qui en augmenta considérablement l'exploitation, et qui le vendit au commerce étranger, à un taux inférieur au prix qu'il exigea des naturels du pays. Le natroun est de première nécessité en Égypte, à cause de l'usage qu'on en fait pour blanchir le lin et les toiles.

Les eaux-de-vie et les boissons fermentées ne se fabriquaient que dans les maisons des chrétiens et des

Juifs. Le gouvernement ne pouvait point en autoriser le débit, puisque le Qorân en interdit l'usage aux musulmans; mais l'aghâ des janissaires, moyennant de fortes rétributions, ne craignait point de violer la loi du prophète et d'en tolérer la vente dans des tavernes cachées.

Il serait impossible de citer une branche d'industrie et de consommation qui fût exempte de droits semblables ou analogues à ceux que nous venons de faire connaître. Les *moultezim*, les beys, les *serdâr* et les *aghâ* commandant dans les places, et les fermiers, les multipliaient dans les lieux soumis à leur autorité, aussitôt qu'ils en trouvaient l'occasion. De là cette complication confuse qui laisse si peu de moyens pour distinguer les charges dont les Égyptiens étaient grevés par les uns et par les autres. Les droits que les *moultezim* des terres imposaient sur les chétives consommations de leurs villages, étaient connus sous le nom de *hamleh*. En général, le marchand et le cultivateur étaient arrêtés à chaque pas par des rétributions onéreuses. Les Français ne recouvrèrent que celles que nous avons indiquées: il en existait un bien plus grand nombre dont ils abandonnèrent la perception, parce qu'elles ne furent point connues, ou qu'ils les jugèrent trop vexatoires; ils renoncèrent également, dans tous les villages dont ils devinrent *moultezim*, à la jouissance des droits de hamleh.

## CHAPITRE IV.

*Imposition personnelle.*

Les sujets du grand-seigneur non musulmans sont soumis à une imposition personnelle dite *karach*, conformément à une maxime du Qorân, qui assujettit à ce tribut les habitans des pays subjugués par les mahométans, quand ils n'embrassent pas l'islamisme. Le karach était censé dû par 90000 têtes. Un aghâ envoyé annuellement de Constantinople en faisait la perception. Il arrivait en Égypte avec autant d'assignations ou billets de paiement paraphés et enregistrés au ministère des finances, munis de son cachet et de celui de deux témoins qu'on lui donnait pour adjoints. Ces billets étaient renouvelés tous les ans; ils étaient alternativement rouges, blancs ou jaunes, et faits de manière que

9000 étaient destinés à la classe riche,
18000 à la classe médiocre,
et 63000 à la classe indigente.

L'aghâ les délivrait aux contribuables, après y avoir inscrit leur nom et leur signalement; il exigeait 553 médins pour les premiers, 283 pour les seconds, et 143 pour les troisièmes. Un usage établi en sa faveur avait fixé à ce taux une contribution que les réglemens ne portent qu'à 440, 220 et 110 médins.

Les billets de paiement restaient entre les mains des

chrétiens et des Juifs, et leur servaient en quelque sorte de sauvegarde : ils n'avaient aucun droit à la protection du grand-seigneur, quand ils avaient négligé de s'en munir.

Lorsque la perception était achevée, l'aghâ réglait ses comptes avec le rouznâmgy. Les 90000 assignations se calculaient à raison des sommes qu'elles auraient dû produire d'après leur taux primitif[1]. On en défalquait,

1°. Les assignations qui n'avaient pas été employées;

2°. Les frais et le traitement de l'effendy el-gouâly, chargé de la perception;

3°. Les pensions assignées par le sultan sur le karach, s'élevant à seize bourses égyptiennes, ou 400000 médins.

L'aghâ acquittait ensuite le myry de sa charge, de 2509081 médins, faisant 89610 liv. 9 den. ou 88503 fr. 75 cent. Ce myry porterait à croire que si les rentrées s'élevaient à une somme supérieure, l'excédant demeurait à son profit; néanmoins il est constant qu'il n'avait d'autre bénéfice que le droit d'usage que nous avons spécifié, et que les sommes qui surpassaient les fonds absorbés par les frais de perception, les pensions et le myry, étaient ajoutées au trésor ou khazneh qui s'envoyait au grand-seigneur.

L'aghâ affermait ordinairement au bey gouverneur de Girgeh le karach dû par les chrétiens et les Juifs de la haute Égypte, sans lui remettre une portion des assi-

---

[1]   9000 à 440.......................... 3960000 méd.
    18000 à 220.......................... 3960000.
    63000 à 110.......................... 6930000.
                                          ─────────
            TOTAL.................. 14850000 méd.

gnations dont il était porteur. Les chrétiens et les Juifs de cette contrée recevaient de ce bey des assignations particulières qui avaient le même prix et les mêmes effets que celles qui étaient distribuées par l'aghâ. Celui-ci, employant ensuite comme valeur, dans le compte qu'il rendait au rouznâmgy, les assignations qu'il avait retenues, augmentait considérablement ses revenus par cette infidélité.

Le nombre des assignations délivrées par la Porte servirait à évaluer par approximation la population qobte[1], sans ce que nous venons de dire sur la haute Égypte, et les exemptions qui étaient facilement accordées à tout chrétien ou Juif attaché au service des musulmans et des consuls européens. Il est essentiel, en outre, d'observer que les femmes, et les enfans présumés avoir moins de douze ans, n'étaient pas imposés. Le défaut de registres de naissance faisait que leur âge n'était estimé que par la mesure de leur tête[2].

Nous n'avons pas mis au nombre des impôts levés au profit du sultan, un droit dit de *beyt el-mâl,* qui se composait de la succession totale des sujets du grand-seigneur, chrétiens, Juifs ou musulmans, qui mouraient sans héritiers, parce qu'il ne donnait lieu à aucun myry. Son produit était envoyé autrefois à Constantinople, où le sultan ne pouvait s'en servir qu'en faveur de la défense de l'islamisme. La perception et

---

[1] Nous ne parlons pas des Juifs, des Grecs de Syrie et de l'Archipel, à cause de leur petit nombre, et des Francs, qui n'y étaient pas soumis.

[2] Le percepteur avait une petite corde de la mesure de la tête d'un enfant au-dessous de douze ans : tous ceux dont la tête ne pouvait pas y passer, étaient classés au nombre des contribuables.

l'emploi de ce droit sont prescrits par le Qorân. Dans les derniers temps, les beys le faisaient lever sans en rendre aucun compte à la Porte. Dès qu'il mourait un habitant un peu aisé, ils s'empressaient de faire apposer sur la porte de la maison du défunt un gros clou qui en empêchait l'ouverture, sans s'embarrasser s'il avait ou s'il n'avait pas d'héritiers : dans le dernier cas, toute sa succession leur appartenait ; et dans le premier, ils faisaient payer bien cher la levée de ce séquestre.

## CHAPITRE V.

*Résumé des revenus du sultan.*

Les principes de l'administration ottomane, différens des nôtres, qui font arriver dans les caisses du trésor public la totalité des revenus de l'État, n'y conduisent que les fonds destinés à certaines dépenses et à l'épargne. La perception, abandonnée aux agens de l'autorité et aux grands tenanciers, semble n'intéresser le souverain qu'en ce qu'il exige de ses feudataires ; ce qui leur reste quand ils ont satisfait le sultan et acquitté les dépenses qu'il a mises à leur charge, s'applique entièrement à leur profit. Ainsi, en faisant la récapitulation des divers états que nous avons présentés pour offrir la totalité des impositions levées en Égypte, on trouve que les revenus du sultan n'embrassent que les recettes du myry, et se composent ; savoir :

|  |  | Médins. | Livres tournois. | Francs. Cent. |
|---|---|---|---|---|
| Du myry sur les terres.......... | Villages............... 80017890.<br>Ouaqf................ 442178. | 80460068. | 2873573. 17. 1<sup>d</sup>. | 2838097. 63. |
| Du myry sur les charges.................. | | 10870773. | 388241. 17. 10. | 383448. 79. |
| Du myry sur l'industrie et les consommations.... | Des douanes....... 19445486.<br>193473. } 19638959.<br>Des droits créés par le sultan...... 2818588.<br>De ceux qui se sont introduits et qu'il a sanctionnés............ 354258. | 22811805. | 814707. 6. 5. | 804649. 31. |
| Du myry sur les personnes.................. | | 2509081. | 89610. » 9. | 88503. 74. |
| Total................ | | 116651727. | 4166133. 2. 1. | 4114699. 47. |

Quelque considérable que soit le surplus des impositions publiques, comme la perception en est faite pour le compte des beys et des autres personnages auxquels le grand-seigneur est censé l'avoir accordée, elle ne donne lieu qu'à des gestions privées.

Cette explication qui sépare d'une manière précise les revenus du sultan d'avec ceux des propriétaires et gens en place, qui confient la régie des leurs aux intendans qobtes, et sans laquelle on ne trouverait que confusion et chaos dans l'administration égyptienne, nous conduit à quelques détails sur les fonctions du rouznâmgy, trésorier général du grand-seigneur, et sur celles des *effendy* chargés des recettes.

Le rouznâmgy était nommé par le pâchâ, sur la présentation du dyouân et choisi dans le *roznameh*, corps des *effendy*, introduit en Égypte par le sultan Solymân, pour gérer les finances de la Porte. Le myry sur les terres, sur les charges, sur l'industrie et les consommations, arrivait dans sa caisse par les versemens que les *moultezim* et les gens en place en faisaient entre ses mains; l'imposition personnelle y parvenait par l'intermédiaire de l'aghâ chargé spécialement de cette perception. Ses opérations étaient dirigées par des réglemens, qui distribuaient les diverses parties de son service à des *effendy* qui lui étaient subordonnés.

Nous avons désigné les fonctions des principaux, tels que l'effendy de la Charqyeh, de la Gharbyeh, l'effendy chaher, celui des denrées[1], etc. Les charges et divers droits assujettis au myry étaient détaillés dans

[1] *Voyez* page 115.

un registre confié à un autre effendy, dit *halfâ*. Dans toutes les mutations, les nouveaux *moultezim* n'obtenaient la jouissance des droits de leurs prédécesseurs, que par un titre appelé *tezâker el-temekkinat*, qui leur était délivré par le pâchâ, et qui devait être enregistré par cet employé. Ces *effendy* notifiaient aux contribuables ce qu'ils devaient acquitter : mais ils ne percevaient rien par eux-mêmes; ils se bornaient à délivrer une décharge aux parties versantes, qui justifiaient avoir payé au rouznâmgy le myry dont elles étaient grévées. Les avis de paiement adressés aux *moultezim* énonçaient le montant de leurs impositions : mais le rouznâmgy ne les admettait qu'après qu'ils avaient été vérifiés ; il fallait qu'ils fussent conformes au registre général des propriétés et des droits soumis au myry, tenu par le bâch-halfâ, premier employé du rouznâmgy, parce que les livres qui servaient de base à la répartition faite par les *effendy*, n'étaient que les sections et les copies de ce registre général.

Comme nous avons indiqué la portion des impositions publiques dévolue au sultan, au pâchâ, aux beys, aux *kâchef* gouverneurs des provinces, et aux autres officiers de l'État, il entre dans notre sujet de faire connaître les dépenses publiques auxquelles ils pourvoyaient.

Nous les exposerons dans la section suivante.

# SECTION DEUXIÈME.

*Dépenses publiques.*

## CHAPITRE I<sup>er</sup>.

*Dépenses à la charge du sultan, payées sur le myry.*

Nous appliquerons à la dépense les recettes de toute nature portées dans le résumé des revenus du sultan.

Nous donnerons, selon que nos renseignemens nous le permettront, des explications plus ou moins étendues sur l'origine et l'objet des articles de dépense qui ne sauraient être suffisamment connus par une simple nomenclature.

§. I. *Traitement accordé par le sultan à divers fonctionnaires, indépendamment des concessions de toute nature dont ils avaient la jouissance.*

| | | Médins. |
|---|---|---|
| Au pâché. | Semence de trèfle pour ses chevaux à Koum el-ahmar....... 1170. | |
| | Viande de mouton........... 126830. | |
| | Bois................... 5854. | |
| | Sel.................... 3559. | 167447. |
| | Pieds, têtes, etc., des bœufs, buffles, moutons tués à la boucherie................. 9835. | |
| | Savon................. 3793. | |
| | Jarres................. 1010. | |
| | Pour l'oukyl el-karag son maître-d'hôtel................. 15396. | |

|                          |                                                                                                                                      |           | Médins.  |
|--------------------------|--------------------------------------------------------------------------------------------------------------------------------------|-----------|----------|
|                          | Report.............. 167447.                                                                                                         |           | 907988.  |
| Au pâchâ.                | *Atlâq* dans la province de Gyzeh....... 16666.<br>Grains qu'il reçoit en argent par abonnement, dont 43200 médins sont pris sur le khazneh........................ 723875. |           |          |
| Aux beys....             | Semence du trèfle pour leurs chevaux dans les terrains qui leur ont été concédés pour cet objet............................... |           | 16294.   |
| A l'ogâq Metfaraqah.     | Dans la province de Bahyreh........... 104857.<br>Dans le village de Seroubây, pris sur le khazneh.......................... 484.    |           | 105341.  |

A l'ogâq tchâouchyeh................................. 986444.
A l'ouâly aghâ de police au Kaire....................... 300000.
A l'emyn ehteçeb................................... 19497.

| Au rommaneh ou corps des *effendy*. | Pour fourniture en froment et orge. | Au rouznâmgy et à l'effendy mohâscheh, sur les achats de l'étoupe............ 28000.<br>Aux écrivains du bureau du rouznâmgy... 74825.<br>Au rouznâmgy....... 27650.<br>A ses écrivains........ 254104.<br>Au 1er écrivain bâch-halfâ............. 61172.<br>A l'effendy charqyeh.. 11121.<br>A l'effendy gharbyeh.. 33367.<br>A l'effendy chaher.... 64454.<br>A l'effendy des denrées. 39990. | 491858. | 594683. |

Total............................ 2939247.
Faisant............... 104973$^l$ 2$^s$ 2$^d$,
et en francs.......... 103677$^f$ 14$^c$.

Quoique le traitement attribué au pâchâ pour les diverses consommations énoncées dans l'état soit évalué en médins, le sultan avait statué qu'on l'acquitterait en nature. Le douanier de Boulâq, l'emyn ehteçeb, et le moultezim de Damiette, chargés de fournir les objets dont il se composait, recevaient en remboursement les sommes mentionnées. Lorsque la valeur des fournitures en excédait le montant, le pâchâ devait leur en tenir compte. Les autres fonctionnaires qui recevaient des fournitures en denrées, agissaient de la même manière.

Nous avons dit que les *atlâq* sont des terres exemptes de toute imposition, destinées à fournir des fourrages aux chevaux du pâchâ et des beys. Les *moultezim* des villages dont les *atlâq* du pâchâ faisaient partie, lui ayant demandé à les réunir aux *ousyeh*, y furent autorisés, moyennant le paiement annuel des 16666 médins énoncés : cette somme est comprise dans le myry de la province de Gyzeh.

En 1179 de l'hégyre, le sultan Moustafä accorda au pâchâ un supplément de traitement, à prendre sur le khazneh, de 1728 ardebs de grains, évalués à raison de 25 médins l'un, ci.................... 43200$^{méd.}$
Cette somme s'étant accrue de celle de..... 680675. comprise dans le myry en grains de la haute Égypte, en 27227 ardebs, à raison du même prix, porta le revenu dont le pâchâ jouissait sur le myry, aux................ 723875$^{méd.}$ énoncés sur l'état.

Le même sultan ayant ordonné, la même année, que l'étoupe envoyée annuellement à Constantinople cesserait d'être payée avec les fonds du khazneh, on comprit cet achat au nombre des dépenses du myry, pour 705350 médins. En 1200 de l'hégyre, le capitan pâchâ, qui exerçait un plein pouvoir en Égypte, s'étant aperçu que cette somme était insuffisante, et que les pâchâs avaient introduit l'usage de compléter le prix de la fourniture en prenant sur le khazneh, rétablit l'ordre suivi avant Moustafä, c'est-à-dire qu'il ordonna que, lorsque la Porte demanderait de l'étoupe, on en déduirait le prix du trésor qui lui était envoyé. Il ne laissa à la charge du myry que les 28000 médins accordés par le sultan au rouznâmgy et à l'effendy mohâsebeh, à titre de remise sur la somme qu'ils employaient aux achats de cette nature.

### §. II. *Dépenses de l'armée.*

| | | Médins. | |
|---|---|---:|---:|
| Solde | des beys........................... | 666248. | |
| | des troupes victorieuses, ou des *ogáq*.. | 26258026. | 29757491. |
| | des garnisons des châteaux.......... | 2719487. | |
| | de celle du château des Oasis, près de Syène....................... | 113730. | |
| Approvisionnement | en poudre...................... | 109746. | |
| | en bois pour les fours à biscuit....... | 4420. | 115166. |
| | en lumières..................... | 1000. | |

TOTAL............................... 29872657.
Faisant............... 1066880[l] 12[s] 1[d],
et en francs......... 1053709[f] 31[c].

La solde de l'armée fut répartie de manière que la paye de chaque soldat fût de 182 médins et demi par an : celle des officiers était proportionnée à leur grade; ils recevaient le double, le triple de cette somme, par fractions de 182 médins et demi, payables en délégations sur le trésor public, appelées *ouaraq el-gâmkyeh* (papiers de solde). Chacun des vingt-quatre beys reçut 1666 de ces fractions, de sorte que la solde qu'ils recevaient primitivement s'élevait à 7297080 médins. On assure que celle des *ogáq* montait à environ 40000000 de médins. Les beys et les *ogáq* les regardant comme une propriété personnelle, et nullement comme un traitement attaché à leur charge, en ayant aliéné la plus grande partie, ils finirent par être considérés comme des effets au porteur, exigibles par tous ceux qui en étaient nantis, lors même que des femmes ou des enfans en étaient devenus propriétaires. On ignore pourquoi ces ventes furent tolérées par le gouvernement et le pâchâ : sans doute que l'exemple donné par Selym et Solymân, de disposer de papiers de solde en faveur des mosquées et d'autres établissemens pieux, parut autoriser de pareilles donations. Quoi qu'il en soit, les papiers qui se payaient encore à l'arrivée des Français pour la solde des beys et pour celle des *ogâq*, n'arrivaient qu'aux sommes que nous avons énoncées. Nous n'avons distingué la solde des garnisons des châteaux, que parce que le sultan affecta une somme particulière à cette dépense. Ces garnisons faisaient partie de l'ogâq metfaraqah; ce corps ne fournissait pas la garnison du château des Oasis. Le commandant levait, pour ce service, des Turks et des Barbaresques mogrebins, qu'il payait avec la somme résultant des papiers de solde qui lui étaient remis.

La modicité des sommes affectées aux approvisionnemens provient de ce que le sultan avait mis la très-grande partie des dépenses à la charge des gens en place. On peut conjecturer aussi que plusieurs dépenses pareilles sont tombées en désuétude après la ruine des établissemens qui les occasionaient.

### §. III. *Dépenses diverses.*

|  |  |  | Médins |
|---|---|---|---|
| Meqyâs | Entretien | 976. | |
| | Rideaux | 439. | 2489. |
| | Cheykh | 1074. | |
| Ouverture du khalyg | | | 11042. |
| | | | 13531. |

# MÉMOIRE SUR LES FINANCES

| | | Médins. |
|---|---|---:|
| | Report........................... | 13531. |
| Puits à roues et aqueduc du vieux Kaire. | ⎧ Ouvriers employés aux puits et à l'aqueduc, y compris 4000 médins pris sur le khazneh................ 44436. ⎫<br>⎨ Paille pour les taureaux employés aux puits.................... 68120. ⎬<br>⎩ Entretien de ces puits.......... ⎭ | 112556. |
| | Clôture des canaux de Bahyreh-Tennys et d'el-Naouâreh..... | 36623. |
| | Enlèvement du limon qui s'amoncelle sous les ponts......... | 860798. |
| | Feux placés sur les bords des eaux pour empêcher qu'on ne les détourne............................................. | 1759. |
| | Relais placés à el-A'rych pour les courriers de la Porte..... | 7800. |
| | Qafṭân distribués par le pâchà en conférant les dignités..... | 742000. |
| | Entretien du bain des Turks sous la citadelle du Kaire, Hammâm khassà................................. | 9667. |
| | Jarres d'eau pour l'usage du dyouân.................... | 150. |
| | Reliure du livre général du myry...................... | 2282. |
| | Porteurs d'eau à Soucys (*saqqâyn*).................... | 21660. |
| | Au kâchef de la province de Bahyreh, pour l'entretien du canal qui conduit l'eau du Nil aux citernes d'Alexandrie....... | 16000. |
| | Citerne d'Haçan pâchà à la citadelle du Kaire............. | 11000. |
| | Puits d'Yousef effendy, *idem*, pris sur le khazneh.......... | 3100. |
| | Citerne d'Ibrâhym kyâhyà................................ | 5000. |
| Achats pour la sublime Porte. | ⎧ Sorbets, dont 71124 médins pris sur le khazneh................. 106690. ⎫<br>⎩ Riz et lentilles pris sur le khazneh... 702969. ⎭ | 809659. |
| | TOTAL............................. | 2653585. |
| | Faisant............... 94770$^l$ 17$^s$ 10$^d$, | |
| | et en francs........... 93600$^f$ 90$^c$. | |

On sait que le meqyâs, ou nilomètre était placé dans une enceinte accessible au Nil, construite à la pointe méridionale de l'île de Roudah. La garde et le soin de cet établissement sont un privilége héréditaire appartenant à un cheykh descendant de celui qui en fut chargé par le sultan Selym. Quand les eaux sont basses, il fait enlever le limon qui s'est déposé sur le pavé du bâtiment. La galerie intérieure qui règne alentour était anciennement garnie de rideaux ; le fonds assigné pour les renouveler a continué à les payer, lors même qu'ils ont cessé d'être fournis.

Dès que le Nil commence à s'élever[1], le cheykh fait annoncer sa crue journalière par des crieurs, dans toutes les rues et à la porte des maisons : les habitans se font un plaisir de leur donner du pain et de l'argent. Ces crieurs s'assemblent chaque jour, à midi, dans une mosquée près du vieux Kaire, où le cheykh du meqyâs leur annonce la crue du Nil faite depuis la veille[2].

Le khalyg s'ouvre au-dessous du vieux Kaire, sur la petite branche du Nil formée par l'île de Roudah : il traverse le Kaire pour aller arroser les provinces de Qelyoubyeh et de Charqyeh[3]. L'ouâly est chargé de former une digue à cinquante pas en dedans du khalyg, pour empêcher le fleuve d'y pénétrer, jusqu'à ce que ses eaux soient suffisamment élevées, et de faire nettoyer l'espace compris entre cette barrière et le courant du Nil, moyennant les 11042 médins affectés à cet objet. La rupture de la digue a lieu du 15 au 30 août ; plus elle est voisine de cette dernière époque, plus on redoute que l'inondation ne soit défectueuse. La veille de ce jour, l'emyn el-bahryn[4], part de Boulâq dans une

---

[1] Vers le solstice d'été.

[2] Crues du Nil pendant le séjour des Français en Égypte, à partir des plus basses eaux :

An VII, 22 pieds 6 pouces.... bonne.
— VIII, 21 — 2 — .... médiocre.
— IX, 24 — 8 — .... très-bonne.

Suivant M. Le Père, le Nil ne descend presque jamais au-dessous de cinq pieds.

[3] Ce canal sert à remplir les citernes de la ville, et transforme en bassin navigable les places dites l'*Ezbekyeh*, *Birket el-Fyl*, etc., où les habitans se plaisent à se promener en bateau.

[4] C'est-à-dire le moultezim des droits qui portent ce nom.

barque peinte, décorée de pavillons et de banderolles, armée de quatre canons, qui font un feu continuel, et va se placer à l'ouverture du canal : dès que la nuit est venue, on exécute un feu d'artifice sur ses bords. La police suspend sa sévérité ordinaire; elle n'arrête et ne gêne personne. Le peuple, affluant dans les quartiers voisins du canal, y porte une gaieté vivement excitée par une fête qui lui garantit les bienfaits du fleuve auteur de son existence. La joie passe sur les eaux avec les barques nombreuses dont elles se couvrent : les femmes elles-mêmes, qui, pendant le reste de l'année, sont tenues cachées dans leur harem, participent à l'allégresse commune, en voguant, séparées des hommes, dans des nacelles où le chant et la musique leur annoncent un instant de bonheur. L'ouâly profite de la fin du jour pour diminuer l'épaisseur de la digue. Plusieurs cheykhs se rendent au meqyâs, et y passent la nuit en lisant le Qorân et faisant des prières, afin que Dieu bénisse l'inondation : les beys et tous les fonctionnaires se rendent sur la rive du canal et y campent avec toute leur maison. Le lendemain, à la pointe du jour, le pâchâ, suivi d'un nombreux cortége, s'établit dans un *kiosk* (pavillon), sur les bords de l'entrée du khalyg, où tous les gens en place et le qâdy viennent le joindre. C'est en présence du représentant du grand-seigneur, et du dyouân solennel dont il est entouré, que le cheykh du meqyâs annonce que le Nil s'est élevé jusqu'à la 15ᵉ coudée (25 pieds)[1]. Le qâdy dresse un procès-verbal

---

[1] La crue effective, suivant M. Le Père, n'étant alors que de 12 coudées (20 pieds), elle ne suffirait pas pour arroser la très-grande majorité

constatant à-la-fois que les eaux sont arrivées à la hauteur requise pour l'ouverture du khalyg et pour la levée du mâl el-hourr. Il signe cet acte, après avoir énoncé que le pâchâ et les principaux officiers de l'État ont assisté à sa rédaction. On presse le travail nécessaire pour rompre la digue; l'effort du fleuve seconde les ouvriers : elle disparaît; et la barque de l'ouâly du vieux Kaire vogue la première sur les eaux qui roulent dans le canal. Si la violence du courant la fait chavirer, de bruyans éclats de rire se prolongent parmi les spectateurs. Tous les habitans du Kaire remplissent les maisons qui avoisinent le canal, ou sont répandus sur ses bords : hommes, femmes et enfans, tous s'y précipitent avec les eaux qui s'en emparent; tous attribuent des vertus à ce bain tumultueux. Les femmes y jettent des mèches de cheveux, des morceaux d'étoffe, et attendent la fécondité ou d'autres biens de ces offrandes. Le pâchâ et les personnes de sa suite jettent des pièces d'or et d'argent et des poignées de médins aux ouvriers qui ont coupé la digue, et qui suivent les eaux. Ces travailleurs recueillent d'un grand nombre de spectateurs des libéralités semblables, souvent disputées par le peuple qui les presse. Ils étaient pris alternativement parmi les Turks et les Juifs. La fête était terminée par une distribution de *qaftân* dont le pâchâ revêtait les *ouâly* du Kaire, du vieux Kaire et de Boulâq, et les officiers supérieurs des *ogâq* qui assistaient à la cérémonie[1].

des terres, s'il était possible qu'elle restât à ce point, puisqu'en l'an VIII de la république (1800) l'inondation fut médiocre avec une crue de 21 pieds 2 pouces.

[1] Quand l'ouverture du khalyg

Les publications qui précèdent l'entrée des eaux dans le khalyg sont rarement conformes à la vérité ; celles qui se font après cette époque annoncent avec exactitude la crue totale et les progrès journaliers du fleuve : elles discontinuent dès les premiers jours d'octobre, terme ordinaire de la croissance des eaux [1].

L'eau du Nil est conduite au pied de la citadelle du Kaire par un aqueduc prenant l'eau à côté de l'origine du khalyg, au moyen de trois puits à roues qui l'élèvent à la hauteur nécessaire pour qu'elle entre dans le conduit. Le puits où elle aboutit fournit à la consommation des habitans et de la garnison de la citadelle. Un effendy est chargé de l'entretien des cordes et rouages, de même que du salaire des ouvriers attachés à cet établissement ; l'emyn el-chououn fournit la paille nécessaire pour la nourriture des taureaux. Sous le règne du sultan Moustafä, les fonds affectés à cette dépense furent augmentés sur le khazneh de 4000 médins, compris dans les sommes énoncées.

On forme tous les ans des digues aux embouchures

---

se nettoie, on laisse subsister dans le milieu une colonne de terre appelée l'*a'rousah*, ou la jeune fille allant se marier. Le peuple se livre à la joie si les eaux emportent promptement cette butte ; quand elle résiste long-temps à leur action, il s'afflige comme d'un présage annonçant un mauvais Nil. Cet usage conserve le souvenir d'une superstition cruelle des Égyptiens idolâtres, qui sacrifiaient une jeune fille au fleuve, à qui ils la mariaient.

[1] La fête célébrée par les qobtes en l'honneur de la croix, ayant lieu vers le même temps, occasione une cérémonie qui paraît avoir remplacé une ancienne superstition des Égyptiens. Le patriarche, suivi de son clergé et de son peuple, se transporte dans un couvent situé au-dessus du vieux Kaire : après de longues oraisons, il va jeter dans le Nil une petite croix de bois, et son exemple est imité par toute sa suite. Les musulmans s'intéressent à cette fête, et ils seraient fâchés que la célébration en fût omise.

des canaux de Bahyreh-Tennys et d'el-Naouâreh, qui se perdent dans les plages voisines de Damiette et du château de l'E'zbeh, afin que les eaux de la mer n'y pénètrent pas. L'aghâ du château recevait 36623 médins pour leur construction.

Dans toutes les parties de l'Égypte, on trouve des ponts en pierre sur les canaux d'arrosage. Le limon qui s'amoncelle autour des arches, pourrait nuire au cours des eaux; les gouverneurs étaient tenus de le faire enlever, et se partageaient, dans la proportion suivante, le fonds accordé pour ce travail:

|  | Médins. |
|---|---|
| Syout. | 75000. |
| Manfalout. | 14164. |
| Beny-Soueyf. | 37500. |
| Fayoum. | 29132. |
| Gyzeh. | 125000. |
| Qelyoubyeh. | 40410. |
| Charqyeh. | 67675. |
| Bahyreh. | 125000. |
| Mansourah. | 73985. |
| Gharbyeh. | 250000. |
| Menoufyeh. | 22932. |
| Somme pareille | 860798. |

Il était défendu de faire des saignées au Nil et aux canaux qui en dérivent, pendant la crue des eaux. Des gardes pris dans l'ogâq sarâksey veillaient jour et nuit pour les empêcher, et recevaient la somme mentionnée pour placer sur les rives des feux qui facilitaient leur surveillance.

Soueys manque d'eau; toute celle qu'on y consomme est puisée à la fontaine de Moïse, et se porte dans une citerne assez vaste pour contenir la provision nécessaire à la ville pendant une année. Le sultan Selym accorda aux *saqqâyn* employés à ce transport la somme que nous avons énoncée.

Un ancien pâchâ, nommé *Haçan*, fit construire dans la citadelle du Kaire une citerne publique qui a retenu son nom : on la remplit tous les ans, au moyen des fonds qu'il a assignés pour le service de cet établissement.

Il en est de même du puits d'Yousef effendy, pour l'entretien duquel le sultan Moustafa accorda 3100 médins sur le khazneh.

Isma'yl-bey imposa un myry de 5000 médins sur l'okel du safranum de Boulâq, et en disposa pour entretenir la citerne d'Ibrâhym kyâhyâ à la citadelle. Cette citerne est si vaste, que l'armée française s'en est servie pour emmagasiner ses approvisionnemens de siége.

La Porte envoyait annuellement au Kaire un *chorbetgy bâchy*, chargé de faire des sorbets pour le grand-seigneur : il achetait les ingrédiens nécessaires, et confectionnait lui-même ces sucreries. D'après les réglemens de Solymân, on lui remettait 35566 médins pour sa dépense; mais, en 1179 de l'hégyre, le sultan Moustafâ ordonna qu'elle serait portée à 106690 médins[1]. Le pâchâ lui remettait en outre 10200 médins, qu'il employait en parfums pour donner à ces sorbets une odeur et un goût plus agréables. L'usage voulait également que le pâchâ lui fît un présent de 4400 médins. Le sultan Moustafâ voulut aussi qu'on employât 875972

[1] 71124 médins furent donc pris sur le khazneh.

médins à des frais d'achat et d'envoi de sucre à la sublime Porte : nous n'en avons fait aucune mention, parce qu'en 1200 de l'hégyre le capitan pâchâ raya cette somme des dépenses du myry, et régla qu'elle serait prise sur le khazneh, quand le grand-seigneur ferait des demandes de sucre. Il maintint cependant une autre disposition du sultan Moustafä, qui avait prescrit le paiement sur les fonds du khazneh, de l'envoi des objets que nous allons mentionner :

|  | Médins. |
|---|---|
| 2000 ardebs de riz fournis par le village de Fåreskour et lieux circonvoisins.......................... | 320000. |
| 1000 ardebs de riz de Damiette...................... | 160000. |
| 1000 ardebs de lentilles du Kaire.................... | 15000. |
| Frais d'envoi du riz et des lentilles................ | 182306. |
| Remise accordée au rouznâmgy et à ses écrivains..... | 25663. |
| Somme pareille à celle portée sur l'état..... | 702969. |

Le rouznâmgy achetait ces denrées des *moultezim* des lieux qui devaient les fournir, et les payait aux prix que nous avons énoncés. Mourâd s'étant rendu moultezim de Damiette, et O'smân, de Fåreskour, ces fournitures cessèrent, de même que celle des lentilles du Kaire ; cependant elles continuèrent à être comprises parmi les dépenses du myry, parce que Mourâd et Ibråhym se faisaient compter par le rouznâmgy les sommes qui y étaient affectées.

### §. IV. *Pensions.*

Selym et Solymân assignèrent diverses pensions aux ministres du culte mahométan, aux veuves, aux orphelins et à diverses personnes. Leur exemple fut imité par leurs successeurs, et même par des pâchâs, des beys et de simples *ogâqlu*, qui, pour assurer l'effet de leurs dispositions, parvinrent à faire charger le rouznâmgy de recevoir et d'employer, selon leur volonté, les fonds dont ils se dessaisirent pour ces dépenses.

Voici l'état de celles qui existaient à l'arrivée de l'armée française :

Médins.

| | | | |
|---|---|---|---|
| Aux cheykhs et aux *u'lemâ*............................ | | | 1295534. |
| Aux orphelins........................................ | | | 2824662. |
| Aux veuves.......................................... | | | 3286348. |
| Aux cheykhs....... | Attalla el-Skandarâny (l'Alexandrin)............ | 40. | |
| | Abou-Sa'oud............ | 98. | |
| | Bahây el-dyn el-Magdoud... | 98. | 725. |
| | Mahmed-Kâky............ | 98. | |
| | Mahmed Abou-Tartour.... | 391. | |
| A la famille de Solymân effendy......................... | | | 27000. |
| A divers particuliers, pour pensions dites *rezdq*, en argent.. | dans la province de Qelyoubyeh................ | 354580. | 1004725. |
| | dans la province de Gyzeh.. | 650145. | |
| Total..................................... | | | 8438994. |
| Faisant................... | 301392¹ 12ˢ 10ᵈ, | | |
| et en francs............ | 297671ᶠ 77ᶜ. | | |

Les pensions accordées aux cheykhs et aux *u'lemâ* leur furent remises en papiers de solde. Il paraît que, du temps de Selym, elles ne formaient pas un objet aussi considérable; la piété des propriétaires des effets de même nature ayant ajouté aux dons faits par le sultan[1], les a portées à la somme que nous avons énoncée.

---

[1] On a vu qu'ils en avaient la facilité, puisque les papiers de solde étaient des valeurs cessibles à tout le monde.

Il en est de même des pensions des orphelins : celles des veuves, qui devinrent le partage des femmes des Turks qui avaient péri pendant la conquête de l'Égypte, n'ont éprouvé aucune augmentation ; les unes et les autres ont subi le discrédit des papiers de solde dont elles étaient composées, sans que ces articles de dépense aient été diminués dans le compte du myry, parce que les beys mamlouks, qui acquéraient ces papiers à vil prix, s'arrogeaient le droit exclusif d'en obtenir le paiement à la caisse du rouznâmgy.

On raconte que quelques cheykhs mendians ayant imploré la commisération du sultan Selym, il leur donna les modiques sommes portées sur l'état. Leurs descendans, fondés sur l'usage qui rend obligatoires la plupart des dons volontaires, les ont réclamées et en jouissent encore.

Les services distingués de Solymân, ancien effendy de l'ogâq metfaraqah, lui valurent une pension de 27000 médins, qui lui fut attribuée par Khalyl pâchâ ; elle a été continuée à ses descendans.

Les *rezâq* sont des redevances auxquelles le sultan Solymân soumit plusieurs *moultezim* des provinces de Gyzeh et de Qelyoubyeh, en les attribuant aux personnes qu'il voulut récompenser. Ces *rezâq*, étant cessibles et héréditaires, ne diffèrent des propriétés privées qu'en ce que le rouznâmgy en perçoit et en acquitte le montant, qui est compris dans le myry de ces deux provinces.

## §. V. *Actes et services pieux.*

| | | | |
|---|---|---|---|
| Entretien des tombeaux.. | Gourmaz el-Attabky............ 2500.<br>Cheykh el-Demennouy......... 4000.<br>Zâouyet soultân Barqouq....... 3000.<br>Husserou pâchâ................ 3000.<br>Cheykh Ahmed el-Tahâouy..... 5538.<br>Cheykh Tâg el-dyn............. 800.<br>Cheykh Mahmed el-Negar...... 1000.<br>Cheykh Chahebeyd............. 300.<br>Cheykh Sa'd el-dyn el-Gimbaouy. 200.<br>Cheykh Yousef el-A'bbassy..... 800.<br>Seyd Ibrâhym el-Dessouky...... 550.<br>Atouàn el-Seyfy............... 2000.<br>Cheykh Soueydân.............. 683.<br>Cheykh Sâdât.................. 3052.<br>Cheykh Mahmed el-Menâyer.... 300.<br>Cheykh O'mar el-Neblity....... 391.<br>Cheykh A'ly Abou el-Nour..... 195.<br>Zâouyet Sankour............... 195.<br>Cheykh A'bd-allah Gyouchy..... 50.<br>Cheykh Soueydân.............. 205.<br>Zâouyet el-mechâykh (de divers saints)....................... 68124.<br>Qâdy Zeyn el-A'bdyn, pris sur le khazneh..................... 300.<br>Cheykh Mahmed Kerym el-dyn el-Khelaouaty, pris sur le khazneh........................ 2000. | Médins. 99183. | |

Mosquées, couvens, derviches, mendians et infirmes........ 13109358.

| Mosquée d'el-Azahr..... | U'lemâ, cheykh et docteurs..... 576030.<br>Cierges pour le lecteur du Qorân, khâtib....... 1777.<br>Riz et miel distribués annuellement aux pauvres............... 20489. | 22266. | 598296. |

Turbans pour ceux qui embrassent l'islamisme............ 5844.
Eau douce servant à ceux qui vont pleurer les morts....... 7800.
Au cheykh el-Bekry pour les frais du *Mouled*, fête de la naissance du prophète................................ 2538.

| Fête de la naissance de Seyd Ahmed el-Bedaouy, à Tantah....... | Pour les pauvres.. | Fromages et ognons... 1468.<br>Aumônes... 2175. | 4793. |
| | Au cheykh el-Acharâ.......... 150. | | |
| | A la famille Tayfeh Chenaouy, pris sur le khazneh.......... 1000. | | |

13327812.

DE L'ÉGYPTE.

| | | | Médins. |
|---|---|---|---|
| | Report........................ | | 13327812. |
| Envois à Jéru-salem...... | Transport des lentilles......... 1000.<br>Sourrah ou pensions.......... 35320.<br>Nattes pour la mosquée....... 9957. | | 46277. |
| Luminaire du sanctuaire de Seydné Yousef............... | | | 2895. |
| Secours aux orphelins du Mouristàn.................. | | | 256. |
| Entretien du couvent de derviches, Nazem el-dyn Sifahàny.. | | | 12000. |
| Cheykh faisant la lecture du Qorân au meqyâs, la veille de l'ouverture du khalyg............................. | | | 342. |
| Taureaux employés aux puits à roues des mosquées de. | l'imâm Châfe'y.............. 371.<br>Cheykh O'mar fils d'el-Fared.... 415.<br>Gouàrych................... 415.<br>Seyd Sarych................. 1230. | | 2431. |
| Outres d'eau don-nées............ | à la mosquée du cheykh O'mar fils d'el-Fared................. 44<br>à l'ogâq Tchâouchyeh........... 44<br>à l'ogâq Moustahfazàn......... 44 | | 132. |
| | TOTAL........................... | | 13892139. |
| | Faisant............. 496147¹ 16ˢ 5ᵈ,<br>et en francs......... 490022. 54. | | |

Les musulmans ont une grande vénération pour les morts; ils se rendent le vendredi, qui est le jour des prières, auprès des tombeaux de leurs parens ou de ceux qui sont morts en odeur de sainteté. Quelques-uns de ces tombeaux ne sont pas dénués de magnificence. Leur entretien, les lampes allumées devant ces monumens, ont donné lieu aux fondations portées dans l'état.

Les fonds dont Solymân disposa en faveur des mosquées, couvens, derviches, mendians et infirmes, consistaient en papiers de solde; ils ont été augmentés et discrédités, de même que nous l'avons observé à l'égard des autres pensions qu'il assigna aux cheykhs, aux orphelins, etc. Les mêmes motifs en ont fait continuer le paiement aux beys mamlouks, qui en étaient devenus propriétaires.

La mosquée d'el-Âzhar était la plus célèbre des écoles où l'on enseignât la théologie musulmane, et la seule du Kaire et de l'Égypte où l'on reçût le titre de docteur ou d'u'lemâ. Solymân la dota en partie avec des papiers de solde et des droits sur le natroun de Terrâneh; elle jouissait en outre d'un grand nombre de villages : de sorte que la dépréciation des papiers de solde ne l'empêcha pas de conserver un revenu considérable. Le *khâtib* de cette mosquée, c'est-à-dire le docteur qui lit et explique le Qorân pendant les mois de cha'bân et de ramadân, est éclairé par deux gros cierges de vingt-cinq livres chacun. Solymân voulut qu'on les achetât aux dépens du myry. Les pauvres et les aveugles fréquentant la mosquée recevaient, pendant le ramadân, après le coucher du soleil, des distributions de riz et de miel, fondées par A'bd el-Rahmân kyâhyâ.

La somme destinée à l'achat des turbans qu'on donne à ceux qui embrassent l'islamisme, se remet au trésorier du pâchâ, qui la garde à son profit, quand il n'y a pas de conversions.

L'oukyl el-karag reçoit et emploie celle qui sert à payer les *saqqâyn*, porteurs de l'eau qui se distribue dans les cimetières aux personnes qui vont prier et pleurer sur les tombeaux.

Le Mouled, ou la fête de la naissance du prophète, se célèbre au Kaire avec beaucoup de solennité. Les mosquées et les maisons s'illuminent pendant huit jours de suite. Le cheykh el-Bekry, chef des descendans d'Abou-Bekr, beau-père de Mahomet, reçoit alors une somme peu proportionnée aux dépenses qu'il est en usage de faire. Les musulmans, et surtout les santons, le visitent et prient avec lui [1]. Le café et les confitures qu'il donne à ses hôtes, les illuminations qui décorent le devant et les environs de sa demeure, lui coûtent plus de 100000 médins.

Plusieurs santons donnent lieu à des fêtes de moins d'importance. La principale se célèbre à Tantah, en l'honneur de Seyd Ahmed el-Bedaouy : elle avait déjà lieu du temps du sultan Selym, qui ordonna qu'on distribuerait des aumônes et des comestibles aux pauvres qui s'y trouveraient. Il assigna aussi 150 médins au cheykh el-Acharä, afin qu'il se rendît à Tantah pour y faire les illuminations d'usage. Par ces divers dons, Selym avait encore en vue de favoriser le commerce résultant d'une foire dont l'affluence des pélerins était la cause. La famille de Chenaouy s'étant distinguée par le zèle qu'elle mettait à visiter le tombeau de ce santon, et à contribuer aux dépenses de sa fête, Haçan

---

[1] En thermidor an VII, le général en chef Bonaparte fut invité par le cheykh el-Bekry à assister à cette cérémonie. Son état-major l'accompagna; je fus également de sa suite. Nous remarquâmes que toutes les dévotions se bornèrent à une récitation psalmodiée de quelques versets du Qorân et de la généalogie du cheykh el-Bekry, qui prouve sa descendance d'Abou-Bekr : ensuite nous eûmes part aux distributions de café et de confitures; nous fumâmes comme les musulmans, et nous dînâmes avec le cheykh et ceux qui partagèrent l'invitation qu'il nous fit. Les plats furent servis sur de vastes plateaux de cuivre : nous mangeâmes à la manière des Orientaux. Le prophète bannissait le vin du repas; nous bûmes de l'eau à la ronde dans la même bardaque. Les convives étaient partagés en plusieurs groupes; le général en chef et le général Berthier étaient avec le cheykh. Chaque groupe eut son plateau. Cette manière de servir diffère un peu des procédés ordinaires des Égyptiens; car chez eux le même plateau passe successivement des maîtres à tous les gens de sa maison, et arrive ainsi jusqu'aux derniers valets.

pâchâ lui assura une pension de 1000 médins sur le khazneh.

Le pélerinage de Jérusalem est censé une œuvre très-méritoire par les musulmans et surtout par les Arabes, qui, se disant issus d'Ismaël, voient dans ce voyage un acte de vénération envers Abraham, Isaac et Jacob, inhumés, suivant leur tradition, dans la mosquée d'el-Rahmân. Mahomet fit lui-même, comme on sait, ce pélerinage; de sorte que les dévots de sa religion se font un devoir de l'imiter. Le directeur de cette mosquée entretenait au Kaire un procureur chargé de faire les achats des lentilles nécessaires à la nourriture des desservans et des pauvres attachés à son temple : Selym se chargea d'en payer le transport; il assigna à la même mosquée un sourrah ou une pension annuelle, et un fonds, pour acheter les nattes qui en couvraient le pavé.

Le sanctuaire de *Seydné Yousef* (notre seigneur Joseph) est dans le territoire de Jérusalem. On l'a construit sur un puits qui passe pour la citerne où les frères de ce patriarche l'enfermèrent pour le vendre ensuite aux marchands Ismaélites. Solymân prit sur le myry de l'Égypte de quoi fournir à l'éclairage et à l'entretien de ce lieu révéré.

La modicité de la somme assignée aux orphelins admis à l'hôpital du Moristân fait croire que le sultan voulut moins leur donner un secours réel qu'une simple aumône. Cet établissement avait des revenus proportionnés à ses dépenses.

Les mosquées de l'imâm Châfe'y, du cheykh O'mar fils d'el-Fared, et de Gouâryeh, étant près des tombeaux où l'on ensevelit les grands, beaucoup de personnes viennent y prier. Le sultan Solymân assigna des fonds pour acheter et entretenir les taureaux servant à puiser l'eau des puits qui se trouvent auprès de ces temples. La mosquée de Seyd Sarych, qui se trouve dans la citadelle du Kaire, est également favorisée. Les ablutions qui précèdent ordinairement les prières des musulmans, nécessitent le voisinage de quelques puits.

On ignore la cause du don de trois outres fait par Selym à la mosquée du cheykh O'mar fils d'el-Fared, et aux *ogâq* tchâouchyeh et moustahfazân.

### §. VI. *Caravane de la Mekke.*

| | | | Médins. |
|---|---|---|---|
| Kissoueh pour le temple de la Mekke, dont 264807 médins pris sur le khazneh........................... | | | 790807. |
| Sourrah (pensions) | en argent apporté à la Mekke et à Médine, dont 145143 médins pris sur le khazneh.................... | 15985220. | 15985706. |
| | en frais de caisses, sacs, paille, etc.... | 4486. | |
| A l'émyr hággy. | Pour l'*alláy*, sortie de la caravane..... | 349033. | 1268957. |
| | Pour les frais de cuisine............ | 919924. | |
| | Pour supplément à lui accordé par les successeurs de Selym, dont 12587107 médins sont pris sur le khazneh................................ | | 20000000. |
| | Pour les chariots de ses canonniers............ | | 12069. |
| | Pour les mèches des mêmes................... | | 1279. |
| | Pour le gardien de ses tentes.................. | | 215. |
| | Pour ses *sdys* (palefreniers)................. | | 4707. |
| | Pour l'huile et le soufre dont on frotte les chameaux................................. | | 1404. |
| Aux *serdár*. | Pour eux-mêmes................... | 366814. | 930541. |
| | Supplément à eux accordé par sultan Moustafa, pris sur le khazneh...... | 563727. | |
| | Pour leurs mules................... | 4879. | |
| | Pour les fromages et ognons qu'on donne................................. | 16667. | 21546. |

39017231.

## MÉMOIRE SUR LES FINANCES

| | | Médins. | |
|---|---|---|---|
| Report..................... | | 39017231. | |

| | | | Médins. |
|---|---|---|---|
| Aux serdâr. | Pour l'indemnité des soldats composant la garnison du château el-Moueyla, prise sur le khazneh... | | 180440. |
| Diverses dépenses du voyage. | Guides de la caravane............... 1256.<br>Courriers à pied de la caravane....... 5559.<br>Courriers à dromadaire de la caravane.. 2730. | | 9545. |
| | Achat des mesures de bois pour mesurer l'orge des chevaux et chameaux de l'émyr hàggy et de l'escorte de la caravane...................... 791.<br>Aumônes à distribuer pendant le voyage. 1367.<br>Curage des puits qui se trouvent sur la route............................ 23562.<br>Tente pour couvrir les bassins où l'on puise l'eau...................... 13659.<br>Paille pour les bœufs employés aux puits, et notamment pour ceux de Nekel et d'Ageroud..................... 10928.<br>Approvisionnement de paille dans quelques villages par où passe la caravane. 6880. | | 57187. |
| | Chameau du meballer gebel el-Arafàt......... | | 2000. |
| Dépenses faites au retour. | Rafraîchissemens portés à la caravane par l'azlem et l'aqabeh bàchà....... 193278.<br>Musique de l'azlem bàchà........... 8518.<br>Confitures que l'azlem bàchà apporte à l'émyr hàggy.................... 17164. | | 218960. |
| Envois qui ne parviennent point à la Mekke par la caravane. | Argent et riz pour le cheryf de la Mekke, dont 1200000 médins pris sur le khazneh.......... | | 1710917. |
| | Argent pour la cheryfeh ourkhaneh... 36000.<br>Argent pour les cheryfs Hamzat et Husseyn Baraķat................... 197000. | | 233000. |
| | Argent pour le prince gouverneur d'Yanbo, pris sur le khazneh........................ | | 180000. |
| | Remise au rouznàmgy, sur les fonds anciennement accordés pour la réparation des barques qui transportaient les grains à la Mekke et à Médine.................... | | 120223. |
| | Transport des grains accordés aux qâdy de la Mekke et de Médine..................... | | 23581. |
| | Nattes et sacs qui renfermaient les grains........ | | 52683. |
| | Achat de l'huile pour les lampes des temples de la Mekke et de Médine... 101698.<br>Transport de l'huile, dont 8150 médins pris sur le khazneh.............. 16904.<br>Caisses dans lesquelles on les renferme, et port de ces caisses............. 15334. | | 133936. |
| | Cierges et caisses pour les contenir, dont 60623 médins pris sur le khazneh................ | | 123813. |
| | Nattes du Fayoum et leur transport............ | | 8138. |

TOTAL......................... 42071654.

Faisant................ 1502559ḻ 1ˢ 5ᵈ,

et en francs.......... 1484009ᶠ 08ᶜ.

*Kissoueh*, c'est le nom qu'on donne aux tentures et tapis qui sont remis à l'émyr hâggy, pour revêtir le temple de la Mekke et décorer le tombeau de Fâtmeh à Médine; on les fabriquait dans la citadelle du Kaire. Le sultan Solymân assigna 526000 médins pour les frais de leur fabrication; et le sultan Moustafâ porta ce fonds, devenu insuffisant, aux 790807 médins que nous avons mentionnés sur l'état. Cette augmentation de 264807 médins fut prise sur le khazneh. Le nâdir kissoueh dirige la confection de l'étoffe, et ne rend compte qu'au pâchâ de l'emploi de la somme qu'il reçoit pour cet objet.

D'après les réglemens de Solymân, on n'envoyait primitivement à la Mekke et à Médine, pour le sourrah, que 5230109 médins, qu'on distribuait à diverses mosquées et à plusieurs cheykhs et habitans de ces deux villes. Depuis l'an 1138 de l'hégyre, ce fonds s'est considérablement accru des papiers de solde, qu'on a appliqués, avec le consentement du pâchâ du Kaire, à des fondations analogues à celles du sultan Solymân. Plusieurs particuliers, voyant que les effets du sourrah étaient payés avec exactitude, tandis que l'acquit des papiers de solde semblait totalement aboli, obtinrent d'être mis au nombre des pensionnaires de cette institution, et de recevoir, en cette qualité, le produit des papiers de solde dont ils étaient propriétaires. Cette condescendance de l'administration augmenta le sourrah des sommes suivantes, qui sont acquittées aujourd'hui aux personnes que nous allons désigner:

|  |  | Médins. |
|---|---|---|
| Au Kaire.. | A la famille du cheykh Gohary............... | 572044. |
|  | Au cheykh el-Bekry....................... | 260900. |
|  | Au cheykh Sâdât........................ | 148635. |
|  | A l'ouaqf A'bd el-Rahmân kyâhyâ........... | 209503. |
|  | Au neqyb el-Achrâf...................... | 165291. |
|  | Au cheykh Mahmed el-Mohdy.............. | 225064. |
|  | Au seyd Ahmed el-Mahrouqy, négociant..... | 196174. |
|  | A Ibrâhym effendy rouznâmgy.............. | 400000. |
|  | Au cheykh A'bd-allah Cherqâouy............ | 19780. |
|  | A Yousef effendy........................ | 49554. |
|  | A Khalyl effendy........................ | 137500. |
|  | A Husseyn effendy....................... | 71200. |
|  | A une infinité de personnes hommes et femmes. | 5469399. |
|  |  | 7925044. |
| A la Mekke et Médine. | A plusieurs cheykhs, mosquées et habitans, y compris 145143 médins accordés par le sultan Moustafâ sur le khazneh................. | 2826067. |
|  | Total................ | 10751111. |
| Conséquemment le sourrah actuel, en y joignant celui de.... | | 5230109. |
| fondé par Solymân, est de......................... | | 15981220. |

8056176 méd. sont envoyés à la Mekke et à Médine, et 7925044 — sont acquittés au Kaire.

Une circonstance qui a peut-être favorisé l'assimilation des papiers de solde au sourrah, c'est que le sultan Solymân le composa, comme les pensions qu'il fit aux mosquées, aux veuves et aux orphelins, de fractions de 182 médins et demi, et qu'il régla qu'il serait payé de la même manière que les papiers de solde dont il disposa en faveur de l'armée. Les personnes et les établissemens auxquels il en fit la donation, et ceux qui, depuis lui, en ont obtenu, pouvaient les aliéner. Sous la domination de Mourâd et d'Ibrâhym beys, les pensions acquises sur le sourrah par les habitans du Kaire cessèrent d'être acquittées. Lorsque la caravane sort de cette ville, le rouznâmgy se rend à *Birket el-hâggy* (lac des pélerins), rendez-vous général des voyageurs, pour remettre au khâtib et au serrâf-sourrah la portion des pensions comprises sous cette dénomination qui doit la suivre. L'argent est compté en présence du kyâhyâ, du pâchâ, de l'émyr hâggy et d'un délégué du qâdy du Kaire, et enfermé dans des caisses dont le khâtib et le serrâf reçoivent les clefs. On confie ensuite les caisses à l'émyr hâggy qui les met à la disposition de ces deux officiers à la Mekke et à Médine, afin qu'ils appliquent à leur destination les fonds qu'elles contiennent. Le cheryf n'a aucun droit sur le sourrah proprement dit, à moins qu'il ne soit propriétaire des titres de rente d'après lesquels on en fait la distribution.

La somme affectée aux dépenses de l'*allay*, ou de la sortie de la caravane, se remet à l'émyr hâggy qui en dispose comme bon lui semble. Il reçoit également celle que Solymân accorda à titre de frais de cuisine.

Avant le règne de ce prince, les Arabes respectaient les pélerins de la Mekke; la caravane suffisamment protégée contre les dangers ordinaires par les *serdâr* qui marchaient avec elle, avait pour chef un simple négociant du Kaire, qui pourvoyait facilement, avec les sommes que nous avons énoncées, aux dépenses qu'elle occasionait. Quand on eut à redouter le brigandage des Bédouins, la nécessité de contenir leur insolence et leur avidité fit passer la charge d'émyr hâggy dans le corps des beys. Le pâchâ et les principaux habitans du Kaire commencèrent par solder eux-mêmes les Mamlouks et les Mogrebins dont on se servit. Cette précaution n'ayant pas empêché la caravane d'être complètement pillée en 1078 de l'hégyre, il fallut implorer les bienfaits du grand-seigneur, pour obtenir les moyens de soudoyer une escorte valeureuse. Le sultan Ahmed ordonna qu'on augmenterait le myry de 1162893 médins, pour ajouter ce supplément aux dépenses de la caravane. Cette somme était bien loin d'égaler ses besoins, puisqu'on acheta, bientôt après, la sûreté du passage par un tribut de 2500000 médins qu'on acquittait aux Arabes qui occupaient le désert que les pèlerins devaient traverser. En 1115, le sultan Mohammed accorda une nouvelle subvention de 2500000 médins; en 1174, le sultan Moustafa ajouta aux dons de ses prédécesseurs 3750000 médins. Ces deux derniers sultans ayant adopté, pour se procurer les fonds, la même marche que le sultan Ahmed, la somme de 7412893 médins, résultant de leurs concessions réunies, forma une augmentation de myry qui fut répartie et levée sur tous les villages de l'Égypte en même temps que cet impôt[1]. Cependant les dépenses de la caravane allaient toujours croissant : les subsides payés à quelques tribus d'Arabes ne dispensaient pas l'émyr hâggy de soudoyer une escorte de plus en plus nombreuse, à cause des infidélités dont étaient capables les Bédouins avec lesquels on avait traité, et des aggressions imprévues de ceux qui n'avaient pas leur part au tribut. Cinq ans après le secours accordé par Moustafa, le pâchâ du Kaire obtint du même sultan 2587107 médins; en 1187, le sultan A'bd el-

[1] Cette augmentation, ainsi qu'on l'a déjà expliqué, est comprise dans l'indication du myry des provinces de l'Égypte. *Voyez* page 57.

Hamyd ajouta 5000000 médins; l'empereur Selym fit une dernière concession de 5000000 médins en 1205 : de sorte que la totalité des sommes ajoutées aux dépenses de la caravane s'élève à 20000000 médins. Les 12587107 médins formant les trois derniers secours sont prélevés sur le khazneh, et n'ont donné lieu à aucune augmentation sur le myry. Quoique les sommes que l'émyr hâggy tient de différentes mains, soient bien supérieures à celles qui lui furent primitivement assignées, et qu'il hérite des effets des pélerins qui meurent en route, sa mission est peu lucrative; il faut qu'il soudoie les Mamlouks et les Mogrebins qui font partie de l'escorte. Les subsides accordés aux tribus d'Arabes, les moyens de traitement, de subsistance et de transport fournis à tous les individus attachés au service général de la caravane, qui ne sont pas payés par le trésor du sultan, ou qui le sont d'une manière incomplète, sont pareillement à sa charge; de sorte que les fonds dont il dispose sont presque entièrement absorbés [1].

On paye au chef des charrons du Kaire la somme

---

[1] Plusieurs beys se sont distingués en défendant les caravanes. Ce n'est ordinairement qu'à leur retour au Kaire qu'elles sont attaquées, parce que les Arabes, qui vénèrent le pélerinage de la Mekke, ne veulent pas être accusés de l'avoir empêché. Quoique Husseyn bey kechkech ait constamment refusé de leur payer le tribut d'usage, ils ne sont jamais parvenus à lui enlever un seul chameau. A l'approche des passages que les Arabes choisissent pour leurs aggressions, il promettait à ses gens de leur partager le subside qu'ils réclamaient, s'ils battaient les assaillans; cet expédient lui réussit si bien, qu'il finit par éloigner tout danger. Les Arabes n'ont pas été si mal menés par ses successeurs; non-seulement ils ont rétabli le paiement du tribut, mais encore ils se sont fait payer l'arriéré, c'est-à-dire ce que Husseyn bey kechkech avait refusé de leur acquitter. En 1200, la caravane, conduite par Mohammed bey mabdoul, fut entièrement pillée; six ans après elle éprouva le

affectée par Solymân à l'entretien des charriots de la caravane, et il est tenu en outre de fournir les ouvriers nécessaires à ce service. Les tentes de l'émyr hâggy sont gardées pendant la nuit par cinq surveillans, qui, pour s'empêcher de dormir, se crient de temps en temps les uns aux autres : *Dieu est un, priez le prophète.* Indépendamment du traitement que leur fait l'émyr hâggy, ils reçoivent chacun la portion qui lui revient sur les 215 médins accordés pour cette surveillance.

Le sultan Solymân ordonna que quatorze *serdâr*, pris dans les *ogâq*, suivraient la caravane avec des détachemens de leurs corps. Sept de ces officiers commandaient les troupes de l'escorte; les sept autres se rendaient à Geddah, pour prendre le commandement du château, et relever ceux qui s'y étaient rendus l'année précédente. Depuis A'ly-bey, on a cessé de nommer les *serdâr* qui auraient dû résider au château de Geddah. Le sultan Solymân assigna, pour les uns comme pour les autres, un traitement annuel de 366814 médins, payable en papiers de solde qui n'ont jamais été aliénés, parce qu'on les a considérés comme attribution de la charge, et non comme propriété privée. Cette circonstance a empêché leur discrédit, et a été cause que les sept *serdâr* qu'on se borne à nommer depuis les innovations d'A'ly-bey, ont reçu la totalité de cette somme. Ils sont tenus à tant de dépenses, que cette mission leur est onéreuse, quoique le sultan Moustafâ leur ait accordé sur le khazneh un

---

même malheur. Il est vrai que l'on assure que Mourâd et Ibrâhym engagèrent les Arabes à commettre ce brigandage, pour avoir un prétexte de faire perdre ses emplois à O'smân bey tobal, qui la conduisait.

supplément de 563727 médins. Cependant ces places sont rarement refusées, parce qu'il est nécessaire de les occuper, pour arriver aux emplois supérieurs.

Les *serdâr* qui sortaient des *ogâq* Gâmoulyân, Tâ-fekgyân, Moustahfazân et A'zabân, recevaient 4879 médins pour acheter les mules qu'ils montaient pendant le voyage. Ils touchaient en outre un fonds de 16667 médins, au partage duquel les trois autres *serdâr* participaient, pour se procurer des provisions en ognons et en fromages.

L'ogâq Metfaraqah fournissait la garnison du château el-Moueylâ, situé dans le désert, à un tiers du chemin du Kaire à la Mekke. L'aghâ qui la commandait recevait du rouznâmgy 180440 médins, fixés par le sultan Moustafâ, et pris sur le khazneh, deux ou trois mois avant le départ de la caravane, parce que c'est alors qu'il partait pour aller relever la garnison qui y avait été envoyée l'année précédente. Cette somme se distribuait aux soldats à titre d'indemnité, et n'empêchait pas le paiement de leur solde ordinaire.

Lorsque la caravane revient au Kaire, l'émyr hâggy expédie, des châteaux d'A'qabeh et de Nekel, des piétons qui viennent annoncer son arrivée au pâchâ et aux beys. Dans les autres occasions, ses ordres ou ses dépêches sont portés par quatre exprès montés sur des dromadaires; les uns et les autres reçoivent du rouznâmgy les sommes énoncées dans l'état.

On trouve à sept journées du Kaire, dans le château de Nekel, dans celui d'Ageroud, situé aux environs d'Azlem, et dans quelques autres endroits, des puits qui servent à désaltérer la caravane et à renouveler ses provisions d'eau. Le sultan Solymân assigna des fonds pour nettoyer ces puits, de même que les bassins qui reçoivent l'eau qu'on en tire ; il pourvut également à l'achat de la paille dont on nourrit les bœufs employés à la faire monter. Les *saqqâyn* ou porteurs d'eau au service de l'émyr hâggy précèdent la caravane pour remplir les bassins, et dresser une tente à l'abri de laquelle ils distribuent l'eau aux pélerins.

Le meballer annonce aux fidèles les heures de la prière, et répète celle que l'imâm prononce ; il remplit également ce ministère sur la montagne el-Arafât. D'après une disposition expresse de Solymân, le chameau qu'il monte doit être fourni, moyennant les 2000 médins qu'il a accordés, par le percepteur des droits du khourdeh, parce que celui-ci, ayant l'inspection sur les marchés des bêtes de somme, peut le servir avec plus de facilité qu'un autre.

L'azlem bâchâ, officier qui doit aller au-devant de la caravane avec des rafraîchissemens pour l'émyr et pour les pélerins, est nommé par le pâchâ, sur la présentation des beys : il arrive ordinairement à Azlem deux jours avant qu'elle atteigne ce gîte. Autrefois la caravane trouvait au château d'el-A'qabeh un autre officier avec un second ravitaillement ; mais A'ly-bey ayant supprimé cette dernière dépense, et réuni les places et les traitemens des deux envoyés, ce n'est plus qu'à Azlem que les pélerins trouvent actuellement les rafraîchissemens que Solymân a pris soin de leur accorder. L'azlem bâchâ pourvoit à l'achat et au transport

## DE L'ÉGYPTE.

des comestibles qu'il apporte, avec les sommes suivantes.

D'après les réglemens du sultan Solymân, il reçoit,

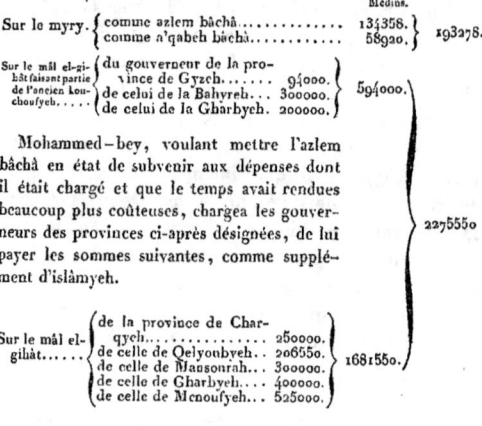

Enfin, dans les derniers temps, l'émyr hâggy remettait à l'azlem bâchâ, sur les fonds extraordinaires qu'on lui avait successivement accordés pour les dépenses de la caravane. . . . . . . . . . . . . . . . . . . . . . . 750000.

TOTAL. . . . . . . . . . . . . . . . . . . . 3218828.

L'azlem bâchâ se charge également des secours de toute nature que les parens des pélerins veulent leur envoyer. Le convoi qui l'accompagne est protégé par une escorte de soixante Mamlouks et de trois pièces de canon; il mène à sa suite une musique portée sur douze chameaux, et consistant en plusieurs tambours ou caisses de différentes grandeurs, deux trompettes, deux timbales, et deux instrumens ressemblant à nos hautbois, laquelle joue plusieurs airs quand la caravane arrive à Azlem et à A'qabeh. Il dispose de 17164 médins pour offrir des confitures à l'émyr hâggy. L'azlem bâchâ est toujours un kâchef, Mamlouk favori d'un bey accrédité. Dans les derniers temps, il obtenait, de droit, au retour de son voyage, le gouvernement de la province de Charqyeh.

La caravane ne conduisait pas à la Mekke et à Médine tout ce que la pieuse munificence des sultans envoyait dans ces villes : les fonds, les grains, l'huile, les cierges et les nattes destinés au service des temples ou à l'usage du cheryf et de certains habitans, y parvenaient par expéditions séparées.

| | Médins. |
|---|---|
| La pension faite au cheryf de la Mekke consistait autrefois en................................. | 340000. |
| et en............................................ | 170917. |
| de riz qu'on lui expédiait en nature. | |
| Le sultan Moustafâ ayant ajouté à cette subvention.. | 1200000. |
| à prélever sur le khazneh, elle s'est élevée à........ | 1710917. |

Les pensions dont jouissent la cheryfeh el-ourkhaneh et les cheryfs Hamzah et Husseyn Barakat, ont conservé leur fixation primitive; à cela près néanmoins qu'au lieu d'envoyer aux derniers 169000 médins en argent, et 28000 médins en riz, ainsi qu'on le pratiquait autrefois, on leur fait tenir 197000 médins en espèces.

La caravane passe à Yanbo', ville et port sur la mer Rouge, à égale distance de la Mekke et du Kaire. Son gouverneur, ordinairement parent du cheryf de la Mekke, obtint du sultan Moustafä un traitement annuel de 180000 médins, qu'on lui paye sur le khazneh, sans qu'il soit tenu de faire aucune dépense pour le service de la caravane.

Les grains qui parvenaient à la Mekke et à Médine, étaient fournis par les magasins publics. D'après l'état que nous avons fourni de l'emploi du myry en denrées, ils s'élevaient à 64053 ardebs d'orge, qui, réduits en blé, font 42702 ardebs. L'effendy Metfaraqah recevait 762369 médins, pour les faire transporter du Kaire à Soueys; le capitan bey, commandant dans cette ville, touchait 975000 médins pour les envoyer à Geddah, et 100000 médins comme traitement : quinze barques, renouvelées par la Porte, à mesure qu'elles étaient hors de service, en faisaient le transport dans ce dernier port. L'entretien de ces bâtimens, la paye de leurs équipages, étaient à la charge du commandant de Soueys. Nous avons dit ailleurs que cet officier n'obéissait pas au gouvernement du Kaire; ce n'était aussi qu'à la Porte qu'il rendait compte de sa gestion. Quand A'ly-bey tenta de se rendre indépendant, le capitan bey de Soueys prit la fuite; et A'ly, au lieu d'expédier les grains à Soueys et en Arabie, écrivit au cheryf de les faire recevoir au Kaire. Le capitan pâchâ ayant confirmé l'arrangement qui dispensait l'administration égyptienne du transport de ces grains à Soueys et à Geddah, le cheryf de la Mekke continua à le faire effectuer à ses frais. C'est ainsi que la dépense relative à cet objet se réduisit aux 120223 médins que nous avons mentionnés sur l'état, comme remise qui était accordée au rouznâmgy, à raison des paiemens qu'il faisait autrefois au commandant de Soueys et à l'effendy metfaraqah. Les 762369, les 975000 et les 100000 médins qu'ils recevaient, demeurèrent au trésor, et grossirent d'autant le khazneh, dès l'instant où ils n'eurent plus d'emploi.

Les qâdy de la Mekke et de Médine étaient chargés de faire retirer au Kaire les grains qui leur étaient accordés, moyennant les 23581 médins qu'ils recevaient pour leur transport.

L'huile ayant renchéri depuis le sultan Solymân, et les fonds qu'il assigna pour cette fourniture n'ayant pas été augmentés, la quantité qu'on en expédie aujourd'hui est bien inférieure aux premiers envois. Le douanier d'Alexandrie est chargé de la fournir jusqu'à concurrence de la somme accordée. Il était alloué autrefois, pour son transport du Kaire à Soueys, 8754 médins; le sultan Moustafa accorda un supplément de 8150 médins, à prendre sur le khazneh.

Les cierges qu'on fournissait au temple de Médine étaient au nombre de deux; ils devaient peser chacun près de cinq cents livres : on les plaçait à côté du tombeau du prophète. Leur confection et leur envoi ne coûtaient autrefois que 63190 médins. Le sultan Moustafa ayant accordé sur le khazneh un supplément de fonds de 60623 médins, cette dépense s'est élevée aux 123813 médins mentionnés dans l'état.

Les nattes étaient fournies par le kâchef de la province

de Fayoum, jusqu'à concurrence de la somme accordée, dont on déduisait les frais de transport : elles étaient destinées à couvrir le pavé des mosquées de la Mekke et de Médine.

## CHAPITRE II.

*Dépenses à la charge des gens en place.*

Nous avons dit que le traitement des gens en place était formé par les impositions indirectes, dont ils opéraient le recouvrement, et par la concession qui leur était faite d'une portion des terres. Si, d'une part, ce système d'administration réduisait le trésor aux fonds que le sultan s'était réservés, de l'autre il le dispensait d'acquitter une partie des dépenses publiques.

Nous allons indiquer celles auxquelles le pâchâ et les beys étaient tenus de subvenir. Nous ne ferons aucune mention des autres qu'on mit à la charge des fonctionnaires inférieurs, parce qu'elles sont de trop peu d'importance.

§. I. *Dépenses à la charge du pâchâ.*

C'est à la permission qu'ont le pâchâ et les gens en place, de changer les recettes et les dépenses faites pour le compte du grand-seigneur, pourvu que dans les dégrèvemens ils remplacent de leurs propres deniers les fonds dont ils veulent décharger un contribuable, et que, dans l'augmentation ou la création d'une dépense, ils assurent au trésor les fonds nécessaires pour l'acquitter, qu'il faut rapporter la part que le pâchâ prend au paiement du myry des corps et des individus ci-après désignés.

| | Médins. | |
|---|---|---|
| Aux huit *ouaqf* particuliers soumis au myry.................................. | 120178. | *Voy.* p. 107. |
| Aux trois *kyáhyá* des *ogáq* Gâmoulyàn, Tâfekgyàn et Saràkscy............ | 6000. | p. 110. |
| A l'emyn ehteçeb................... | 174519. | *Ibid.* |
| Aux trois *oudly* du Kaire, vieux Kaire et Boulâq....................... | 46392. | *Ibid.* |
| A l'ogàq des janissaires, pour le myry de la douane d'Alexandrie......... | 1331249. | p. 118. |
| A l'ogàq des *A'zab*, pour les droits dits de *bahryn*...................... | 160000. | p. 180. |
| TOTAL.......... | 1838338. | |

L'empereur Solymân n'énonça point formellement l'étendue et l'objet du grand nombre de dépenses qu'il renvoya au pâchâ, pour être payées, indépendamment du myry de sa charge, sur le produit des revenus qu'il lui assigna; mais l'usage, suppléant à l'expression de ses volontés, fixe les traitemens ou pensions qu'il est tenu de faire à toutes les personnes employées dans sa maison, au rouznâmgy, aux *effendy* et autres, ainsi que les présens, les pelisses et les *qaftân* que les chefs de la milice, et ceux attachés au gouvernement ou à l'administration, reçoivent dans les cérémonies publiques, et lorsqu'ils sont promus à leurs emplois.

## §. II. *Dépenses à la charge des beys ou* kâchef *gouverneurs des provinces.*

Les dépenses des beys ou *kâchef* gouverneurs des provinces, indépendantes du myry de leur charge, sont établies d'après des réglemens du sultan et du gouvernement du Kaire, et payées sur la portion des revenus des terres appelée *kouchoufyeh*, qu'ils perçoivent des *moultézim*.

Le tableau suivant en indique le montant et l'objet.

236 MÉMOIRE SUR LES FINANCES

| | A L'AZLEM BACHA, officier qui va au-devant de la caravane. | Aux TCHOURBAGY et aux officiers et soldats de la milice répandus dans les provinces. | TRAITEMENS des employés et autres à la suite des gouverneurs, et différentes dépenses à leur charge. | DROITS que les gouverneurs doivent et payent au pacha. | TOTAL. |
|---|---|---|---|---|---|
| | Médins. | Médins. | Médins. | Médins. | Médins. |
| Le gouvernement des provinces de Qiné, Esné, Girgeh et Syout............ | » | » | 65937. | 227425. | 889362. |
| Celui de Manfalout............ | » | » | 420241. | 200000. | 620241. |
| Celui de Minyet............... | » | » | 853396. | » | 853396. |
| Celui de Beny-Soueyf......... | » | 527316. | 1197190. | 167085. | 1891591. |
| Celui de Fayoum.............. | » | » | 44725. | 500000. | 544725. |
| Il n'y en a point dans celle d'Atfyeh. | » | » | » | » | » |
| Celui de Gyzeh............... | 94000. | 245504. | 846996. | 25000. | 965996. |
| Celui de Qelyoubyeh.......... | 206550. | 605550. | 613217. | » | 1663271. |
| Celui de Charqyeh............ | 250000. | 551946. | 1160033. | 354485. | 2054068. |
| Celui de Bahyreh............. | 300000. | 669778. | 1107518. | 247238. | 2205702. |
| Celui de Mansourah........... | 300000. | 892743. | 1399843. | 154427. | 2522948. |
| Celui de Gharbyeh............ | 600000. | 895476. | 1980674. | 655915. | 4140332. |
| Celui de Menoufyeh........... | 525000. | » | 1756760. | 207640. | 2585786. |
| Totaux............ | 2275550. | 4396513. | 11241410. | 2422215. | 20335518. |

* Faisant........ 7262681 10$^s$,
et en francs.... 7173o1. 22.

DE L'ÉGYPTE.  237

En parlant de l'azlem bâchâ, nous avons fait connaître la destination des sommes qu'il recevait des beys, à titre d'islâmyeh, sur le produit du mâl-gihât[1].

La seconde colonne comprend la haute-paye que les gouverneurs doivent acquitter aux *tchourbagy* et cavaliers des *ogâq* Tâfekgyân, Gâmoulyân et Saråksey, et généralement à tous les *ogâqlu* employés dans leurs arrondissemens. Cette dépense ne laissait aucun profit aux beys, puisqu'elle s'élève au montant de l'impôt créé par Solymân pour y pourvoir[2].

Les dépenses qui ont donné lieu à l'établissement des droits du koulfeh, composent la troisième colonne. Les indications suivantes énonceront leur objet:

> Traitement divers aux employés et autres, à la suite des gouverneurs.
> Entretien des digues et canaux *soultâny*.
> Droits du qâdy de la province.
> Droits du dagangy bâchy.
> Droits du capigy.
> Droits de l'inspecteur des balances.
> Bestiaux qui doivent être tués pour être distribués aux pauvres pendant certaines fêtes.
> Présens d'usage à divers cheykhs et santons.

---

[1] *Voyez* page 229.
[2] *Voyez*, au tableau du kouchoufyeh, pag. 59, le khedem el-a'skar.

Ici, comme dans plusieurs autres parties de cet ouvrage, les assertions si souvent répétées de la dissolution des *ogâq* semblent contredites par le maintien des dépenses établies en leur faveur. L'esprit d'indépendance qui caractérise les beys mamlouks ne s'étant jamais porté à la subversion positive des lois du sultan, et les *ogâq* ayant conservé une existence apparente par un petit nombre de Turks titulaires de quelques grades peu importans ou dépouillés de leurs anciennes attributions, ces officiers ne doivent pas cesser d'être considérés comme les successeurs des anciens *ogâqlu*. Les Mamlouks, usurpateurs de la presque totalité des emplois supérieurs qu'ils occupaient, contribuent aussi à maintenir leur organisation, en s'attribuant les mêmes titres dont ils étaient revêtus.

Redevances aux mosquées.
Tribut payé aux Arabes.
Traitement du cafetier chargé de faire le café de la troupe.
Droits de l'aghâ des grains.
Entretien des citernes publiques.
Festin que le gouverneur est tenu de donner aux *tchourbagy* lorsqu'ils quittent la province.
Gratification aux mêmes.

Quand les beys ou *kâchef* entraient en possession du commandement de leurs provinces, le pâchâ et les officiers de sa maison en recevaient comme droit d'investiture, les sommes qui forment la quatrième colonne.

Il ne faut pas comprendre ces dépenses avec celles provenant de l'emploi du myry qui sont appliquées à une destination semblable. Nous avons déjà remarqué que les 195278 médins prélevés sur le myry, pour être remis à l'azlem bâchâ, s'acquittaient indépendamment des 2275550 médins que cet officier recevait directement des gouverneurs. Il en est de même du khedem el-a'skar que ces derniers payaient à la milice répandue dans les provinces, conforme par son objet au tezâker tchâouchyeh que l'ogâq recevait du rouznâmgy.

Les beys pourvoyaient à l'entretien de leurs Mamlouks en leur distribuant les charges de l'État ou les villages de l'Égypte[1]. Leurs revenus, comme *moultezim*, leur fournissaient assez de moyens pour solder et entretenir ceux qui n'avaient pas de places, ou qui ne jouissaient pas d'un traitement quelconque. Cette dépense,

---

[1] Lorsque l'armée française est arrivée en Égypte, les beys ou leurs Mamlouks étaient *moultezim* de plus des deux tiers des villages : ils jouissaient, en outre, ainsi que nous l'avons observé, de la plus grande partie des droits indirects.

DE L'ÉGYPTE. 239

s'appliquant à une troupe qui formait dans les derniers temps l'état militaire de l'Égypte, complétera l'indication de celles auxquelles ils devaient pourvoir.

~~~~~~~~~~~~~~~~~~~~~~~~~~~~~~~~~~~~~~~~~~~~~

## CHAPITRE III.

*Résumé des dépenses à la charge du sultan.*

Nous avons indiqué les dépenses auxquelles le sultan pourvoyait avec le myry qu'il s'était réservé. Celles qui sont mentionnées dans le chapitre précédent, y étant étrangères, quoiqu'elles appartiennent au service public, parce qu'elles n'entraient point comme les autres dans la comptabilité générale, et que le sultan n'en prenait connaissance que pour veiller à ce qu'elles fussent acquittées, il n'en sera plus question dans la suite de cet ouvrage.

Voici le résumé des états que nous avons produits en parlant de celles qui sont à la charge du sultan :

|   | Médins. | Livres tournois. | Francs. |
|---|---|---|---|
| Traitemens accordés à divers fonctionnaires. | 2939247. | 104973[1] 2ˢ 2ᵈ | 103677. 14. |
| Dépenses de l'armée... | 29872657. | 1066880. 12. 1. | 1053709. 31. |
| Dépenses diverses.... | 2653585. | 94770. 17. 10. | 93600. 90. |
| Pensions.......... | 8438994. | 301392. 12. 10. | 297671. 77. |
| Actes et services pieux. | 13892139. | 496147. 16. 5. | 490022. 54. |
| Caravane de la Mekke. | 42071654. | 1502559. 1. 5. | 1484009. 08. |
| Total....... | 99868276. | 3566724. 2. 9. | 3522690. 74. |

Nous avons exposé, dans le résumé des revenus du sultan, les fonctions des *effendy* chargés des recettes ; il est donc convenable que nous indiquions ici les attributions de ceux qui dirigent la dépense.

L'effendy el-moqâbeleh est chargé des registres des traitemens des fonctionnaires, des dépenses de l'armée, des dépenses diverses, des pensions et des actes et services pieux accordés en argent par le sultan : il est tenu de mentionner sur ses livres les mutations qui surviennent parmi ceux qui en jouissent. L'effendy du kissoueh tient le registre énonçant toutes les dépenses de cette nature : il est encore dépositaire de celui des pensions de toute espèce qui composent le sourrah et les dépenses de la caravane. Un autre effendy est chargé de toutes les dépenses provenant des papiers de solde ; il en règle le paiement avec les *effendy* des *ogâq*, et généralement avec tous ceux qui ont à recevoir des valeurs de ce genre. L'effendy el-mohâsebeh tient le compte de tout ce qui est envoyé à la sublime Porte en argent et en denrées, et des dépenses quelconques qui se prélèvent sur le khazneh. La gestion de l'effendy el-youmyeh s'applique au produit de l'ouaqf el-harameyn, dont les revenus, ainsi que nous l'avons dit ailleurs, se versent entre les mains du rouznâmgy. Ces *effendy* ne payaient rien par eux-mêmes ; mais ils retiraient les quittances et les autres pièces justificatives des parties prenantes, et les remplaçaient par des mandats payables à la caisse du rouznâmgy. Le serrâf chargé des paiemens ne soldait les mandats des *effendy* qu'après que le bâch halfâ des dépenses, qui trouvait le titre et le motif de la dépense dans le registre général qu'il tenait de toutes celles que payait le trésor, les avait revêtus de son visa. Les *effendy* rendaient des comptes annuels, en produisant les pièces de dépense qui leur avaient été remises par les parties prenantes : ils étaient reçus par le rouznâmgy, centre unique de toutes les recettes et de toutes les dépenses. Tous les *effendy* et *halfâ* étaient subordonnés au rouznâmgy; mais celui-ci ne pouvait pas changer l'ordre qui fixait leurs fonctions respectives. Les *effendy* des corps militaires lui étaient soumis, quoiqu'ils fussent nommés par leurs *ogâq*, et comptables envers eux des deniers dont ils étaient dépositaires. Le rouznâmgy leur remettait annuellement les fonds attribués à chaque ogâq, afin qu'ils en fissent la distribution conformément à ses instructions.

Les *effendy*, tant ceux employés à la recette que ceux chargés de la dépense, ayant la propriété de leurs charges, de même que le droit de les vendre et de les transmettre à leurs héritiers, on ne saurait les en dépouiller arbitrairement. Le rouznâmgy ne les examine que pour s'assurer qu'ils ont la capacité nécessaire pour exercer leur emploi : ils sont contraints à le vendre quand il ne leur trouve pas les connaissances suffisantes, et quand ils prévariquent dans l'exercice de leurs fonctions. Le rouznâmgy, membre né du dyouân, est consulté par cette assemblée pour tout ce qui tient à ses attributions : sa place est inamovible. Il lui est défendu, de même qu'à tous ses subalternes, de donner le moindre renseignement à qui que ce soit sur les revenus, les dépenses et l'administration de l'Égypte, sans un ordre précis du sultan ou du pâchâ. Ce secret, fidèlement gardé, donnait beaucoup de considération et d'importance aux *effendy* : ils en étaient si jaloux, qu'ils employaient des caractères inconnus dans la tenue de leurs écritures. Les Orientaux vantent leur instruction et leur aménité : ces qualités leur donnent un accès facile chez les grands. Outre les remises qu'ils reçoivent du trésor, ils perçoivent un léger droit sur les particuliers qui ont à traiter avec eux; ces divers avantages leur faisaient acquérir des richesses assez considérables. La plupart des *effendy* étaient Mamlouks, et avaient pour successeurs des enfans adoptifs, dont les commencemens avaient été semblables aux leurs; au lieu d'en faire des soldats, à l'imitation des beys et des *kâchef*, ils les instruisaient dans leur profession, pour les rendre capables de les remplacer. On ignore pourquoi les charges des principaux *effendy* employés aux dépenses n'étaient pas soumises au paiement du myry, comme celles des *effendy* chargés des recettes. Il y avait aussi des *effendy* qui dirigeaient les écoles, copiaient ou composaient des ouvrages; et il était rare que ceux-ci et les autres abandonnassent leur profession pour suivre une carrière différente.

## SECTION TROISIÈME.

*Résultat des revenus et des dépenses du sultan; et khazneh, trésor qui lui est envoyé à Constantinople.*

On a vu que les recettes et les dépenses faites pour le compte du sultan s'élèvent, savoir:

                Médins.
Les recettes à.................... 116651727.
Les dépenses à.................... 99868276.

Il restait donc en caisse........... 1678345I.

Faisant, 1°....... 4166133$^l$   2$^s$   1$^d$
   2°.    3566724.   2.   9.
        599408. 19. 4.

et en francs, 1°..... 4114699$^f$   47$^c$
    2°.    3522690. 74.
        592008. 73.

                Médins.
Les réglemens du sultan Solymân portaient cet excédant à.................... 30883876.
Mais ayant reçu, sous ses successeurs, une augmentation de[1].................... 1917749.
et une diminution de[2]........... 16018174.

il s'est trouvé réduit à........... 16785451.

---

[1] *Voyez* la note [1], page 244.
[2] *Voyez* la note [2], page 244.

244    MÉMOIRE SUR LES FINANCES

C'est cette somme qu'on appelle *khazneh*, et qui est la portion du tribut que le sultan s'est réservée. Elle lui fut régulièrement envoyée, jusqu'au gouvernement d'A'ly-bey, qui osa la refuser. Mohammed, son succes-

---

¹ La dépense à laquelle donnait lieu le transport des grains du Kaire à Geddah, établie par Solymân, augmenta d'autant le trésor dès l'instant où le capitan pâchâ approuva les dispositions prises à ce sujet par A'ly-bey, ci........................  {762369. / 975000. / 100000.}  Médins. 1837369.  *Voyez* p. 231.

Un traitement dont nous avons parlé, de......... 80380.
accordé par Solymân au bey commandant de Geddah, cessa d'être payé et resta dans le trésor, lorsque le gouvernement de l'Égypte, au lieu de pourvoir à ce commandement, envoya ce bey à Girgeh, et obtint de la Porte que le pâchâ qu'elle envoyait dans cette ville serait établi à Geddah.

Somme pareille............ 1917749.

² Il convient de réunir sous le même point de vue les supplémens de fonds résultant de l'emploi de cette somme, accordés sur le khazneh postérieurement à Solymân.

| | | Médins. | *Voyez* |
|---|---|---|---|
| Par le sultan Moustafâ. | Supplément de traitement accordé au pâchâ pour fournitures de grains....... | 43200. | p. 200. |
| | Revenu de l'ogàq Metfaraqah, dans le village de Serounbày................ | 484. | *Ibid.* |
| Par le même. | Aqueduc du vieux Kaire............. | 4000. | p. 204. |
| | Puits de Yousef effendy............. | 3100. | *Ibid.* |
| | Sorbets............................ | 71124. | *Ibid.* |
| | Lentilles et riz..................... | 702969. | |
| Par le même. | Entretien {du tombeau du qâdy Zeyn el-A'bdyn................ / de celui du cheykh Mahmed Kerym el-dyn................ | 300. / 2000. | p. 214. |
| Par le capitan Haçan pâchâ.... | Pension à la famille de Tayfeh Ghenaouy. | 1000. | *Ibid.* |
| Par le sultan Moustafâ. | Kissoueh........................... | 264807. | p. 219. |
| | Supplément au sourrah.............. | 145143. | *Ibid.* |
| Émyr hâggy. | {Par le sultan Moustafâ........... 2587107. / Par le sultan A'bd el-Hamyd........ 5000000. / Par le sultan Selym. 5000000.} | 12587107. | *Ibid.* |

13825234.

seur, en rétablit le paiement, et envoya même le tribut des quatre années durant lesquelles A'ly s'en était emparé. Mourâd et Ibrâhym en continuèrent l'envoi; mais, comme le pâchâ pouvait en distraire les fonds nécessaires pour subvenir aux dépenses urgentes et imprévues qu'il jugeait devoir être à la charge du sultan, ils abusaient de leur ascendant sur lui pour en extorquer des firmans qui autorisaient les dépenses chimériques dont ils s'appropriaient le montant.

Le capitan pâchâ Haçan voulut augmenter le khazneh de 6800000 médins, qu'il répartit ainsi qu'il suit :

|  |  | Médins. |
|---|---|---|
| Pour surplus de myry | sur la douane d'Alexandrie...... | 6000000. |
|  | sur la casse et le séné.......... | 400000. |
|  | sur le village de Mataryeh...... | 200000. |
|  | sur les boucheries du Kaire..... | 200000. |
|  | Somme pareille.......... | 6800000. |

Mais, en 1205, la mort d'Isma'yl-bey ayant été suivie du rétablissement de Mourâd et d'Ibrâhym, ceux-ci

|  |  | Médins. |  |
|---|---|---|---|
|  | Report...................... | 13825234. | *Voyez* |
| Par le même. | Les *serdâr*................ | 563727. | p. 219. |
|  | Garnison de Moueyla........... | 180440. | p. 220. |
|  | Cheryf de la Mekke............ | 1200000. | *Ibid.* |
|  | Prince gouverneur d'Yanbo'..... | 180000. |  |
|  | Transport de l'huile........... | 8150. | *Ibid.* |
|  | Cierges...................... | 60623. |  |
|  | Somme pareille............... | 16018174. |  |

Nous avons dit que le capitan pâchâ raya des dépenses du myry les 705350 médins employés autrefois aux achats de l'étoupe, et les 8,5972 médins destinés aux frais d'achat du sucre qu'on envoyait à Constantinople, et qu'il statua que lorsque le grand-seigneur en ferait la demande, on en déduirait le prix du khazneh. *Voyez* pages 201 et 210.

obtinrent du grand-seigneur un dégrèvement de ces 6800000 médins, qui rétablit le khazneh à sa valeur précédente. Cette diminution ne les empêcha pas de renouveler toutes les infidélités dont ils s'étaient rendus coupables pendant leur première administration. Ils firent entrer pour comptant dans les valeurs expédiées à la Porte, les pièces et les acquits constatant les dépenses vraies ou fausses qu'ils jugeaient à propos de faire supporter par le khazneh. Le tribut annuel qu'ils ont laissé parvenir à la sublime Porte, n'a jamais excédé 7500000 médins. Le compte suivant donnera l'exemple des prétextes qu'ils mettaient en usage pour le réduire de cette manière.

Le khazneh à envoyer était de.......... 16783451 méd.
Ils déduisaient :

| | |
|---|---|
| Pour achat d'étoupe [1]................ 1000000. | |
| Pour achat de sucre [1]................ 1000000. | |
| Pour réparations des fortifications du Kaire [2]........................ 3000000. | 9283451. |
| Pour *idem* des autres places de l'Égypte [2]. 1500000. | |
| Pour dépenses de toute nature ordonnées par le cheykh el-beled [3]............ 2783451. | |

De sorte qu'il ne restait réellement que.... 7500000 méd.
Faisant en livres....... 267857 l. 2 s. 10 d.,
et en francs......... 264550. 26.

Solymân avait réglé qu'un des vingt-quatre beys, revêtu du titre d'*émyr khazneh*, porterait annuellement

---

[1] Cette dépense variait suivant les demandes du gouvernement de Constantinople.

[2] Il est prouvé que les beys n'ont jamais rien dépensé à ces réparations.

[3] C'était ordinairement à son profit que le cheykh el-beled ordonnait ces dépenses : elles étaient légitimées, ainsi que les précédentes, par des firmans qu'il extorquait du pâchâ.

le tribut de l'Égypte au grand-seigneur, et que, pour
la sûreté du convoi, il aurait à ses ordres un serdâr et
un détachement fourni par chacun des sept corps de la
milice. Dès que le recouvrement de l'impôt était achevé,
le rouznâmgy se rendait chez le pâchâ avec les sommes
du khazneh : le jour où la remise devait en être faite à
l'émyr, les chefs des *ogâq*, les beys, le qâdy, et tous
les membres du gouvernement, se réunissaient à la citadelle; le nombre et la qualité des espèces étaient cons-
tatés par le serrâf kâteb khazneh, qui devait être Juif
pour occuper cet emploi. Après que le pâchâ et le rouznâmgy avaient signé le bordereau énonçant ces valeurs,
on les renfermait dans des caisses couvertes de cuir; le
pâchâ les confiait à l'émyr khazneh, qui lui en fournissait un reçu. Pendant qu'on chargeait les caisses sur les
chameaux destinés à les transporter, le pâchâ revêtait
l'émyr d'une superbe pelisse noire, couvrait le rouznâmgy d'une autre pelisse moins belle et de même couleur, et distribuait des *qaftân* aux *serdâr* commandant
l'escorte. Les beys et les *ogâq* assistaient au départ de
l'émyr khazneh, l'entouraient d'un cortége magnifique
pendant qu'il traversait le Kaire, et le suivaient jusqu'à
el-A'dlyeh, lieu situé entre la Qoùbbeh et Birket el-
hâggy. Cette cérémonie s'annonçait dès la veille par un
feu d'artifice exécuté à el-A'dlyeh, et par des décharges
d'artillerie qui se réitéraient jusqu'au moment du départ. L'émyr khazneh prenait la route de Constantinople
en passant par Damas. Le sultan Solymân avait porté
l'attention sur les détails relatifs à son voyage, jusqu'à
fixer les sommes que l'on devait prélever sur le khazneh

pour les frais de transport, l'achat des caisses et des sacs, celui des cuirs et des tapis servant à les couvrir. Il avait accordé :

|  | Médins. |
|---|---|
| Pour le transport du khazneh | 50000. |
| Pour les cuirs | 9757. |
| Pour les tapis | 5134. |
| Pour les caisses | 11423. |

Les tapis ne s'étalaient que lorsque l'émyr entrait dans les endroits habités, afin de donner quelque pompe à un convoi destiné au souverain.

Ibrâhym et Rodouân kyâhyâs cessèrent d'envoyer le khazneh avec les formalités solennelles dont nous venons de faire le détail : leur exemple a été suivi par leurs successeurs. Avant l'arrivée des Français en Égypte, la Porte n'obtenait rien qu'en dépêchant au Kaire un aghâ chargé spécialement d'y recevoir le tribut qui lui était dû. Ces missions n'ayant même lieu ordinairement que de trois en trois ans, elle recevait à-la-fois les tributs qui s'accumulaient pendant ce temps. L'arrivée et le départ de l'aghâ n'avaient aucun éclat : le pâchâ lui remettait simplement, en présence du qâdy, les espèces et les acquits qui composaient le khazneh; c'était à lui de prendre les mesures qui lui convenaient pour assurer son retour à Constantinople. Ces nouvelles dispositions laissèrent sans objet les sommes dont Solymân avait disposé pour le transport du khazneh : elles ne donnent lieu à aucune diminution dans les 16783451 médins que nous avons énoncés, puisque ces sommes ne figurent dans aucun de nos états.

# MÉMOIRE

### SUR

# LA NUBIE ET LES BARABRAS,

### Par M. COSTAZ,

MEMBRE DE L'INSTITUT D'ÉGYPTE.

O̲n̲ donne ordinairement le nom de *Nubie* à la portion de la vallée du Nil qui est située entre l'Égypte et le royaume de Sennâr.

Nous n'avons, en Europe, que des notions fort vagues et fort bornées sur ce pays. Les anciens même, qui ont mieux connu que nous l'intérieur de l'Afrique, ne nous ont transmis sur la Nubie que très-peu de renseignemens. Les Français n'y ont pas pénétré assez avant et ne s'y sont pas arrêtés assez long-temps pour que l'on soit en état de remplir le vide qui existe dans cette partie de nos connaissances géographiques. Je crois qu'il ne sera pas sans utilité de communiquer au public quelques faits que j'ai recueillis pendant le séjour que je fis à Philæ, au mois de septembre 1799.

Les habitans de la Nubie diffèrent essentiellement de tous les peuples qui les environnent. Ils sont voisins des Égyptiens du côté du nord; ils ont au sud les Nègres du Sennâr; diverses tribus d'Arabes errent sur leurs flancs, dans les déserts situés à l'orient et à l'occident du Nil : cependant les Nubiens ne sont ni Arabes, ni Nègres, ni Égyptiens; ils forment une race distincte, ayant sa physionomie et sa couleur particulières; enfin ils parlent une langue qui leur est propre, et dans laquelle ils se désignent sous le nom de *Barâbras*.

A quelques kilomètres au-dessus de Syène, principalement dans le voisinage de Philæ, l'horizon est borné de tous côtés par des montagnes formées d'énormes masses de granit et de grès rouge, irrégulièrement entassées; deux de ces montagnes, qui, dans leurs sinuosités, demeurent toujours à peu près parallèles l'une à l'autre, bordent le Nil et l'encaissent étroitement. Ce chaos de roches escarpées, leur couleur sombre et brûlée, donnent à toute la contrée un aspect de bouleversement et de désolation avec lequel contrastent de la manière la plus inattendue et la plus heureuse les masses régulières, les belles colonnades des édifices antiques que l'on aperçoit dans l'île de Philæ : ces magnifiques monumens se détachent du site environnant par une teinte blanchâtre et douce, qui repose agréablement les yeux; après des milliers d'années d'existence, ils paraissent neufs comme les édifices de Paris les plus récemment construits.

Entre l'île de Philæ et Syène, le Nil est parsemé d'une multitude innombrable de rochers de granit qui s'élèvent du fond de son lit comme autant d'îlots. Le fleuve court se briser contre ces écueils, ou s'engouffrer dans leurs intervalles avec une impétuosité et une agitation extraordinaires : toute sa surface blanchit ; on dirait qu'il est entièrement réduit en écume. Le choc des vagues et le fracas des brisans produisent un mugissement continu, que l'écho des montagnes répète et prolonge au loin. Cet ensemble d'effets forme dans ces lieux déserts un spectacle qui émeut profondément les ames.

Ce point est fameux sous le nom de *cataracte de Syène;* cependant, à proprement parler, ce n'est point une cataracte. Le Nil y est, à la vérité, rapide, tumultueux et bruyant : mais on n'y voit point de ces grandes chutes d'eau que l'on est accoutumé à désigner par le nom de cataractes ; une partie des eaux du fleuve s'écoule même dans un canal continu, que les barques peuvent remonter lorsqu'elles sont favorisées par un bon vent, dans la saison des hautes eaux. La véritable cataracte se trouve à plusieurs journées au-dessus de celle de Syène[1].

Au pied des rochers qui encaissent le Nil, on rencontre assez fréquemment des espaces où, l'atterrissement étant favorisé par des accidens de configuration, les dépôts annuels du fleuve ont formé et entretiennent un peu de terre cultivable. Partout où cette circonstance favorable se présente, les Barâbras ont planté des dattiers et établi des roues à chapelets qui servent à élever l'eau pour l'arrosement des champs, dans lesquels sont cultivées l'espèce de millet appelée *dourah,* et quelques plantes légumineuses.

[1] Pour connaître la cataracte de Syène dans tous ses détails, il faut consulter la *Description de Syène et des cataractes,* par M. Jomard, qui s'en est occupé d'une manière spéciale, et qui a traité ce sujet avec le soin qui distingue toutes ses recherches.

Il règne au milieu de ces rochers une chaleur accablante. Quoique nous fussions déjà à l'équinoxe d'automne, le thermomètre de Réaumur, placé en plein air et à l'ombre, se soutenait pendant toute la journée à trente-cinq degrés. Cette chaleur est supérieure à celle du sang : le thermomètre descendait en effet de trois degrés lorsqu'on le plaçait sous les aisselles ou dans la bouche. La chaleur du sol se faisait sentir d'une manière incommode à travers la semelle de nos chaussures de maroquin. Quelques jours auparavant, un Barbarin qu'on avait chargé de porter une lettre, refusa de se mettre en route avant le coucher du soleil, parce que les pierres lui brûlaient les pieds.

On aperçoit de fort loin, auprès du village de Bâb, un long mur établi sur les flancs de la montagne orientale, qu'il occupe transversalement. Nous gravîmes sur cette montagne pour voir le mur de plus près; il est fort épais, bâti de fragmens irréguliers de granit et de grès, sans aucune liaison de mortier. Il se prolonge fort loin; nous ne pûmes en reconnaître l'extrémité la plus éloignée du Nil. Il nous sembla qu'il avait été construit dans l'intention d'opposer une barrière aux incursions des peuples ennemis du pays.

Les Barâbras ont des embarcations avec lesquelles ils font, entre la petite et la grande cataracte, le transport des choses qu'ils tirent d'Égypte pour leur consommation; ce commerce borné consiste principalement en toiles qu'ils achètent à Esné, et qu'ils payent avec des dattes sèches. Dans leur navigation, ils font usage de la voile; leur voilure, semblable à celle des barques ou *germes* égyptiennes, donnant la facilité de courir fort près du vent, est très-propre à la navigation des rivières. Malgré cet avantage, comme les serpentemens du fleuve sont très-multipliés au-dessus de Syène, le même vent n'y est pas long-temps favorable; on est souvent obligé de tirer les barques à la cordelle, et la navigation y est nécessairement lente.

La police des villages est exercée par des magistrats qu'ils appellent *sémélies*, et qui ont à peu près la même autorité que les cheykhs de villages en Égypte.

Tout le pays, jusqu'à la grande cataracte, est soumis à la domination ottomane, dont, à la vérité, l'autorité est assez souvent méconnue à cette grande distance : cependant les Barâbras payent au grand-seigneur, ou du moins à ceux qui commandent en son nom, un tribut de dattes sèches et d'esclaves noirs. Ces esclaves sont achetés des caravanes du Sennâr; car les Barâbras ne font point le commerce des hommes de leur nation, et ils n'ont point le barbare usage de faire des eunuques.

Les Barâbras sont en général d'un caractère doux : autant qu'ils le peuvent, ils vivent en paix avec les Arabes leurs voisins; quand ils sont attaqués, ils se réfugient dans les rochers et s'y mettent en défense. Les Arabes semblent dégoûtés de faire des entreprises contre un pays impraticable à leurs chevaux, et qui fournit aux habitans des asiles assurés et des retranchemens que les agresseurs se sont souvent repentis d'avoir voulu forcer.

Beaucoup de Barâbras, fuyant la pauvreté de leur pays natal, descendent chaque année en Égypte pour y chercher de l'occupation, à peu près comme les Savoyards et les Auvergnats viennent à Paris. Comme ceux-ci, ils conservent toujours la passion de revenir finir leurs jours au milieu de leurs rochers : dès qu'ils ont acquis de quoi vivre avec une petite aisance, ils s'empressent d'y retourner pour se marier avec des femmes de leur nation. Les Barâbras sont très-nombreux au Kaire, où ils sont connus des négocians européens sous le nom de *Barbarins* : ils y jouissent d'une grande réputation de probité; leur fidélité, qui ne s'est jamais démentie, inspire la confiance la plus absolue; la garde de la porte de presque toutes les maisons et celle de tous les bazars leur sont confiées. D'où vient à cette nation une supériorité de morale qui la distingue si avantageusement des Arabes ses voisins, chez lesquels le métier de voleur est une profession honorée et en quelque sorte nationale? Il faut en chercher la cause dans les genres de vie auxquels ces deux peuples sont adonnés : les Barâbras sont cultivateurs, et les Arabes sont pasteurs. La vie agricole rend les hommes plus sensibles aux idées de justice, d'ordre et de propriété; ceux qui l'ont embrassée sont plus aisément atteints par l'action des lois : dans la vie pastorale, au contraire, la facilité des déplacemens assure l'impunité de presque tous les crimes; c'est pourquoi cette vie, si chère aux poëtes et tant regrettée par des hommes qui n'avaient pas observé la nature humaine, incite au brigandage. Si la vérité de cette observation avait besoin d'être confirmée par des exemples, on citerait les Tartares et les Kourdes, qui vivent sans demeure fixe, conduisant, comme les Arabes, leurs troupeaux de pâturage en pâturage, et qui ont les mêmes habitudes de vol et de pillage.

Les Barâbras sont mahométans, et paraissent très-zélés pour leur religion. Malgré leur douceur, ils ont beaucoup d'aversion pour les étrangers; c'est toujours avec peine qu'ils les ont vus arriver dans leur pays. L'un de ceux avec qui j'eus des rapports à Philæ, me dit : *Ce sont ces monumens qui attirent ici les étrangers; dès que vous serez partis, nous les démolirons, afin qu'on nous laisse tranquilles chez nous.* Heureusement ils ne sont ni assez forts ni assez habiles pour exécuter ce projet absurde. Cette disposition ombrageuse des Barâbras n'avait rien d'inquiétant pour nous, parce que nous étions protégés par une force suffisante : mais les voyageurs isolés qui seront dans le cas de visiter les monumens situés à Philæ et au-dessus, ne pouvant pas jouir de la même sécurité, feront bien de prendre, pour leur sûreté, toutes les précautions possibles.

La couleur des Barâbras tient en quelque sorte le milieu entre le noir d'ébène des habitans du Sennâr et le teint basané des Égyptiens du Sa'yd : elle est exactement semblable à celle de l'acajou poli foncé. Les Barâbras se prévalent de cette nuance pour se ranger parmi les blancs. Je demandais un jour à l'un d'entre eux si une peuplade dont il venait de me parler, était noire; il me répondit : *Non, non; ils sont aussi blancs que nous.* Les traits des Barâbras se rapprochent effectivement plus de ceux des Européens que de ceux des Nègres : leur peau est d'un tissu extrêmement fin; sa couleur ne produit point un effet désagréable, la nuance rouge qui y est mêlée leur donne un air de santé et de vie. Leur physionomie expressive et animée respire la bonté; celle des jeunes gens surtout est pleine de douceur. Ils diffèrent aussi des Nègres par leurs cheveux, qui sont longs et légèrement crépus, sans être laineux. J'ai remarqué plusieurs enfans dont la chevelure était mélangée de touffes noires et de touffes blondes : mais la nuance de ce blond n'est pas la même que chez les Européens; elle se rapproche beaucoup de la couleur de cheveux roussis par le feu : rien n'annonce cependant qu'elle ait été produite artificiellement.

A leur première entrée dans l'île de Philæ, les Français trouvèrent une jeune fille barbarine, que sa famille avait abandonnée, après avoir pris, pour conserver sa virginité, la précaution la plus cruelle, celle d'une suture complète de l'organe de la génération. Ce fait annonce un peuple en proie à la plus excessive jalousie : cette passion se manifeste d'ailleurs par le soin avec lequel les Barâbras dérobent leurs femmes aux regards des étrangers. Dans une visite que nous fîmes à quelques villages barâbras voisins de Philæ, nous étions suivis par une foule nombreuse : nous vîmes des hommes armés de bâtons, sans cesse occupés à chasser les femmes que la curiosité attirait près de nous. L'usage de se voiler, si universel en Égypte, n'est cependant pas établi parmi les femmes barâbras; elles paraissent avec le visage découvert : leur chevelure est distribuée en une multitude de petites boucles, frisées en tire-bouchon, qui flottent sur le front et sur tout le contour de la tête.

Elles ont un vêtement qui couvre entièrement le corps. Nous en avons vu qui étaient drapées de manière que le bras droit et l'épaule demeuraient à découvert : sous cette draperie, leurs mouvemens et leurs poses ne manquaient ni de grâce ni d'une sorte de noblesse.

Le vêtement des filles impubères est composé d'une ceinture faite de cordons tressés entre eux, dont les bouts descendent comme une frange jusqu'au tiers des cuisses. Leur nudité n'a pas d'autre voile. Cet usage, quelque peu conforme qu'il soit aux idées de pudeur qui existent parmi les nations policées, s'en éloigne pourtant moins que la nudité absolue, qui est assez commune dans les villes d'Égypte et même au Kaire.

Les hommes faits sont vêtus d'une chemise bleue ou rousse, comme les paysans égyptiens. Les enfans demeurent nus jusqu'à l'âge de la circoncision ; alors ils prennent un vêtement. Nous en avons vu plusieurs avec une écharpe blanche qui descendait de l'épaule droite à la hanche gauche, et revenait à droite en enveloppant les reins et les parties sexuelles ; cette draperie produit un effet assez agréable.

La langue des Barâbras est douce ; elle n'a point de ces sons gutturaux qui sont si communs dans la langue arabe, et qui paraissent si étranges à une oreille française qu'ils frappent pour la première fois. Elle peut être écrite avec le seul alphabet français, sans que la prononciation des mots soit altérée : j'en ai fait l'expérience plusieurs fois ; et j'ai toujours réussi, au jugement des Barâbras mêmes. Ils ont remarqué l'identité de leurs accens et des nôtres. L'un d'eux me disait : *La première fois que j'ai entendu les Français, j'ai cru que c'étaient des gens qui parlaient ma langue sans que je pusse les comprendre.*

M. Vincent, membre de la Commission des arts en Égypte[1], qui s'était rendu très-habile à parler arabe, avait la complaisance de me servir d'interprète pour recueillir les diverses informations consignées dans ce mémoire : nous ne pouvions converser qu'avec ceux d'entre les Barâbras qui savaient l'arabe. Les aspirations fortes de cette langue s'adoucissent dans leur bouche : les Arabes en prennent sujet de les railler; car chaque nation voit dans ses habitudes la règle des convenances et le modèle du beau.

Le séjour que nous avons fait parmi les Barâbras n'ayant été que de quelques jours, presque entièrement remplis par l'étude des monumens antiques, je n'ai pas eu le temps de recueillir sur la langue barbarine des renseignemens suffisans pour mettre en état de juger de son mécanisme et des affinités qu'elle peut avoir avec les autres dialectes en usage parmi les différens peuples de l'Afrique; cependant je crois pouvoir affirmer qu'elle ne se confond avec celle d'aucun peuple connu jusqu'à ce jour.

Quelques personnes ont pensé que les Barâbras pourraient bien être une colonie des Berbères, peuple qui habite le mont Atlas, et qui parle aussi une langue distincte de celle de tous ses voisins : mais cette conjecture, suggérée par l'analogie des noms, est destituée de fondement; il est facile de s'en convaincre, en compa-

[1] M. Vincent est aujourd'hui capitaine du génie royal.

rant les noms qui désignent les premiers nombres cardinaux dans les deux langues. Ceux de la langue barbarine m'ont été donnés sur les lieux par un homme de cette nation; les noms berbères m'ont été fournis par le savant M. Langlès, qui a imprimé, à la suite de sa traduction du Voyage de Hornmann, un extrait du grand Vocabulaire berbère de M. Venture, déposé en manuscrit à la Bibliothèque royale.

| NOMS FRANÇAIS. | NOMS BARABRAS. | NOMS BERBÈRES. |
|---|---|---|
| Un............ | Ouéro......... | Iewen, ian, wan, wa. |
| Deux.......... | Ouo........... | Sin (*masc.*), sincet (*fém.*). |
| Trois.......... | Tousco........ | Kerrad. |
| Quatre......... | Comso......... | Kouz. |
| Cinq.......... | Didja.......... | Semmous. |
| Six............ | Bordjo........ | Sedis. |
| Sept........... | Collodo....... | Set. |
| Huit........... | Ido........... | Tem. |
| Neuf.......... | ............. | Dza. |
| Dix............ | Dimena....... | Meraoua. |

Le savant orientaliste, M. Marcel, membre de l'Institut d'Égypte, a bien voulu, sur ma demande, former un tableau qui présente le rapprochement des noms exprimant les premiers nombres cardinaux dans vingt-huit langues africaines, tant anciennes que modernes. Les noms barâbras n'ont aucune ressemblance avec les noms correspondans des autres langues.

Les déserts qui séparent le Nil de la mer Rouge, et ceux qui se trouvent à l'ouest des rochers qui bordent le Nil, étant occupés par des Arabes, il en résulte que la langue barbarine est tout-à-fait confinée sur les bords du fleuve : elle paraît en usage sur une étendue de cinq degrés en latitude.

Le village de *Kânâq*, situé sur la rive droite du Nil, à six myriamètres de Syène en descendant vers Ombos, est le point le plus septentrional occupé par les Barâbras. Les habitans de ce village sont comme une colonie détachée du reste de la nation : pour la retrouver, il faut remonter au sud jusqu'à Syène; la contrée intermédiaire et la ville de Syène sont habitées par des Égyptiens.

L'île d'Éléphantine est habitée et mise en culture par des Barâbras. En remontant le Nil pendant dix jours, on trouve cette nation sur les deux rives; ensuite, pendant deux autres jours, une tribu d'Arabes qui portent le nom de *Légasses*[1]; après quoi l'on rentre parmi les Barâbras, qui s'étendent jusqu'à la grande cataracte.

Ces détails m'ont été donnés par un Barbarin très-intelligent, nommé *Hâggy Mahammed*, qui avait été plusieurs fois à la grande cataracte; il ajouta qu'il existe au-dessus de la grande cataracte un peuple cultivateur fort doux, appelé *Mâsse*. Cette nation est assujettie à la tribu des Arabes *Chaguiés*, qui, dans leurs courses, volent des enfans et les incorporent aux Mâsses, afin d'augmenter le nombre des cultivateurs qui travaillent à leur profit. Il est très-vraisemblable que les Mâsses sont de la même race que les Barâbras, et que cette race

---

[1] La plupart des noms des lieux cités dans ce mémoire n'appartenant pas à l'Égypte, on n'a pu en corriger l'orthographe suivant la méthode adoptée dans l'ouvrage pour la transcription des mots arabes.

s'étend au-dessus de la cataracte jusqu'à Dongola, vers le dix-neuvième degré de latitude.

On voit dans la relation du voyage que Poncet fit en 1698 pour se rendre en Éthiopie par la grande *Oasis*, qu'après avoir traversé les déserts de *Chebb* et de *Selimeh*, il atteignit le Nil en un lieu où est située une grosse bourgade appelée *Machou* : «Elle appartient, dit-il, au roi de Sennaar, et fait le commencement du pays des Barauras, que nous appelons *Barbarins*[1].» C'est en effet sous le nom de *Barbarins* que les Barâbras sont connus des négocians francs établis au Kaire.

M. Brown, qui a séjourné pendant trois ans à *Cobbeh* dans le Dâr-four, a trouvé cette ville presque entièrement peuplée de marchands nés sur les bords du Nil, dans le Mahas et le Dongola, deux contrées désolées, dit-il, par les irruptions des Arabes *Schaikiés*[2]; ce qui est exactement conforme au rapport qui m'a été fait par Hâggy Mahammed. M. Brown[3] dit ailleurs que le teint de ces marchands est olivâtre, que leurs traits ont quelque ressemblance avec ceux des Européens, que leur physionomie est souvent agréable et remplie d'expression. A ces traits on n'aurait pu méconnaître les Barâbras, quand même ce voyageur n'aurait pas eu soin de nous apprendre que ces marchands parlent entre eux la langue des Barâbras[4].

---

[1] *Voyez* Lettres édifiantes, t. III, p. 267, édition de Mérigot, 1780.

[2] Voyage de M. Brown, traduit par M. Castera, chez Dentu, 1800, t. I, p. 361.

L'orthographe de M. Brown, dans les noms des peuples, diffère un peu de la mienne; mais cette différence n'empêche pas de reconnaître l'identité.

[3] Page 364.

[4] Page 363.

Hâggy Mahammed m'a donné le nom de plusieurs villages ou bourgs situés au-dessus de Philæ, sur les deux bords du Nil, et habités par les Barâbras. Deux villages sont situés immédiatement au-dessous de la grande cataracte : l'un, qui est sur le bord oriental du Nil, porte le nom de *Siouarti;* l'autre, qui est sur le bord opposé, est appelé *Allouanaâti.* La liste formée sous la dictée de Hâggy Mahammed contient quatre-vingt-trois bourgs, dont quarante-quatre sur la rive Arabique, et trente-neuf sur la rive Libyque.

Parmi les bourgs de la rive Arabique, se trouvent *Derry* et *Ibrim,* que leur importance doit faire distinguer : Ibrim est comme la capitale du pays des Barâbras; et peut-être pourrait-on, sans impropriété de terme, lui donner le nom de ville. Sept des villages de la rive occidentale sont indiqués comme possédant des ruines d'anciens édifices égyptiens. Hâggy Mahammed et quelques autres Barâbras qui prenaient part à notre entretien, affirmèrent que plusieurs de ces ruines sont aussi grandes et aussi bien conservées que celles de Philæ, que nous avions alors sous les yeux. Ces villages sont,

1°. *Debôde,* où l'on peut se rendre de Philæ en quelques heures;

2°. *Abisco;*

3°. *Gartaâce;*

4°. *Ennedaou* (ces trois endroits sont fort près les uns des autres, et l'on peut s'y rendre de Philæ en un jour);

5°. *Kelápchy gharb,* situé à deux journées de Philæ;

6°. *Allâgué,* situé à quatre journées et demie de

Philæ (On me dit qu'il y existe un grand édifice et trois grands obélisques );

7°. *Soubou*, à cinq journées de Philæ.

J'ignorais alors que M. Norden avait remonté le Nil jusqu'à Derry, et qu'il avait reconnu des ruines égyptiennes sur trois points de la rive orientale et sur huit points de la rive occidentale : il en a même donné le dessin. Voici, suivant lui, le nom des lieux où ces ruines sont situées;

*Sahadaheb, Deke* ou *Gouran, Abou-Houer*, du côté oriental; *Deboude, Hindaou, Tefla, Merieh, Dendour, Girsché, Sabouah, Amadah*, du côté occidental.

Il est à remarquer que ces deux listes ne présentent que trois noms communs; ce sont *Debôde, Ennedaou* et *Soubou* de la liste de Hâggy Mahammed, qui se retrouvent dans *Deboude, Hindaou* et *Sabouah* de M. Norden. Il semble, d'après cela, qu'il existe des ruines dans quatre lieux qui ont échappé aux recherches de ce voyageur; mais je pense qu'il a confondu avec les ruines d'*Hindaou* celles que le rapport de Hâggy Mahammed place à *Abisco* et à *Gartaáce* : ces deux lieux sont indiqués par ce Barbarin comme très-voisins d'*Ennedaou*; et M. Norden raconte qu'à la hauteur d'*Hindaou* on remarque, dans l'espace de plus d'un quart de lieue, des murs et des fondemens de divers édifices superbes. Des ruines aussi étendues prouvent qu'une ville considérable a existé autrefois sur cet emplacement.

Il me paraît aussi que les ruines placées par Hâggy Mahammed à *Kelápchy gharb* sont les mêmes que celles de *Tefla* dont parle M. Norden. En effet, dans la carte de M. Norden, *Tefla* est placé sur la rive occidentale du Nil, en face d'un lieu appelé *Kelápchy*, situé sur la rive orientale : or, le mot *Kelápchy gharb* signifie le *Kelápchy* du couchant, et se trouve, dans les indications de Hâggy Mahammed, précisément en face d'un *Kelápchy charq* ou *Kelapchy* du levant. Dans cette partie du cours du Nil, on trouve souvent des villages placés en face l'un de l'autre, et portant le même nom : on les distingue par les épithètes *charq* et *gharb*, dont la première signifie *orient*, et l'autre, *occident*. On en trouvera plusieurs exemples dans la relation de M. Norden, ainsi que dans la liste de Hâggy Mahammed, qui sera transcrite à la suite de ce mémoire.

Si la liste des noms des bourgs et villages, que j'ai formée d'après les renseignemens qui m'ont été fournis par le Barbarin Hâggy Mahammed, ne comprenait que le pays vu par M. Norden, je n'y aurais pas attaché assez d'importance pour la publier; les faits observés sur les lieux par un voyageur européen seront toujours plus propres à inspirer la confiance et à satisfaire la curiosité que les renseignemens donnés par un indigène, qui, même avec beaucoup d'intelligence, est encore bien inférieur à ce voyageur, sous le rapport de l'instruction et de la précision des idées : mais la liste de Hâggy Mahammed comprend une partie du cours du Nil que M. Norden n'a point vue; c'est celle qui s'étend au-dessus de *Derry* jusqu'à la grande cataracte. Les renseignemens manquent absolument sur ce pays, qui excite cependant la curiosité des géographes. La publication de cette liste me paraît donc utile, ne fût-ce que pour provoquer et pour aider des observations capables de conduire un jour à des connaissances plus précises.

LISTE *de plusieurs villages ou bourgs situés au-dessus de Philœ, sur les deux bords du Nil, donnée par le Barbarin Hâggy Mahammed.*

(*Nota.* Les noms sont exactement écrits suivant la valeur des lettres françaises.)

| CÔTÉ ARABIQUE, AUTREMENT DIT ORIENTAL *ou* CHARQ. | CÔTÉ LIBYQUE, AUTREMENT DIT OCCIDENTAL *ou* GHARB. |
|---|---|
| Bâb. | El-essé. |
| Titchy. | Tingâar. |
| Coulloutôde. | Epchîr. |
| Tondi. | Debôde. |
| Bahan. | Dîmeri. |
| Ghoudi. | Abisco. |
| Siallé. | Gartaâce. |
| Dimîte. | Ennedâou. |
| Barcâbe. | Teffé. |
| Kelâpchy charq. | Kelâpchy gharb. |
|  | Soulou. |
| Abôre charq. | Abôre gharb. |
| Mèriè. | Merouaou. |
| Kîchy charq. | Kîchy gharb. |
| Cochetamlé charq. | Cochetamlé gharb. |
| Allâgui. | Allâgué. |
| Siallé. | Gourti. |
| Baârdi. | Dzerâr narti. |
|  | Nichegué. |
| Soubou charq. | Soubou gharb. |
| Corousco. | Abdédaïm. |
| Divouâne. | Châatourma. |

| COTÉ ARABIQUE, AUTREMENT DIT ORIENTAL *ou* CHARQ. | COTÉ LIBYQUE, AUTREMENT DIT OCCIDENTAL *ou* GHARB. |
|---|---|
| Sivouah. | Rêga. |
| Arâba. | Coucheguêle. |
|  | Gebel Amam. |
|  | Tômâce. |
| Derry. |  |
| Doukonoucera. |  |
| Toungalé. |  |
| Kalilié. |  |
| Nedgilié. |  |
| Chêgui. |  |
| Médigue. | Corcour. |
| Doukonoucera. | Afi. |
| Codon Ganârti. | Caranôuc. |
| Gabite. | Masmasse. |
| Couferi. |  |
| Ibrim. |  |
| Tochegué charq. | Tochegué gharb. |
| Arminé. | Absinbil. |
| Farrègue. | Balagné. |
| Adindâne. | Farasse. |
|  | Naârti [1]. |
| Serré charq. | Serré gharb. |
| Forgondi charq. | Forgondi gharb. |
| Icheguêde. | Arguine. |
| Dabarossa. |  |
| Ouadalfa. |  |
| Siouarti. | Allouanaâti. |

Les deux derniers villages, Siouarti et Allouanaâti, sont immédiatement au-dessous de la grande cataracte.

[1] Il y a ici dans le fleuve une île qu'on dit considérable.

# OBSERVATIONS

SUR

# LES ARABES DE L'ÉGYPTE MOYENNE[1],

Par E. JOMARD.

LE séjour et les voyages que j'ai faits dans les différentes provinces de l'Égypte moyenne, m'ont mis à même d'observer le caractère et les habitudes des Arabes et le régime intérieur des tribus, tant de celles qui se sont adonnées à l'agriculture depuis très-long-temps ou seulement depuis quelques générations, que de celles qui ne cultivent pas ou ne font pas cultiver, et qui ne s'occupent, quand elles ne sont pas en guerre, que de

---

[1] L'Égypte moyenne est composée des provinces de Gyzeh, de Behneseh, du Fayoum, d'Atfyhyeh et d'Achmouneyn. La seconde et la dernière, ont pris, pendant l'administration française, les dénominations de *Beny-soueyf* et de *Minyeh*, du nom des deux villes principales qui sont baignées par le Nil, tandis que les anciens chefs-lieux sont reculés dans les terres. Ces cinq provinces répondent à l'ancienne Heptanomide, qui comprenait les nomes de *Memphis*, d'*Oxyrynchus*, d'*Heracleopolis*, d'*Arsinoé*, d'*Aphroditopolis*, d'*Antinoé*, de *Cynopolis* et d'*Hermopolis magna*. C'est dans le cours des années 1799, 1800 et 1801, que j'ai parcouru ce pays et recueilli les observations qu'on va lire. Ces observations s'appliquent plus spécialement aux provinces d'Atfybyeh et d'Achmouneyn : il est nécessaire de se rappeler ces circonstances pour l'intelligence du mémoire.

la conduite des caravanes et de l'éducation des bestiaux, des chameaux et des chevaux. Cette division des Arabes en deux grandes classes peut s'appliquer à tous ceux qui habitent ou fréquentent l'Égypte, et je m'en servirai dans cet écrit, pour faire connaître les tribus que j'ai visitées. J'avertis que les remarques suivantes, bien que sous une forme générale, sont cependant particulières aux provinces dont il s'agit : je ne prétends pas donner ici le tableau des mœurs des Arabes; mon seul dessein est de rapporter des observations dont je garantis l'exactitude, les ayant faites et écrites sur les lieux mêmes, avec loisir et sécurité, souvent accompagné dans mes courses par des cavaliers de ces tribus, ou bien campé au milieu d'elles. Ce que je considérerai principalement, ce sont les Arabes dans leurs relations habituelles avec le pays. Ainsi ces observations, quelqu'isolées qu'elles paraissent au premier coup-d'œil, pourront fournir plusieurs traits au tableau de cette nation singulière, et servir à son histoire.

Comme les Arabes cultivateurs exercent en Égypte une grande influence, et que leur caractère et leurs habitudes sont peu connus, je commencerai par ce qui les regarde, et j'exposerai ensuite mes observations sur les Arabes Bédouins ou errans, à-la-fois guerriers et pasteurs. La première classe doit se partager en deux autres : l'une qui est établie en Égypte depuis très-long-temps et originaire d'Asie, cultivant elle-même les terres et habitant dans des villages la plupart situés sur la rive droite du Nil; l'autre ne s'occupant de culture que depuis une époque récente, et composée principalement d'Arabes qui sont sortis de l'Afrique septentrionale : ces derniers occupent une partie du territoire de la rive gauche; ils sont la plupart logés sous des tentes, et font cultiver leurs terres par les *felláh* ou naturels de l'Égypte. Les uns et les autres ont un siége fixe et sont assujettis à l'impôt territorial.

~~~~~~~~~~~~~~~~~~~~~~~~~~~~~~~~~~~~~~~~~~~~~~~~~~~~~~

## CHAPITRE PREMIER.

ARABES CULTIVATEURS.

§. I. *Tribus anciennement établies.*

Il y a des familles arabes qui ont commencé à cultiver en Égypte dès l'introduction de l'islamisme, d'autres depuis la conquête des Turks seulement. Ces diverses familles ont pris de grands accroissemens. Elles ont perfectionné l'agriculture et l'industrie agricole, beaucoup plus que les *felláh :* leurs terres sont mieux entretenues, mieux arrosées, et leurs villages plus peuplés. Ce sont les Arabes à qui appartiennent presque exclusivement la culture et la fabrication du sucre dans l'Égypte moyenne. Comme ils habitent presque tous sur la rive droite du Nil, c'est-à-dire sur un espace qui est généralement assez étroit et où la montagne est presque toujours à pic, ils n'ont laissé aucun point inculte depuis le fleuve jusqu'au pied du rocher : ainsi ces villages et leurs territoires ont un aspect particulier qui les distingue aisément des autres. Les habitans ont des chevaux et des chameaux en grand nombre, comme en avaient leurs aïeux avant de s'adonner à la culture, et ils entretiennent pour eux d'abondans pâturages. Au premier signal de guerre, on voit ces paysans se transformer en cavaliers, s'armer de lances comme les Bédouins, et même camper dans la plaine à côté de leurs propres maisons.

Ces hommes sont tout-à-fait distincts des *fellâh* par leur physionomie, par leur caractère et par toutes leurs manières. Le sang arabe s'est si bien perpétué dans leurs familles sans aucun mélange, qu'on ne peut discerner leurs traits d'avec ceux des Arabes guerriers; et dès qu'ils sont à cheval et endossent le *barnous*[1], il n'y a plus de moyen de les reconnaître. Ils ont conservé l'air de visage et surtout les yeux petits et brillans qui distinguent cette race, mais, plus que tout le reste, l'esprit de rapacité, de dispute et de chicane. De pareils voisins sont un fléau pour les *fellâh*. Ils empiètent continuellement sur les terres de ces derniers, tantôt sous le prétexte que le Nil a enlevé une partie de leurs terres et qu'ils doivent les reprendre sur l'autre rive du fleuve, tantôt en faisant valoir de prétendus droits anciens, qui remonteraient (à les en croire) jusqu'à dix générations; enfin, quand aucun prétexte ne peut les favoriser, ils montent à cheval et s'emparent à main armée des terres qui leur conviennent. Il n'y a pas d'exemple que

---

[1] Espèce de robe blanche à capuchon, en laine plus ou moins fine, dont les Arabes se couvrent tout entiers, à l'exception de la face et des extrémités.

de pareilles tentatives aient manqué de succès; et si quelque village vient à opposer de la résistance, il le paye bien cher. Pour soutenir leurs prétentions, ils ont l'avantage d'être beaucoup mieux armés que le reste des habitans. Aussi, dans leur voisinage, on vit sans cesse dans la crainte, et les villages se dépeuplent insensiblement.

Les hameaux qu'ils habitent sont mal bâtis; ce ne sont souvent, à bien parler, que des huttes, tandis que dans les villages des *felláh* on trouve toujours quelques maisons commodes et bien construites [1] : on n'y voit jamais, par exemple, de maison de Mamlouks. Les Mamlouks n'allaient point se loger chez les Arabes; ils n'y recueillaient leurs contributions qu'avec bien de la peine, et en cédant souvent aux prétentions des cheykhs : aussi est-il vrai de dire qu'ils ne percevaient pas, à beaucoup près, l'impôt dans toute l'Égypte, et c'est pourquoi les Français ont eu tant de mal à recueillir le tribut dans plusieurs de ces villages, qui ne payaient jamais de droits à personne.

Les habitans des villages de la rive droite du Nil, dans les provinces d'Atfyhyeh, d'Achmouneyn et de Manfalout, sont presque tous d'anciens Arabes de la tribu appelée *el-A'tayât* : plusieurs de ceux-ci ne se sont adonnés à la culture que depuis la guerre d'A'ly-bey; à Ouâdy-el-Teyr et Tehené, ils ne sont établis que depuis dix ans. Les villages compris sous le nom d'*A'mârné* tirent leur nom et leur existence d'un ancien Arabe

---

[1] Il y a cependant des villages arabes, tels que *Beny-Hasan*, *Berché*, et d'autres encore, qui sont bien bâtis.

appelé *A'mrân*, de l'Hegâz; en venant en Égypte, il ruina cette grande ville qu'on trouve entre Haouatah et el-Tell, et bâtit autour quelques habitations. Ses enfans se battirent pendant beaucoup d'années pour la possession des terres qui sont sur les deux rives du fleuve; aujourd'hui même leurs descendans sont encore divisés. J'ai vu aux mains les habitans de Beny-A'mrân et de Nazlet-Sa'yd, à l'occasion d'une femme enlevée par l'un des partis; l'auteur de la querelle a été tué, et sa mort y a mis fin : ordinairement un peu de sang versé apaise toutes ces guerres domestiques, au moins pour un temps.

Il n'existe pas de village arabe qui n'ait plusieurs cheykhs : presque toujours ces cheykhs vivent en mésintelligence, et leur village est comme partagé en plusieurs portions distinctes. Bientôt l'inimitié qui règne entre eux, les force à se battre et à mettre dans la querelle parens et amis : il arrive qu'un d'eux succombe tôt ou tard, et la famille du tué est obligée de fuir avec une bonne partie des habitans. Mais où iront-ils, ainsi dépossédés de leurs terres, de leurs fabriques, de tous leurs biens? Qu'on ne les croie pas embarrassés; ils se portent à une lieue du champ de bataille, et s'établissent sur les terres des *fellâh*, ou par force ouverte, quand les vaincus sont encore plus forts qu'il ne faut pour l'emporter sur ceux-ci; ou par insinuation et en promettant de vaincre leurs adversaires et de dédommager les *fellâh* par les terres dont ils s'empareront. D'année en année on voit l'Égypte se remplir de ces petits villages, qui ne sont que des amas de cabanes, sans aucun palmier, et qui se distinguent par le nom du cheykh arabe qui les a fondés. Il est remarquable qu'on les appelle *Nazlet, Nezel,* mot qui signifie *descente;* ce sont des espèces de colonies qui doivent leur origine, comme tant d'autres, à l'invasion et à la violence. Nezel-Abou-gânoub dans la province d'Achmouneyn ou de Minyeh, Nezel el-Matâhrah dans celle d'Atfyeh, Nezel el-Beny-Hasan [1], et trente autres endroits, sont dans ce cas là. C'est ainsi que les querelles des villages arabes se prolongent à travers les générations, parce qu'il y a toujours à gagner et pour le parti vainqueur et pour le parti vaincu.

Il y a peu d'îles de quelque importance qui ne leur appartiennent aujourd'hui. Si l'on remontait à l'origine de cette possession, il est sûr qu'on la trouverait fondée sur l'usurpation et l'injustice; c'est-à-dire que, sous prétexte que le fleuve avait rongé leurs terres, ils auront obtenu d'abord les rives des îles opposées, s'appuyant sur ce proverbe égyptien, *que le Nil rend d'un côté ce qu'il prend de l'autre;* qu'ensuite ils auront pénétré successivement dans l'intérieur, et auront fini par en chasser les anciens habitans. J'en connais plusieurs exemples; mais un des plus remarquables est sans doute la grande île Za'farâneh qui appartenait au village de Menchyet-Da'bs[2], et que les habitans de Cheykh-Tmay et de Beny-Hasan, villages arabes situés en face, ont enlevée

---

[1] A la suite des querelles survenues à Beny-Hasan, et qui l'ont fait abandonner il y a quarante ans, les habitans ont formé deux de ces *nezel* ou dépendances, sous la conduite d'Abou-O'mar; ces dernières se sont elles-mêmes dissoutes, et les habitans se sont portés sur la rive gauche, pour y fonder un village appelé *Karm-abou-O'mar.*

[2] Situé à quatre lieues environ au sud de Minyeh.

récemment aux *felláh*, sans nulle forme de procès. Comme il aurait été trop long de discerner les anciennes limites effacées par le débordement, et de régler les droits respectifs, les Arabes ont pris le parti le plus court, celui de la violence; ils ont coupé les dattiers plantés dans l'île, brisé les maisons du village, tué le cheykh de Menchyet, et blessé son fils ainsi que beaucoup de *felláh*. Aujourd'hui, ils sont paisibles possesseurs de cette île, l'une des plus belles du fleuve.

Les villages arabes jouissent aussi de presque tout le sol immédiatement adjacent *à la rive gauche*, acquis sans doute au même titre que les îles; ces possessions s'étendent jusqu'à un quart de lieue dans les terres : c'est là, sur ces terrains bas et sablonneux, submergés et abandonnés successivement par les eaux, qu'ils cultivent du tabac, des pastèques et de l'indigo, et qu'ils plantent même du sucre, afin de mieux établir leurs droits. On voit ainsi progressivement leurs propriétés s'accroître en Égypte; et je ne doute pas qu'ils ne s'emparent insensiblement de la plus grande partie du territoire, si le gouvernement[1] ne met un terme aux invasions et n'établit pas de lois fixes pour les limites des terres. On voit en effet que ce système d'usurpation des Arabes cultivateurs les mène à devenir maîtres du cours du Nil, c'est-à-dire de la portion de l'Égypte la plus importante pour le commerce et pour la défense du

---

[1] J'entends ici par *gouvernement*, les maîtres de l'Égypte, gouvernant suivant les institutions du pays, comme en ont agi les Français pendant l'expédition, et comme en agissaient les Mamlouks eux-mêmes. Le lecteur qui voudrait avoir une connaissance particulière du gouvernement de l'Égypte, consultera les mémoires consacrés à cette matière.

pays; et ils le sont déjà à quelques égards, car c'est dans leurs villages qu'il y a le plus de bateliers, de germes et de barques de toute espèce. Cependant on ne voit que dans peu de ces villages, des barques en construction; il faudrait en conclure que toutes les autres proviennent de rapine.

Tantôt les habitans de la rive droite s'emparent d'un terrain de l'autre rive, et le cultivent sans y avoir de villages; tantôt ils y bâtissent sans y avoir de terres à eux, et, dans ce cas, ils cultivent les terres des villages voisins : mais c'est toujours à l'aide de la force qu'ils se procurent ces habitations. Cela arrive lorsqu'une ou plusieurs familles sont dépossédées; alors elles passent le fleuve inopinément, construisent à la hâte des cabanes qui se changent peu à peu en villages, et obtiennent par force de leurs voisins quelques terres à loyer, sauf à dicter les conditions : ailleurs on paye le droit d'asile; mais les Arabes rançonnent ceux qui les accueillent.

J'ai rencontré parmi les cheykhs des villages arabes quelques hommes qui ne partagent pas ce penchant général au vol et à la violence : par exemple, à Ouâdy-el-Teyr, à Zâouyet-el-Mayetyn près Minyeh, à Nazlet-Noueyr et ailleurs. Quelques-uns de ces villages ont rendu des services à l'armée française, ayant beaucoup plus de moyens que les *fellâh*, soit en chevaux, soit en chameaux ou en fourrages; mais aussi quelle obstination n'ont pas montrée les autres pour refuser l'impôt, et combien de nos soldats ils ont assassinés!

Comme on ne sait pas bien de quelle façon les terres d'Égypte ont changé de maîtres à l'époque de la conquête des Arabes, il est permis de conjecturer qu'après l'occupation entière du pays, le gros de l'armée étant retourné en Asie et une partie étant licenciée, beaucoup d'entre eux se sont répandus dans l'Égypte et ont vécu de pillage; que, trop faibles pour dominer dans la grande vallée, ils se sont établis facilement sur la rive droite, où le rocher borde si souvent le fleuve; que de là ils se sont avancés par degrés, du sable jusque dans les terres cultivées; qu'ensuite ils sont devenus cultivateurs et insensiblement propriétaires des villages de cette rive, après en avoir chassé les habitans par la crainte du nombre et des armes.

J'ai dit que ce sont ces cultivateurs qui sont le mieux armés : en effet, leurs villages fourniraient une grande abondance de fusils, de mousquets, de tromblons, de pistolets, de sabres, etc.; mais ils ont l'adresse de ne pas les montrer. Il y a une arme qu'ils quittent rarement et qui manque aux *felláh*, c'est la pique. Les simples ouvriers et les plus pauvres qui travaillent à l'arrosement des terres, l'ont toujours à côté d'eux. Quand ils sont réunis en grand nombre pour ce travail, comme cela arrive souvent l'hiver, on voit, à la tête des canaux, des forêts de piques fichées en terre. On ne dira pas que c'est pour défendre leurs biens, puisqu'ils n'en ont pas; ni leurs vêtemens, puisqu'ils vont à peu près nus: mais l'habitude d'être armés caractérise les Arabes.

Si vous avez des intérêts à démêler soit avec les principaux d'entre eux, soit avec ceux de la dernière classe, vous éprouvez d'abord dans leur accueil quelque chose de froid et de dédaigneux et un silence affecté; ou s'ils viennent à vous sourire, c'est dans l'espoir de vous tromper. Le mensonge leur est habituel, surtout dans leurs rapports avec les *felláh* et les Européens : quelque habitude qu'ils aient de mentir, ils ne le font jamais si volontiers et avec tant de succès que s'ils ont à traiter avec ces derniers. On parle des vertus des Arabes, de leur franchise, de leur foi religieuse pour leur parole, de leur penchant à l'hospitalité : quoi qu'il en soit de ces qualités, il faut les chercher ailleurs que chez ceux qui habitent l'Égypte; parmi ceux-ci, jamais elles ne balancent l'intérêt privé. La fausseté est leur arme la plus ordinaire; artifice, violence, rien ne leur coûte pour l'exécution de leurs desseins, quand ils ont affaire à d'autres qu'à des Arabes.

Dans le temps de la fabrication du sucre, on reconnaît de loin les villages dont je parle, au bruit des moulins, à l'odeur de la mélasse, à la fumée des chaudières; mais, de près et en toute saison, on les distingue à coup sûr à la physionomie des habitans. En effet, au premier homme que vous rencontrez, vous retrouvez ces yeux vifs qui n'appartiennent qu'aux Arabes. Leur maintien, à l'aspect des gens qu'ils ne connaissent pas, est un peu embarrassé, comme il arrive à des voleurs qu'on surprend; mais leurs précautions sont incroyables, s'ils entendent parler du passage de quelque troupe. A la première nouvelle, ils font rentrer et cacher leurs bestiaux et leurs chevaux, ou les envoient dans le désert; dès que l'on arrive au milieu d'eux, ils gardent le silence et demeurent immobiles, à l'exception du jeu de leur physionomie et des regards sombres et même sinistres que lancent leurs yeux. Cela doit s'entendre principalement des habitans des dernières classes, bien que j'aie vu des cheykhs dont on peut dire la même chose. Au reste, mettant à part cet extérieur et cet accueil disgrâcieux, il faut convenir qu'on a trouvé souvent dans ces villages plus de ressources et même de bonne volonté que dans ceux des *felláh*. Mais cela vient de plusieurs causes : c'est qu'il y existe plus de cheykhs, et qu'il s'en trouve toujours quelqu'un qui se met en avant et se charge de fournir les provisions qu'on demande, pourvu qu'on paye; en second lieu, à egalité d'aversion des *felláh* et des Arabes pour les Européens, les seconds ont plus de richesses en vivres, en bestiaux, et plus de moyens de toute espèce; enfin les cheykhs paraissent avoir plus d'empire sur leurs paysans dans les villages arabes que dans les autres.

Les deux premières cultures des Arabes sont la canne à sucre et les fourrages, tels que le *helbeh*[1], le *barsym*[2], etc., parce qu'ils ont plus de chameaux, de chevaux et de bestiaux. Le dourah, l'orge, le blé et les légumes ne viennent qu'après. On trouve chez eux, par suite d'une culture mieux soignée, beaucoup plus de *delou* ou bascules (machines à arroser) que partout ailleurs; les hommes qui les font mouvoir, semblent aussi plus durs à la fatigue. C'est pour l'irrigation de la canne, du blé et de l'orge chetaouy, qu'ils entretiennent le plus de ces machines. Ils ont aussi grand soin de leurs palmiers.

[1] Le fenu-grec (*trigonella fœnum græcum*).
[2] Espèce de trèfle (*trifolium alexandrinum*).

Les Arabes font beaucoup d'usage, dans la culture du dourah et même du blé, d'un engrais connu sous le nom d'*el-sebakh*; ce sont les cendres et les poussières qu'on tire des anciennes habitations, et qui renferment beaucoup de salpêtre : on les tamise encore pour en tirer les médailles, les idoles et les antiques de toute espèce qu'elles renferment souvent. Les villages arabes étant plus peuplés que les autres, il s'y trouve plus d'hommes occupés à ce travail que chez les *felláh*, qui, au reste, font aussi grand cas et tirent également parti de cet engrais.

Les habitans des villages arabes plantent des dattiers en abondance, ainsi qu'on le voit à Beny-Hasan et près d'Antinoé; ils plantent aussi beaucoup d'acacias et de *napeca* : mais je n'ai jamais vu de jardins dans les villages; les Arabes ne donnent rien au superflu, même à l'agrément. Ils bâtissent presque toujours sur la lisière des terres cultivées, ou même sur un sol déjà couvert de sables, comme pour économiser le terrain cultivable.

Dans l'espace peu étendu que renferme la rive droite, les Arabes cultivateurs ont pratiqué beaucoup de canaux et de dérivations du Nil, qu'ils creusent soigneusement; ces canaux n'arrosent que les terres respectives de chaque village, comme cela doit être, vu le peu de largeur de cet espace : mais je n'y ai pas vu de digues entre un territoire et un autre; j'entends de digues principales, comme il en existe tant sur la rive gauche (car il y en a toujours d'indispensables pour le dourah). Je pense que ce défaut de digues provient de ce qu'il est très-facile d'entretenir pour chaque village un ou deux canaux à peu de frais, et d'en arroser les terres sans attendre les eaux qui peuvent venir des villages supérieurs. En second lieu, les digues et leur entretien, leur rupture et leur réparation, seraient des sujets continuels de dispute.

La principale industrie des Arabes de ces villages est celle qui se rapporte à leur culture, c'est-à-dire la fabrication du sucre[1] et celle de l'indigo; leurs femmes filent de la laine, et ils en font faire dans leurs villages, par quelques chrétiens ou *fellâh* qu'ils veulent bien y souffrir, des robes grossières de *bicht,* étoffe brune qui sert à l'habillement des paysans et des femmes : ceux d'entre eux qui sont plus riches, achètent leurs robes, leurs schâls et leur *tarbouch*[2], dans les villes et les bourgades.

Leur plus grand commerce est celui du sucre et des dattes, qu'ils vont vendre au vieux Kaire; ils réservent le blé, le dourah et l'orge, pour leur consommation ou celle de leurs chevaux. Dans les marchés, ils vendent les bestiaux et les bêtes de somme; ils vendent aussi de la laine et un peu de charbon de *sount* ou acacia.

Les cheykhs ont des renseignemens exacts sur l'intérieur des vallées du désert; mais la connaissance qu'ils en ont, ils la doivent aux Bédouins, qui communiquent tous les jours avec eux pour se procurer les choses nécessaires à la vie. Par le moyen des Arabes errans, ils connaissent les débouchés des vallées et la marche des tor-

---

[1] Ils fabriquent du sucre en assez grande quantité pour que le prix du qantâr n'excède guère 4 pataques; ce qui revient à 5 à 6 sous la livre, poids de marc.

[2] Espèce de calotte rouge en laine, autour de laquelle on roule le turban.

rens ou eaux pluviales, par conséquent tous les points où l'on trouve de l'eau ; ils savent distinguer les chemins praticables et ceux qui ne le sont pas : ils peuvent ainsi servir ou desservir à volonté les troupes qui ont besoin de pénétrer dans les montagnes, les livrer à la soif, les égarer et les faire périr au milieu du désert. Plusieurs de ces cheykhs ont favorisé les Mamlouks et les Français tour-à-tour dans la guerre dernière, et toujours pour de l'argent. Souvent ils faisaient prendre aux troupes françaises des chemins inverses de ceux qu'il fallait suivre pour atteindre les Mamlouks ; ce qui a fait qu'on a surpris rarement ces derniers. Plusieurs au contraire ont été vraiment utiles, en indiquant les chemins susceptibles du passage de l'artillerie et ceux où l'on pouvait abreuver les caravanes.

Il n'y a rien à dire sur la nourriture de ces Arabes, qui ne soit commun aux *fellâh* : elle consiste principalement en pain de dourah, en lait, en pilau et en dattes. Leur grand plat de mouton et de poule bouillis ensemble est bon et appétissant. En général, ils se nourrissent un peu mieux que les autres habitans ; comme eux, ils entretiennent beaucoup de colombiers.

Une différence remarquable entre ces Arabes et les autres, c'est qu'ils ne prononcent pas la langue comme eux, mais bien comme les *fellâh* : par exemple, ils ne *dgiezment* pas ; ils disent *guesr*, *gâma'*, comme les naturels, et non *djesr*, *djâma'*, comme les Arabes guerriers. Ils ne disent pas non plus *thelathé*, mais *telaté*. Cette observation regarde le plus grand nombre ; mais plusieurs d'entre eux prononcent aussi à la manière des Bédouins.

Les habitans de ces villages ont encore d'autres traits communs avec les *fellâh :* par exemple, ils partagent avec eux l'indifférence et une espèce de dédain pour les restes des antiquités égyptiennes et romaines ; ils ne les estiment que par le service qu'ils en tirent, en y prenant des matériaux pour leurs besoins journaliers. Au reste, ils ne sont pas moins ignorans et superstitieux quant à l'origine qu'ils attribuent à ces monumens. A les croire, ce sont des géans qui ont creusé les carrières et les grottes, élevé les palais et les temples; ils prétendent connaître les noms et l'histoire de ces géans.

On se plaint des voleurs effrontés qui habitent les bords du Nil dans la Thébaïde : c'est à tort qu'on accuse les naturels du pays; ces voleurs sont les habitans des villages arabes. Leur adresse inconcevable est assez connue pour qu'il soit inutile d'en rapporter ici beaucoup d'exemples. Nos troupes ont été témoins, dans la haute Égypte, de mille tours audacieux qui étonneront toujours, et qu'on aura peine à croire malgré leur réalité. Combien de fois n'ont-ils pas dérobé des chevaux auprès des cavaliers, où les armes d'un poste, d'une avant-garde, d'une sentinelle même! On a vu ces hommes se cacher le jour dans des meules de fourrage, en sortir la nuit pour aller voler, et on les a trouvés nus, à demi étouffés sous ces meules, avec les armes qu'ils avaient prises. Ils ont enlevé des sacs et des fusils sous la tête même des soldats, et des épées au côté des officiers.

Il y a de ces villages dont tous les habitans sans exception, et les cheykhs eux-mêmes, font métier de voler.

Ils arrêtent les paysans; ils pillent les barques, quelles qu'elles soient; ils dépouillent les marchands et les voyageurs. Les uns ont des bateaux exprès pour attaquer en force les germes qui naviguent; les autres viennent à la nage, et enlèvent adroitement tout ce qu'ils peuvent saisir. Nazlet-el-Naouâeyl, situé sur la rive droite un peu au-dessous de Manfalout, peut être cité comme exemple d'un village habité en entier par des voleurs de profession. Les Mamlouks, m'a-t-on dit, en ont tué soixante à-la-fois, il y a quelques années. Il faut que ce pays soit bien misérable et sans aucune police, pour que de pareils brigandages ne soient pas réprimés : ils commettent en effet ces crimes impunément, et retournent ensuite à leurs travaux; ils payent même leurs contributions. D'autres, comme à Beny-Hasan, n'osent pas demeurer dans leurs maisons qui sont bien bâties, et ils préfèrent séjourner dans des huttes de bouz ou de roseaux, au milieu des palmiers, pour effectuer leurs desseins plus commodément, et pour échapper aux recherches. Aussitôt qu'on arrive dans leurs villages, la terreur, qui est inséparable du crime, s'empare d'eux et les fait fuir à l'avance; les maisons sont désertes, et à peine y trouverez-vous un vieillard pour vous apporter de l'eau.

Les sept à huit villages compris sous la dénomination d'*A'marné*, et dont le principal est Beny-A'mrân, sont en grande partie adonnés à cet infâme métier. J'ai vu des Arabes de ces villages arrêter impudemment, en plein jour, une barque qui remontait le fleuve, et en enlever des femmes, malgré leurs cris et la résistance des bateliers. Un des traits les plus hardis que je connaisse, est le suivant, dont j'ai été aussi témoin en naviguant sur le fleuve. Le *ráys* ou pilote de ma germe était debout, tenant la barre en main. Un des habitans d'el-A'marné sortit de l'eau tout-à-coup, monta le long du gouvernail, et enleva sur la tête du pilote son turban et le tarbouch; il se précipita ensuite dans le Nil, disparut sous l'eau, et resta long-temps caché, pour reparaître ensuite à quatre cents toises de là, sur la rive opposée du fleuve.

## §. II. *Tribus nouvellement établies.*

Beaucoup de tribus parties du nord de l'Afrique sont venues s'établir dans l'Égypte moyenne, depuis environ un siècle. Ces Arabes ont acquis les terres de plusieurs villages, et ils les cultivent, ou plus souvent les font cultiver : ils les sèment ordinairement en fourrages, et ils y font paître, neuf mois de l'année, leurs chevaux et leurs bestiaux. De ce nombre sont les tribus aujourd'hui appelées *Ebn-Ouâfy*, *Aboukoraym*, *Tahouy*, *Mahareb*, et celles qui dépendent de ces tribus principales. Les deux premières, et celles qui leur sont attachées, comme les *Gahmeh*, les *Tarahouneh*, habitent encore sous des tentes; mais elles ne campent que sur leurs terres, ou sur celles qu'elles ont louées et dont elles payent l'imposition. Les autres logent dans des villages. C'est ce qui fait distinguer les Arabes par les surnoms de *Kheych* et de *Byout*, mots qui veulent dire *tentes* et *maisons*. Les derniers, quoique montant encore à cheval de temps en temps, ne sont pas bien vus des autres, parce qu'ils se rapprochent trop de la condition des *fellâh*. Cependant ils ne laissent pas de se battre avec succès, quand ils sont attaqués par les Arabes *Kheych*. Ils ont aussi leurs tentes, leurs lances, leurs chameaux et leurs chevaux tout prêts, pour se réfugier dans le désert s'ils venaient à être dépossédés des terres qui leur appartiennent. Les disputes et les démêlés sont très-fréquens entre ces deux espèces d'Arabes; j'ai été témoin de plusieurs querelles sanglantes, et de part et d'autre j'ai observé un vrai courage, ou du moins une conduite pleine d'acharnement et d'animosité.

Les Arabes propriétaires et qui ont encore l'usage des tentes, forment la limite entre les cultivateurs dont j'ai parlé précédemment et les Arabes guerriers ou pasteurs. Ils se distinguent des premiers, parce qu'ils ne font pas partie de la population des villages et qu'ils ne cultivent point par leurs mains, et des seconds, parce qu'ils ne changent pas de lieux, au moins de canton. Il y a tel cheykh, parmi eux, qui possède les terres de trois à quatre villages à titre de moultezim, et qui est le plus riche particulier de toute la province. Aussi sont-ils craints et ménagés par les *fellâh*, qui voient souvent à la porte de leurs villages jusqu'à six cents cavaliers tout prêts à punir la plus légère résistance. On peut dire même que les *fellâh* les respectent comme des maîtres. Le moindre de ces Arabes, soit qu'il voyage à cheval, soit qu'il voyage à pied, est accueilli et distingué dans la campagne; on court au-devant de lui pour lui offrir de l'eau, s'il a soif, et des dattes ou du pain : du moins un paysan ne se fait-il pas demander ces choses là deux fois. Ils marchent toujours armés d'un fusil en bandoulière[1] : à cheval, ils ont de plus une lance ou une pique à la main. Quelle police pourraient exercer les villages contre ces troupes de cavaliers, tolérées par le gouvernement, et dont les chefs sont en même temps de grands propriétaires? Le nombre des vexations et des petites iniquités qu'ils commettent est inconcevable; par exemple, dans les marchés de village, où l'on s'assemble en foule pour vendre des bestiaux, des dattes, du dourah, du tabac, etc., ils ont tout l'avantage de leur côté, et ils dominent aisément la multitude. Il n'y a aucun fellâh qui aurait la hardiesse de leur contester quelque chose, ou de ne pas leur donner sa marchandise au prix que ceux-ci indiqueraient. La pique que l'Arabe plante insolemment à côté de lui en plein marché, semble dire : Je fais ici la loi. On les distingue de loin, dans ces assemblées populeuses, à leur habillement blanc et à leur voix aiguë. Ils s'emparent proprement du marché, et finissent par vendre ou acheter à leur discrétion tout ce qu'ils veulent. En effet, ils ont à leur usage une arme non moins puissante que la lance et la pique; c'est leur astuce excessive, qui ne se peut comparer qu'à leur audace.

Voici le costume qu'ils portent : sur la tête, un tarbouch rouge, presque toujours sans turban ; sur le corps, un barnous ou manteau blanc en laine plus ou moins fine, qu'ordinairement ils font passer sur le haut du

---

[1] La batterie est soigneusement enveloppée dans une poche de cuir; à côté du fusil est le cornet à poudre.

visage et sous le menton, et qui les couvre de la tête
aux pieds. Sous cette robe, ils ont une tunique ou chemise de laine et une ceinture; les plus aisés d'entre eux
portent un gilet sur la tunique, et, aux pieds, des brodequins ou bottines rouges. On les voit, dans ces marchés, portant des pistolets, des sabres, des masses, des
piques, des fusils à baïonnette, et proposant, ainsi
armés, leur marchandise aux paysans. Ils sont si accou-
tumés à porter la carabine derrière le dos, qu'ils ne
l'ôtent presque jamais, même quand ils sont arrêtés.
Les cheykhs des tribus et les plus riches cavaliers ont de
beaux étriers dorés et de bonnes selles, qui ne diffèrent
de celles des Mamlouks qu'en ce que le dos est renversé
et plus bas; ce qui en fait une chaise commode. Est-ce à
des hommes équipés et armés de cette manière que les
*felláh* peuvent rien disputer [1]?

Malgré les engagemens qui lient chaque Arabe à sa
troupe, et les lois qui défendent les violences contre les
paysans, il n'est pas rare de voir le soir, au retour d'un
marché, deux ou trois cavaliers tomber tout d'un coup
sur les *felláh*, et surtout sur les pauvres chrétiens ra-
menant leurs bestiaux, les leur enlever, et, s'ils font
résistance, les blesser ou les tuer. Si l'on va se plaindre
au chef de la tribu, il n'a pas connaissance du fait, ou il

---

[1] J'ai plusieurs fois été le témoin de l'audace qu'ils montrent dans les foires de village. Ils n'étaient pas moins fiers à l'égard des soldats français qu'envers les *felláh* : un Arabe eut l'effronterie d'offrir à acheter à un des nôtres l'épaulette d'un officier français qu'il avait tué. Jamais ils ne saluent les premiers, et ils ne répondent pas toujours au salut. Ce qui les occupe le plus dans la personne qui se présente à eux, c'est l'arme ou l'habit qu'elle porte, le cheval qu'elle monte, et qu'ils conçoivent aussitôt le désir de s'approprier.

nie que les Arabes soient de sa tribu, et le crime reste impuni. J'ai vu plusieurs de ces scènes à Sanaboû et Qousyeh. Les cheykhs mêmes des villages ne sont pas moins opprimés par les Arabes que les simples paysans: l'action violente que je vais raconter en est une preuve, et elle se reproduit sans cesse sous mille formes.

Quelques Arabes de la tribu Aboukoraym allèrent camper sur les terres du village de Beblâou; ils convinrent avec le cheykh d'une certaine somme fort modique pour faire paître leurs bestiaux dans un champ de *helbeh*. Une nuit, deux fusils et deux paires de pistolets se trouvèrent égarés dans leur camp. Le jour venu, les Arabes vont au village à cheval, redemandent leurs armes, appellent les habitans des voleurs, des brigands. Le cheykh, qui n'avait pas connaissance de ce vol vrai ou supposé, ne put leur répondre rien de satisfaisant; ils menacèrent de tirer sur les habitans, si on ne leur rendait leurs armes. Ceux-ci prirent le parti de monter à cheval avec leurs cheykhs. Les Arabes, alors peu nombreux, n'eurent pas l'avantage; on leur tua un homme qui était de la tribu de Faouyd, nouvellement arrivée en Égypte, ainsi qu'une femme et une jument; ils furent obligés de se retirer. Le lendemain le cheykh de la tribu, A'ly Aboukoraym lui-même, part de Sâou, sa résidence, à la tête de sept cents cavaliers, fait cerner Beblâou, et demande le meurtrier de l'Arabe : celui-ci était caché, on ne put le découvrir. Alors A'ly fit saisir de force les quatre plus anciens cheykhs du village et les emmena dans son camp : là, il exigea une somme d'argent considérable pour le *dyeh* ou prix du sang, usage d'après lequel tout meurtre est racheté pour un certain nombre de pataques; ensuite il fit bâtonner ces malheureux vieillards. Ce trait s'est passé presque sous mes yeux, et j'ai quitté Beblâou sans savoir si A'ly avait rendu les cheykhs libres et à quel prix [1].

Tels sont les abus et les injustices que commettent journellement les Arabes propriétaires. Ces hommes sont fort riches et considérés dans le pays; mais cette considération n'est due qu'à la terreur qu'ils inspirent. Qu'un Arabe ait raison ou tort, qu'il soit l'agresseur ou non, toujours le cheykh de sa tribu défend sa querelle avec autant de chaleur que pour la cause la plus juste, et il réunit tous ses moyens pour le venger et le faire triompher.

Une violence à laquelle les *fellâh* ne peuvent mettre un frein, c'est celle que commet une tribu quand elle vient louer des terres parmi eux. D'abord une portion de la tribu vient camper dans un champ dont le fourrage promet l'abondance; une fois que le terrain convient aux Arabes et qu'ils y sont établis, ils entrent en marché avec les cultivateurs pour le prix de la location: mais déjà une bonne partie du fourrage est mangée par les chameaux et les chevaux, et les tentes sont tendues partout. Qu'arrive-t-il? le chef des Arabes propose un prix qui n'est souvent que la dixième partie de la va-

---

[1] Pareille violence s'est commise chez A'bd-allah Ouâfy, qui a saisi et retenu prisonniers dans son camp des cheykhs de Qoçeyr-Beny-A'mrân, parce qu'ils ne s'étaient pas arrangés avec lui pour l'acquisition ou plutôt l'usurpation des terres qui lui convenaient sur la rive droite.

leur, et le fellah n'a pas d'autre parti que d'accepter. J'ai vu partout de pareilles violences, et la plaine remplie de ces camps partiels. Qu'on juge par-là de l'avilissement des *fellâh* et de leur extrême servitude; ils gémissent dans les fatigues et dans les sueurs pour nourrir ces maîtres insolens; ils manquent de vêtemens et de pain, et tout abonde chez les Arabes qui les ont pillés. A peine se permettent-ils un murmure, ou, s'ils se plaignent, c'est tout bas. C'est une chose déplorable que de voir des provinces entières presque infestées d'un bout à l'autre par les camps arabes : en effet, les camps y sont aussi fréquens que les villages; ils se recrutent sans cesse de nouveaux cavaliers qui ne font point partie de la tribu, mais qui viennent y acquérir le droit de pillage, parce que les cheykhs sont propriétaires. Aussi que de terrains incultes et abandonnés dans l'emplacement des tentes et dans leur voisinage! Que de terrains où les grains sont étouffés par les mauvaises herbes, parce que les *fellâh* ont été contraints de fuir et qu'ils n'osent reparaître ni pour la récolte ni au temps des semailles!

Si les Arabes font cultiver quelque terre qui les intéresse, ils trouveront toujours moyen de lui procurer l'inondation au détriment de leurs voisins, et contre tous les usages reçus. Ils se transportent en armes sur une digue, et, sans attendre que les terres supérieures soient suffisamment inondées, ils la rompent eux-mêmes et ils font écouler les eaux sur leurs terres propres; ensuite ils conservent ces eaux autant qu'il leur plaît, se souciant peu que les terres inférieures soient ou ne soient pas arrosées.

S'ils ont besoin des eaux d'un canal, ils y feront autant de coupures qu'ils le trouveront convenable, sans autorisation ni permission; en un mot, ils boucheront, ouvriront, élargiront les canaux à volonté, feront ou déferont les digues suivant leurs intérêts, et cela sans aucune opposition, parce qu'ils sont plus forts que la loi, et que pour eux seuls il n'y a pas de police. Il n'est pas nécessaire d'ajouter que jamais ils ne partagent les frais de curage de canaux, de construction de digues, ni autres frais semblables, quoique ces travaux leur profitent plus qu'à personne.

On est révolté quand on voit ces nobles brigands se promener avec insolence sur les terres qu'ils ont ruinées, et camper autour des villages qu'ils ont dépeuplés. A les voir parcourir à cheval la vallée dans tous les sens, on les prendrait pour les seigneurs légitimes du pays. Quel mal n'ont-ils pas fait à l'industrie, en chassant peu à peu des villages tous les chrétiens artisans! L'exemple en est à Sàoù, à el-A'ryn, et dans presque tous les villages baignés par le canal Joseph. Grâce à la présence de ces tyrans, la plupart des villages où ils dominent sont entièrement abandonnés et presque tous détruits; car ces Arabes ne cultivent ni ne bâtissent. Si quelques terres de ces villages sont encore en culture, c'est que l'inondation vient les arroser annuellement, et qu'il n'y faut aucun travail que l'ensemencement et la récolte. Mais, en revanche, les *felláh* sont contraints de venir de fort loin à la ronde cultiver les terres qui appartiennent aux Arabes. Tel est le triste tableau que présente cette partie de la haute

Égypte; dans la basse, les Arabes sont bien moins puissans.

On peut demander quelle est l'occupation de ces nombreuses tribus. Le gros de la troupe forme un grand camp principal où demeure le cheykh : mais beaucoup de familles sont répandues isolément dans divers cantons, et forment de petits camps composés de cinq à six tentes; là ils font paître les chameaux, les ânes, les chevaux, les bestiaux. Plus de la moitié des hommes ne sont pas montés à cheval, et ils s'occupent, comme on vient de le dire, à mener les troupeaux au pâturage; mais les cavaliers passent le temps à faire des promenades dans la plaine, cherchant toujours quelque objet de rapine. Les jours des marchés publics, ils s'y rendent armés, et y mènent leurs chameaux et leurs bestiaux, qu'ils échangent contre du dourah, de l'orge, des dattes, du tabac, et quelques autres objets de consommation journalière. Pour les dattes, ils en vendent souvent eux-mêmes quand ils reviennent des Oasis, d'où ils en rapportent beaucoup en grandes caravanes[1], ainsi que des abricots secs, du riz inférieur à celui du Delta, et différentes provisions. Ces caravanes les occupent deux ou trois mois de l'année; ils font principalement le voyage de la petite Oasis, qui est située à trois journées au nord-ouest de Dalgé[2]. C'est là qu'ils se retirent, quand ils sont poursuivis en Égypte, ou bien pendant l'inon-

---

[1] Ces dattes sont sèches, mais assez belles, et elles coûtent trois à quatre pataques le qantàr.

[2] Le chemin d'el-Ouah ou la petite Oasis commence derrière Naz-let-cheykh-A'bbâs, au-dessous de Serqné. Il faut faire provision d'eau pour trois jours; dans le pays même, on trouve des sources. Outre le riz et les dattes, ce pays fournit

dation. Souvent aussi, à l'époque du débordement, ils se contentent de camper sur la limite du désert. Quand la paille est rare en Égypte, ils vont aux Oasis, où ils nourrissent leurs chevaux de paille de riz. Les Arabes du Fayoum font aussi ce voyage; et outre les provisions dont on a parlé plus haut, ils rapportent du sel gemme qu'ils exploitent dans les montagnes voisines de cette province[1].

Dans leurs camps, ils font beaucoup d'élèves de chameaux et de chevaux; ce que ne font point les *felláh*. Ce motif sera toujours une considération pour ne pas expulser les Arabes; car il n'y a qu'eux maintenant qui fournissent le pays de chevaux et de chameaux : on en trouverait bien peu aujourd'hui en Égypte, si tous ceux que l'armée française a employés n'avaient été tirés que des campagnes. On connaît la prédilection que les cavaliers Arabes ont pour les jumens; j'en ai souvent demandé la raison à des Bédouins avec qui je voyageais, sans qu'ils voulussent me la dire. On pense communément que c'est pour éviter le hennissement des chevaux, qui avertirait de leur présence, et surprendre ainsi leur proie plus aisément; la vérité est que les jumens soutiennent mieux la fatigue et la soif, qu'elles ont moins de besoins, enfin qu'elles sont moins impétueuses que les chevaux, et plus commodes à monter pour des hommes qui demeurent souvent plusieurs jours de suite

---

de l'orge et du blé. Le chemin s'élève jusqu'à la hauteur de Baháyeh. Plusieurs autres chemins conduisent à el-Ouah : il y en a un en face de Touneh, un autre vis-à-vis Beny-Khâled. De ces chemins il sort des branches qui conduisent à Behneseh et au Fayoum.

[1] *Voyez* les Mémoires d'antiquités, tome VI.

à cheval, sans presque en descendre. Leurs jumens ont un air maigre et chétif; mais elles ne le cèdent point en vitesse à nos chevaux les mieux nourris. Presque toutes ont un pompon blanc, bleu ou rouge, au-dessous du cou, et quelquefois aussi aux oreilles. L'affection des Arabes pour leurs jumens n'est guère moindre que celle d'un homme pour sa maîtresse, tant ils sont inquiets et attentifs pour qu'il ne manque rien à leur bien-être. Mais ils ne se donnent jamais plus de mouvement pour leur procurer une bonne nourriture que lorsqu'ils peuvent le faire aux dépens d'autrui. Combien de fois, voyageant à leur côté, ne les ai-je pas vus descendre de leurs jumens, pour ainsi dire à chaque pas, et les faire arrêter dans les champs de trèfle, d'orge, et même de blé vert ou en épi! Ils les faisaient manger si souvent, que je pense que c'était moins pour satisfaire leur faim que pour le plaisir de les nourrir dans le champ des autres : pour un Arabe, il n'y a pas d'instant plus doux que celui où il se présente un butin à saisir.

Une tribu arabe qui n'a que quelques terres en propriété ou à titre de loyer, s'arroge pourtant de l'influence et une sorte de domination dans un arrondissement qui est beaucoup plus grand que ces mêmes terres, et cet arrondissement est déterminé et distinct de celui des tribus circonvoisines. Une tribu ne sort jamais ou presque jamais de ses limites pour aller sur l'arrondissement des autres; c'est une sorte de convention tacite, qui a été réglée à la suite des querelles et des guerres qui ont existé à ce sujet. Les divers arrondissemens sont contigus et embrassent ainsi tout le territoire. Il n'y a rien de plus singulier que de voir ces prétendus maîtres de l'Égypte se partager ainsi ses provinces, et assigner les limites de leur juridiction respective. Ils n'appellent pas autrement ces arrondissemens que *leur terre, leur pays, leur principauté;* ce qui veut dire que, dans telle étendue de pays, ils ont le droit, exclusivement à tous autres Arabes, de commettre leurs pillages et leurs violences. Je n'ai jamais pu faire passer au-delà de leur arrondissement des Arabes *Ouâfy* que j'avais avec moi pour escorte, ni au-delà de Meylaoüy, des cavaliers que m'avait envoyés le cheykh A'ly Aboukoraym. Il en est de même des *Mahareb*. Le motif en est, qu'outre qu'il n'est pas permis à une tribu de passer sur les terres d'une autre, ils n'aiment pas non plus à voyager sur les bords du Nil, ou près des grandes villes, telles que Meylaoüy, Minyeh, etc., quand ils sont en petit nombre. Un Arabe seul, et dans un endroit écarté, aurait à craindre le ressentiment de quelque cheykh de village, et il est trop prudent pour s'y exposer. En effet, on punit quelquefois le premier Arabe qui se présente, du mal qu'a fait un autre : tout homme à cheval, habillé de blanc et armé d'un fusil, est un brigand aux yeux des *fellâh*, et ils n'ont pas tout-à-fait tort.

Voici la division du territoire entre les différentes tribus que j'ai citées. La tribu *Ebn-Ouâfy*, très-riche en chevaux, est campée au midi du canal appelé *Tera't-el-A'sal*, et jusqu'à Sanaboû vers le nord. Le chef-lieu est Tetalyeh, village situé au nord de Manfalout, et près duquel se trouve un couvent assez considérable; c'est la résidence du cheykh A'bd-allah ebn-Mahmoud ebn-

Ouâfy[1]. La tribu occupe les environs d'El-Ensâr, Meyr, Qousyeh et Sanaboû.

La tribu *Aboukoraym*, cheykh A'ly, a pour arrondissement l'intervalle compris entre Sanaboû et Meylaouy. La résidence du cheykh est à Sâou; ces Arabes sont campés auprès de Beblâou, Dachlout, Sâou, Darout-el-Cheryf, Dalgé, Deyr-mouâs, el-Badramân, Bâouyt, Emchoul, Abou-el-Hedr, Esmoû, Beny-Harâm, Serqné, et même Tendeh et Toukh.

A cette tribu appartiennent les *Tarahouneh*, campés à Tendeh, et les *Gahmeh*, campés sur la rive gauche du canal Joseph, entre Dalgé et Darout-omm-Nakhleh, et jusqu'à Saft-el-Khammâr en face de Minyeh: ceux-ci ont des tentes dans des endroits fort éloignés les uns des autres, et même au milieu des tribus Ebn-Ouâfy et Aboukoraym.

Les *Mahareb* sont presque tous logés dans des maisons; c'est depuis environ quinze ans qu'ils ne campent plus. Ils ont un arrondissement très-considérable, qui s'étend sur la rive droite du canal Joseph, depuis le point qui est en face de Touneh jusqu'à la hauteur de Behneseh, à vingt lieues au nord de Meylaouy. Le chef-lieu est el-A'ryn, où réside le cheykh Abouzeyd. Le cheykh Zeyd habite à Darout-omm-Nakhleh; Hâggy A'bd-allah à Ebchâdeh. Ils occupent el-Mahras, Darout, Ebchâdeh, Echment, et beaucoup d'autres villages.

Les Arabes *Gabâr* ou *Gabâyreh*, *Ghazâyeh*, *Darâbseh* et *Chaouâdy* dépendent tous de la tribu des *Mahareb*, dont ils sont originaires, et sont tous cultiva-

[1] Son père Mahmoud est mort subitement en 1798.

teurs et logés dans des villages. Les premiers, cheykh el-Azis, occupent Toukh-el-Kheyl; les *Ghazáyeh* sont à Darout-omm-Nakhleh et plus au nord à E'zbeh, province de Beny-soueyf. Les *Darâbseh* et les *Chaouâdy* occupent les environs de Beny-Samrag, de Tahâ et de Bougeh : les *Darâbseh* ont encore quelques tentes.

Les Arabes nommés *el-Khouyn* et *el-A'zyb* occupent les environs de Samalout. Quant aux *Tahouy* ou *Mesrâty*, autrement les Arabes de Tahâ, il en sera question plus loin.

La tribu Aboukoraym possède mille chevaux et une très-grande quantité de chameaux. Les cheykhs principaux sont A'ly et Solymân. Les *Gahmeh* ont plus de cinq cents chevaux. Les quatre tribus Ebn-Ouâfy, Aboukoraym, Gahmeh et Mahareb, vont également à la petite Oasis, et viennent en vendre les marchandises dans les grands marchés de Dachlout, de Dalgé, de Sanaboû, de Qousyeh.

Dans les camps arabes, les femmes s'occupent à filer de la laine qui est mise en œuvre dans les villages. C'est de cette étoffe grossière que s'habillent les hommes les plus pauvres; mais les autres achètent dans les villes des barnous en belle étoffe. Les femmes sont encore chargées de piler le dourah, de faire le pain, de préparer le pilau, et de tous les petits travaux domestiques. Ce pain consiste en galettes plates qu'on fait sécher sur la tente, et qu'on fait cuire ensuite avec la fiente de chameaux ou avec du bouz : c'est un simple trou fait en terre qui forme le four. Ils ont ainsi au milieu d'eux les vivres et le combustible. Une fois que la provision de dourah est faite dans une famille, elle peut se passer de tous les secours de l'Égypte; il ne s'agit plus pour elle que de camper près d'un endroit où il y ait de l'eau, et c'est ce que les Arabes savent mieux trouver que qui que ce soit. Leurs tentes renferment des provisions de dattes, de riz, de dourah, un peu d'orge, de blé et de féves; tout est proprement disposé autour des murs, de manière à laisser le local encore très-spacieux. Dans une moitié de la tente sont les enfans et les femmes. Il n'y a presque pas de différence entre le costume de celles-ci et celui des hommes; elles portent, comme eux, des bottines; c'est aussi avec une pièce de laine blanche qu'elles se couvrent depuis les pieds jusqu'à la tête. Je ne les ai pas vues se voiler le visage comme les Égyptiennes, et cependant elles sont généralement un peu plus blanches que les femmes des *fellâh*. En restant ainsi le visage découvert devant des Européens, elles me semblaient tenir de l'effronterie qui caractérise les Arabes et les distingue des Égyptiens. Leurs maris, moins jaloux, ou plus sûrs de leur vertu, n'exigent pas d'elles cette pratique de se voiler la figure, qui, peut-être, en Égypte, n'a d'autre but que de repousser les regards par un masque difforme et déplaisant : moyen toutefois moins efficace que ne serait l'absence même du voile; en effet, quel meilleur remède contre l'amour qu'un visage peint en noir et en bleu [1] ?

Les hommes, dans leurs camps, du moins les gens de

---

[1] On sait que les femmes, en Égypte, se peignent fortement les cils et les paupières en noir, et qu'elles se font des taches bleuâtres sur le menton et sur le reste du visage.

cheval, paraissent n'avoir aucune occupation; on les voit, le tarbouch sur l'oreille, se promener d'une tente à l'autre, les mains derrière le dos et se balançant dans leur marche; ils ont l'air gai, et sont presque tous de bonne mine; quelques-uns, par leur physionomie, par leur embonpoint, leur démarche grave, leur costume ample et étoffé, ont plutôt l'air de riches oisifs que de gens de guerre et de cavaliers : cet air de contentement et de bonheur est ce qui m'a le plus frappé chez les Arabes.

Ce qui n'est pas moins digne de remarque, c'est qu'ils se dispensent des pratiques de la religion. On ne les voit pas s'occuper d'ablutions et de prières, comme les autres musulmans. Ils boivent du vin dans l'occasion, se soucient peu du ramadân; et s'ils pratiquent le pélerinage de la Mekke, c'est pour les bénéfices qu'ils en tirent.

D'après ce qui précède, on voit que leurs camps ressemblent à de grands villages, où l'abondance est sans contredit plus grande que dans ceux de l'Égypte; et sans parler de l'or et de l'argent qui se trouvent dans ces maisons mobiles, tout ce qui est nécessaire à la vie y est rassemblé. La sobriété des Arabes fait qu'ils tirent de l'Égypte plus d'argent qu'ils ne lui en rendent. La vente des bestiaux, des chevaux, des chameaux et de quelques denrées, leur en fournit bien plus qu'ils n'en dépensent pour l'achat des armes, des selles et des vêtemens. On peut assurer d'ailleurs que la plupart sont armés avec des armes dérobées ou enlevées sous mille prétextes; beaucoup d'entre eux s'habillent aussi avec des robes volées sur les *fellâh*. L'argent que les Arabes accumulent ainsi dans leurs mains, doit contribuer à établir leur domination en Égypte, autant que l'accroissement de leur population et de leur cavalerie : et ne voit-on pas que cette influence doit augmenter de plus en plus par la nature des choses, et mettre un jour l'Égypte dans les mains des Arabes ?

Ces hommes, dans leurs camps, ont peu de besoins et sont fort sobres; mais ils deviennent fort exigeans envers les voyageurs qui ont besoin de leur escorte : ils demandent alors une nourriture choisie; il leur faut des viandes rôties, du café, du tabac en abondance; chacun d'eux coûte à nourrir près d'une pataque [1] par jour : à les en croire, ils n'auraient jamais vécu autrement; encore ne sont-ils pas fort dociles ni d'une grande complaisance. C'est ce que j'ai éprouvé parmi les *Ebn-Oudfy*, les *Aboukoraym* et les *Mahareb*, dont je me faisais escorter dans mes courses. Les premiers, quand ils étaient contenus par ma présence, se montraient moins durs envers les *fellâh*. Quant aux *Mahareb*, ils parcouraient à cheval l'intérieur même des villages, et se faisaient fournir mille provisions au nom des Français; plaisir nouveau pour eux, de piller impunément sous le nom des autres [2].

---

[1] Pièce de 90 parats (à peu près 3 livres 8 sous).

[2] Les indignités qu'ils commettaient de gaieté de cœur, font voir leur méchanceté autant que la faiblesse des *fellâh*. Je les ai vus prendre à une pauvre femme accablée par l'âge, une grosse charge de branches de tamarisc qu'elle rapportait péniblement du désert; ils n'avaient cependant pas le prétexte de manquer de bois à la couchée. Comme ils s'applaudissaient de leur vol, j'eus bien de la peine à leur faire rendre ces brins de bois sec, en leur en payant le prix.

Cette tribu des *Mahareb* occupe une grande partie de la province de Minyeh, ainsi que je l'ai dit, et elle étend ses priviléges très-loin; elle est divisée en beaucoup de tribus partielles qui demeurent dans divers villages. Depuis long-temps ils ne campent plus, ils ne portent plus la robe blanche, et ne se distinguent pas d'abord des cheykhs *felláh* par le costume. Les moindres de ces Arabes sont fort bien vêtus. Tel d'entre eux est mieux mis qu'un cheykh de village, parce qu'il porte sur lui la dépouille de quatre cheykhs: cet avantage du costume contribue encore à augmenter leur fierté. Ils n'en vont pas moins piller jusque sur la grande route et sur le bord du Nil; et l'on n'a aucun recours contre eux, parce qu'il est impossible de découvrir à qui se plaindre. Dans l'état actuel, on ne sait trop sous quel point de vue les considérer; reconnus en secret pour des voleurs, on n'ose cependant les poursuivre, parce qu'en apparence leurs cheykhs se conduisent bien dans leurs villages et dans leurs terres, et qu'ils paraissent ne pas prendre part au pillage, quoiqu'ils en partagent le butin. Étant arrivé pendant mon voyage à l'arrondissement des *Mahareb* et sans les connaître, j'entendis beaucoup parler des assassinats que les Arabes commettaient journellement, et je vis qu'il était temps de joindre à ma faible escorte quelques Arabes du pays pour me protéger et m'escorter. Je louai donc à Darout une douzaine de ces cavaliers bien armés. En route, je les questionnais souvent sur les vols et les violences que les Arabes exerçaient dans la vallée, jusque sur le bord du Nil, et près de Meylaouy; jamais je n'avais de réponse. Je vis un peu tard que je parlais à ceux mêmes qui faisaient ce métier, et je m'en assurai par divers moyens. Alors quelle fut mon inquiétude ! Je m'étais livré moi-même aux brigands ; souvent j'allais seul avec eux à quelque distance dans le désert : mes instrumens et mes chevaux, peut-être aussi l'argent qu'ils me croyaient sur moi, excitèrent plus d'une fois leur cupidité; cependant ces honnêtes voleurs se contentèrent de leur paye et de ce qu'ils pouvaient rapiner dans les villages : heureux de pouvoir repaître abondamment et *gratis* leurs chères jumens ! Ces braves tremblèrent quand il fallut entrer dans la ville de Minyeh, où ils craignaient les troupes françaises; mais leur contrat les y obligeait. Ils semblaient marcher au supplice : aussi n'y entrèrent-ils que de nuit, et ils repartirent promptement, sans être aperçus.

Tous les villages où sont établis les *Mahareb*, sont pauvres et dépeuplés, demi-abattus et sans arbres [1] : à peine s'y trouve-t-il quelques *fellâh* pour cultiver, non leurs propres terres, mais celles qui appartiennent aux *Mahareb;* car ces derniers ne cultivent point du tout par leurs mains. Pour eux, point de métier plus noble que de vivre du bien d'autrui, sans peine ni travail, et point de plus méprisable que celui de la charrue : le nom de *fellâh* est chez eux l'équivalent d'un terme injurieux; il signifie homme de boue, fait pour la fatigue, né pour ramper et pour travailler à la nourriture des Arabes. Ils portent si loin le mépris pour la profession de cultivateur, qu'ils ne veulent point que l'on dégrade

---

[1] Les villages qui gémissent sous de palmiers, et ont un aspect nu qui l'influence des Arabes, sont privés les fait distinguer de loin.

le nom de *Bédouin* en l'appliquant à ceux d'entre eux qui ont pris le parti de cultiver par leurs mains, tels que ceux de Tahâ et ceux de Reyremoun; ce sont de vils *fellâh*, disent-ils, qui n'ont plus le sang arabe.

Les *Mesrâty* ou *Tahouy*, autrement les Arabes de Tahâ, très-gros village situé à quatre lieues au nord de Minyeh, y sont établis depuis quelques générations. A l'opposé des autres Arabes, ils ont fait beaucoup de bien à l'agriculture. Quelques-uns seulement sont restés gens de guerre, tous les autres sont cultivateurs; et les terres ont le double avantage d'être fort bien cultivées, et d'être défendues par de braves cavaliers contre les violences des Arabes voisins. Ils sont en mauvaise intelligence avec ces derniers; mais, dans les querelles qui s'élèvent, ils ont toujours le dessus. Je n'ai pas vu en Égypte de paysans plus heureux que ceux de Tahâ; la liberté et l'abondance y règnent sous de bonnes lois et sous le gouvernement d'une famille aimée : aussi l'industrie et l'agriculture y prospèrent-elles, et n'y a-t-il pas de village plus abondant en bestiaux et surtout en bœufs, point de terres où les eaux soient mieux distribuées et les digues mieux entretenues. Le cheykh A'ly Tahouy a fait ainsi de ce village l'un des plus riches de la province : telle est l'influence d'un bon chef, tel est l'effet d'une résistance soutenue opposée aux vexations. Ces Arabes ont fourni mille ressources aux Français, plus facilement que ne l'auraient pu faire vingt villages. Depuis long-temps ils ont cessé de camper et de porter la robe blanche; leur costume est celui des cavaliers *fellâh*, c'est-à-dire une robe de laine brune : comme les autres Arabes, ils ont aussi parmi eux des noirs, qui sont d'excellens cavaliers. J'ai été le témoin d'une querelle entre eux et les *Chaouddy*, où j'ai reconnu qu'ils n'avaient point perdu l'humeur guerrière pour être devenus cultivateurs; et je l'aurais appris à mes dépens, si je n'étais parvenu à arrêter l'effusion du sang entre les deux partis. On aurait de la peine à se faire une idée de la vitesse avec laquelle un des Arabes *Tahouy* se disposa au combat; en un clin d'œil, il releva ses longues manches, fit de son turban une ceinture, la remplit de cartouches, coucha son ennemi en joue, et alors il était seul contre dix.

Tous les Arabes dont il est question dans ce paragraphe (si j'en excepte les *Tahouy* dont je viens de parler), professent à l'égard des *felláh* cet orgueil excessif qu'ils semblent avoir sucé avec le lait. Comme ils ne s'allient jamais avec eux, ils croient conserver par-là un sang noble et pur, fait pour commander à l'Égypte; il n'y a pas jusqu'aux enfans eux-mêmes que j'ai trouvés dans leurs camps, qui ne partagent cette fierté. Il faut convenir qu'elle est bien propre à leur donner un sentiment de force et de supériorité sur les Égyptiens, et à les faire réussir dans les entreprises les plus hardies; de telles prétentions ne siéent pas mal à des hommes aussi forts par leur nombre, leurs mœurs et leurs armes. J'entrai une fois dans un des camps *aboukoraym* : plusieurs Arabes curieux vinrent s'asseoir à mes côtés et causèrent familièrement avec moi et mon escorte; mais bientôt un des chefs de la tribu les emmena en leur faisant de vifs reproches. Alors j'allai vers des enfans dont le vêtement m'avait frappé; parmi eux était le fils du cheykh, habillé d'une robe blanche très-fine et portant un beau tarbouch rouge et des brodequins; comme je m'approchais de cet enfant, il me dit aussitôt d'un air dédaigneux : Je suis Bédouin (*aná Bedaouy*). J'ai trouvé chez les *Gahmeh* un meilleur accueil : ils venaient au-devant de moi, et s'informaient avec curiosité des nouvelles du Kaire; mais il faut attribuer cet accueil à des motifs de crainte et d'inquiétude.

On peut reconnaître les villages de *felláh* où ces tribus dominent, en ce que les habitans se montrent moins soumis à l'autorité et aux lois du pays, comme si la protection des Arabes suffisait pour les garantir de la peine due à la rébellion. Ce sont toujours ces villages qui ont acquitté leurs contributions les derniers, et qui ont commencé les révoltes. Les troupes du gouvernement y sont mal accueillies; et quand ces malheureux prodiguent leurs biens aux tribus arabes avec tant d'aveuglement, ils ont la témérité de refuser le nécessaire aux troupes qui passent chez eux; espérant échapper à des maîtres éloignés, et non à des tyrans qui, semblables au vautour de Prométhée, ne quittent jamais leur proie d'un instant. Dans la province de Minyeh, de forts villages, tels que Darout-el-Cheryf, Dalgé, Dachlout, sont soumis à l'influence des Arabes, qui viennent camper aux portes : si les cheykhs de ces villages n'osent pas résister ouvertement aux ordres qu'ils reçoivent du Kaire, ils montrent du moins une certaine fierté et une malveillance que les Arabes leur suggèrent et qu'ils entretiennent sans cesse parmi eux. Il est vrai que dans d'autres endroits riches en bestiaux et bien armés pour les défendre, tels que le village de Meyr, on ne souffre pas qu'ils campent dans la plaine; du moins les punit-on de leur audace, quand ils osent le tenter. Heureux les *fellâh* assez forts pour déployer ce caractère! ils vivent tranquilles et libres possesseurs de leurs biens, qui ne font que s'accroître par la faiblesse et la ruine des autres.

Dans les villages qui, malgré leur peu de force, essayent de défendre leur indépendance, les Arabes font une invasion subite; ils tuent les cheykhs et les remplacent arbitrairement; ils détruisent les maisons de ceux qu'ils appellent leurs ennemis, s'emparent de leurs terres, et se conduisent si habilement qu'ils finissent par gagner l'amitié des autres.

Certains villages que leur faiblesse et leur position près du désert soumettent nécessairement aux Arabes, leur offrent naturellement cette amitié. Tout calcul fait, elle leur coûte encore moins qu'une haine ouverte.

Les familles arabes peu nombreuses qui possèdent de petits villages et qui sont voisines l'une de l'autre, sont perpétuellement en querelle pour les limites, pour la construction et la rupture des digues, et pour la conduite des eaux. Comme il n'y a pas de tribunaux pour décider ces sortes de procès, ils en viennent ordinairement aux mains. On se tue de part et d'autre; on se poursuit sans relâche avec un acharnement incroyable, souvent jusqu'à extinction de l'une des familles. Alors le vainqueur, sans autre formalité, s'empare des terres des vaincus, et y établit sa famille ou ses protégés. Cependant le gouvernement ne met aucune opposition à toutes ces petites guerres civiles, comme s'il importait peu par qui l'impôt sera payé; et l'on se flatte toujours qu'il le sera, quoique bien souvent il n'en arrive rien, par la raison que de nouveaux venus attaquent et ruinent à leur tour ceux qui ont triomphé.

On connaît la forme des tentes des Arabes; elles sont faites d'une toile appelée *kheych*, qui se fait principalement dans le Fayoum. Ils en forment une pièce qui a vingt à trente pieds de long sur quinze, et la soutiennent par les quatre angles sur des piquets de quatre pieds de haut, au milieu sur deux piquets de six pieds; ce qui donne au dessus la forme d'un toit plat. Ces tentes sont spacieuses et commodes : comme elles sont très-basses et assujetties par des cordes, elles ne craignent rien du vent; quand il tombe de la pluie, elle ne peut entrer que par le devant, qui est le seul côté ouvert.

J'ai observé dans ces tentes une sorte de berceau fait en branches de cornouiller très-dur, épaisses d'un pouce, artistement travaillées et entrelacées; le fond est de forme ovoïde ou en coupe et de couleur brune; le dessus est à jour. Ces berceaux se placent sur un chameau, et servent à transporter une femme et son enfant. Le bois est noirci à la fumée, et le fond est doublé de cuir et quelquefois même tout en cuir. Il arrive rarement aux Européens de voir de ces chameaux à berceau : ce que les Arabes craignent le plus de leurs ennemis, c'est l'enlèvement de leurs femmes; or, ces berceaux élevés les mettent en évidence. On fait servir ces sortes de litières à des promenades comme aux caravanes. En faisant plus de soixante lieues le long du désert, j'ai eu occasion de voir très-souvent des chameaux ainsi chargés de femmes et d'enfans. Il n'est pas nécessaire de dire quelle attention et quel soin mettent leurs maris et leurs parens à les escorter, faisant toujours éclairer leur marche par des cavaliers détachés à une lieue en avant.

Ce qu'on observe encore dans les camps arabes, ce sont les *selouq* ou chiens lévriers; ils atteignent les lièvres et les renards, et sont d'un grand secours pour la chasse aux gazelles, dont la viande est très-recherchée par les Bédouins. Ils ont surnommé le selouq, *l'ennemi de la gazelle* (*a'dou el-ghazâl*). Ces lévriers sont de couleur fauve, plus petits que les nôtres, et extrêmement vites. Les Arabes les habillent d'une étoffe de drap, leur font porter un collier, et les tiennent toujours en laisse. Ils les tirent de Syouâh, où il y en a beaucoup. Leurs propriétaires y mettent un assez grand prix, jusqu'à trente et quarante pataques, et il est difficile d'en trouver à acheter; cependant plusieurs Français sont parvenus à s'en procurer, et des généraux en ont reçu en présent [1].

---

[1] J'ai vu, dans les hypogées ou grottes de la moyenne Égypte, des peintures égyptiennes fort curieuses, qui représentent exactement cette même chasse aux gazelles; il est aisé d'y reconnaître le *selouq* lui-même. Les dessins de ces grottes et l'explication font partie du quatrième volume d'*Antiquités*, pl. 66. *Voyez* la description, t. IV, p. 345. *A. D.*

## CHAPITRE II.

### ARABES GUERRIERS ET PASTEURS, OU ARABES ERRANS.

Cette seconde classe comprend les Arabes qui campent dans l'intérieur du désert ou sur les limites de l'Égypte, et qui sont tantôt en guerre et tantôt en paix avec le gouvernement du pays. Elle n'a point de terres et ne paye point de tribut. C'est la plus nombreuse et la plus forte en chevaux, en armes, ainsi qu'en chameaux et en bestiaux; c'est elle aussi qui fournit aux caravanes les chameaux dont elles ont besoin pour les relations de commerce.

Le déplacement continuel de ces tribus, qui se succèdent souvent dans un même lieu, ne permet pas de connaître exactement leurs noms. A l'époque où je voyageais dans la moyenne Égypte, la tribu des *Aoulâd-A'ly* était la plus forte; son camp était situé à Edmoû près de Minyeh, et contenait plus de mille chevaux : les *Faouyd* étaient au nombre de mille hommes, dont trois cents cavaliers; diverses tribus nouvelles étaient à Abou-el-Hedr, à el-Badramân, à Daront, auprès de Samalout dans la province de Beny-soueyf, et dans les environs du Fayoum.

Ces Arabes changent de canton, selon qu'il s'en présente un plus avantageux pour faire paître les bestiaux, ou plus abondant en eau, ou enfin plus favorable à leurs desseins et à leurs vues de rapine. En effet, qu'ils vivent en paix ou en guerre, ils n'en exercent pas moins de violences et de pillages, sauf à le faire un peu loin de leur résidence connue et avec plus de circonspection. Ce n'est jamais près de leur camp que les Arabes en paix commettent des vols et des assassinats, mais à plusieurs lieues au-delà.

Plusieurs de ces tribus errantes, n'ayant point encore de liaisons dans le pays, ne commettent pas toujours leurs voies de fait impunément, de manière qu'elles sont forcées de se tenir assez loin dans le désert, où elles nourrissent leurs bestiaux comme elles le peuvent; mais le plus souvent elles campent auprès de la lisière de l'Égypte. Là, il se trouve beaucoup de terrains anciennement cultivés (comme on le voit par les puits qu'y pratiquent les Arabes), et que les sables gagnent chaque jour de plus en plus. Souvent l'inondation y arrive; il y pousse alors un tout petit trèfle à feuilles très-fines et crénelées et à fleurs jaunes, qu'ils appellent *ketteh*: ce fourrage est aussi bon pour les bestiaux que le *barsym*, et meilleur même, suivant les habitans du pays, que j'ai vus souvent en aller couper pour leurs chevaux; il est peu élevé, mais très-touffu. Dans les grandes inondations (telles que celle de 1800), il pousse en si grande abondance, que les Arabes y font paître largement leurs chevaux, leurs chameaux et leurs bestiaux, et sont dispensés d'aller dévaster les fourrages des *felláh*. Une pareille année est une année de bénédiction pour les tribus arabes, qui viennent alors inonder de leurs tentes tous les bords du désert : ainsi, en 1801, l'on a vu arriver de l'Afrique plusieurs tribus nouvelles, attirées par le bruit du grand débordement du Nil. Outre ce fourrage, il pousse dans ces mêmes endroits beaucoup de joncs, et il y fleurit une quantité de petites plantes odoriférantes, qui font un excellent pâturage pour les moutons et les chèvres : par suite les bestiaux engraissent ces terres, qui devraient ainsi retourner à l'agriculture, sans la misère et la paresse des *fellâh*, ou plutôt l'insouciance des propriétaires. La terre qui produit ces plantes, est, à la vérité, trop dure pour que la charrue égyptienne puisse y pénétrer; mais pourquoi ne pas approprier les charrues à cette espèce de terrain ? Il est noir comme la terre végétale, mais plus compacte; et il me semble qu'il le doit à un limon très-fin qui s'accumule tous les ans et s'endurcit de plus en plus, car c'est la partie la plus fine du limon que l'inondation dépose le plus loin du Nil. Les terres de cette espèce forment quelquefois de longues prairies qui s'étendent jusque dans la campagne et rendent incertaines les vraies limites du terrain cultivé. Ces prés sont émaillés de fleurs roses et violettes, dont l'aspect et l'odeur sont également agréables : aussi les bords du désert sont-ils dans certains endroits, tels que Meyr, el-Ensâr et ailleurs, beaucoup plus gais qu'aucune partie de l'Égypte, où l'on sait qu'il n'y a point de gazon.

Les Arabes qu'on chasse des terres cultivées, se bornent donc à fuir sur la limite du désert ou un peu au-delà; on les croit souvent fort loin, quand ils sont tout près de l'Égypte et de ceux qui les poursuivent, cachés derrière une colline sablonneuse : ils connaissent les puits et tous les étangs que forme l'inondation, lorsqu'elle pénètre jusque dans les sables; et si vous suivez les traces de leurs chameaux, vous serez conduit infailliblement à des endroits où il y a de l'eau potable. Qu'on n'imagine donc pas nuire aux Arabes en leur faisant la guerre comme on l'a faite jusqu'ici. Ils savent d'avance qu'une colonne de fantassins marche à leur poursuite; alors ils chargent leurs grains, leurs tentes, leurs bagages, leurs familles, sur des chameaux, et les font partir en avant; puis ils se rassemblent tous à cheval et les suivent, et ils sont hors de votre portée avant que vous sachiez ce qu'ils sont devenus. Si on les atteint, ils se défendent facilement contre des gens harassés et en petit nombre; ils font plus de mal qu'on ne leur en fait, et ils lassent bientôt des piétons à moitié vaincus par la soif. Enfin, si l'on est en état de les repousser, ils fuient et vont rejoindre leurs chameaux au rendez-vous, c'est-à-dire beaucoup trop avant dans le désert pour pouvoir les y poursuivre. Ce n'est pas tout: quand ils ont appris que la colonne est passée, ils reprennent leur poste avec confiance, sachant bien qu'on ne les attaquera pas une seconde fois; si cela arrivait, ils sont tout prêts à faire le même manége, qui n'a rien de fatigant pour eux, et ils se dérobent à une seconde recherche avec encore plus de facilité.

J'ai vu plusieurs tribus en agir ainsi dans la haute et dans la basse Égypte: ni la cavalerie ni l'infanterie ne leur ont fait le moindre tort, et l'on n'a rien pu faire contre eux que de détruire quelques huttes et brûler des tas de chaume. Les Arabes ont un avantage inappréciable, c'est d'avoir dans les villages mêmes des dépôts assurés pour les grains et les autres provisions qui les embarrasseraient dans leur fuite : ils obtiennent sans difficulté ce service de la part des cheykhs de village, et l'on n'a aucun moyen de reconnaître les dépôts.

La tribu Aoulâd-A'ly, chassée des environs d'Alexandrie pendant l'hiver de 1800, s'est retirée dans la haute Égypte sans qu'on s'en doutât; pendant qu'on la croyait dans la Libye, plus de mille cavaliers sont venus s'établir à Edmoû, avec un nombre considérable de chameaux. A Samalout, on a voulu surprendre un grand parti ennemi; mais il a été averti à temps, et a presque tout sauvé, sans perdre un seul homme.

Est-il donc impossible d'atteindre une tribu ennemie? Si l'on avait plusieurs corps d'hommes bien équipés et bien armés, montés sur des dromadaires, et portant avec eux des vivres et de l'eau, de manière à poursuivre, au besoin, les fuyards jusqu'à cinq à six journées dans le désert, si l'on entretenait en outre des espions fidèles, il n'y a pas de doute que l'on n'atteignît à la fin les chameaux chargés. L'appât du butin est assurément plus qu'il ne faut pour soutenir les soldats dans ces courses fatigantes. Il n'y aurait point de tribu arabe, quelque forte qu'elle fût, qui ne pût être détruite en plusieurs jours, ou au moins dispersée et privée de ses femmes, de ses enfans, de chameaux, de tentes et de provisions, si elle était poursuivie par cinq cents cavaliers-dromadaires bien commandés et bien éclairés dans leur marche [1].

[1] On peut juger de cette assertion par les premiers résultats que les

Il se présente ici une autre question. Doit-on faire la paix avec quelques-unes des tribus errantes? ou bien doit-on les traiter toutes en ennemies, sans même en excepter les Arabes propriétaires qui campent dans l'intérieur de l'Égypte?

Quand on considère qu'on ne tire nul avantage de la présence des Arabes, qu'au contraire ils sont à portée de nuire à chaque instant, en partageant et soutenant les révoltes, et en grossissant le parti d'un ennemi qui viendrait se présenter, il est incontestable qu'il faudrait ne laisser en paix aucune tribu, si l'on n'était retenu par la crainte de manquer bientôt de chameaux et de chevaux dans les marchés d'Égypte. On pourrait, à la vérité, encourager l'éducation de ces animaux dans les campagnes, et s'en procurer à une certaine époque une quantité suffisante; mais cette époque est bien éloignée, et l'on courrait le risque d'en manquer subitement. Toutefois il y a d'excellentes raisons pour ne permettre à aucune des nouvelles tribus qui se présentent annuellement en Égypte, de mettre le pied sur le sol. En effet, des étrangers campés aux portes d'un pays ne peuvent être que des voisins pernicieux; et quel fléau n'est-ce pas que de pareils hommes dans une vallée aussi étroite que l'Égypte! Est-il d'une saine politique de souffrir au sein même de la contrée une troupe ennemie, de demeurer tributaire de ces marchands de chevaux, et de leur laisser enlever une grande partie de l'argent du pays? Qu'annoncent toutes ces émigrations de la Bar-

Français ont obtenus d'une institution pareille, pendant l'expédition d'Égypte.

barie, si ce n'est la pauvreté des familles qui en sortent, et le dessein qu'elles ont de s'enrichir aux dépens de l'Égypte, ce qui ne leur est que trop facile par la mollesse du gouvernement? Tout bien pesé, l'on ne devrait jamais traiter avec ces tribus nouvelles, puisqu'il n'y a point de traité sans avantages réciproques.

Quant aux Arabes *moultezim*, s'il était bien reconnu que leurs propriétés fussent toutes dues à des invasions, et que celles-ci fussent assez récentes pour que les vrais propriétaires pussent en réclamer la restitution et les recouvrer eux-mêmes, on devrait sans doute chasser de l'Égypte, sans exception, tous les Arabes qui y campent, ou au moins leur enlever leurs terres, les réduire à la condition de simples cultivateurs, les faire renoncer à leurs armes, à leurs chevaux, à leurs chefs, à leur régime de tribu, enfin les confondre avec la population. Mais il n'en est pas ainsi, beaucoup de villages appartiennent en propre à des Arabes. Il y a, depuis un temps immémorial, dans la haute Égypte, des cheykhs arabes propriétaires et même indépendans; ils ont toujours gouverné dans leur canton en même temps que les Mamlouks; et même plusieurs s'y sont fait estimer par les soins qu'ils donnaient à l'agriculture.

On ne pourrait donc que faire restituer les usurpations connues et récentes, et laisser aux Arabes les terres qui leur appartiennent par droit d'une ancienne possession; mais, dans tous les cas, il faudrait proscrire de la manière la plus rigoureuse l'usage des tentes. Une fois ces cavaliers répartis dans les villages et adonnés à la culture, on verrait cesser tous les pillages partiels, et surtout cette funeste distinction des Arabes et des *fellâh*. Il n'y aurait pas d'injustice à empêcher ces hommes de camper, et, en cas de résistance, à les expulser tout-à-fait ; car un pays civilisé, un pays de plaine, aussi facile à piller par la cavalerie, ne doit point tolérer ce grand nombre d'oisifs sans siége fixe, libres de toutes leurs actions, et au-dessus des lois.

Quoi qu'il en soit, on ne peut se dispenser de faire attention à l'accroissement successif de cette cavalerie ambitieuse autant qu'indocile, qui menace d'envahir insensiblement toutes les terres ou même l'empire du pays. Peut-être un jour sera-t-il trop tard pour résister à cent tribus qui fourniraient chacune cinq cents cavaliers. Une pareille armée, si elle venait à se réunir, ne serait-elle pas assez puissante pour se rendre maîtresse de l'Égypte ?

Qu'on ajoute à cette puissance militaire celle de l'argent qui s'accumule sans cesse dans leurs mains, comme on l'a déjà dit des Arabes cultivateurs. En effet, la vente de leurs bestiaux, les loyers des caravanes, le produit de leurs chevaux et de leurs chameaux, et le reste de leur commerce, font passer dans leurs camps une grande quantité de numéraire, dont il ne rentre pas la dixième partie en Égypte par l'achat des objets nécessaires à la vie ; car les Arabes n'ont presque pas de besoins [1].

L'avidité pour l'argent est chez les Arabes la pre-

---

[1] L'argent que les Arabes ont gagné à Alexandrie pendant six mois de siége, est énorme. Étroitement bloquée par les Anglais, cette place ne pouvait recevoir aucun approvi- sionnement de Rosette, ni par mer ni par terre. En contournant le lac Maréotis, les Arabes vinrent à bout d'y introduire des grains. Comme on n'y consommait que des vivres

mière passion. La vue seule d'une pièce d'or les déride
et les fait sourire. Ils n'estiment un homme que par
l'argent qu'il a ou qu'ils peuvent en espérer; et s'il en
manque, il trouve en eux des hommes inaccessibles et
impitoyables. J'ai vu les malheureux Alexandrins,
livrés à une horrible famine, implorer d'eux, presque à
genoux et l'argent à la main, quelques mesures de blé
pour faire vivre leurs familles à peine pendant deux
jours ; mais les Arabes refusaient pour un médin. Le
cœur d'un Bédouin est un rocher que l'or seul peut
amollir.

Les Arabes errans, en guerre ou en paix avec les
maîtres du pays, conservent toujours avec quelques
cheykhs de village certaines relations qui leur assurent
des subsistances et des secours cachés ; c'est-à-dire que
ceux-ci se prêtent à recéler leurs bagages, leurs grains
et leurs effets. Peut-être un cheykh garde-t-il chez lui ce
que ces Arabes lui ont pris la veille à lui-même ; mais
c'est ainsi que les *felláh* sont forcés de baiser la main qui
les assassine. Je les ai entendus appeler bons, honnêtes,
ceux des Arabes qui ne les tuent pas et se contentent de
les piller.

Cet abus des dépôts secrets que reçoivent les cheykhs,
est un des plus importans à détruire. J'ai vu de ces
hommes, assez aveugles pour être martyrs de leur parole, conserver le bien des Arabes au prix de leurs

---

de première nécessité, et que ce
sont les Arabes seuls qui les ont
procurés à un prix excessif, il est
clair qu'ils auront emporté de cette
place plus de deux millions ; car il s'y
trouvait plus de deux mille personnes dépensant un sequin par
jour : en outre, l'on délivrait treize
mille rations journellement.

propres biens, au prix de leur liberté; j'en ai vu même braver une peine infamante, recevoir long-temps le supplice de la bastonnade, avant d'avouer les dépôts dont ils étaient chargés. Ce n'est pas là de l'héroïsme, et je n'admire point cette fidélité à des promesses arrachées par la terreur : mais je plains leur erreur et leur faiblesse; je les plains de se trouver presque obligés par leur situation précaire à desservir le gouvernement et à protéger ses ennemis. On souffre à voir des punitions si cruelles et si humiliantes infligées à des vieillards vénérables, à des hommes qui sont juges, prêtres et seigneurs à-la-fois dans le lieu où ils commandent. Me trouvant le témoin de pareilles scènes, j'espérais du moins que des exemples de sévérité désabuseraient les cheykhs, et pourraient les éclairer sur leur véritable intérêt : cet intérêt n'est pas de secourir des vagabonds qui se succèdent et qui viennent les piller tour à tour, mais de s'attacher au gouvernement qui est toujours le même, et de réclamer ensuite son appui contre les brigands; les impositions qu'ils acquittent leur donnent droit à cette protection.

Mais tel est l'état des choses, qu'un cheykh el-beled fait successivement bon accueil aux troupes qui passent dans son village pour aller à la poursuite des Arabes, et à ces mêmes Arabes qui y repassent ensuite; trop heureux s'il n'est pas puni par les deux partis de les avoir accueillis l'un après l'autre! Je trouvai une fois à Eçhment une vingtaine d'Arabes connus par leurs pillages; quand ils virent arriver nos premiers soldats, ils sortirent du village et remontèrent tous à cheval : on était trop près pour ne pas se disposer au combat; ils se serrèrent entre eux, tirèrent leurs fusils de derrière le dos et les posèrent droits sur le genou en signe de guerre; puis ils défilèrent avec fierté deux à deux. Comme il n'y avait alors que sept à huit soldats de réunis et que l'on était embarrassé des bagages, on fut contraint de les laisser partir sans les poursuivre, et d'attendre une autre occasion pour châtier ces maraudeurs. Les cheykhs du village vinrent aussitôt vers nous, et nous firent une excellente réception, la même qu'ils venaient de faire aux Arabes; et ils nous dirent d'eux autant de mal que sans doute ils leur en avaient dit sur notre compte.

On a vu que les Arabes errans nourrissent le plus souvent leurs chevaux et leurs bestiaux, sur le bord du désert, avec les herbages qui s'y trouvent; mais c'est quand ils ne peuvent pas piller les fourrages de la campagne, qu'ils ne sont pas assez nombreux pour s'y établir, et qu'ils craignent quelque résistance. Dans l'autre cas, ils ne manquent jamais de fourrager, ils ne respectent rien; ils font passer leurs chevaux sur les grains jeunes ou en épi, et leur font manger le blé ou l'orge en herbe : c'est un contraste singulier que de voir le dégât que font leurs jumens lâchées dans les blés et le trèfle, et un peu plus loin, le cheval d'un cheykh de village attaché à un pieu auprès des broussailles. Il arrive quelquefois que cette tyrannie indigne les habitans : alors, s'ils ont dans leur village quelques cavaliers, ils fondent sur les Arabes, et ceux-ci ne manquent presque jamais de fuir. Mais, si les Arabes ont perdu un homme dans l'affaire, voilà une querelle interminable; les parens du mort viennent en force demander justice : on la refuse; on en vient encore aux mains, et ensuite, de part et d'autre, suivant l'occasion, on s'assassine individuellement. Le meurtre d'un seul Arabe dans un village peut mettre celui-ci en butte à la persécution de toute une tribu pendant plusieurs années; et il faut qu'il la satisfasse promptement, s'il ne veut pas se voir anéanti. Combien ai-je vu de villages dans ce cas-là, qui aujourd'hui ne présentent plus que des ruines et sont sans habitans, pour avoir osé soutenir une querelle où les Arabes étaient les agresseurs !

Quand vient l'inondation, les Arabes errans se retirent tout-à-fait de la plaine durant trois mois; ce qui fait pour eux le temps le plus misérable et le plus triste de toute l'année. La grande chaleur du désert, d'où ils ne peuvent plus sortir, n'est tempérée par rien : il faut que leurs bestiaux broutent les tamariscs; encore n'y en a-t-il pas toujours. Ils sont forcés, pendant ce temps, de donner de l'orge à leurs chevaux; mais sur les douze mois de l'année, il y en a plus de huit où cela n'arrive pas.

Après l'inondation finie, le dourah ne tarde pas à mûrir; c'est alors que commencent les excursions. Malheur aux villages trop faibles pour défendre leur récolte ! car le dourah étant le pain des Arabes aussi bien que des *felláh*, c'est aux premiers, comme aux plus forts, qu'il finit par appartenir, au moins en partie.

La nourriture des Arabes errans est, en général, plus mauvaise que celle des autres. Pour la plupart, ils sont mal vêtus, leur teint est plus hâlé, ils sont aussi plus durs à la fatigue; en général, ils ont la physionomie plus ingrate, toujours fausse et méchante. Les cavaliers sont tous habillés en blanc, les femmes et les piétons en brun. On voit dans leurs camps beaucoup d'hommes qui ont un bandeau sur les yeux, comme dans les villes de l'Égypte : car c'est une erreur de croire qu'ils ne sont pas sujets à l'ophthalmie. Ils ne font rien pour s'en guérir, et ils continuent de monter à cheval et de coucher à la rosée, comme à l'ordinaire. Ces Arabes n'ont point d'occupation fixe, étant toujours en mouvement, toujours en marche. Semblables aux bêtes fauves, ils s'en vont toujours cherchant leur proie, et ne s'arrêtant que là où la rapine les retient.

Leurs mœurs et leurs habitudes sont d'ailleurs les mêmes que celles des autres Arabes. Ils vivent contens de leur sort, heureux de ce qu'ils possèdent. De même qu'un cheykh est vénéré dans sa tribu, ainsi un chef de famille est respecté des siens. S'il a en propriété deux chevaux, autant de chameaux, quatre moutons, un fusil, une tente, le voilà au comble de ses désirs. Comme parmi eux il n'existe guère d'autres lois que les lois domestiques, et qu'il n'y a point d'impôt ni d'autre obligation, leur camp est la véritable image de la liberté, telle qu'aucune société n'en jouit. Chaque Arabe ne rend compte qu'à lui-même de ses gains, de ses affaires, de ses actions : quand il se prépare une caravane, il loue ses chameaux à un marchand, et fait son prix comme il l'entend, sans avoir rien à démêler ni avec son cheykh ni avec personne. Il grossit son pécule par la vente des jeunes chameaux, des petits de ses jumens, de la laine de ses moutons, et par le reste du commerce qu'il peut faire. C'est ainsi qu'il arrive à une grande vieillesse, honoré et chéri de ses enfans, et meurt après avoir joui toute sa vie des premiers biens de l'homme, la santé et la liberté; en mourant il laisse ses fils mariés et déjà pères de famille, riches de sa fortune et de celle qu'ils ont acquise.

Les Arabes les plus pauvres sont ceux qui n'ont point de chevaux ni de chameaux à eux, ni même de tentes; mais ils ont au moins quelques ânes dont ils font des élèves et qu'ils vendent dans les marchés. Ces hommes ne paraissent pas malheureux : l'habitude des privations leur en déguise l'incommodité; ils ne désirent pas des biens qu'ils ignorent, ou qu'ils croient du moins au-dessus de leur fortune; mais bientôt ils se tirent de cette condition. Comme leur ambition principale est de devenir maîtres d'une jument, ils ne tardent pas à en trouver le prix dans la vente de quelques moutons et de quelques ânes; un fusil et un sabre sont, après la jument, ce qu'ils se procurent le plus tôt qu'ils le peuvent. Au reste, on voit ces hommes, dans l'état le plus misérable, partager avec les cheykhs des plus anciennes familles la fierté du nom de Bédouin, le mépris pour les Européens et pour tout ce qui n'est pas arabe.

En général, on ne trouve chez les simples Bédouins que les choses de première nécessité[1]. Mais il ne faut

---

[1] Parmi les objets de première nécessité, il faut compter le tabac : mais beaucoup d'eux en manquent; ils recherchent même avec empressement le tabac à priser : j'ai vu des Arabes descendre, pour en obtenir, jusqu'à causer familièrement avec nos soldats.

pas juger par eux des chefs de tribu, dont les ressources ne le cèdent pas à celles des Arabes propriétaires. Les grands cheykhs et leurs familles, et les autres cheykhs secondaires, sont riches, relativement aux Égyptiens ; ils tirent de gros revenus des caravanes ; ils ont plusieurs femmes et beaucoup de domestiques. La nourriture est frugale chez eux, mais saine et abondante : les belles armes et les beaux chevaux n'y sont pas rares. Quelquefois ils achètent des esclaves noirs pour en faire des cavaliers.

Les Bédouins manquent rarement de poudre à tirer ; ils se la procurent dans des villages où elle se fabrique secrètement : cette poudre est, au reste, d'assez mauvaise qualité. Le gros village d'Achmouneyn leur en fournit beaucoup, parce qu'il s'y fabrique plus de salpêtre qu'ailleurs, à raison de l'étendue des ruines d'*Hermopolis magna*[1], où le village est bâti.

Quoique les Arabes errans soient inquiets et soupçonneux, il arrive pourtant quelquefois qu'ils sont surpris : alors, aussitôt qu'ils aperçoivent des troupes, s'ils n'ont pas assez de temps pour lever le camp, ils se bornent à faire partir en toute hâte les chevaux et les chameaux ; il ne reste dans les tentes que des femmes, des vieillards et des enfans ; ceux-ci vous reçoivent bien, et vous croyez être dans un camp ami, au lieu des ennemis que vous cherchiez. Cependant il serait facile parfois d'enlever de grandes troupes de chameaux, parce que ces tribus ne sont jamais sur leurs gardes quand

---

[1] Ces ruines fournissent une poussière dont on a déjà parlé, qui renferme beaucoup de nitre.

elles ne savent pas être poursuivies : souvent ils en confient des centaines à trois ou quatre hommes qui les mènent au pâturage; quelquefois tous les chameaux d'une tribu, au nombre de deux mille, s'en vont paître à une lieue du camp, sans aucune escorte.

Quelques-unes de ces tribus errantes sont fixées depuis assez long-temps en Égypte, et demeurent presque toujours en paix avec le gouvernement; elles lui prêtent des secours, et leur conduite est à peu près sans reproche, tout le temps qu'une bonne conduite n'est pas en opposition avec leurs intérêts. Les Terrâbins, les *Houahytât* et aussi les *Bily* peuvent être cités en exemple. Ils font toutes les caravanes de Soueys et de Syrie, et sans eux le commerce de la mer Rouge par Soueys aurait lieu difficilement.

La prononciation de la langue arabe dans la bouche des Bédouins est bien différente de ce qu'elle est dans la bouche des Égyptiens. Loin d'être aussi dure, elle n'est pas sans agrément; elle a quelque chose de doux, des inflexions plus molles et des aspirations moins prononcées : mais elle a l'inconvénient d'être plus brève et plus difficile à saisir. Ils prononcent presque toujours à voix basse et les dents serrées. Leurs intonations sont variées, leur voix modulée et chantante dans le simple discours et dans la conversation ordinaire; la plupart élèvent la voix jusqu'à la haute-contre. Je n'ai jamais entendu articuler plus purement que chez eux la lettre *r*, et plus agréablement l'*r* grasseyée ; et ils le font sans que jamais ces deux lettres se confondent. Enfin toutes les articulations propres à la langue arabe, même le *kh* ح

DE L'ÉGYPTE MOYENNE. 325

et le son guttural, prennent dans leur bouche une douceur particulière qui approche de celle des langues d'Europe, et qui surprend en Égypte. Cela est surtout remarquable dans la prononciation du *gim* ج que plusieurs prononcent, non pas *gua, gué,* comme au Kaire, ni *dja, djé,* comme les Arabes en général, mais *ja, jé,* presque comme un *z*, à la manière des enfans ou des personnes efféminées. Ils font entendre le *the* ث fort doucement dans les mots où il se trouve. Je les ai plusieurs fois ouïs chanter, dans leurs marches de cheval, un air monotone et nasillard, dont les mots n'ont pas de sens, et presque sans ouvrir les lèvres; on n'y distingue que la syllabe *dia* qui revient toujours : tous les Bédouins ont de commun cette manière de chanter entre les dents. Au reste, ils témoignent beaucoup de mépris pour la manière dont les Égyptiens parlent et prononcent l'arabe.

---

Les observations qui font le sujet de ce mémoire, faites primitivement dans le pays avec le seul dessein d'étudier les Arabes et leurs mœurs, pourraient paraître sans but, si elles ne se rattachaient pas à un lien commun, et si elles ne fournissaient quelques conséquences qui auront déjà frappé l'esprit du lecteur judicieux. Pour se borner ici à la plus importante de toutes, il est aisé de conclure de ce qui précède, que les Arabes établis en Égypte s'accroissent de plus en plus en nombre et en puissance, et qu'ils s'empareront un jour de l'autorité, si l'on ne met un frein à leurs invasions. Quelles que soient en effet l'origine et la condition de ces Arabes, soit qu'ils habitent des tentes ou des villages; soit qu'ils cultivent et fassent cultiver des terres, ou bien qu'ils ne s'occupent que des caravanes et du commerce des bestiaux et des bêtes de somme; soit qu'ils appartiennent aux anciennes tribus de l'Asie, ou qu'ils viennent de l'Afrique et des bords de la Méditerranée; soit enfin qu'ils vivent en paix ou en guerre avec les maîtres du pays, on voit qu'ils sont tous animés du même esprit, qu'ils se croient supérieurs aux naturels et nés pour commander sur les bords du Nil, et qu'ils regardent l'Égypte comme leur bien propre. Le salut du pays est dans la division actuelle de toutes ces tribus, et tient uniquement à l'absence d'un chef assez puissant, assez habile, pour se mettre à leur tête. Si quelque événement important venait à distraire l'attention des souverains de l'Égypte, le premier signal suffirait pour allumer l'étincelle; et s'il est permis de peser les vraisemblances quand il s'agit de l'avenir, on doit regarder cette révolution comme une des plus probables dont l'Orient soit menacé.

Quant au caractère des Arabes tel que je l'ai représenté, on pourra trouver que cette peinture s'accorde peu avec la réputation de loyauté et de franchise qu'ont donnée à cette nation la plupart des voyageurs; mais j'ai voulu transmettre au lecteur, avec fidélité, l'impression même que j'ai reçue au milieu de leurs camps. J'ai dû montrer les Arabes tels que je les avais vus en Égypte, non comme ils sont ailleurs: les réflexions qui me sont venues à la pensée en les voyant agir, les expressions mêmes qui m'ont servi à retracer ces réflexions, je les ai conservées, persuadé qu'un voyageur a un autre but qu'un historien, et qu'il doit, avant tout, rendre un compte naïf des sentimens qu'il a éprouvés. Sans doute les Bédouins du désert proprement dit, et surtout ceux de la presqu'île Arabique, présentent des traits un peu différens; et je veux croire que non-seulement ils sont moins avides et de mœurs plus douces, mais qu'ils pratiquent l'hospitalité, la foi à leurs engagemens et d'autres vertus : ceux mêmes que j'ai vus en Égypte ne manquent point des vertus domestiques. Mais ceux-ci se trouvent dans une situation différente de celle des premiers : la richesse du pays qu'ils fréquentent, en opposition avec le dénuement du désert, excite chez eux davantage la cupidité et l'avarice, mères de la perfidie et de tous les crimes. D'un autre côté, l'exemple des Égyptiens et des Mamlouks n'a fait qu'ajouter à leurs vices; il a fait naître parmi eux des besoins qu'ils ignoraient dans leurs déserts, et des goûts étrangers à ces mœurs simples et patriarcales qui forment le caractère distinctif des Arabes : caractère d'autant plus remarquable, qu'il s'est conservé avec peu d'altération depuis un temps immémorial, quoique la religion de Mahomet ait fait asseoir cette nation sur plusieurs trônes de l'Asie, de l'Afrique et de l'Europe.

# MÉMOIRE

## SUR LES TRIBUS ARABES

### DES DÉSERTS DE L'ÉGYPTE,

#### Par M. DU BOIS-AYMÉ,

Membre de la Commission des sciences et des arts d'Égypte.

L'Égypte, depuis Syène jusqu'au Kaire, est une longue et étroite vallée [1], bordée de montagnes stériles, dont le roc ne présente même que fort rarement ces mousses imperceptibles qui, en Europe, recouvrent et colorent les pierres exposées à l'air : aucune rivière, aucun ruisseau, ne les sillonnent ; car on ne peut donner ce nom aux torrens éphémères causés par des pluies extrêmement rares : ce n'est que dans le fond des vallées que l'on rencontre quelques plantes éparses, et que l'on trouve, à de grandes distances les uns des autres, des puits qui ne sont souvent que des trous peu profonds, creusés dans le sable, dont l'eau, quoique potable, est presque toujours légèrement salée, et jamais assez abondante pour servir à établir quelques cultures. Ces vallées se coupent en plusieurs sens ; celles qui aboutissent à la

---

[1] Sa largeur moyenne est d'environ trois lieues.

vallée du Nil, s'élargissent en s'approchant de l'Égypte, et forment alors des plaines de sable, qui vont joindre le terrain cultivé et quelquefois même le Nil. Il n'y a de végétation active que sur les terres arrosées naturellement ou artificiellement par ce fleuve, et leur extrême fertilité contraste fortement avec le cadre aride dont elles sont entourées.

Au-dessous du Kaire, le Nil se divise en plusieurs branches; l'Égypte s'agrandit; les montagnes s'abaissent et se terminent bientôt en de vastes plaines de sable, qui, au nord, aboutissent à la Méditerranée, se lient vers l'est aux déserts de la Syrie et de l'Arabie, et s'étendent à l'ouest dans l'intérieur de l'Afrique.

Ces montagnes arides, ces vallées stériles, ces plaines de sable qui pressent l'Égypte de tous côtés, et semblent exclure de dessus leur sol tout être vivant, sont cependant habitées par des hommes belliqueux, nommés *A'rab Bedaouy*[1], qui, divisés par familles, errent avec leurs troupeaux dans ces vastes solitudes. Chez eux, les villes sont des camps, les maisons sont des tentes : quelques broussailles, quelques plantes épineuses, éparses çà et là, sont les seuls pâturages de leurs troupeaux, et ceux-ci peuvent fournir à tous leurs besoins. Mais la guerre et le pillage leur offrent encore d'autres ressources, d'autres moyens d'exister ; on les voit rôder autour de l'Égypte, comme des animaux affamés autour d'une riche proie : tantôt ils tâchent, par des traités avec les souverains de l'Égypte, d'obtenir la permission

---

[1] Ce mot signifie *homme du désert* ; les Français en ont fait *Arabe Bédouin*.

de s'établir dans des cantons fertiles; tantôt ils y pénètrent à main armée, enlèvent les troupeaux, les moissons, et se retirent promptement dans leurs déserts. Y sont-ils poursuivis, l'habitude de supporter long-temps la soif, de braver les plus grandes fatigues, les dérobe à un ennemi accoutumé à une vie moins dure : le désert est pour eux comme une forteresse inexpugnable, qui protége leurs conquêtes et où ils se réfugient dans les grands dangers.

En Europe, lorsque l'ennemi fuit, nous nous emparons de ses champs, de ses villes; nous nous enrichissons de ses revenus, de ses trésors : il laisse derrière lui des parens, des amis, des propriétés qu'il regrette. Les Bédouins ne laissent derrière eux qu'un sable inculte; et sont-ils obligés d'abandonner quelque chose, ils s'en dédommagent bientôt par de nouveaux pillages : car, tandis qu'on croit les chasser devant soi loin de l'Égypte, ils y sont souvent rentrés par une contre-marche. Ils ont des fosses secrètes où ils enterrent des dattes, du grain, et jusqu'à de la paille pour leurs troupeaux. Le vaste horizon qui les entoure, et la blancheur du sable sur lequel les hommes et les animaux se détachent comme des points noirs, leur font découvrir l'ennemi presque d'aussi loin que la vue peut s'étendre en mer; ils n'ont à craindre que les surprises nocturnes : maîtres, en un mot, de donner ou de refuser le combat, sont-ils les plus forts, un prix certain les attend; sont-ils les plus faibles, ils fuient, et l'ennemi ne gagne rien à leur fuite. Aussi toutes leurs guerres avec l'Égypte se terminent-elles assez ordinairement à leur avantage, et les souverains de ce pays finissent presque toujours par leur abandonner quelques terrains fertiles sur la limite du désert. Les Bédouins, de leur côté, s'engagent alors à ne plus piller les campagnes, souvent même à payer une redevance pour les terres qu'on leur cède; mais, toujours en armes, toujours campés sur le bord du désert, ils veillent au maintien d'un traité que la fatigue ou la crainte a seule consenti, et que la trahison est toujours prête à rompre.

Il est cependant quelques tribus qui, amollies par une longue paix, ont fini par s'éloigner du désert, s'étendre dans l'intérieur de l'Égypte, et passer insensiblement de l'état de pasteur à celui de cultivateur; la perte de leur indépendance en a toujours été la suite. La haute Égypte en offre un exemple récent. La tribu des *Haouárah*, venue des environs de Tunis quelque temps après la conquête de l'Égypte par Selym, s'était établie dans le Sa'yd; d'abord sur la limite du désert, elle s'empara ensuite, par force et par adresse, d'une grande partie de la haute Égypte, et consolida son établissement en payant une redevance au gouvernement du Kaire. Devenus de riches propriétaires, les *Haouárah* perdirent insensiblement leurs habitudes nomades; les tentes se changèrent en maisons, et l'amour exclusif de la liberté en amour de la patrie. Ces Arabes semblaient, dans leur abondance, plus heureux que les tribus du désert, lorsqu'A'ly-bey, jaloux de leur puissance, avide de leurs richesses, leur déclara la guerre et les battit en plusieurs rencontres : attachés au sol qu'ils possédaient, n'osant plus braver ni les sables brûlans, ni les privations du désert, ils ne purent éviter le joug des Mamlouks.

Le nombre des tribus indépendantes est considérable; voici celles que j'ai connues pendant mon séjour en Égypte : les grands *Terrâbyn*, les *Tahâ*, les *Anageyr*, les *Toumylât*, les *Nefahat*, les *Ayaydeh*, les *Bily* ou Billis, les *Haouâtat* et les *Antouny*, les petits *Terrâbyn*, les *Geouâby*, les *Hennady*, les *Soharât*, les *Mehaz*, les *Beny-Ouâsel*, les *Samenthous*, les *Forgân*, les *Tarfeh*, les *Azayzy*, les *Ben-Ouâfy* [1].

On prétend que, réunies, elles pourraient mettre sous les armes trente à quarante mille cavaliers.

A chacune d'elles sont ordinairement attachées trois classes d'hommes bien distinctes : les prisonniers faits à la guerre, les esclaves achetés, et les *fellâh* ou paysans. Les deux premières sont fort peu nombreuses, et la dernière l'est plus ou moins, selon la population des terrains fertiles occupés par les Bédouins, et le nombre des malheureux qui viennent chercher dans leurs camps un asile contre la tyrannie des Turks ou des Mamlouks.

Malgré les guerres fréquentes, les haines héréditaires qui divisent ces hordes errantes, on doit cependant les considérer comme formant une seule nation; leur langue, leurs usages, leur origine commune, tout le démontre.

Je n'entreprendrai point de faire le récit de leurs guerres, de leurs conquêtes, de leurs traités; je n'en-

---

[1] Les *Abâbdeh* et les Ichtyophages des côtes de la mer Rouge ayant une origine et des usages différens des autres tribus nomades, je n'en parle point ici, et renvoie à ce que j'en ai dit dans mon Mémoire sur la ville de Qoçeyr, tom. XI, *É. M.* Mémoires.

trerai dans aucun détail chronologique sur les événemens et les personnages célèbres : je me bornerai à tracer quelques traits qui pourront peut-être servir à faire connaître leurs mœurs et leur état politique.

Toutes les tribus nomades établies en Égypte sont d'origine arabe, à l'exception des *Abábdeh*[1]; et s'il en est d'autres qui, venues de l'Occident, semblent détruire cette assertion, il faut se ressouvenir qu'elles avaient passé dans les Mauritanies sous le règne des premiers khalifes. La plupart des paysans de l'Égypte que l'on désigne sous le nom de *fellâh*, ont une semblable origine : ils s'y établirent en vainqueurs lorsque cette province faisait partie de l'empire des Arabes, et ils en formèrent la nation dominante jusqu'au jour où elle passa au pouvoir des Mamlouks et des Turks. Les Arabes qui, à cette époque, conservaient encore les usages nomades de leurs pères, purent se soustraire à la loi du vainqueur; mais ceux qui, s'adonnant à la culture des terres ou aux arts et métiers, habitaient les villes et les villages, furent contraints de se soumettre, et réduits insensiblement à un état qui, aujourd'hui, diffère peu de l'esclavage.

Les Arabes Bédouins avaient déjà fait, à une époque bien antérieure, la conquête de l'Égypte : car on ne peut pas douter que ce ne soient eux que les auteurs anciens ont voulu désigner en parlant de ces peuples pasteurs qui soumirent l'Égypte, la gardèrent plusieurs siècles, et en furent chassés environ trois cents ans avant le règne de Sésostris[2].

[1] *Voyez* la note précédente.    [2] Voici, à ce sujet, un fragment

## DES DÉSERTS DE L'ÉGYPTE.

Il est une tradition conservée chez les Arabes et consacrée par le Qorân, qui les fait descendre d'Ismaël, de ce fils d'Abraham dont le Seigneur a dit : « Ce sera un homme fier et sauvage; il levera la main contre tous, et tous

fort intéressant de Manéthon; et l'on se rappellera que cet historien, né en Égypte, dans la classe sacerdotale, a pu mieux que personne consulter les annales et les livres sacrés de sa nation. « Sous le règne de Timaüs, l'un de nos rois, Dieu, irrité contre nous, permit que, lorsqu'il ne paraissait point y avoir sujet d'appréhender, une grande armée d'un peuple qui n'avait nulle réputation, vint du côté de l'orient, se rendit sans peine maître de notre pays, tuât une partie de nos princes, mit les autres à la chaîne, brûlât nos villes, ruinât nos temples, et traitât si cruellement les habitans, qu'il en fit mourir plusieurs, réduisit les femmes et les enfans en servitude, et établit pour roi un de sa nation, nommé *Salatis*. Ce nouveau prince vint à Memphis, imposa un tribut aux provinces tant supérieures qu'inférieures, et y établit de fortes garnisons, principalement du côté de l'orient, parce qu'il prévoyait que lorsque les Assyriens se trouveraient encore plus puissans qu'ils ne l'étaient, l'envie leur prendrait de conquérir ce royaume. Ayant trouvé dans la contrée de Saïte, à l'orient du fleuve *Bubaste*, une ville nommée *Avaris*, dont la situation lui parut très-avantageuse, il la fortifia extrêmement, et y mit aux environs tant de gens de guerre, que leur nombre était de deux cent quarante mille. Il y venait au temps de la moisson, pour faire faire la récolte et la revue de ses troupes, et les maintenir dans un tel exercice et une si grande discipline, que les étrangers n'osassent entreprendre de le troubler dans la possession de son état. Il régna dix-neuf ans. Bœon lui succéda et en régna quarante-quatre. Apachnas succéda à Bœon et régna trente-six ans sept mois. Apophis, qui lui succéda, régna soixante-un ans. Janias, qui vint à la couronne après lui, régna cinquante ans un mois; et Assis, qui lui succéda, régna quarante-neuf ans deux mois. Il n'y eut rien que ces six rois ne fissent pour tâcher d'exterminer la race des Égyptiens; et on les nommait tous *Hycsos*, c'est-à-dire rois pasteurs: car *hyc*, en langue sainte, signifie roi, et *sos*, en langue vulgaire, signifie pasteurs. Quelques-uns disent qu'ils étaient Arabes. » (Josephe, *Réponse à Appion* (traduction d'Arnauld d'Andilly), liv. 1, chap. 5.)

Flavius Josephe, qui nous a conservé ce passage de Manéthon, ajoute que cet historien rapportait que les rois de la Thébaïde, n'ayant point été domptés, firent une guerre fort longue à ces pasteurs, les vainquirent et les chassèrent enfin de l'Égypte, qu'ils occupaient depuis cinq cent onze ans; que ces pasteurs se retirèrent dans le désert, se jetèrent sur la Syrie, et finirent par s'emparer d'un canton nommé *Judée*, où ils fondèrent la ville de Jérusalem.

leveront la main contre lui; et il dressera ses pavillons vis-à-vis de tous ses frères : je le bénirai, et lui donnerai une postérité très-grande et très-nombreuse[1]. » Dans ce portrait d'Ismaël, on reconnaît les Bédouins; des fils ne peuvent pas ressembler davantage à leur père, et l'on est porté à croire qu'ici la tradition n'est point trompeuse : mais ce que l'on peut au moins penser avec plus de certitude, c'est que les Arabes et les Hébreux ont une origine commune. Qu'on lise attentivement la Bible, on sera étonné de la ressemblance des mœurs des anciens patriarches avec celle des Arabes Bédouins; et cette lecture sera surtout pleine d'intérêt si, comme moi, on peut la faire dans la terre de Gessen, sur les bords de la mer Rouge, aux fontaines de Moïse, ou au milieu des déserts que termine à l'horizon la chaîne des monts d'Horeb et de Sinaï[2].

---

[1] *Gen.* c. XVI, v. 12, et c. XVII, v. 20.

[2] La Bible, trop méprisée ou trop vénérée par quelques personnes qui ne l'ont considérée que comme la base de nos croyances religieuses, mérite l'attention de tout le monde sous le rapport historique; car, si la physique en paraît absurde, la chronologie incertaine, les faits douteux, on conviendra du moins qu'il était impossible de peindre avec plus de vérité le tableau de la vie privée des familles errantes du désert: nous retrouvons encore parmi elles les mêmes usages, la même manière de vivre, les mêmes maximes de droit public, les mêmes arts, les mêmes ustensiles, et presque la même langue.

La loi du talion, le droit de ven- geance dévolu aux plus proches parens, le rachat du sang, l'autorité des vieillards, la punition des blasphémateurs, la circoncision, les sacrifices sur les hauts lieux, les preuves de la virginité des filles exigées au jour de leur mariage, la stérilité regardée comme une malédiction du ciel, le désir d'une nombreuse postérité, les droits de propriété et d'héritage, la préparation des alimens, l'horreur pour la chair de porc, les bijoux, les vêtemens, la manière de faire la guerre, le partage des dépouilles enlevées sur l'ennemi; l'usage d'habiter sous des tentes, même dans les pays fertiles couverts de villes et de villages; celui de jeter de la poussière en l'air dans les grands dangers, dans les grands chagrins; tout cela est aussi com-

## DES DÉSERTS DE L'ÉGYPTE.

Tout concourt donc à accorder aux Arabes une origine des plus anciennes, et il n'existe peut-être aucun peuple qui puisse se vanter d'avoir aussi bien qu'eux conservé son antique physionomie[1]. Dès les temps les

mun aux deux peuples, et il existait encore, au temps de Mahomet, un grand nombre de tribus indépendantes qui suivaient la religion de Moïse.

[1] Voici ce que Diodore de Sicile, qui écrivait il y a dix-huit siècles, rapporte sur les Arabes du désert : « Ils habitent en pleine campagne, sans aucun toit. Ils appellent eux-mêmes leur patrie une solitude ; et ils ne choisissent point pour leur séjour les lieux pourvus de rivières et de fontaines, de peur que cet appât même n'attire les ennemis dans leur voisinage. Leur loi ou leur coutume ne leur permet ni de semer du blé, ni de planter des arbres fruitiers, ni d'user de vin, ni de vivre sous des toits ; et celui qu'on surprendrait en quelqu'une de ces pratiques, serait infailliblement puni de mort, dans la persuasion où ils sont que ceux qui se sont assujettis à de pareilles commodités, s'assujettissent bientôt à des maîtres pour les conserver. Quelques-uns d'entre eux font paître des chameaux et d'autres des brebis en pleine campagne. Entre tous les Arabes, il n'y en a point de plus riches que ces derniers ; car, bien qu'ils ne soient pas les seuls qui aient des troupeaux en des campagnes désertes, ceux dont nous parlons, qui ne passent pas le nombre de dix mille, portent encore vendre aux bords de la mer, de l'encens, de la myrrhe et d'autres aromates précieux qu'ils ont reçus des habitans de l'Arabie Heureuse. Ils sont, d'ailleurs, extrêmement jaloux de leur liberté ; et quand ils ont nouvelle que quelque armée s'approche d'eux, ils se réfugient au fond du désert, dont les bords, par leur étendue, leur tiennent lieu de rempart : car les ennemis, n'y apercevant point d'eau, n'oseraient le traverser ; au lieu que les Arabes, s'en étant fournis dans des vaisseaux cachés sous terre et dont eux seuls savent les indices, se sont mis à l'abri de ce besoin. Tout le sol n'étant formé que d'une terre argileuse et molle, ils trouvent moyen d'y creuser de profondes et vastes cavernes, en forme carrée, dont chaque côté est de la longueur d'un arpent, et dont l'ouverture est extrêmement petite. Ayant rempli ces cavernes d'eau de pluie, ils en bouchent l'entrée, qu'ils rendent uniforme à tout le terrain qui l'environne, et sur laquelle ils laissent quelque indice imperceptible et qui n'est connu que d'eux seuls. Ils accoutument les troupeaux qu'ils enlèvent, à ne boire que tous les trois jours, afin que, dans le cas où il faudrait fuir un peu loin à travers des plaines arides, ils fussent habitués à soutenir quelque temps la soif. Pour eux, ils vivent de chair, de lait, et de fruits communs et ordinaires ; ils ont dans leurs champs l'arbre qui porte le poivre, et beaucoup de ce miel que l'on appelle sauvage, et

plus reculés, divisés en tribus, soumis au chef de la famille, habitant sous des tentes, ils errent avec leurs troupeaux des rives de l'Euphrate jusqu'à celles du Nil, et des bords de la Méditerranée jusqu'au golfe Persique et à la mer des Indes : jamais irruption d'étrangers n'envahit leur territoire, et ne changea leur langage et leurs mœurs, et ce fut en vain que les nations les plus puissantes et les plus célèbres par leurs conquêtes, les Perses, les Grecs, les Romains, voulurent les soumettre à leur domination. Devenus conquérans sous les khalifes, ils couvrirent de leurs armées le nord de l'Afrique, les Espagnes, le midi de la France, la Syrie, la Perse, l'Asie mineure : chassés depuis de leurs conquêtes, ils surent du moins toujours conserver leur ancienne patrie. Fiers de la pureté de leur race, fiers d'avoir su défendre leur liberté, les Bédouins regardent avec mépris les nations d'esclaves dont ils sont entourés.

L'amour paternel et le respect filial ont déterminé la forme de leur gouvernement, et sont les liens de leur société. Chaque famille obéit à celui de ses membres qui, par sa sagesse, sa valeur, ses richesses, s'est attiré le plus de considération. C'est ordinairement un homme âgé : il prend le titre de cheykh, et ce mot signifie *vieillard*[1].

Quand la famille n'est pas assez nombreuse pour se

qu'ils boivent avec de l'eau. Il y a d'autres espèces d'Arabes qui travaillent à la terre ; ils sont tributaires comme les Syriens, et ont avec eux plusieurs autres conformités, excepté néanmoins qu'ils n'habitent pas dans des maisons. » (Diodore de Sicile, liv. xix, *traduction de l'abbé Terrasson*.)

[1] Le mot *cheykh* signifie littéralement *vieillard*; mais on peut donner ce titre à un jeune homme, comme le *senior* des Latins dont nous avons fait *seigneur*.

défendre seule, elle se joint à d'autres familles : le plus puissant des cheykhs donne son nom à la tribu que forment ces familles réunies, et il exerce sur toutes le pouvoir qu'il n'avait d'abord que sur ses parens. Son autorité est fort bornée quant aux individus; mais il a une assez grande influence sur les affaires d'un intérêt général : il ordonne les déplacemens de la horde et désigne les campemens; il fait même la guerre ou la paix; droit dangereux, si son propre intérêt, lié intimement à celui de sa tribu, ne l'empêchait d'en abuser. Aucun traitement particulier n'est attaché à sa dignité; ses revenus, comme ceux des autres Arabes, consistent dans le produit de ses troupeaux, la culture momentanée de quelques terres, sa part dans les pillages et dans les droits de péage que payent les caravanes qui passent sur le territoire de sa tribu. Son pouvoir se règle sur l'usage; il n'y a point de lois qui le déterminent d'une manière fixe; et si ses richesses, si le nombre de ses amis, de ses domestiques, le portaient à en abuser et pouvaient le garantir de la vengeance que la vie du désert rend facile aux opprimés, on verrait bientôt une foule de familles se détacher de lui et s'incorporer dans d'autres tribus. C'est ainsi que des tribus nombreuses ont fini quelquefois par disparaître totalement, tandis que d'autres, à peine connues, s'accroissaient avec rapidité.

Plus on y réfléchit, moins on voit de moyens d'oppression dans le gouvernement des cheykhs; il n'existe point dans leurs camps de prisons où l'innocence abandonnée puisse gémir confondue avec le crime; il n'y a point là de sérail où le souverain puisse cacher ses actions à tous les regards : le cheykh arabe, sans gardes, sans cortége, passe sa vie en plein air; ses actions, ses discours, ont pour témoins tous les hommes de sa tribu ; il ne peut rien dérober à la censure de l'opinion, il ne peut pas couvrir un abus de pouvoir du masque de l'intérêt public, et ses sujets ne sont pas assez nombreux pour qu'il puisse, en les divisant d'intérêts, les subjuguer les uns par les autres.

La vie privée d'un cheykh ne diffère de celle des autres Arabes que par une nourriture un peu plus abondante, des vêtemens meilleurs, des armes plus choisies : quoiqu'il ait des domestiques, on le voit nettoyer ses armes, donner à manger à ses chevaux et les seller lui-même. Ses femmes et ses filles préparent ses repas, filent ses vêtemens, les lavent au milieu du camp; elles vont, la cruche sur la tête, chercher l'eau à la source voisine, ou traire leurs troupeaux. Telles étaient ces mœurs antiques dont le divin Homère n'a pas dédaigné la peinture fidèle; telle était encore cette vie patriarcale dont la Genèse nous a conservé les naïfs et intéressans tableaux.

Nous avons dit que chaque tribu portait le nom de son cheykh, mais c'est en la considérant au moment de sa formation ou à quelque autre époque remarquable : car ce nom ne change point à chaque génération; il reste le même jusqu'à ce qu'un cheykh, par sa sagesse, par ses talens militaires, se fasse une telle réputation qu'elle efface celle de ses prédécesseurs. Sous son gouvernement, ses sujets deviennent plus riches, plus nombreux, plus redoutables; il en a fait, en quelque sorte, un peuple nouveau; on s'habitue insensiblement à les désigner par le nom de celui qui les a tirés de l'obscurité, et ce nom finit bientôt par remplacer tout-à-fait celui que l'on employait précédemment.

On met ordinairement devant le nom de la tribu celui de *beny*, qui signifie *enfans* : ainsi, au lieu de dire la tribu des *Ouâsel*, on dira la tribu des *Beny-Ouâsel*[1]. Ce titre d'enfant que prennent indistinctement tous les Arabes, est encore une suite du gouvernement paternel auquel ils sont soumis : quelle distance de ce mot à celui d'esclave dont se servent la plupart des peuples !

Les différens de tout genre sont portés au tribunal du cheykh : mais son pouvoir est plutôt celui d'un arbitre que d'un juge ; et quelque grave que soit le crime, il prononce rarement la peine de mort. Voici les formes usitées. On se rend auprès du cheykh, et on lui demande justice ; le cheykh s'assied sur ses talons, à la manière du pays ; les contestans se placent devant lui et en font autant : le cheykh leur demande le poignard qu'ils portent habituellement à leur ceinture, et il le pose à terre ; ensuite il écoute les prétentions de chacun. L'arrangement qu'il propose est-il rejeté, il appelle auprès de lui une ou deux personnes respectées par leur âge et leur caractère ; il leur expose l'affaire et les engage à émettre leur opinion ; il consulterait encore d'autres vieillards, si cela devenait nécessaire : mais il est rare que la séance se prolonge autant ; les spectateurs que la

---

[1] *Beny-Ouâsel*, enfans d'Ouâsel. Les Israélites s'appelaient aussi *Beny-Israël*.

curiosité a attirés vers le lieu des débats, s'emparent ordinairement du plaideur obstiné et l'emmènent avec eux, en lui disant : *Allons, tu as tort, tu as tort; cède, cède.* Ils ont l'air d'amis caressans qui veulent obtenir par la douceur ce que la sage vieillesse a décidé ; mais, s'il persistait dans sa résolution, s'il refusait d'obéir à l'opinion publique, qui, chez eux, est le juge suprême, il serait chassé de la tribu, et ses propriétés confisquées.

Voilà pour les affaires purement civiles. S'il s'agissait de vol ou de tout autre délit qui, sans effusion de sang, eût cependant troublé la tranquillité publique, on procéderait de même, avec cette seule différence que, la faute constatée, la sentence serait exécutée de suite. Le coupable est ordinairement condamné à payer une amende, ou à recevoir un certain nombre de coups de bâton, que le cheykh ne répugne pas à donner quelquefois lui-même. Tous les spectateurs s'empressent de l'aider : ils couchent l'homme condamné sur le ventre; ses pieds sont passés dans deux anneaux de fer fixés vers le milieu d'un bâton; deux hommes en saisissent les extrémités et relèvent les jambes du patient; ses genoux touchent à terre, et le dessous de ses pieds se présente en l'air horizontalement, dans une position fixe. C'est sur cette partie que l'on frappe avec un bâton un peu souple, ou une espèce de fouet nommé *kourbây*, formé d'un morceau de peau d'éléphant ou d'hippopotame.

Les boissons fermentées, les substances enivrantes, sont, chez les nations qui en font usage, la source d'une foule de délits. Les crimes ont cette cause de moins chez les Arabes, et cela contribue beaucoup à maintenir la tranquillité dans leurs camps.

A l'ardeur avec laquelle ils se disputent pour les moindres choses, on est toujours étonné que les coups ne succèdent point aux paroles; mais leurs querelles se passent presque toutes en criailleries, et cela doit être : des hommes toujours armés ne se battraient pas impunément; et les suites d'un meurtre sont si graves! Les parens du mort doivent le venger, et l'assassinat est alors permis : le talion devient une loi sacrée, à laquelle le cheykh lui-même ne pourrait se soustraire; et ce qu'il y a de terrible, c'est que le meurtrier n'est pas seul poursuivi, mais encore ses proches parens. Quand une famille a de pareilles vengeances à exercer envers une autre, on dit qu'il y a du *sang* entre elles; elles sont forcées de se séparer, et vivent dans un état de guerre qui se continue quelquefois pendant plusieurs générations, parce qu'une vengeance en nécessite d'autres. La mort même du meurtrier ne ramène point le calme; et si un de ses parens périt pour lui, les haines s'accroissent au lieu de diminuer. Ces querelles intestines sont surtout interminables, quand les familles ennemies appartiennent à deux tribus différentes; car celles-ci prennent assez ordinairement la défense de leurs concitoyens, et il en résulte une guerre générale : il y en a de ce genre qui existent depuis un temps immémorial. Cependant, avant que les dissensions se compliquent trop, on peut quelquefois apaiser la famille offensée par des présens qui consistent principalement en bestiaux; et le traité qui se conclut alors, se nomme *dyeh*, ou rachat du sang. Nous voyons dans la Bible[1] que, dès le temps de Moïse, ce rachat était connu des tribus errantes dont il fut le législateur.

Lorsque les deux familles ennemies sont de la même tribu, le *dyeh* est plus facile à conclure; le cheykh et les anciens de la tribu y emploient toute leur influence.

Le talion et le rachat du sang ont également lieu pour les blessures.

Les hommes ont droit de mort sur leurs enfans, et ils punissent de cette peine capitale celles de leurs femmes, de leurs filles ou de leurs sœurs, qui ont cessé d'être sages.

Le duel n'est pas connu des Arabes; ils y suppléent, comme on vient de le voir, par des assassinats, et l'on remarque la même chose chez la plupart des peuples anciens ou modernes. Ce n'est que chez les nations du nord de l'Europe, que la noble coutume de défier son ennemi et de le combattre à armes égales a su embellir la haine odieuse et la vengeance cruelle des couleurs de la loyauté et du courage. On rencontre, à la vérité, en parcourant l'histoire arabe, de ces combats singuliers qui eurent lieu chez tous les peuples, soit entre un petit nombre de guerriers chargés, par un commun accord, de défendre seuls les intérêts de leur parti; soit entre deux braves, à la vue des armées ennemies, par simple ostentation de courage. Mais ces faits d'armes ne peuvent se confondre avec le duel tel qu'il existe chez nous depuis un temps immémorial, pour des injures personnelles.

[1] Nombres, chap. xxxv.

L'intérêt de leur sûreté porte les cheykhs arabes à étudier le caractère des souverains des nations voisines, et nous avons été souvent étonnés de la justesse de leurs jugemens. Ils négocient avec une sorte de dignité, et savent défendre leurs droits avec une adresse, une finesse diplomatique, que ne désavoueraient pas nos politiques consommés. Nous les avons souvent accusés de mauvaise foi; mais sait-on si quelque acte hostile de notre part envers des tribus amies, toujours très-difficiles à distinguer de celles qui étaient encore en guerre avec nous, ne leur donnait pas de justes raisons de reprendre les armes? J'ai plusieurs fois été témoin de ces malheureuses méprises, et je me souviens, entre autres, que, traversant l'Ouâdy-Toumylât avec un détachement d'infanterie, notre avant-garde rencontra, vers la fin du jour, un Arabe Bédouin assis à terre avec deux femmes. Auprès de lui étaient son cheval et ses armes, et non loin de là paissaient quelques bœufs et quelques moutons. Surpris à l'improviste, cet Arabe eut encore le temps de sauter sur son cheval : mais il ne se sauva point; il s'empressa de faire à nos soldats ce signe d'amitié qui consiste à rapprocher l'index de chaque main, en prononçant *saouâ, saouâ* [1]. Ce fut en vain : nos soldats, excités par un janissaire turk qui nous servait de guide, insultèrent ses femmes, coururent après ses bestiaux, et un coup de fusil dirigé contre lui le décida à la fuite. Piquant des deux, il s'élança dans le désert, en écartant de sa lance ceux qui l'entouraient : on lui tira plusieurs coups de fusil; aucun ne l'atteignit.

[1] Ensemble, ensemble.

Le bruit de cette fusillade fit hâter le pas au reste de la troupe; j'étais à cheval, je devançai tous les autres, et j'atteignis bientôt l'avant-garde.

Pendant que je m'informais de ce qui s'était passé, mon domestique égyptien me montrant de la main aux deux femmes arabes, leur dit : « Adressez-vous à celui-là, il vous protégera; » et à l'instant elles se pressèrent autour de moi, baisant en suppliantes les pans de mon habit. Je les rassurai, et parvins, avec les autres officiers qui arrivaient, à rétablir l'ordre. Le janissaire dont j'ai parlé nous ayant assuré que le Bédouin qui s'était sauvé appartenait à une tribu ennemie, nous nous emparâmes de son troupeau, et emmenâmes ses femmes pour les remettre au cheykh du premier village que nous rencontrerions. Durant le reste de la marche, je m'aperçus que notre janissaire excitait les soldats à être sans pitié pour leurs prisonnières, et voulait enlever à ces infortunées le peu d'effets qu'elles avaient conservés : je fus obligé de le menacer d'un châtiment sévère, pour lui faire cesser sa lâche persécution. La nuit venue, nous nous arrêtâmes, et le lendemain, comme nous nous disposions à quitter notre bivouac, nous vîmes arriver les cheykhs des *Toumylât*, tribu alors en paix avec nous : ils avaient avec eux le Bédouin que nous avions attaqué la veille, et ils se plaignirent à nous de notre injuste agression, avec plus de modération que nous n'étions en droit de l'attendre. On s'empressa de leur donner toutes les satisfactions possibles : la plupart des bijoux volés aux deux femmes furent retrouvés sur le janissaire, qui reçut de suite, en présence des Bédouins, un certain nombre de coups de bâton; les bestiaux furent rendus ou payés, et les cheykhs arabes, après avoir pris avec nous quelques tasses de café, s'en retournèrent fort contens. Mais, je le demande, si ces Bédouins, au lieu de venir franchement nous parler de leurs griefs, avaient massacré ceux de nos soldats qu'ils auraient rencontrés isolés, ne les eussions-nous pas accusés de trahison, tandis qu'ils n'auraient fait qu'user de représailles?

Lorsque la paix se conclut entre deux tribus, les cheykhs se font réciproquement des cadeaux : cette formalité est de rigueur; et lorsque des princes étrangers traitent avec les Arabes, ils ont soin de s'y conformer. Il est aussi d'usage, en pareille occasion, de manger ensemble; c'est ce qu'on appelle l'alliance du pain et du sel : car l'on ne mange point avec ses ennemis. Partager son repas est, chez ce peuple, la preuve d'une inviolable amitié; et quiconque a reçu d'un Arabe la moindre nourriture, est sûr d'être respecté par toute la tribu. Nous en avons eu maint exemple dans les prisonniers qu'ils nous firent; ils ne furent plus maltraités dès l'instant qu'ils eurent mangé avec eux; et je rapporterai, à ce sujet, un fait que M. Denon a consigné dans son ouvrage[1], et dont j'entendis parler sur les lieux peu après l'événement. Depuis plusieurs mois, des Arabes avaient pour prisonnier un officier français; un de nos détachemens parut à l'improviste à la vue de leur camp: les Bédouins, frappés de terreur, se dispersèrent aussi-

---

[1] Voyage dans la basse et dans la haute Égypte pendant les campagnes du général Bonaparte.

tôt dans le désert; tout ce qu'ils possédaient devint la proie du vainqueur. Leur cheykh, après avoir erré à l'aventure, se trouva seul avec son prisonnier, au milieu du désert, n'ayant plus qu'un pain pour toute ressource : son cœur devait être ulcéré contre les Français, auteurs de tous ses maux ; et cependant il partage avec celui qui est en son pouvoir, le seul morceau de pain qui lui reste ! Demain, lui dit-il, j'en aurai peut-être besoin ; mais je n'aurai pas à me reprocher de t'avoir laissé mourir de faim pour assurer mon existence.

De pareils traits honorent l'humanité, et nous ne devrions pas autant médire d'une nation qui compte des hommes si généreux parmi ses citoyens. Mais les vices nous frappent, les vertus nous échappent ; celles-ci, d'ailleurs, ne peuvent être les mêmes chez tous les peuples : une action vertueuse est celle qui directement ou indirectement est utile à la société qui la prône, et il n'en est qu'un petit nombre qui puissent être louées par tous les hommes indistinctement. Ainsi, chez nous, par exemple, un voyageur né dans un pays avec lequel nous sommes en guerre, est sûr de n'être point tué ni dépouillé, parce que notre intérêt nous porte à accueillir les étrangers, à les protéger et à étendre nos relations avec eux : dans le désert, au contraire, tout homme qui ne sera point allié de la tribu, sera dévalisé et quelquefois tué par les Arabes qui le rencontreront ; et le plus estimé parmi eux sera celui qui aura enlevé le plus de dépouilles, parce que le butin forme un des revenus de l'État. Mais, exposés à leur tour aux mêmes périls, réduits à avoir quelquefois besoin d'un refuge, même chez leurs ennemis, les Bédouins ont fait de l'hospitalité le premier des devoirs; et il faut convenir qu'ils l'exercent avec une générosité inconnue partout ailleurs : l'étranger qui a pu parvenir dans leurs camps, qui a touché le seuil de leurs tentes, non-seulement ne court plus aucun risque, mais encore, comme au temps d'Abraham, il sera nourri sans donner aucun salaire, et la tribu entière soutiendrait plutôt une guerre dangereuse que de le livrer à ses ennemis. Il m'est arrivé plusieurs fois, ainsi qu'à d'autres membres de la Commission d'Égypte, de voyager seuls avec des Arabes, de rester parmi eux des mois entiers, et jamais nous n'avons eu à nous repentir de notre confiance.

Outre les alliances particulières de tribu à tribu, il existe encore de grandes ligues qui reconnaissent pour chef unique un des cheykhs de l'association. Ces ligues portent un nom distinct : ainsi, par exemple, dans la basse Égypte, où il en existe deux, l'une se nomme *Sat* et l'autre *Harân*.

L'Arabe Bédouin ne combat guère qu'à cheval : il est ordinairement armé d'un sabre très-courbe, d'un poignard et d'une longue lance, souvent aussi de javelots et d'une masse d'armes suspendue à l'arçon de sa selle. Quelquefois il substitue à sa lance un grand fusil, dont il se sert avec adresse, même au galop, en relevant la main gauche sans abandonner les rênes, de façon à appuyer son arme et à mettre en joue comme un fantassin. Exercé à jeter sa lance fort loin et avec justesse, il est cependant rare qu'il s'en dessaisisse dans le combat : il la tient ordinairement près du fer, la darde avec force en la laissant glisser dans la main, sans l'abandonner tout-à-fait, et par un mouvement contraire il la ramène rapidement à sa première position. Meilleur écuyer qu'adroit à parer avec ses armes, l'Arabe s'attache à prendre la gauche de son adversaire : il voltige autour de lui, et se dérobe à ses coups en écartant son cheval, dont l'étonnante souplesse lui sert merveilleusement dans les combats corps à corps.

Les Bédouins fabriquent eux-mêmes la poudre dont ils se servent : elle est mauvaise, le charbon y domine toujours trop. Ils n'ont point d'artillerie, et, d'après leur manière de combattre, elle leur serait inutile : toujours attaquant en tirailleurs, s'ils sont forcés de se réunir, c'est sans aucun ordre; chacun se place à son gré. Leurs batailles ne sont que des mêlées : le plus brave s'élance le premier sur l'ennemi, et excite ses compagnons par son exemple; c'est là le devoir du général et le seul commandement qui soit bien entendu. La victoire est promptement décidée; les vaincus se dispersent dans le désert, et la nuit les dérobe à la poursuite de leurs ennemis.

Si le combat se livre à la vue d'un camp, ou si les deux partis ont avec eux leurs familles, on voit les femmes et les filles, disposées par groupes, frapper sur leurs tambourins et exciter par leurs cris et leurs chants la valeur des guerriers : au milieu du tumulte, elles n'ont rien à craindre; tout le monde respecte leur faiblesse.

Les Arabes n'attaquent jamais la nuit; leur tactique consiste à surprendre l'ennemi par des marches rapides et des attaques inattendues, à lui dresser des embuscades et à le harceler quand il est le plus fort : ils ne rougissent point alors de fuir ; ils rechargent leurs armes au galop, et reviennent au combat lorsqu'on s'y attend le moins : malheur à ceux de leurs ennemis qui s'écartent un peu de la troupe ! Nous avons vu des Français, enlevés à demi-portée de fusil de leurs camarades, être dépouillés, massacrés devant nos bataillons avant que l'on eût le temps de les secourir.

Nous avons plusieurs fois été étonnés de les voir fuir devant nous, quoique bien supérieurs en nombre, tandis que d'autres fois, au contraire, ils nous attaquaient avec acharnement, malgré leur infériorité ; c'est que, dans le premier cas, nos soldats n'avaient aucun bagage qui pût tenter un ennemi qui ne combat que pour s'enrichir, et que, dans le second, ils escortaient des convois qui excitaient son avidité : car il n'en est point des Arabes comme des nations européennes ; elles appellent vainqueur le maître du champ de bataille, et chez les Arabes on peut remporter la victoire en fuyant, pourvu que l'on ait perdu moins de monde que l'ennemi et fait sur lui quelque butin. Nous nous y sommes souvent trompés : nous appellions lâche celui qui fuyait devant nous, et on le regardait peut-être comme un héros dans son camp.

Comme ils n'ont ni artillerie ni infanterie, la moindre enceinte les arrête : aussi, en Égypte, beaucoup de villages, pour se mettre à l'abri de leurs courses, se sont-ils entourés d'un mur crénelé d'une seule brique d'épaisseur, et cela suffit pour en faire aux yeux des Arabes des forteresses imprenables de vive force ; contraints alors d'en former le blocus, genre d'attaque qui ne convient point à leur impatience, ils consentent facilement à s'éloigner, moyennant quelques présens.

C'est dans le même but que les paysans de cette contrée élèvent çà et là, au milieu des champs cultivés, des massifs de terre en forme de tours, surmontés d'une petite plate-forme avec un parapet : ces malheureux, l'œil au guet et ne quittant point leurs armes, cultivent en tremblant la terre qui doit les nourrir. Aperçoivent-ils des Bédouins ennemis, ils chassent promptement leurs bestiaux auprès de la tour la plus voisine; ils grimpent dessus, au moyen de petites entailles creusées dans le revêtement extérieur, et, du sommet, ils protégent leur propriété en éloignant l'ennemi à coups de fusil.

Dans leurs guerres de tribu à tribu, les Arabes ne font point d'esclaves : ils renvoient les prisonniers après les avoir dépouillés; et s'ils en gardent quelques-uns, c'est seulement comme otages. Ils n'agissent pas tout-à-fait de même avec les autres nations; ils gardent également peu de prisonniers : mais ceux-ci sont esclaves et employés aux travaux du ménage, principalement à moudre le grain; et ce genre d'occupation les place plus immédiatement sous l'autorité des femmes de la tribu : on les distingue des esclaves achetés, qui sont aussi en fort petit nombre.

Ces derniers sont Nègres pour la plupart : achetés fort jeunes, ils sont traités avec autant de douceur que s'ils appartenaient à la famille par les liens du sang; devenus grands, ils suivent leurs maîtres à la guerre, et obtiennent souvent, pour récompense de leur courage, la liberté, et le don des biens nécessaires à leur nouvel état; quelquefois même ils partagent la succession de leur patron avec ses enfans, et sont souvent, à défaut de ceux-ci, reconnus comme seuls héritiers, bien que le défunt ait laissé de nombreux parens[1]. Devenus membres de la tribu, ils peuvent parvenir, eux ou leurs descendans, à la dignité de cheykh. Tout cela ressemble bien plus à l'adoption qu'à l'esclavage. Enfin les Bédouins ne forcent point à embrasser l'islamisme les esclaves qu'ils ont faits à la guerre, mais ils y obligent ceux qu'ils ont achetés.

Ce n'est pas qu'ils soient fort scrupuleux en matière de religion; ils ne sont guère mahométans que de nom, et les autres peuples attachés à ce culte les regardent presque comme des infidèles. La circoncision est la seule pratique religieuse respectée parmi eux, et l'on sait qu'elle y était en usage bien avant la naissance de Mahomet. Les ablutions ordonnées par ce prophète ne peuvent être faites exactement dans des déserts où l'eau est si rare et si précieuse; et quoique le Qorân prescrive d'adorer Dieu à cinq heures différentes de la journée, ce n'est guère qu'au lever et au coucher du soleil que les Arabes font la prière. Peut-être même y mêlent-ils encore un peu de cette vénération qu'ils ont pour tous les astres, reste probable de leur ancienne religion, qui fut aussi simple que naturelle; ils adoraient un Être

---

[1] On retrouve dans la Bible des usages semblables; Abraham regardait le fils de son serviteur comme son seul héritier, avant qu'Agar l'eût rendu père (*Genèse*, ch. x, v. 37), et cependant il tenait à une famille nombreuse.

suprême, et regardaient comme des médiateurs entre eux et lui les corps célestes, qui, « sous un ciel si beau et si pur, semblaient leur annoncer la grandeur de Dieu avec plus de magnificence que le reste de la nature¹. »

On ne voit point dans les camps arabes de lieu consacré à la prière; chacun la fait où il veut, et agit à cet égard comme il l'entend. Il n'y a point de prêtres ou imans, mais seulement un cadi; et ce docteur, qui devrait savoir le Qorân, les lois, les commentaires, ne sait pas même lire : le cheykh dit à un Arabe, *Tu es cadi*, et il l'est; c'est par politique, et pour complaire à leurs voisins, qu'ils se sont soumis à cette formalité. Mais ce qui les distingue surtout des vrais croyans, c'est qu'ils n'ont ni haine ni mépris pour les autres religions : il existe même encore, dit-on, dans l'intérieur de l'Arabie, des tribus juives, que les Bédouins musulmans regardent comme leurs frères.

Quelquefois, et préférablement sur les lieux élevés, un Arabe immole un mouton ou un jeune chameau en invoquant le nom du Seigneur, et distribue aux pauvres une partie des chairs de la victime².

La vénération des mahométans pour leur barbe est connue; les esclaves ne peuvent la porter; et la couper à un homme libre, c'est le déshonorer : aussi les Bédouins jurent-ils par elle en la prenant avec la main. Quelquefois aussi ils jurent par leur tête; mais de tous

---

¹ Voltaire, *Essai sur les mœurs*.
² Les sacrifices sur les hauts lieux sont usités chez les Arabes depuis les temps les plus reculés; c'est sur une montagne qu'un de leurs plus anciens cheykhs conduisit son fils pour l'immoler à Dieu. (*Genèse*, chap. xxii.) La Bible présente encore une foule d'autres exemples semblables.

leurs sermens, le plus saint, le plus redouté, celui qui est réservé pour les cas d'une importance extrême, se prononce en levant sa robe et saisissant son *phallus*. Cet usage de jurer par les organes de la génération remonte à la plus haute antiquité : « Mets la main sur ma cuisse, » dit le vieil Abraham à son serviteur, « et jure d'aller en Mésopotamie prendre une femme pour mon fils Isaac. »

Les talismans ont un grand pouvoir sur l'esprit crédule de ces hommes simples; la plupart portent suspendu au cou ou attaché au bras, au-dessous du coude, un petit sachet de cuir qui renferme un morceau de papier sur lequel des paroles mystérieuses ont été écrites par quelque derviche, et plus souvent encore par des chrétiens ou des juifs, qu'ils regardent comme plus savans que les musulmans en matière de sorcellerie. J'en ai vu qui portaient ainsi de petites pierres gravées en caractères koufiques qu'ils ne comprennent point, et de petites idoles égyptiennes. Enfin ils ont plus de confiance en un talisman fait exprès pour la maladie dont ils sont atteints, qu'en tous les secrets de la médecine, et ils ont soin de l'appliquer sur la partie souffrante. Ces opinions sont bien ridicules, je l'avoue; mais doivent-elles nous étonner lorsque, malgré notre civilisation, nous sommes encore sujets à des superstitions assez semblables?

Un arbre né près d'un tombeau, ou que toute autre circonstance peut envelopper d'un certain merveilleux, porte quelquefois les Bédouins à croire qu'il est animé par un génie; et ce serait dès-lors un sacrilége que d'en couper une branche, ou même de le frapper : ils y attachent des cheveux, du poil, et des morceaux d'étoffe ou de papier sur lesquels sont tracés des caractères bizarres, des paroles magiques; et selon les cérémonies dont cette action est accompagnée, cela doit disposer le sort en leur faveur, ou déterminer quelque maléfice contre leurs ennemis. J'ai vu au milieu du désert, entre Soueys et le Kaire, un énorme acacia couvert de lambeaux d'étoffe, près duquel campe la grande caravane qui se rend tous les ans à la Mekke. Les Arabes l'ont en grande vénération, et les pélerins manquent rarement de faire le vœu de suspendre à ses branches une partie de leurs vêtemens, s'ils échappent aux dangers du voyage.

Je voudrais pouvoir donner des détails sur les cérémonies religieuses qui, chez tous les peuples, accompagnent quelques époques remarquables de la vie; mais, m'étant restreint, dans ce mémoire, aux seuls faits observés ou vérifiés par moi-même, je ne parlerai du mariage et des naissances que sous le rapport de la morale et des usages civils.

Les Arabes se marient fort jeunes : extrêmement jaloux de leurs femmes, le poignard les venge de la plus légère infidélité, et néanmoins ils ne se font aucun scrupule de reprendre celles qui, par les événemens de la guerre, ont passé dans les bras du vainqueur. La jeune fille qui a éprouvé un tel malheur, trouve un mari comme si rien ne lui fût arrivé; mais, dans tout autre cas, celle qui, au jour de son mariage, ne serait point reconnue vierge, serait renvoyée ignominieusement à ses parens : ceux-ci attendent avec impatience dans la tente de l'époux le voile ensanglanté qui doit attester la sagesse de leur fille ; on l'expose même quelquefois en dehors de la tente aux regards du public ; puis la jeune épouse le serre soigneusement et le conserve toute sa vie.

Les jeunes gens ne connaissent point ce vice malheureusement si répandu en Europe, qui détruit les forces naissantes, et change le plaisir qui doit rapprocher les êtres et embellir la vie, en une habitude dégoûtante, qui isole, rend sombre, égoïste, méchant, et conduit à des infirmités cruelles, à une mort douloureuse, si l'amour des femmes n'y apporte un prompt remède. Ce vice est remplacé ici par un autre connu autrefois en Grèce et commun à toutes les nations nomades ; ils s'aiment entre eux ; et souvent même, dans leurs courses lointaines, n'ayant pour société que leurs troupeaux, ils se livrent à des excès honteux.

Le mariage fait disparaître ou calme du moins ces goûts monstrueux, et, comme je l'ai déjà dit, les Arabes se marient fort jeunes. Ils ne désirent rien tant que d'avoir beaucoup d'enfans ; c'est chez eux un moyen certain de considération et de richesse. La naissance d'un fils est un événement qui les comble de joie, et c'est par suite de cet amour paternel, qu'ils ajoutent à leur nom celui de leur premier né : ainsi le père s'appelle-t-il *Mahammed* et l'enfant *A'ly*, le nom du premier devient *Mahammed-abou-A'ly*, ou simplement *Abou-A'ly*, qui signifie *père d'A'ly*.

Les jeunes gens, de leur côté, ont le plus grand respect pour les auteurs de leurs jours, et en général pour tous les vieillards : ils se lèvent devant eux, les écoutent attentivement, et cessent même de fumer en leur présence, à moins qu'ils ne soient invités à continuer. C'est sur cet hommage volontaire de la force à la sagesse et à l'expérience des années, et sur l'amour des pères pour leurs enfans, qu'est fondé le gouvernement des tribus, ainsi qu'on a déjà pu l'observer dans ce que nous en avons dit précédemment.

Plutôt agiles que vigoureux, les Arabes sont maigres; mais c'est la maigreur de la santé. Il règne une grande uniformité dans leur taille, qui ne varie guère que de cinq pieds deux pouces à cinq pieds quatre pouces : on ne voit point, comme parmi nous, de pygmées à côté de géans, d'avortons à côté d'athlètes; on ne rencontre point d'estropiés de naissance : les forces physiques, comme les forces morales et politiques, ne se rapprochent nulle part autant de l'égalité.

Les Arabes sont blancs, mais extrêmement hâlés par le soleil, dont l'action s'augmente encore de la réverbération des sables : ils ont la barbe, les cheveux et les yeux noirs, les dents extrêmement blanches et bien rangées, les traits généralement beaux, la physionomie spirituelle, le cou musculeux, les épaules et la poitrine larges, les genoux un peu gros ; ce qui provient peut-être de leur manière de s'asseoir à terre les jambes croisées sous eux.

Les femmes ont les yeux plus grands que les hommes et de même couleur; les dents blanches et bien rangées; la taille souple et svelte; les bras, les mains, les jambes et les pieds d'une beauté à servir de modèles : mais leurs traits, à l'exception des yeux, ont peu d'expression, peu de mobilité; ce qu'on doit attribuer, sans doute, à l'usage de voiler leur visage plus soigneusement qu'aucune autre partie du corps : elles ont le nez gros, la bouche grande, et beaucoup d'entre elles s'enlaidissent en se tatonant la figure comme les sauvages de l'Amérique.

Le sein, qui est parfaitement placé et d'une belle proportion chez les filles de dix à douze ans, tombe bientôt; et à mesure qu'elles font des enfans, il s'allonge considérablement : ce qui les dépare d'autant plus, qu'elles ne prennent aucun soin pour le soutenir ou le cacher. Les jolies femmes sont donc très-rares; cependant on en rencontre parmi celles surtout dont l'âge touche presque à l'enfance.

Elles sont toutes extrêmement fécondes, et une femme mariée qui n'aurait point d'enfans tomberait dans le mépris : son mari ne tarderait pas à la répudier, ou tout au moins à en prendre une autre; car le divorce et la polygamie sont autorisés.

Les vieillards arabes sont plus recherchés que les jeunes gens dans leur habillement; les étoffes les moins grossières leur sont principalement réservées : ajoutez à cela que le costume ne varie jamais, qu'il est ce qu'il était dans les temps les plus reculés; et l'on sera persuadé que cela doit contribuer à la considération dont jouit la vieillesse. Chez nous, au contraire, où les modes changent tous les jours, il arrive un âge où l'habitude l'emporte sur le goût des parures nouvelles : on se fixe à un costume que l'on ne change plus pendant les derniers instans de la vie, et qui devient bientôt ridicule, lorsque la jeunesse, qui embellit tout de ses grâces, a cessé de s'en servir. La mode, d'ailleurs, en Europe, ne fait pas varier seulement le costume; elle porte encore son empire sur tous les usages de la vie, et il en résulte trop souvent une opposition pénible entre la jeunesse et la vieillesse : les coutumes des pères paraissent ridicules aux enfans; les pères critiquent le temps présent, en regrettant l'ancien, et l'on s'aigrit mutuellement. Autrefois on faisait de telle manière, disons-nous; et ces mots prononcés avec ironie par les uns, avec regret par les autres, semblent rappeler une époque antérieure de plusieurs siècles, lorsqu'il ne s'agit le plus souvent que d'une vingtaine d'années. Il n'en est pas de même chez la plupart des nations de l'Orient; les usages y sont immuables. *On faisait ainsi du temps de nos pères,* disent les Arabes; *nous devons faire comme eux*. Il faut convenir cependant que, si cela est souvent plus raisonnable que de changer sans cesse, rien aussi ne se perfectionne.

Les Arabes portent une tunique fort ample, en fil ou en laine, qu'ils serrent autour des reins avec une large ceinture, et ils ont par-dessous un caleçon de toile. Ils se rasent la tête et la couvrent d'un turban, laissent croître leur barbe, et ont le cou, les bras et les jambes nus. Ceux qui habitent à l'occident de l'Égypte, dans les déserts de la Libye, mettent assez souvent par-dessus leurs vêtemens un manteau blanc d'une étoffe de laine très-légère. J'en ai vu d'autres, aux environs de Soueys, qui, pendant l'hiver, jetaient sur leur dos une grande peau de mouton; les deux pattes de devant étaient nouées sur la poitrine, et la queue pendait à terre, absolument de la même manière que l'on nous représente Hercule couvert de la peau du lion de Némée : ce manteau de sauvage a quelque chose d'extrêmement pittoresque.

Une longue chemise qui sert en même temps de robe, un caleçon, un turban, deux voiles, l'un plus large jeté sur la tête, l'autre plus étroit placé sur la figure immédiatement au-dessous des yeux, et fixé par deux cordons qui se nouent derrière la tête, forment l'habillement des femmes. Des anneaux d'argent, ou plus souvent de verre bleu, passés aux bras et aux jambes; des bagues et des boucles d'oreille en cuivre ou en argent, rarement en or, sont les bijoux dont elles se parent. Quelques-unes se percent aussi une narine et y passent un anneau qui retombe sur leur bouche.

Je ne parle ici que du commun des Arabes; les cheykhs et leurs femmes se rapprochent davantage, dans leur costume, de celui des gens riches de l'Égypte.

Les femmes de tout rang croient s'embellir en se teignant en jaune le dessous des pieds et des mains; ce qui m'a toujours paru fort laid : mais je dirai le contraire de l'usage où elles sont de border leurs paupières d'une ligne noire qui se prolonge un peu vers les coins; l'effet m'en a toujours paru agréable; l'œil en acquiert de la vivacité, il semble plus grand et plus fendu. Il est à présumer d'après les traits que l'on voit sculptés autour des yeux des statues égyptiennes, que cette coutume était pratiquée par les femmes de l'antique Égypte.

Le mobilier d'un ménage arabe est, comme on l'imagine bien, réduit au plus strict nécessaire : un moulin à bras, une plaque de fer pour faire griller des grains de blé ou cuire le pain, une cafetière, un sac de cuir pour puiser l'eau, quelques outres, des écuelles de bois, de petites tasses pour le café, une marmite, une natte qui sert de tapis et de lit, quelquefois un métier à tisser des étoffes grossières, les armes dont nous avons parlé, une pipe de quatre à cinq pieds de long, peu de vêtemens, une espèce de mandoline ou de violon[1], un tambourin formé ordinairement d'un vase de terre cuite, sans fond, recouvert d'un seul côté par une peau fortement tendue; voilà tout ce que renferme à peu près la tente d'un Arabe. Celle-ci a cinq à six pieds d'élévation; elle est de forme quadrangulaire, et faite d'une étoffe brune et grossière, que les Arabes fabriquent euxmêmes avec le poil de leurs chameaux; la partie supérieure de la tente, qui en forme le toit, est peu inclinée et souvent même horizontale : une cloison de même étoffe sépare dans l'intérieur l'appartement des femmes de celui des hommes.

Toutes les tentes sont placées sans ordre, les unes auprès des autres, mais de façon cependant à renfermer ordinairement au milieu d'elles un grand espace vide qui sert de place publique et de parc pour les troupeaux. Faut-il décamper, chaque ménage enveloppe son léger

---

[1] Je me sers des mots de *mandoline* et de *violon*, bien que ces instrumens diffèrent beaucoup de ceux auxquels nous donnons ces noms en France. J'ai appelé *mandoline* celui dont on fait vibrer les cordes avec un petit morceau de corne ou de bois, et *violon*, celui que l'on fait résonner avec un archet. Les personnes qui désireront sur cet objet des détails plus précis, pourront consulter les Mémoires que M. Villoteau publiera sur la musique dans cette collection.

mobilier dans les toiles de sa tente, et le charge sur ses chameaux ; les troupeaux sont chassés en avant ; femmes, enfans, vieillards, les uns à pied, les autres montés sur des chameaux ou des ânes, suivent en un instant ; des hommes à cheval éclairent et protégent la marche ; rien ne reste en arrière, et le vent a bientôt fait disparaître jusqu'à la dernière trace de cette ville d'un moment.

Les Arabes sont extrêmement sobres ; quelques dattes, une poignée de blé ou d'orge grillée, leur suffisent pour toute une journée : j'en ai vu même dans le désert se contenter de quelques féves crues qu'ils prenaient sur la ration de leurs chameaux, et qu'ils mangeaient sans autre préparation que de les casser en plusieurs morceaux avec une pierre, afin de pouvoir les mâcher plus facilement. Six à sept onces de nourriture, c'est tout ce qu'ils consomment par jour dans le désert : ils mangent un peu plus lorsqu'ils occupent des terrains fertiles ; néanmoins nos anachorètes les plus habitués à l'abstinence n'approchent point encore de leur frugalité : ils boivent fort peu, et supportent la soif des journées entières. C'est par suite sans doute de cette excessive sobriété que leurs sécrétions en tout genre sont si faibles [1].

Voici ce qu'ils mangent ordinairement : de petites galettes de dourah (*holcus Lin.*) ou de blé, à peine

---

[1] Leur manque presque absolu de transpiration pourrait cependant, je crois, être aussi bien une des causes qu'un des résultats de leur sobriété : car, s'ils ne transpirent point, ce n'est peut-être pas seulement parce qu'ils mangent peu, mais parce qu'exposés à un soleil brûlant avec des vêtemens fort légers, leur peau se dessèche, se durcit ; les pores se resserrent et se ferment presque tout-à-fait : perdant dès-lors fort peu par les sueurs, ils ont moins besoin de nourriture pour réparer leurs forces. Je laisse au surplus la question à décider aux physiologistes.

cuites; du riz, des dattes, des lentilles, des féves, rarement de la viande, du lait frais ou caillé, du beurre; du fromage extrêmement dur, aigre et salé, qu'ils font indifféremment avec le lait de leurs jumens, vaches, buffles, chameaux, ânesses, chèvres ou brebis. Ils ne boivent que de l'eau et du café sans sucre. Ils réduisent le blé en farine au moyen de moulins à bras, garnis de petites meules de pierre, ou bien le broient tout simplement sur une pierre concave, avec une autre en forme de molette, comme font les peintres pour leurs couleurs.

La farine pétrie et mise en pâte, est étendue sur une plaque de fer chauffée d'avance et placée sur du feu, au fond d'un trou creusé dans le sable. Le tout est recouvert de cendres chaudes, et le pain est retiré de là bien avant d'y avoir acquis le degré de cuisson que nous lui donnons en France. Cet usage se conserve dans le désert depuis un temps immémorial. «Faites cuire du pain sous la cendre,» disait Abraham à Sara[1].

La même plaque de fer sur laquelle on cuit le pain, sert aussi à faire griller des grains de blé ou d'orge, que les Arabes mangent souvent ainsi en guise de pain.

La fiente des bestiaux, séchée au soleil, est presque le seul combustible qu'ils emploient, et il est difficile dans le désert de s'en procurer d'autres.

Dans les repas de cérémonie, on sert ordinairement un mouton entier.

J'ai dîné un jour avec des Bédouins, et ils employèrent, pour m'y engager, des manières que n'au-

[1] *Gen.* cap. XVIII, v. 6.

raient pas désavouées les plus polis de nos Européens. Je vais reprendre cette anecdote d'un peu plus loin; elle servira à faire connaître mes hôtes sous plus d'un rapport.

Chargé, durant l'hiver de l'an VII, de parcourir la vallée de *l'Égarement*, où personne de notre armée n'avait encore pénétré, je partis du Kaire avec un détachement de vingt-cinq hommes d'infanterie; chaque soldat avait du biscuit pour quatre jours; deux chameaux portaient l'eau dont nous présumions avoir besoin. Parvenu, au coucher du soleil, vis-à-vis l'entrée de la vallée, sur la lisière du terrain cultivé, je me décidai à passer la nuit en cet endroit : les soldats s'étendirent sur le sable; et pendant qu'ils mangeaient leur biscuit trempé dans un peu d'eau, et que leur imagination, frappée du nom de la vallée, les faisait s'entretenir de mille dangers chimériques, je voulus essayer si, en me rendant dans un village dont nous étions peu éloignés, je ne pourrais pas m'y procurer un guide : je pris mon fusil et partis seul. Mais bientôt le désir de reconnaître en même temps l'entrée de la vallée me fit faire un grand circuit; je m'éloignai insensiblement de ma troupe; et ayant gravi quelques collines qui m'en dérobèrent tout-à-fait la vue, je me trouvai à l'improviste devant un camp arabe. Je songeais à me retirer, lorsque je m'aperçus que toute retraite m'était ôtée par plusieurs Bédouins à cheval. Je me décidai à vendre chèrement ma vie : j'étais bien armé; j'avais, outre mon fusil de munition et sa baïonnette, une bonne paire de pistolets, et il m'arrive rarement de manquer le but où je vise.

J'armai mon fusil : mais je voulus en même temps essayer si, en payant d'audace et de ruse, je ne pourrais pas éviter un combat trop inégal; je fis signe aux Arabes qui m'observaient de s'approcher de moi, et je me dirigeai en même temps vers eux avec l'air de la confiance. Aussitôt que j'en fus assez près pour me faire entendre, je leur demandai de me conduire au cheykh de leur tribu, auquel j'avais à parler. Ils parurent surpris, se regardèrent entre eux; je leur répétai ma demande d'un ton ferme, et ils me répondirent de les suivre. Nous fûmes bientôt dans leur camp; des chiens aboyèrent à notre approche; on voyait çà et là plusieurs chevaux sellés et attachés près des tentes. Je remarquai avec étonnement que plusieurs femmes ne se cachaient pas la figure avec autant de soin que l'auraient certainement fait des femmes de *fellâh*. Nous nous arrêtâmes devant la tente du cheykh : elle ne différait des autres qu'en ce qu'elle était un peu plus spacieuse. J'y entrai avec précaution; j'y trouvai le cheykh et deux autres Arabes occupés à fumer et à boire du café : ils étaient assis à terre autour d'un peu de feu sur lequel était placée la cafetière. La fumée de ce foyer, celle des pipes, la figure dure et sérieuse de ces trois hommes, les pistolets et poignards dont ils étaient armés, tout cela ressemblait assez à l'idée que nous nous faisons d'un antre de voleurs. Je leur fis le salut des musulmans, le *salâm alekoum*; ils me le rendirent sans se déranger, et ajoutèrent, en me présentant du café : « Assieds-toi et bois. » Je ne me le fis pas répéter; je savais que c'était une espèce de sauve-garde que de boire ou manger avec eux, et je dis au cheykh : « J'ai appris que tu étais campé ici; j'ai laissé mon escorte à quelque distance, et suis venu seul avec confiance te demander un guide pour me conduire jusqu'à la mer Rouge par la vallée de *l'Égarement :* tu peux être sûr qu'il sera bien payé; » et j'ajoutai, à dessein, que je n'avais pas d'argent sur moi, mais que je lui remettrais d'avance la moitié du prix dont nous conviendrions, aussitôt que j'aurais rejoint mon détachement. Il me répondit : « Tu auras un guide, j'ai fait la paix avec les Français. » Il m'apprit ensuite qu'on lui avait cédé le territoire et le village de Baçâtyn, auprès duquel il était campé, et que sa tribu était celle des Terrâbins.

Pendant que nous causions, je m'aperçus que les femmes du cheykh écartaient un peu, pour me voir, la cloison d'étoffe qui séparait leur chambre de la nôtre. Ce devait être, en effet, pour elles un spectacle curieux que la vue d'un de ces Français, dont leurs guerriers leur avaient sûrement fait des récits extraordinaires, et dont le costume, le langage, les armes, les manières, étaient si différens de tout ce qu'elles connaissaient.

Je pris congé de ces Arabes, après être convenu que le lendemain un guide viendrait me joindre dans l'endroit que je leur indiquai, et je m'en retournai fort satisfait de m'en être tiré si heureusement.

De retour au Kaire, un mois après, je racontai mon aventure à plusieurs de mes camarades, qui formèrent avec moi le projet d'aller voir ce camp. Le jour de cette nouvelle course, nous nous trouvâmes environ une douzaine, tous bien armés, montés sur de bons chevaux, et précédés de nos *sáys*[1], qui, suivant l'usage du pays, couraient à pied, armés de grands bâtons. Je pris seul les devants, pour ôter toute inquiétude aux Terrâbins sur l'objet de notre visite; ils me reconnurent de suite, et mes camarades, arrivant peu après, furent très-bien reçus.

Après nous être reposés, après avoir parcouru leur camp et bu avec eux quelques tasses de café, nous nous disposâmes à partir, malgré les instances des principaux de la tribu, qui voulaient nous retenir pour manger avec eux d'un mouton qu'ils avaient tué à notre arrivée; mais nous, en Européens cérémonieux, nous les remerciâmes, en prétextant des affaires qui ne nous permettaient pas de nous arrêter plus long-temps. Je m'aperçus que notre refus ne leur faisait pas plaisir : cependant, après s'être dit quelques mots à voix basse, ils reprirent l'air affable qu'ils avaient eu jusque-là : et le cheykh, montant à cheval avec quelques Arabes, nous dit qu'il allait nous indiquer une route plus agréable que celle que nous connaissions.

A peine hors du camp, les Arabes simulèrent un combat, et nous nous amusâmes quelque temps à remarquer avec quelle adresse ils maniaient leurs chevaux et se lançaient le *geryd*[2]. Je m'y étais déjà exercé plu-

---

[1] Les *sáys* sont des domestiques égyptiens qui sont à-la-fois palefreniers et coureurs. Ils sont infatigables, et portent souvent, outre leur bâton, le fusil de leur maître.

[2] Le *geryd* est un bâton d'environ quatre à cinq pieds de longueur, dont on se sert comme d'un javelot. Les Arabes préfèrent ordinairement les branches fraîches de palmier, parce qu'elles sont fort pesantes. Un homme à pied peut pousser le *geryd* à plus de cinquante pas; à cheval et au galop on le jette beaucoup plus loin. Il y en a qui le lancent avec une si grande roideur,

sieurs fois; et aimant avec passion ces sortes de jeux, je ne pus résister au désir d'y prendre part; je me mêlai parmi eux : tout cela retarda notre marche. Nous arrivâmes enfin sur les bords du Nil, dans un petit bois de palmiers, où nous fûmes surpris de trouver un repas très-proprement servi sur des nattes étendues à terre. « Ce repas se trouve sur notre route, dit le cheykh; nous pouvons le prendre ensemble, sans vous faire perdre trop de temps. » Nous descendîmes de cheval, et Français et Arabes, assis par terre, nous nous mîmes à manger de bon appétit. Il y avait du lait dans de grands vases, des poules, du fromage blanc, du miel, des dattes, quelques gâteaux, du pain, et au milieu de tout cela, un mouton entier sur un monceau de riz à peine cuit. Sans fourchettes ni cuillers, nous servant de nos mains comme les Arabes, nous arrachions des morceaux de viande et mangions pêle-mêle dans les mêmes plats. Si plusieurs fois nous nous étions amusés de la maladresse avec laquelle les Arabes se servaient de nos fourchettes, ils purent ce jour-là rire de la manière gauche dont nous les imitions : quelques-uns d'entre eux trempaient de la viande dans du miel; nous voulûmes en faire autant, et trouvâmes cela fort mauvais. Nous buvions d'excellente eau du Nil que l'on avait fait rafraîchir dans des *qoulleh*[1]; et notre repas fut fort gai,

qu'ils peuvent blesser dangereusement, et même tuer celui qui ne l'éviterait pas. Il m'est arrivé une fois de renverser à terre sans connaissance une des personnes avec lesquelles je jouais, et le même jour je reçus dans le bras un coup de *geryd* qui m'empêcha pendant près d'un mois de me servir de mon bras.

[1] Les *qoulleh* sont des vases non vernissés, qui laissent suinter l'eau à travers leurs pores; on les place à

bien que la moitié des convives eût de la peine à comprendre l'autre.

Nos hôtes eurent plus tôt fini que nous : à mesure que l'un d'eux n'avait plus faim, il se levait en disant, *aná chaba'án,* c'est-à-dire *je suis rassasié;* ou bien, *el hamd lellah,* qui signifie *gloire à Dieu.*

Quand nous nous fûmes tous levés, nos domestiques et ceux des Arabes prirent nos places; et le cheykh dit à haute voix, suivant l'usage des Arabes : « Enfans du pays, approchez et mangez. » Alors de pauvres *felláh* que la curiosité ou la faim avaient attirés, se mirent autour des nattes. Je remarquai que peu de chose les rassasiait, et qu'ils faisaient promptement place à d'autres; tout eut bientôt disparu. Nous remontâmes à cheval avec les Bédouins, et nous nous séparâmes comme d'anciens amis, après nous être fait ce salut arabe, signe de bienveillance, qui consiste à se toucher plusieurs fois la main droite, et à la ramener autant de fois sur la poitrine, en disant : « Porte-toi bien; Dieu te garde! Dieu soit loué! etc. » compliment que l'on ne craint point de répéter jusqu'à satiété.

Depuis ce jour, je retournai souvent voir les Terrâbins, et je pris chez eux la plupart des notes que je transcris aujourd'hui. Chargé ensuite de plusieurs opérations qui me firent parcourir les déserts de la basse et de la haute Égypte, j'eus occasion de connaître d'autres tribus, et je remarquai partout les mêmes usages et le même caractère, comme les mêmes richesses et les

l'ombre, dans un courant d'air, et l'évaporation qui se fait à l'extérieur du vase rafraîchit l'eau qu'il contient.

mêmes besoins. Toutes ces courses étaient fatigantes : mais le désir de bien connaître ce peuple singulier me les faisait entreprendre avec plaisir; et j'ajouterai que je me suis toujours mieux porté dans le désert, manquant presque de tout, ne mangeant qu'un peu de biscuit de mer et quelques dattes, n'ayant d'eau que ce qu'il en fallait pour ne pas périr de soif, qu'en Égypte au milieu de l'abondance : car le désert est extrêmement sain, la peste y pénètre rarement, les ophthalmies y sont peu fréquentes; la petite vérole est presque la seule maladie que l'on ait à y redouter. Malgré cette salubrité, d'autant plus précieuse qu'elle n'existe point dans les pays circonvoisins, on a de la peine à se persuader que des sables arides soient divisés en propriétés distinctes : cependant les tribus arabes se les sont partagés, et elles ont pour ces affreuses solitudes le même amour qu'un Français éprouve pour les beaux champs, les doux ombrages de sa patrie; elles les disputent à l'ennemi avec autant de chaleur que d'autres nations en mettraient à défendre les terrains les plus fertiles : la possession d'un puits est surtout, comme au temps des patriarches, un objet d'une haute importance. On sent bien que dans un pays qui n'est ni planté, ni entrecoupé de rivières, ni couvert d'édifices, les limites sont difficiles à déterminer : aussi naît-il souvent, entre les tribus, des guerres pour les pâturages et pour les droits sur les caravanes.

Le ciel y est étincelant de lumière pendant le jour, et du plus bel azur durant le calme des nuits. Cependant les pluies sont un peu moins rares dans les parties montueuses qu'en Égypte, et le *semoum* trouble aussi quelquefois la sérénité de l'air.

Le *semoum*, ou vent empoisonné, souffle du sud-ouest : sa vitesse n'est point uniforme; elle s'accélère et se ralentit d'instant en instant. Il élève à une grande hauteur des tourbillons de sable qui, plus d'une fois, ont enseveli des caravanes et jusqu'à des armées entières. La perte de celle que Cambyse envoya contre les habitans de l'oasis d'Ammon, fut, comme on le sait, attribuée à un de ces ouragans. Ces immenses tourbillons, heureusement rares, sont moins fréquens dans les déserts à l'est de l'Égypte, que dans ceux de l'ouest, où le terrain est plus mobile. Mais le *semoum*, lors même qu'il ne pousse aucun tourbillon devant lui, est encore un fléau redoutable; toujours chargé d'une poussière subtile et brûlante, il obscurcit l'éclat du soleil, donne à l'atmosphère une teinte livide, porte la chaleur à un degré insupportable, dessèche les plantes, et tue même les hommes et les animaux, si, au moment des rafales, ils n'évitent de le respirer en se couvrant la figure ou en détournant la tête. Ses propriétés malfaisantes l'ont fait nommer dans le désert *semoum* (poison); en Égypte, où il est moins dangereux, on l'appelle *khamsyn* (cinquante), parce qu'il se fait sentir plus fréquemment pendant les cinquante jours qui avoisinent l'équinoxe du printemps.

Il est un autre phénomène que présente le désert, et que M. Monge a décrit et expliqué avec cette clarté qui distingue toutes les productions de ce savant célèbre. On croit voir, à une lieue environ, une étendue d'eau considérable. Les corps que l'on aperçoit à cette distance, présentent au-dessous d'eux leurs images renversées : l'illusion est complète; et plus d'une fois de malheureux voyageurs, entraînés par cette apparence trompeuse, ont péri d'une mort cruelle en cherchant à étancher leur soif à ce lac fantastique, qui se reculait devant eux, tandis que leurs compagnons restés en arrière les croyaient arrivés au terme de leur désir et enviaient leurs jouissances. Ce phénomène est dû à la lumière qui se réfracte en traversant les couches inférieures de l'atmosphère, raréfiées à la surface de la terre par la chaleur des sables.

La gazelle, dont la timidité gracieuse, l'œil noir et vif, servent souvent d'images à l'amant arabe qui peint sa douce amie, l'autruche rapide et le lent caméléon, sont les seuls animaux sauvages que j'aie rencontrés dans le désert [1]. On trouve encore assez communément, aux environs des camps, des chiens de forte taille et de poil roux; ils n'appartiennent à personne en propre, et vivent dans un état presque sauvage. Jamais ils ne sont atteints de la rage, malgré les chaleurs excessives et la privation presque absolue d'eau : ils se nourrissent des bestiaux morts et des immondices, ce qui contribue à maintenir la salubrité de l'air autour des camps; enfin, sachant distinguer les étrangers des individus de la tribu, ils servent, en quelque sorte, de vedettes avancées, prêts à donner par leurs aboiemens l'alarme au

---

[1] Il y a dans le désert d'autres animaux sauvages, tels que le chacal ou loup d'Afrique, l'hyène, etc.; mais je ne parle ici que de ceux que j'y ai vus moi-même.

moindre danger. Il existe aussi, chez quelques hordes, des chiens lévriers d'une belle race : mais ceux-ci ne vivent point en liberté comme les premiers; ils ont des maîtres qui les tiennent presque toujours à l'attache, et qui s'en servent pour forcer à la course les gazelles et les autruches.

Les caravanes qui traversent le désert sont obligées de payer un droit aux tribus sur le territoire desquelles elles passent, sous peine d'être attaquées, dévalisées, et réduites en esclavage ou dispersées sans ressource dans le désert; et, quoique nous nous soyons souvent récriés contre cet usage, il n'en est pas moins conforme aux droits des nations. N'avons-nous pas aussi des lois sévères sur les passe-ports, et des douanes pour les marchandises étrangères qui traversent notre territoire? ne punit-on point par la confiscation, l'emprisonnement, les fers et la mort même, ceux qui emploient la ruse ou la force pour s'y soustraire?

Le territoire d'une tribu appartient en commun à tous ceux qui la composent. Est-il sablonneux, aride, chacun conduit ses troupeaux où il veut; est-il fertile, ils le font cultiver par les anciens *felláh*, et, à défaut de ceux-ci, par leurs prisonniers, leurs esclaves ou leurs domestiques; et les bénéfices se partagent, avec une grande équité, entre les différentes familles.

Outre le désert qui est à eux en toute propriété, les Bédouins se regardent encore comme les souverains légitimes de l'Égypte, et traitent d'usurpateurs les Mamlouks et les Turks; ils se sont en conséquence partagé cette contrée, et chaque tribu lève, dans le canton qui lui est dévolu, quelques contributions en nature. Les malheureux *felláh* achètent par-là des défenseurs contre les autres tribus qui voudraient les piller, et souvent aussi un refuge contre la tyrannie du gouvernement et l'avarice insatiable de leurs maîtres.

Les propriétés personnelles sont, chez les Arabes, les meubles et ustensiles, les troupeaux, et les produits de leur industrie, qui consiste dans la fabrication de quelques étoffes grossières, la préparation du beurre et du fromage, la vente de leurs chevaux et de leurs chameaux, le louage de ces derniers pour les caravanes, et, selon les localités, dans le commerce de quelques autres objets, tels que le charbon, le séné, le sel marin, les poissons secs, le natron, la soude, l'alun, les joncs propres à faire des nattes, etc.

Les Arabes élèvent beaucoup de chameaux, et cet animal leur est de la plus grande utilité; sans lui, ils ne pourraient habiter le désert, et seraient bientôt subjugués : aussi a-t-on souvent dit que Dieu ou la nature l'avait créé exprès pour rendre le désert habitable à l'homme ; pensée aussi fausse qu'orgueilleuse [1].

---

[1] Les chameaux vivent commodément dans le désert, parce que leur organisation ne leur donne aucun besoin qu'ils n'y puissent satisfaire ; mais dire qu'ils ont été créés exprès pour le désert, et qui plus est, pour le rendre habitable à l'homme, c'est une pensée d'un orgueil extrême. Cette manière de s'exprimer est cependant adoptée par des philosophes, des naturalistes distingués, qui se laissent entraîner par l'ascendant du sentiment sur la froide vérité. Observent-ils dans ses détails l'admirable conformation d'un animal, d'une plante, ils s'écrient : La nature bienfaisante lui a donné tel organe pour remplir telle fonction essentielle à la vie ! elle lui a donné tel moyen de défense pour l'empêcher d'être détruit par ses ennemis ! Ne serait-il

Lorsque, sans eau, sans grain, sans fourrage, chassé dans le désert, l'Arabe voit ses chevaux, ses bœufs, ses moutons, expirer de fatigue ou de besoin, ses chameaux lui restent et lui suffisent; ils le portent sur leur dos, le nourrissent de leur lait; et supportant et la faim et la soif, affrontant d'immenses solitudes, ils le dérobent à ses ennemis.

Les chameaux n'ont presque pas besoin de repos; ils broutent, en cheminant, quelques plantes épineuses, que tout autre animal dédaignerait. On les nourrit ordinairement avec de la paille hachée, des fèves, et des noyaux de dattes pilés. Dans un trajet que je fis à travers le désert, ceux que j'avais ne burent que le septième jour.

Les gros chameaux nommés *gemel* n'ont qu'une bosse : leur allure habituelle est le pas; leur trot est lourd, et ils ne pourraient le continuer long-temps. Les Arabes les conduisent avec un licou, et, lorsqu'ils marchent en caravane, ils les attachent à la queue les uns des autres; un homme alors en soigne ordinairement six. On les emploie à porter à dos toute espèce de fardeaux; car l'on ne connaît dans le désert ni voitures ni traîneaux. La charge se répartit des deux côtés du chameau, au moyen d'un bât garni de cordes, et il est rare qu'elle soit de plus de deux cents kilogrammes, à moins qu'il ne s'agisse d'un trajet fort court. La vitesse

---

pas plus simple de dire : C'est parce qu'il a cet organe qu'il existe, c'est parce qu'il a ce moyen de défense qu'il peut résister à ses ennemis; sans cela il n'eût jamais paru sur la terre, ou en aurait bientôt disparu ? Que devient en effet cette prétendue bienfaisance de la nature envers les espèces qui ont été entièrement détruites ?

moyenne d'une caravane composée d'une centaine de chameaux ainsi chargés et allant au pas, est d'environ trois mille cinq cents mètres par heure : un seul chameau ferait à peu près un quart en sus dans le même temps.

Il est une autre espèce plus faible, plus svelte, plus légère à la course, appelée *hagyn* par les Arabes, et *dromadaire* par les Européens. Cet animal ne sert que de monture; on le conduit au moyen d'un cordon attaché à un anneau passé dans la narine. Il n'a qu'une bosse comme le chameau, et c'est sur elle que l'on place la selle : son trot est en général plus doux et aussi allongé que celui d'un cheval; et quelque rapide que soit le galop de celui-ci, un dromadaire l'atteindra à la longue par la continuité de sa marche.

Quand on veut charger un chameau ou le monter, on est obligé, à cause de sa hauteur, de le faire coucher, et pour cela on l'habitue à obéir à un certain commandement qui consiste à pousser du gosier un son rauque, presque semblable à celui de quelqu'un qui se gargarise. L'animal commence d'abord à plier les genoux, ses jambes de devant se placent sous lui; il laisse glisser en avant celles de derrière, qui viennent se ranger de chaque côté, et son ventre pose à terre.

Quand on le monte, il faut se placer lestement en selle, se pencher en arrière, et ensuite en avant; car à peine met-on le pied à l'étrier, qu'il se dresse promptement sur les jambes de derrière, puis sur celles de devant, de façon à vous faire passer d'abord par-dessus sa tête, ou à vous jeter ensuite en arrière. Il faut savoir saisir avec précision ces deux mouvemens opposés, qui sont fort brusques et se succèdent rapidement.

La chair du chameau est assez bonne; elle a presque le goût de celle du bœuf, et est surtout bien préférable à celle du cheval.

Les chevaux arabes jouissent, à juste titre, d'une grande réputation : ils se divisent en deux races bien distinctes, les communs et les nobles. Ces derniers, appelés *koheyl*, sont plus rares dans les déserts de l'Égypte que dans ceux de l'Hegâz et de la Syrie. Un cheval n'est point réputé noble, si son père et sa mère ne le sont pas tous deux; et comme cette valeur d'opinion établit une grande différence dans les prix, on a soin, lorsque l'on fait couvrir des jumens nobles par des chevaux de même race, d'en dresser acte en présence de témoins : cette pièce accompagne toujours la vente des chevaux, et on la leur suspend au cou dans un petit sachet de cuir, qui renferme souvent encore un écrit mystérieux destiné à porter bonheur au cheval et à son cavalier. Les Arabes ne sont point dans l'usage de hongrer leurs chevaux, ni de leur couper la queue et les oreilles; ce n'est qu'en Europe que l'on mutile ainsi ce noble animal : la mode, qui règne en despote sur cette partie du monde, a soumis les animaux mêmes à ses bizarres caprices.

A dix-huit mois, les Arabes commencent à habituer leurs chevaux à la selle; à deux ans, on les fait monter par des enfans : on ne leur donne que deux allures, le pas et le galop. Ils mangent dans la journée de la paille hachée, et au coucher du soleil cinq ou six livres d'orge, jamais de foin; ils ne boivent qu'une fois, vers midi, et trois fois moins qu'un cheval français.

Les chevaux arabes deviennent de bonne heure faibles des jambes de devant, et il y en a deux causes principales : la première est la position très-avancée de la selle; la seconde est la manière dont les Arabes les arrêtent lorsqu'ils galopent : ils tirent fortement la bride; le cheval roidit les jambes de devant, se laisse traîner sur celles de derrière, qui viennent se ramasser contre les premières, et s'arrête ainsi brusquement au moment de sa plus grande vitesse.

Les Arabes emploient des mors extrêmement durs : aussi, lorsqu'ils poussent leurs chevaux au galop, sont-ils obligés de rendre tout-à-fait la main; en les soutenant, ils les gêneraient.

Les selles des Arabes ont, comme celles des Mamlouks, un dossier de huit à dix pouces de haut, assez semblable à celui d'un fauteuil; elles ont sur le devant un pommeau de la grosseur du bras, qui s'élève perpendiculairement de cinq à six pouces. Les étriers sont formés d'une plaque de cuivre recourbée des deux côtés, de façon à donner pour appui au pied une surface plus longue et plus large que lui, un peu convexe et de forme quadrangulaire; les angles, qui avoisinent les flancs du cheval, sont acérés et tiennent lieu d'éperons.

Ces sortes de selles sont fort commodes : le cavalier, les jambes ployées sur des étriers attachés fort court, se dresse sur eux dès qu'il galope ou combat; et le dossier de sa selle lui offrant un appui, il se trouve, fût-il mauvais cavalier, parfaitement d'aplomb et maître de tous ses mouvemens[1].

Lorsque les Arabes viennent de faire une course, ils ont soin, avant d'attacher leurs chevaux, de les promener au petit pas une demi-heure, lors même qu'ils n'ont pas chaud, et de les laisser ensuite une heure sans manger.

On ne voit ni grands ni petits chevaux; ils sont presque tous de la taille de quatre pieds huit à neuf pouces. On en rencontre, comme partout ailleurs, auxquels l'âge ou les maladies ont ôté toute vigueur; mais on n'en trouve pas, comme chez nous, de vicieux, ou de mous qui, avec de la santé et de la force, ne savent point galoper, sont lourds, et bons seulement à traîner ou porter des fardeaux. Qu'on place une selle sur le vieux cheval arabe qui tourne au moulin depuis plusieurs années, et on pourra le lancer de suite au galop, le faire changer de main, enfin s'en servir, tant qu'il aura un souffle de vie, comme du cheval le mieux dressé.

Le cheval arabe, quoiqu'entier, est extrêmement doux; je crois que sa docilité est due en partie aux entraves multipliées dont ses jambes sont chargées dès son plus bas âge. J'ai vu souvent un Arabe accroupi devant son cheval, le tenir légèrement d'une main au paturon, et fumer tranquillement sa pipe, tandis que le cheval, excité par le voisinage de quelque jument, restait im-

---

[1] Les Mamlouks dûrent en grande partie à la forme de leurs selles la supériorité que leur cavalerie eut sur la nôtre, dans les commencemens de notre séjour en Égypte. Nous étions en quelque sorte assis, eux debout; le combat n'était pas égal.

mobile, et témoignait seulement son impatience par ses hennissemens.

Les chevaux arabes sont remarquables par la finesse de leurs jambes, la petitesse de leurs sabots, la légèreté de leur tête. Avec moins de vélocité que nos chevaux de course, ils ont incomparablement plus de souplesse : ils partent subitement au galop; on peut les placer à six ou sept pas d'une muraille, et leur faire parcourir au galop ce court espace. On les fait volter avec la plus grande aisance dans tous les sens, et décrire des cercles dont la petitesse étonne, sans rien diminuer de leur vitesse. Cette étonnante souplesse, et l'extrême facilité avec laquelle on les arrête court lorsqu'ils sont lancés ventre à terre, les rendent infiniment précieux pour les combats corps à corps. Aussi sont-ils recherchés des nations voisines, et le commerce qui s'en fait est un des plus importans pour les Arabes : c'est pour cela qu'ils gardent de préférence les jumens. On prétend aussi qu'ils les montent plus volontiers que les chevaux, parce qu'elles hennissent moins et que leurs courses nocturnes en sont plus silencieuses; avantage qui n'est point à négliger chez un peuple où la guerre consiste principalement en surprises.

Les Bédouins sont peu instruits; à peine rencontre-t-on quelques cheykhs qui sachent lire : mais ils ont les connaissances que donnent de longues observations. Ainsi, par exemple, ils savent, au moyen des étoiles, se diriger la nuit dans leurs plaines rases et uniformes, où aucune route n'est tracée; ils déterminent l'instant où le soleil passe au méridien, et quelques autres divisions de la journée, au moyen de la longueur de leur ombre; et la règle qu'ils emploient selon les diverses saisons, cadre assez avec la latitude du pays qu'ils habitent : ils ont des pratiques en médecine et dans l'art vétérinaire, qui ne sont point à dédaigner; ils connaissent les mœurs des animaux du désert, et les plantes qui jouissent de quelques propriétés utiles. Bien avant que nos botanistes eussent découvert les sexes des plantes, les Arabes employaient déjà les dénominations de mâles et de femelles pour distinguer les dattiers qui portent des fleurs seulement, de ceux qui portent des fleurs et des fruits : ils savaient que la poussière des premiers est nécessaire pour féconder les autres; et lorsque, dans leurs expéditions rapides, ils veulent faire du tort à leurs ennemis, ils se bornent à couper les palmiers mâles, qui sont toujours en petit nombre.

Les Arabes Bédouins sont doués d'une imagination vive et ardente : toujours ils parlent en style figuré. Ce langage est celui de l'enfance des peuples, comme de l'enfance de l'homme; peu d'abstractions, beaucoup d'images. Chez les peuples que nous nommons sauvages, l'homme n'est gêné que par les événemens; une foule de lois, de réglemens, d'entraves de tout genre, ne lui ôte point l'usage de ses facultés : il n'est pas même obligé d'obéir à la majorité; ayant peu de besoins, il fuit s'il est mécontent, et trouve partout un asile. Le sentiment n'est point émoussé, comme chez nous, par l'uniformité d'une vie qui, si elle n'est point exempte d'inquiétudes, l'est au moins de grands dangers, et que nous parcourons sans avoir le choix de nos actions. Chez nous, les uns veillent à la défense commune; d'autres cultivent; d'autres préparent le pain qui doit nous nourrir, les étoffes qui doivent nous couvrir : en nous partageant ainsi le travail, nous nous sommes procuré sans doute des jouissances de plus; mais nous nous sommes asservis. L'homme de la société primitive, au contraire, compte peu sur ses compagnons; il éprouve à chaque instant de grands besoins, de grands dangers; son esprit est plus inquiet, ses passions plus violentes : comment son langage ne se ressentirait-il pas de sa manière d'être? Rarement il emploiera le mot propre, le mot abstrait; mais il accumulera les images, les comparaisons, parce que c'est ainsi que les passions s'expriment, et qu'il est peu accoutumé à réprimer les siennes. Il ne dira point : « Cette femme est belle, elle réunit telle et telle qualité; je la défendrai contre ses ennemis »; il s'écriera : « Elle est belle comme le premier rayon du jour, comme la lune quand elle réfléchit son image sur les mers : sa douceur est celle du zéphyr dans les chaleurs de l'été; ses cheveux tombent sur ses épaules d'albâtre en flots ondoyans; ils sont semblables aux jeunes branches du palmier, ses yeux à ceux de la gazelle, et son sein à deux chevreuils jumeaux qui paissent parmi des lis : je serai près d'elle comme une lionne furieuse qui défend ses petits; mon épée l'entourera comme un rempart impénétrable, etc., etc. »

Ce langage n'est, chez les peuples policés, que celui d'un petit nombre d'hommes doués d'une imagination ardente; il est celui de la multitude chez les Arabes, qui, malgré l'antiquité de leur origine, sont encore dans l'enfance de la civilisation, et dont la vie ressemble à celle des premiers peuples.

On m'objectera, sans doute, que le style figuré est encore celui de toutes les nations de l'Orient, arrivées à la décrépitude de la civilisation et soumises au despotisme le plus absolu. Cela est vrai, et ce n'est pas la première fois que la vieillesse ressemble à l'enfance, avec les modifications propres à ces deux états de la vie; les bégaiemens de tous deux sont faciles à distinguer : c'est bien le même vague d'idées qui amène l'accumulation des images; mais les unes sont vives et riantes, les autres faibles et tristes. Il en est de même des élans désordonnés de l'imagination fougueuse de l'homme libre, que l'on distingue aisément du langage ampoulé de la flatterie et des détours de la crainte : l'un, dans ses comparaisons, franchit le but qu'il veut atteindre; l'autre tourne autour sans oser l'approcher.

L'amour des Bédouins pour la poésie est une conséquence naturelle de ce que nous venons de dire. Leurs poëtes jouissent de ce respect, de cette vénération que nous avions jadis pour nos bardes; car ils sont ce qu'étaient ceux-ci, les dispensateurs de la gloire : et quel homme n'en serait épris? Quelquefois aussi leurs chants sont consacrés à l'amour. Souvent l'un d'eux s'assied devant sa tente vers l'heure où la fraîcheur vient ranimer les esprits et inviter à des plaisirs simples, délassemens d'une journée pénible. Aux accords de sa mandoline, les Arabes accourent en foule et s'asseyent autour de lui les jambes croisées sur le sable; tous prêtent une oreille attentive; et lui, après avoir préludé quelques instans, les yeux tantôt fixés vers le ciel, tantôt ramenés vers la terre, dans le recueillement de l'homme qui cherche à se rappeler les faits des temps passés, chante les victoires de sa tribu, les exploits d'un brave, ou les malheurs de deux jeunes amans[1]. Combien de fois, assis avec eux, n'ai-je pas vu le soleil disparaître à l'extrémité du désert! les derniers rayons du crépuscule éclairaient la figure animée du barde et ses gestes expressifs; les spectateurs, le corps en avant, écoutaient en silence; tout entiers au récit, ils quittaient insensiblement leurs longues pipes sans s'en apercevoir, et l'attendrissement, l'admiration, la fierté courageuse, venaient se peindre sur leurs visages basanés. Que l'on se représente tous ces hommes drapés de la manière la plus pittoresque, leur barbe noire, leurs dents blanches comme l'ivoire, leurs yeux noirs et vifs, le vent frais de la nuit agitant leurs schâls et leurs longues robes; auprès d'eux sont leurs armes; le désert morne et silencieux les environne; le calme de la nature n'est troublé que par la voix de l'homme inspiré, et de loin en loin par le hennissement des chevaux qui, sellés et prêts pour les combats, frappent du pied la terre, impatiens de leurs liens, tandis que des chameaux, couchés patiemment sur leurs ge-

---

[1] C'est ainsi que, par des chansons qui se répétaient d'âge en âge, les peuples transmettaient leur histoire avant que l'on eût inventé

..................... cet art ingénieux
De peindre la parole et de parler aux yeux.

Aussi les premiers écrits furent-ils en vers; parce qu'on dut commencer par transcrire ce que l'on savait de mémoire, et que les paroles chantées comportent toujours une mesure qui n'est autre chose qu'une versification.

noux, broyant lentement et avec gravité quelques plantes épineuses, font entendre leurs sombres et plaintifs grommellemens : qu'on se représente encore un Français dans le costume de son pays, admis avec confiance aux plaisirs de la tribu, et l'on aura une idée d'une scène du désert, qui ne fut jamais sans intérêt pour moi. Lorsque les chants sont suspendus, on rallume sa pipe au foyer qui est placé au milieu du cercle; c'est là que, dans une grande cafetière, le café est préparé : des tasses remplies de cette boisson passent de main en main; elle répare les forces épuisées, procure une douce ivresse, et, loin d'engourdir, comme nos liqueurs fermentées, elle ranime les sens et l'imagination. La veillée se prolonge quelques instans encore, et l'on se sépare avec des idées de gloire et d'amour qui embelliront le sommeil.

Les Arabes ont une foule de contes dans le genre des mille et une nuits [1], où les génies et les fées jouent un grand rôle, et l'on ne doit point s'en étonner; la vie des guerriers est féconde en aventures, cela détermine leur goût pour les histoires merveilleuses : les soldats français n'ont-ils pas aussi les leurs, où le diable et les magiciens ne sont pas oubliés [2] ?

---

[1] Si les contes arabes désignés sous ce titre amusent le commun des lecteurs, ils intéressent bien davantage ceux qui ont voyagé dans l'Orient : les mœurs, les usages, les meubles, le pays même, y sont décrits avec la plus grande vérité.

[2] Dans nos bivouacs, lorsque tout le monde a choisi le lieu où il passera la nuit, que le sac ou le porte-manteau est placé à terre pour servir d'oreiller, on se couche, et un soldat prononce à haute voix un cri convenu; c'est comme s'il disait : *Voulez-vous m'écouter?* Si de tous côtés se fait entendre le cri qui annonce le consentement, alors le conteur commence par un *Il y avait autrefois*. Dans ces sortes d'histoires, il est assez ordinairement question d'une jeune et jolie princesse qui, méprisant tous les élégans

On pourrait, au premier abord, être étonné du feu et de la délicatesse que les poëtes arabes mettent dans leurs expressions lorsqu'ils chantent l'amour. Quoi! dira-t-on, chez une nation où l'état des femmes diffère peu de l'esclavage, peut-on leur payer ce tribut d'hommages? Soumise à l'homme, peut-il en faire, comme chez nous, l'arbitre de sa destinée? Ces observations paraissent fondées; mais la réflexion les fait bientôt disparaître. Les femmes, chez les nations orientales, vivent, il est vrai, dans une retraite absolue; la société des hommes leur est interdite; et quand elles sortent, un grand voile les cache à tous les regards : les intrigues d'amour doivent donc y être plus rares. Mais tant de réserve, tant de précautions contre la plus forte, la plus indomptable des passions, doivent la rendre plus vive; et lorsque, par une rencontre fortuite, un jeune homme apercevra les traits d'une belle femme, ou que son imagination lui en aura créé le portrait enchanteur, les obstacles irriteront ses desirs, et les expressions les plus brûlantes peindront mal tout ce qu'il éprouvera.

petits-maîtres de sa cour et les plus puissans monarques, devient amoureuse d'un simple soldat, d'un *la Tulipe*, l'épouse et le comble d'honneurs et de richesses. L'orateur s'étend avec complaisance sur la bravoure et les autres qualités de son héros; il lui fait combattre et vaincre jusqu'au diable, boire des tonneaux de vin sans s'enivrer, et égaler Hercule dans ses travaux amoureux ; les charmes de sa belle amie sont décrits d'un style énergique qui ne gaze rien, et tout cela s'assaisonne encore de juremens aussi forts que multipliés. Voilà ce qui plaît aux soldats; leur imagination les flatte un instant d'un sort semblable à celui d'un homme qui leur ressemble. Mais, avec des personnes fatiguées, le sommeil peut l'emporter sur l'intérêt de la narration ; aussi le conteur a-t-il soin de s'assurer qu'on l'écoute, en poussant de temps à autre son premier cri : ceux de ses auditeurs le rassurent; et lorsqu'ils deviennent rares, ou ne se font plus entendre, il imite ses compagnons, et s'endort auprès d'eux.

25.

Qu'importe, en effet, que les femmes soient plus ou moins dépendantes de leurs maris, qu'elles soient plus ou moins considérées dans l'intérieur de leur famille? ce n'est point le possesseur, mais celui qui envie la possession, qui en exagère le prix et en parle avec enthousiasme.

Chez nous, l'habitude de voir un grand nombre de femmes, de vivre dans leur société, nous aguerrit contre leurs charmes; nous avons des desirs, mais ils sont plus vagues : et si une seule personne en est quelque temps l'objet, cela est rarement de longue durée; de nouvelles beautés attirent bientôt notre hommage. On chantera donc plus souvent en France les plaisirs de l'amour, ses peines chez les Arabes; et les accens de l'élégie ont aussi leur douceur.

Au surplus, les femmes sont généralement plus considérées chez les Arabes du désert que chez les autres peuples de l'Orient; on a vu même des femmes de cheykh, à la mort de leur époux, gouverner la tribu; et un événement dont nous avons été témoins, prouve bien que le sort des femmes arabes n'est pas aussi pénible que l'on pourrait le croire. Des Bédouins surprirent Mansourah, égorgèrent une centaine de dragons qui gardaient ce poste, et emmenèrent avec eux une Italienne, femme d'un maréchal-des-logis qui avait péri dans cette affaire. Lorsqu'ils firent la paix, nous exigeâmes que cette femme fût rendue; ils y consentirent : mais elle ne voulut pas profiter de cet article du traité; elle préféra rester parmi eux. On prétendait que le cheykh qui l'avait épousée, l'ayant aperçue dans les rues de Mansourah, un jour qu'il y était entré déguisé en paysan, s'enflamma à sa vue du plus violent amour; que, retourné dans son camp, il avait réuni ses compagnons et les avait encouragés, par l'espoir du pillage, à surprendre Mansourah.

Je termine ici ce mémoire : je désire que les faits qu'il renferme puissent, par leur exactitude, présenter quelque intérêt; c'est le seul titre que j'aie à l'indulgence de mes lecteurs.

# EXPLICATION

### DES PLANCHES

## DES ARTS ET MÉTIERS.

# EXPLICATION

### DES PLANCHES

# DES ARTS ET MÉTIERS.

## PLANCHE I.

FIG. 1 à 10. FABRICATION DE L'HUILE.

Les graines qui servent, en Égypte, à la fabrication de l'huile, sont,

   Le lin (*kittân*),
   La navette (*selgam*),
   Le carthame (*kourtoum*),
   La laitue (*khaff*),
   Et le sésame (*semsem*).

Les procédés pour la fabrication de l'huile diffèrent selon la graine que l'on emploie.

Les deux parties de la figure 1<sup>re</sup> représentent le plan et l'élévation de la presse au moyen de laquelle on exprime l'huile de la graine de lin broyée et réduite en pâte.

On met cette pâte entre de petits paillassons circulaires, faits de feuilles de palmier, que l'on réunit en pile, afin de les placer ensemble sous la presse. En Provence, on se sert, pour cette opération, de sacs en jonc à deux ouvertures, que l'on appelle *couffins*. Il est assez probable que ces sacs tirent leur nom d'Égypte, où tous les paniers communs, faits avec des feuilles de palmier, s'appellent *couffes*.

La partie supérieure de la figure 1re représente la presse vue de côté. Cette machine n'est autre chose qu'un levier du deuxième genre, dont le point d'appui est dans le mur de la salle : la pile de paillassons est placée, au quart de la longueur, sur une *maye* destinée à recevoir l'huile. A l'extrémité du levier, on suspend, au moyen d'une vis, une meule très-pesante.

Ce levier a besoin d'être extrêmement solide ; il est composé de trente-six pièces de bois disposées sur six de hauteur et six de largeur, fortifiées, du côté du point de compression, par douze autres pièces de bois.

Toutes ces poutrelles sont moisées en neuf points de leur longueur. Les moises et les contre-forts sont disposés avec art, pour la plus grande solidité du levier.

Lorsque toute l'huile est exprimée, et que l'on veut retirer les paillassons pour les remplacer par d'autres, on détourne la vis à l'extrémité du levier, et on laisse poser la meule à terre ; puis, en continuant à tourner la vis dans le même sens, la meule servant de point d'appui, on soulève toute la masse de charpente du levier, et on dégage la pile de paillassons, qui ne renferment plus que ce qu'on appelle *le grignon*.

On donne à manger aux bœufs qui tournent la meule, le *grignon* qui provient de la graine de lin ; ce qui les engraisse beaucoup. Les habitans de l'Égypte mangent eux-mêmes la pâte qui provient de la graine de sésame : ils l'appellent *syrig*.

La partie inférieure de la figure 1re représente le levier vu par-dessus, et fait connaître la manière dont les moises sont assemblées.

Pour broyer la graine de lin et pour la réduire en pâte, les Égyptiens se servent d'une meule verticale, mue par un bœuf.

### PLANCHE I.

Cette meule et ses accessoires sont représentés *fig.* 2 *et* 3.

La figure 2 représente la machine vue en dessus. On voit la *marre* dans laquelle on met la graine : le fond est élevé de $0^m,50$ (18 pouces environ) au-dessus du sol; il n'est pas de niveau; il forme un cône très-aplati, dont le sommet est au milieu de la *marre*. Le bord de la marre est élevé de $0^m,15$ (6 pouces environ), pour retenir la graine. Le fond est construit en ciment, et bien dressé.

Au centre de la *marre*, s'élève un arbre vertical tournant sur lui-même. Il est traversé par un levier horizontal qui sert d'axe à une meule en pierre dure, d'un mètre environ de diamètre. Ces meules sont, en général, des portions de colonne en granit ou en grès; elles sont taillées en forme de tronc de cône, dont le plus petit diamètre est du côté du bord de la *marre*, et cannelées. La meule peut tourner circulairement sur son axe; elle peut aussi avoir un mouvement de translation le long de son axe, mais seulement du côté de l'arbre vertical. Une rondelle fixe la retient de l'autre côté. A l'extrémité extérieure du levier, on attelle l'animal destiné à imprimer le mouvement. Un autre levier, de même longueur que le premier, est attaché avec une corde, d'un côté, à l'arbre vertical, et de l'autre, à la tête de l'animal : ce levier passe devant la meule. La forme conique que l'on donne à la meule augmente beaucoup le frottement de la jante sur l'aire; frottement qui serait déjà considérable, si la meule était cylindrique. Ce frottement donne à la meule un mouvement de translation indispensable au broyement parfait de la graine.

La figure 3 représente l'élévation de la machine.

Il y a continuellement deux ouvriers employés au service de la meule : leur occupation est d'atteler et de dételer les bœufs, de les conduire, et de *paître* la meule; c'est-à-dire de ramener ou repousser sans cesse la graine sur son passage. Les instrumens dont ils se servent pour cette opération, sont une pelle et un râteau, ou simplement une petite planche, qu'ils tiennent à la main.

Les deux machines que nous venons de décrire ont été dessinées, au Kaire, par M. Conté.

J'ai eu occasion d'en voir d'à peu près semblables à Syout, et je les ai dessinées. Elles diffèrent un peu de celles du Kaire. La meule verticale, destinée à broyer la graine, est passée dans un levier horizontal qui ne traverse pas l'arbre vertical, mais qui y est attaché seulement par une corde. La meule est au-delà de cet arbre par rapport au bœuf, qui n'est attelé qu'à un seul levier.

Quant à la presse, elle est composée d'un moins grand nombre de pièces de bois à l'extrémité à laquelle le poids est attaché, et le nombre de ces pièces augmente graduellement en approchant du point où l'effort du levier est le plus considérable. Ces pièces sont moisées de même, mais leur assemblage est mieux entendu.

Il y a dix fabriques d'huile à Syout; on la fait avec la graine de lin (*bizr kittân*), et avec le *selgam*, espèce de navette; on en fait aussi avec le *kourtoum* (carthame) et la laitue (*khaff*).

La presse, à Syout, coûte 400 réals de 90 parats. Quand elle est bien servie, elle peut exprimer l'huile de deux *ardeb* de *kittân* ou de *selgam*. Le *selgam* donne plus d'huile que le lin; deux *ardeb* de *selgam* fournissent deux *ballâs* d'huile, et la même quantité de *kittân* ne fournit qu'un *ballâs* et demi. Mais cette dernière est plus agréable à manger.

L'huile de sésame (*semsem*), que l'on fait particulièrement au Kaire, ne se fabrique pas de la même manière.

La première opération que l'on fait subir à la graine de sésame (*semsem*), est la torréfaction. Elle s'exécute dans un four construit

# PLANCHE I.

exprès, et dont on voit les plan, coupe et élévation représentés *fig.* 7, 8, 9 *et* 10.

La figure 8 représente le plan du four; on met la graine dans la partie la plus vaste, et le feu dans l'autre partie.

La figure 9 représente une coupe de four prise sur l'axe de l'ouverture par laquelle la chaleur passe du foyer dans le four.

La figure 10 représente l'élévation du four; on voit, au milieu, l'ouverture par laquelle on introduit la graine, et à gauche, l'œil du four. La plus grande partie des parois du four approche de la forme circulaire ou parabolique, afin de mieux réfléchir la chaleur sur la graine. Tout le four est bâti en brique.

On laisse la graine pendant six heures dans le four.

On l'écrase ensuite entre deux meules horizontales. Le moulin qui sert à cette opération, est représenté *fig.* 4, 5 *et* 6.

La figure 4 représente ce moulin vu par-dessus.

La meule inférieure est fixe; la meule supérieure est mobile. On a indiqué, dans le dessin, les deux leviers qui, d'une part, sont fixés à la meule supérieure, et, de l'autre, à un joug auquel on attache l'animal destiné à produire le mouvement.

On voit, au milieu, l'*auget* par lequel le grain se rend entre les deux meules; et au milieu de l'*auget*, l'axe de la meule et l'*anille*. Autour des meules, est l'*anche* destinée à recevoir la farine à la sortie des meules; le fond de cette *anche* est incliné vers un conduit vertical par lequel la farine descend dans un vase placé exprès au-dessous pour la recevoir.

La figure 5 représente la coupe du moulin. On voit la trémie par laquelle on introduit la graine, et le vase dans lequel elle tombe en sortant de l'*anche*.

La figure 6 représente l'élévation du moulin. Après avoir torréfié et broyé la graine de sésame (*semsem*), on la pile, avec les pieds, dans une cuve que l'on maintient à une température assez élevée, et on la réduit en pâte. L'expression se fait à travers un vase poreux.

Le sésame vient de la basse Égypte. De toutes les graines dont on fait l'huile, il n'y a que celle de sésame que l'on torréfie.

ÉD. DEVILLIERS.

## FIG. 11, 12, 13. FOUR A POULETS.

La figure 11 est le plan d'un grand four à poulets, composé de vingt-huit fourneaux, que j'ai dessiné à Louqsor, village situé sur les ruines de Thèbes; la figure 12 est la coupe longitudinale sur la ligne AB du plan; la figure 13 est la coupe transversale sur la ligne CD, à une échelle quadruple. A l'entrée est une pièce longue, qui sert de vestibule. La disposition générale est la même que celle des fourneaux du Kaire; mais il y a, de plus, de petites portes par lesquelles toutes les chambres communiquent entre elles.

E. JOMARD.

# PLANCHE II.

### Fig. 1, 2, 3. four a poulets.

Ce four, composé de vingt-quatre chambres et de vingt-quatre fourneaux, a été dessiné au Kaire par M. Conté, et c'est l'un des plus grands de cette ville. La figure 1 est le plan du four pris à deux hauteurs : le bas représente les chambres inférieures, et le haut, les chambres supérieures ou fourneaux. L'échelle est double de l'échelle ordinaire des plans.

La figure 2 représente une coupe transversale faite sur la ligne D E du plan.

La figure 3 est une coupe longitudinale brisée, faite sur les deux lignes A B, B C. La première partie de la coupe fait voir l'intérieur de la galerie, les portes des chambres inférieures où l'on met les œufs, les portes des fourneaux qui sont au-dessus, enfin les niches qui se trouvent entre ces dernières ; on voit en coupe les rigoles où les poussins viennent prendre la nourriture (voyez *fig.* 2), et les petits massifs circulaires placés entre les rigoles. La seconde partie de la coupe fait voir l'intérieur des chambres.

Il faut consulter le Mémoire de MM. Roziere et Rouyer sur les fours à poulets, pour connaître en détail la disposition des fourneaux et les opérations qui s'y pratiquent.

### Fig. 4, 5, 6. four a chaux.

C'est principalement auprès de *Bâb el-Nasr* que la chaux se fabrique au Kaire. La pierre se tire de *Gebel el-Gyouchy*, derrière la citadelle : on choisit celle qui est d'un grain homogène et sans

## ARTS ET MÉTIERS.

coquilles numismales, et on la casse en petits fragmens. Les fours sont chauffés de bouz ou de roseaux ; on y entretient le feu pendant deux jours et une nuit : avec cinq cents bottes de bouz, on peut cuire une fournée de cent cinquante *qantâr* de chaux [1].

Le bouz se paye de sept à dix parats la botte ; une charge d'âne en fait huit. Le qantâr de chaux ordinaire ou de *gyr belady*, c'est-à-dire chaux du pays, se vend trente-cinq à quarante parats ; la chaux du plus beau blanc, que l'on appelle *gyr soultâny*, se vend à la couffe, et une couffe coûte vingt-cinq parats. Cette chaux fine est d'un grand usage dans l'intérieur des appartemens, et leur donne un blanc magnifique.

Il y a quatre fours à *Bâb el-Nasr*, et deux fours dans d'autres quartiers du Kaire.

La gravure faite d'après le dessin de M. Conté, ainsi que les figures suivantes, représente un four d'assez grande dimension. L'intérieur du four a deux mètres [2] de long sur un et un quart de large : sa forme est un parallélipipède arrondi sur une face ; il est ouvert au sommet dans toute sa largeur.

La figure 4 est le plan du fourneau. La figure 6 est l'élévation, qui présente, en bas, l'entrée du foyer, et une rampe douce à droite et à gauche, pour conduire à l'enfoncement pratiqué sur le mur extérieur ; il y a dans cet enfoncement une ouverture circulaire pour voir dans le fourneau, et pour retourner la pierre à chaux. La figure 5 est la coupe totale du four, où l'on voit la rampe qui descend au foyer et l'une des deux rampes montantes. Les massifs de maçonnerie qui environnent le fourneau, renferment quelques distributions.

---

[1] Le qantâr équivaut à environ quarante-quatre kilogrammes ou quatre-vingt huit livres poids de marc.

[2] L'échelle de la figure 4 et celle de la figure 7 sont d'un centimètre pour mètre, et non telles qu'on les a gravées sur la planche.

## PLANCHE II.

Ce genre de four est analogue à ceux de Lorraine et d'Alsace, appelés *à grande flamme*. On n'y établit pas des lits successifs de pierre et de combustible comme dans les fours coniques ou *à petit feu;* mais la pierre se charge dans le four au-dessus du bombement que l'on voit dans la coupe, et le combustible est introduit par le pied du four.

A Foueh, dans le Delta, on fait calciner la chaux dans des fours de brique ayant la forme d'un cône renversé, peu évasé, avec une bouche en avant, c'est-à-dire de la même forme que les fours à chaux ordinaires de la Flandre et de plusieurs autres provinces, forme qui est reconnue pour la plus avantageuse.

### Fig. 7, 8. FOUR A PLATRE.

Il y a au Kaire plusieurs fours à plâtre, principalement près de Bâb el–Cha'ryeh, dans le quartier nommé *Gabbâseh*, de *gibs* qui veut dire *plâtre*. La pierre à plâtre vient de Bayâd près de Beny-Soueyf, où elle s'exploite à ciel ouvert, et aussi d'Elouân en Arabie: un petit bateau chargé coûte deux piastres; un bâtiment de cent soixante *ardeb* de pierre à plâtre coûte, arrivé au Kaire, vingt-cinq sequins. La pierre d'Elouân est blanche, celle de Bayâd est rougeâtre.

La gravure représente un des fours que j'ai vus dans le quartier de Bâb el–Cha'ryeh. Le four est de forme circulaire et voûté en plein cintre: son diamètre est de quatre mètres environ; par conséquent, sa hauteur est de deux mètres. Il est composé de deux parties ou étages: le supérieur, où l'on met la pierre à plâtre; l'autre, où se place le combustible. La figure 8 est une coupe sur la ligne AB du plan, lequel est pris à la hauteur de l'aire du four; la bouche pour le tirage est du côté B. Il y a deux portes, pour introduire la pierre, et pour la retirer quand elle est cuite; on les tient fermées pendant l'opération. Au sommet du four, est une ouverture pour l'échappée de la fumée, large de quatre décimètres ou quinze pouces. Le plan et la forme du cendrier sont d'une bonne disposition. Ces fours à plâtre diffèrent tout-à-fait de ceux des environs de Paris, et sont mieux disposés pour l'économie du combustible. Les vapeurs du plâtre, que l'on sait être malsaines, sont aussi beaucoup moins abondantes dans les fours du Kaire, et moins incommodes que dans les nôtres, quoique les premiers soient placés au milieu de la ville.

On réduit la pierre en morceaux d'un décimètre (quatre à cinq pouces), et l'on dispose ces morceaux de manière à laisser dans le milieu un conduit vertical, qui traverse le tas dans toute sa hauteur; ce canal répond à l'ouverture supérieure. On allume et on entretient le feu avec des tiges de dourah et de roseaux. L'ouvrier qui arrange la pierre dans le four, gagne cinquante médins par fournée; et ceux qui entretiennent le feu, trente médins.

Le feu reste allumé trois heures; mais on ne retire la pierre qu'au bout d'un jour. Quand elle est cuite, au lieu de la faire battre à bras d'homme, comme on fait aux environs de Paris, on l'écrase dans un moulin, sous une meule en granit. Cette méthode est exempte des inconvéniens attachés à la nôtre, qui est vraiment barbare; et elle mériterait d'être empruntée aux Égyptiens, autant pour l'économie du procédé, que pour la santé des ouvriers. Le moulin est mu par des bœufs, qui se relayent de quatre en quatre heures. Il faut deux à trois jours pour moudre le plâtre d'une fournée.

L'ardeb de plâtre pulvérisé, composé de six sacs, se vend cent trente-deux parats le plâtre d'Elouân, et soixante parats celui de Bayâd ou plâtre commun. Le premier prend le nom de *gibs soul-*

*tdny* : ce plâtre est très-fin et très-blanc ; on s'en sert pour enduire les murailles, les coupoles, etc. Il est si fin qu'on peint habituellement dessus, sans autre préparation, des fleurs, des fruits et divers dessins dans le goût arabe.

Le moulin à plâtre du Kaire présente une disposition digne de remarque. On sait que le plâtre, s'il n'était que frappé et battu, ne se réduirait pas en poudre ; il faut pour cela qu'il soit broyé et trituré, comme il arrive pour le sel ammoniac. Pour que la meule puisse écraser le plâtre, on lui a donné la forme d'un cône tronqué, dont la plus grande base est du côté de l'axe du moulin. Il en résulte que chaque point de la petite base a plus de chemin à parcourir dans le même temps, que le point correspondant de la grande ; ce qui ne peut se faire que par un mouvement de translation, qui est simultané avec le mouvement de rotation pour tous les points de la surface du cône. Cette surface, en tournant sur l'aire qui est aussi conique, produit donc deux frottemens ; savoir, celui de la seconde espèce qui sert à piler le plâtre, et celui de la première qui fait que le plâtre est écrasé et broyé. (Voyez *la planche* XXVI.)

E. JOMARD.

### FIG. 9, 10, 11. FOUR A POTERIES.

La figure 9 représente le plan d'un four du Kaire, de forme elliptique, et composé de deux étages. L'étage inférieur est du côté B.

La figure 11 est l'élévation du four, prise du côté B du plan : en bas, est la porte du foyer ; en dessus, est une ouverture pour voir dans le four.

La figure 10 est la coupe prise sur la ligne AB du plan ; elle montre la manière dont sont disposés les deux étages du four.

C'est dans le supérieur que l'on met les pièces à recuire : les poteries y sont entassées l'une sur l'autre, jusqu'à cinq à six décimètres de hauteur.

La terre dont on fait usage dans les ateliers du Kaire, se tire de Basâtyn et Deyr-el-tyn, villages placés au sud du Kaire, et qui doivent leur nom à l'espèce d'argile, appelée *tyneh*, qu'on vient y recueillir. Cette terre est principalement formée du limon du Nil ; elle est mêlée d'un sable fin, que les vents de l'est y apportent de la vallée de l'Égarement, près de l'embouchure de laquelle est situé le village de Basâtyn. Quand deux inondations ont séjourné sur la plaine, la terre est bonne à exploiter pour cet usage. Outre les bardaques ou vases réfrigérans, qui forment la plus grande partie des pièces qu'on fabrique, on fait, avec cette argile, suivant le degré de finesse, diverses pièces, telles que des jattes, des soucoupes, des fourneaux de pipes, etc. On n'entre pas ici dans de plus grands détails sur les poteries d'Égypte, parce qu'elles feront l'objet d'une description particulière.

### FIG. 12. TOUR DU POTIER.

La figure 12 représente le plan et l'élévation du tour du potier. Le procédé du tour incliné dont on se sert aujourd'hui, était aussi en usage parmi les anciens Égyptiens ; ce n'est pas la seule pratique simple et ingénieuse conservée de l'antiquité. L'axe du tour passe dans une pièce de bois perpendiculaire à sa direction, et par conséquent oblique à l'horizon ; une autre pièce, dirigée dans le même sens, est jointe à la première par une traverse où est accoté l'ouvrier : celui-ci fait tourner la roue avec le pied, sans se servir d'un bâton pour donner l'impulsion à la roue, comme on le fait dans nos ateliers. L'inclinaison du tour a cet avantage, que

PLANCHE II.                                  405

le mouvement s'entretient facilement par le poids de la roue, qui tend sans cesse à la faire descendre. Il y a des tours où l'ouvrier est assis, comme je l'ai vu à Edfoû, dans la haute Égypte. On a représenté dans la *planche* XXII, l'intérieur de l'atelier du potier.

### FIG. 13, 14, 15, 16. FOUR A VERRERIE.

La figure 13 représente le plan d'un four à verrerie, de forme carrée. Ces fours s'appellent, en arabe, *ma'mal qezdz* : on les chauffe avec des roseaux.

La porte du foyer est en A; c'est par une espèce de rigole, indiquée au trait sur le plan, que la flamme arrive. La matière est en fusion tout autour de cette rigole. En dehors du four, sont trois murs à hauteur d'appui, devant lesquels sont assis les ouvriers.

La figure 14 est le four vu par-dessus, avec les contre-forts qui servent à séparer les ouvriers.

La figure 16 est l'élévation prise du côté A du plan : en bas, est la porte du foyer, ouverte dans le petit mur d'appui; au-dessus, deux des trous par lesquels les verriers prennent la matière au bout d'un tube, et la soufflent. On voit, plus haut encore, d'autres ouvertures correspondantes à un étage supérieur, où l'on fait recuire les bouteilles, qui sont les principales pièces qu'on exécute dans ces ateliers.

La figure 15 est la coupe du four, prise sur la ligne AB du plan. On y voit le canal du foyer, et la rigole en coupe[1]; au-dessus, est le four supérieur pour faire recuire les pièces.

Il y a au Kaire des fourneaux dont le plan est circulaire, et où la voûte occupe toute la hauteur du four. Voyez *la planche* XXIII.

[1] Le rebord de la rigole n'a pas été exprimé.

On trouvera, dans l'ouvrage, des observations plus détaillées sur l'art de la verrerie chez les Égyptiens.

## Fig. 17, 18, 19. FOUR A VERRERIE
### POUR LE SEL AMMONIAC.

Ces figures représentent les détails du fourneau de verrerie employé dans les fabriques de sel ammoniac.

La figure 17 donne le plan de ce fourneau. La ligne qui divise ce carré en deux parties inégales, indique le mur qui sépare le foyer, qui est à la droite du spectateur, d'avec la cuvette, qui est à sa gauche.

La figure 18 représente l'intérieur du même fourneau. On y remarque la coupe du mur dont on vient de parler, laquelle est marquée en blanc : elle est terminée en haut par un angle assez aigu [1].

La figure 19 représente l'intérieur du fourneau.

## Fig. 20, 21, 22, 23. FOUR A SEL AMMONIAC.

Ces figures représentent le fourneau de sublimation pour le sel ammoniac.

La figure 20 représente le fourneau chargé des ballons, vu en dessus.

La figure 21 représente la coupe de ce même fourneau, prise sur la direction de la porte : on y remarque la disposition des arceaux qui supportent les ballons.

---

[1] Le foyer, dans la figure, ne descend pas assez bas. On a omis aussi d'indiquer l'ouverture qui se trouve dans la voûte intermédiaire, et par laquelle la flamme pénètre dans le four à recuire.

## PLANCHE II.

La figure 22 présente l'élévation du fourneau chargé des ballons.

La figure 23 représente la coupe d'un ballon rempli comme il convient, et prêt à être mis sur le fourneau [1].

Consultez, pour la vue générale de l'atelier, la *planche* XXIV, et la Description de l'art de fabriquer le sel ammoniac.

---

[1] On a mal à propos indiqué dans cette figure, que le lut s'élève jusqu'à l'extrémité du col; il ne doit pas outre-passer le plan horizontal que les suies forment à leur surface.

# PLANCHE III.

### VUE ET DÉTAILS DE LA ROUE A JANTES CREUSES, OU MACHINE A ARROSER.

Fig. 1. Vue de la roue à jantes creuses. Cette roue, mue par un bœuf ou un buffle, est en usage dans le Delta. Celle qui est ici représentée, a été dessinée dans l'île de Farcheh, en face de Rosette.

Cette machine n'est propre à élever les eaux que de 2 mètres 70 centimètres environ ($8^{ds} \frac{1}{7}$). Elle est composée d'un arbre auquel on a conservé quelques branches pour servir de point d'appui au levier que le bœuf met en mouvement : cet arbre sert d'axe à une roue horizontale ayant un engrenage qui renvoie le mouvement d'équerre à une autre roue verticale. La roue à jantes creuses est adaptée au même axe que la précédente. Cet appareil est placé au-dessus d'un réservoir creusé avant l'inondation du Nil, et qui donne la facilité d'élever les eaux à mesure que le fleuve s'est retiré. La roue à jantes creuses est disposée de manière à prendre l'eau dans le réservoir, au moyen des trous placés à la circonférence extérieure du cercle, par où elle s'introduit dans des coffres pratiqués dans l'épaisseur de la roue. L'eau, ainsi obligée de monter en suivant le mouvement de la roue, retombe ensuite, par la circonférence intérieure du cercle, dans les orifices par lesquels elle s'échappe; ensuite elle s'écoule dans un réservoir, et de là dans une rigole d'où on la distribue aux terres.

Les roues qui communiquent le mouvement sont assez grossièrement exécutées : mais il n'en est pas de même de celle à jantes creuses; elle est faite avec soin et précision, d'un bois de neuf centimètres ($3^{po} \frac{1}{7}$) d'épaisseur.

**PLANCHE III.**

A droite du dessin est une étable à découvert pour les bœufs. Dans le fond, l'on voit un petit village, à côté duquel on aperçoit la voile latine d'une barque qui navigue sur le Nil.

Fig. 2. Plan de la machine.
Fig. 3. Coupe sur la ligne A B. Voyez *fig.* 2.
Fig. 4. Coupe sur la ligne CD. *Ibid.*
Fig. 5. Coupe sur la ligne E F. *Ibid.*
Fig. 6. Détail d'une partie de la jante creuse.

CÉCILE.

## PLANCHE IV.

#### ROUE A POTS ou MACHINE A ARROSER.

Pour l'intelligence de cette planche, il est nécessaire de recourir à l'explication de la *planche* v.

La machine dont la planche IV offre les plans, coupes, élévations et détails, existe dans un des jardins de Qâçim-bey, sur les bords du canal qui traverse le Kaire.

La figure 1<sup>re</sup> représente le plan de la machine. Il est facile d'y reconnaître,

1°. La traverse horizontale, encastrée dans les deux montans en maçonnerie;

2°. La roue dentée horizontale, armée de quarante-neuf dents;

3°. Le manége que parcourt l'animal moteur de la machine;

4°. La roue dentée verticale;

5°. L'arbre de la roue à tympan et de la roue dentée verticale;

6°. Le puisard;

7°. La roue à tympan et l'auge en bois où se verse le produit de la machine;

8°. La rigole construite en pierre et en ciment, qui conduit les eaux dans le bassin;

9°. Le bassin.

La figure 2 présente une coupe de la machine prise sur la ligne CD.

*Nota.* Les deux parois du puisard qui sont vues en profil à droite et à gauche, n'ont été indiquées que par des tailles horizontales; ce qui n'est pas tout-à-fait aussi distinct que les tailles inclinées, dont on se sert ordinairement.

## PLANCHE IV.

Cette figure représente l'élévation de la face antérieure de la roue à tympan. On y a laissé voir à dessein les pots qui forment le chapelet, et dont on ne devrait apercevoir qu'une partie, puisqu'ils sont cachés par les pièces d'assemblage de la face antérieure de la roue à tympan. On a supposé aussi coupée l'auge en bois qui reçoit le produit de la machine, afin d'en laisser voir la profondeur. Cette figure présente en élévation une partie de la roue dentée verticale, et la roue dentée horizontale vue sur la tranche.

La figure 3 représente l'élévation de la machine sur la ligne AB. On y voit par la tranche la roue dentée horizontale, le poteau vertical et l'encastrement de ses deux tourillons inférieur et supérieur dans les taquets en bois. On y voit aussi de profil la roue dentée verticale et la roue à tympan, ainsi que toute la longueur de l'arbre auquel elles sont adaptées. Les tourillons de cet arbre sont en fer. Sur la gauche, on voit le profil du mur cylindrique, qui isole le système de roue dentée, et à la partie supérieure duquel est établi le manége.

La figure 4 présente la face postérieure de la roue à tympan.

La figure 5 donne le détail de la roue dentée verticale.

P<sup>er</sup>. JOLLOIS.

# PLANCHE V.

#### ROUE A POTS OU MACHINE A ARROSER.

Cette planche représente la vue de l'une des machines dont on fait le plus fréquemment usage en Égypte pour les arrosemens artificiels. On la retrouve employée dans les jardins et tout le long des rives du Nil, depuis l'embouchure du fleuve jusqu'à la première cataracte. Quelquefois cette machine, que les gens du pays nomment *douláb*[1], est remplacée, sur les branches de Rosette et de Damiette, par une roue à godets appelée en arabe *a'gel*[2], que l'on décrira ailleurs[3], et qui remplit le même objet que celle dont nous avons à parler. La machine dont il est ici question, et qui a été dessinée par M. Conté, est celle que l'on voit au Kaire dans les jardins de Qâçim-bey, que le général en chef avait mis à la disposition des membres de l'Institut et de la Commission des sciences et arts. Ce n'est autre chose qu'un chapelet vertical, qui tourne autour d'une roue à tympan. Cette roue est fixée verticalement sur un arbre horizontal, auquel est adaptée une roue dentée verticale d'environ quatre-vingt-dix-sept centimètres[4] de rayon, armée de vingt-quatre dents. Cette roue est mise en mouvement par une autre roue dentée, horizontale, qui a deux mètres quatre-vingt-douze centimètres[5] de diamètre, et qui est armée de quarante dents. La roue horizontale est adaptée à un poteau vertical, dont les tourillons inférieur et supérieur tournent dans des crapaudines pratiquées dans des taquets en bois : le taquet inférieur est encastré dans la maçonnerie; le taquet supérieur est fixé à une grande

[1] دولاب
[2] عجل

[3] *Voy.* l'explication de la *pl.* III.
[4] Trois pieds.
[5] Neuf pieds.

traverse horizontale en bois, qui est elle-même encastrée dans deux montans construits en maçonnerie. Cette traverse maintient tout le système dans une position fixe. Un levier horizontal ou timon traverse le poteau par le centre, et sert à atteler l'animal qui imprime le mouvement à toute la machine. C'est ordinairement un bœuf : il a les yeux bandés; il est fixé au timon par les cornes avec des cordes de feuilles de palmier. Quelquefois on emploie des chevaux et des ânes. Le système de roue dentée est isolé par une construction en maçonnerie, qui s'élève tout autour à quatre-vingt-dix-sept centimètres[1] au-dessus du sol; et c'est au niveau supérieur de ce mur qu'est établi le manége.

Le chapelet est composé de pots de terre fabriqués exprès : ils sont attachés sur une échelle de corde dont les échelons sont quelquefois en bois, comme dans la machine que nous décrivons, mais le plus souvent en cordes. Les pots se vident dans une auge en bois, placée dans l'espace parcouru par la roue à tympan. Les clefs qui réunissent les deux faces de la roue à tympan, sont ici disposées cylindriquement : mais il y a de ces sortes de machines où elles sont disposées coniquement, probablement pour renvoyer le chapelet en dehors et faire mieux vider les pots. L'auge communique à une petite rigole qui conduit les eaux dans un bassin, d'où on les fait écouler pour les distribuer ensuite dans tous les terrains qu'elles sont destinées à arroser. L'eau est tirée d'un puisard construit en maçonnerie, qui est assez profond pour que dans toutes les saisons il puisse être rempli par les eaux du fleuve, qui y arrivent par infiltration. Le puisard est ici assez grand pour qu'on ait pu y établir deux machines telles que celles que nous venons de décrire, et dont une seulement est entièrement exprimée dans la planche v.

[1] Trois pieds.

La machine que représente la planche v, eu égard à l'état des arts en Égypte, est construite avec une sorte de recherche et de soin que l'on ne pouvait retrouver que dans la capitale de l'Égypte et dans les jardins d'un bey. Toutes les pièces de bois sont bien équarries, les faces de la roue à tympan bien dressées. Les extrémités de l'arbre horizontal et du poteau vertical sont revêtues d'armatures en fer; les tourillons sont eux-mêmes de fer : les rigoles et les bassins sont construits en maçonnerie, revêtus en bon ciment. Mais, partout ailleurs qu'au Kaire, ces machines sont construites avec beaucoup plus d'économie et moins de recherche, on peut même dire, avec une sorte de négligence qui force bientôt à les renouveler. Le timon ne passe point par le centre du poteau vertical; il est seulement attaché avec des cordes à la partie extérieure de ce poteau. La traverse horizontale est tout simplement un gros tronc de palmier non équarri, fixé sur les deux montans construits en maçonnerie, par de grosses pierres attachées avec des cordes de palmier. Les rigoles sont formées par de petites parois en terre, qu'on élève au-dessus du terrain naturel. Dans ces sortes de machines, surtout celles qui sont construites assez grossièrement, la force motrice a une grande résistance à vaincre de la part du frottement; ce qui est assez annoncé par le bruit qu'elles font entendre au loin, lorsqu'elles sont mises en mouvement.

Plusieurs circonstances peuvent influer sur le produit plus ou moins considérable de la machine, qui dépend plus spécialement de la force motrice; car on peut augmenter le produit en rapprochant davantage les pots les uns des autres. Quand la machine est en mouvement, il est nécessaire qu'un homme soit là constamment, pour que l'animal ne s'arrête point, et pour le remplacer lorsqu'il a suffisamment travaillé. Il faut aussi remettre des pots à la place de ceux qui peuvent se casser. On sent qu'il est difficile d'assigner en général le produit de ces machines, qui est variable pour chacune d'elles en particulier; ce n'est que par des expériences faites exprès, qu'on pourrait y parvenir. Une machine de ce genre mue par un bœuf, et dont le chapelet était formé de cinquante-six pots, a élevé, en une minute, d'une hauteur de dix mètres et trente-neuf centimètres [1], soixante-sept mille six cent deux centimètres cubes [2] d'eau; ce qui fait soixante-sept litres et six décilitres [3]. M. Faye, ingénieur des ponts et chaussées, a fait à Alexandrie, sur ces sortes de machines, des expériences dont il publiera les résultats par la suite.

P<sup>er</sup>. JOLLOIS.

[1] Trente-deux pieds.
[2] Trois mille quatre cent huit pouces cubes.
[3] Soixante-onze pintes.

# PLANCHE VI.

VUES ET DÉTAILS DE DEUX MACHINES A ARROSER, APPELÉES CHADOUF ET MENTAL.

Fig. 1. Vue de l'atelier d'irrigation par le moyen du châdouf.

Ces ateliers, établis pour fournir l'eau aux rigoles d'irrigation lorsque le Nil décroît, sont placés sur les bords du fleuve, et multipliés à différentes hauteurs, suivant l'abaissement des eaux.

L'atelier ici représenté consiste en quatre plates-formes placées les unes au-dessus des autres, sur chacune desquelles se trouvent des réservoirs où l'eau est successivement élevée pour passer du dernier dans les canaux d'irrigation.

On voit, au-dessus de chaque plate-forme, des supports en terre, semblables à des piliers, destinés à porter une pièce de bois transversale, à laquelle sont attachés les leviers et contre-poids par le moyen desquels l'eau est élevée. Ces piliers sont au nombre de trois sur les deux premières plates-formes, et de deux sur les autres.

Sur ces plates-formes sont pratiquées autant de rigoles qu'il y a d'hommes en action. C'est là que l'eau est versée pour se rendre dans les réservoirs où aboutissent les rigoles. Un peu au-dessous, sur une banquette faite à cet effet, sont placés les hommes qui puisent l'eau et qui l'élèvent à la hauteur de leurs plates-formes respectives.

L'eau est puisée, soit dans le fleuve, soit dans chaque réservoir, au moyen d'une couffe à anse, espèce de seau fait en feuilles de palmier, recouvert en cuir noir : l'anse de cette couffe est soutenue par une corde attachée au bout de la perche qui sert de levier. Les leviers sont eux-mêmes attachés, au quart de leur longueur, et par le gros bout, à la pièce de bois transversale que nous avons indiquée, et qui est posée sur les supports en terre. A l'extrémité de la perche opposée à la corde qui supporte le seau, sont placées des rondelles en terre cuite au soleil, formant contre-poids, et servant à équilibrer l'eau contenue dans le seau.

Les deux premières plates-formes, semblables entre elles, exigent le service de quatre hommes. Elles ont chacune quatre rigoles pour la conduite de l'eau dans leurs réservoirs. L'eau est élevée de deux mètres sur chacune d'elles. Les deux plates-formes supérieures diffèrent des autres en ce qu'elles n'emploient que deux hommes, qu'elles n'ont que deux rigoles et un seul réservoir, et que l'eau n'est élevée sur chacune d'elles que d'un mètre.

Cet atelier, ainsi disposé, est servi par douze hommes. Ceux qui sont placés sur la première plate-forme au bord du fleuve, y puisent l'eau, laquelle, portée dans le réservoir au moyen des rigoles, y est puisée à son tour par les quatre hommes placés sur la seconde plate-forme, d'où elle est élevée sur la troisième, et ainsi de suite, jusqu'à ce qu'elle soit parvenue à la hauteur des canaux d'irrigation.

Ce moyen d'élever l'eau, fort simple en lui-même, est commode dans un pays où l'on emploie beaucoup d'hommes pour un faible salaire. Il est combiné de manière à répartir le travail assez également entre eux, et à exiger de chacun la même activité. Ce travail est accompagné et comme réglé par le chant qui marque la mesure.

Sur le haut de la rive, à la gauche du tableau, se tient le chef de l'atelier. On voit sur le premier plan une barque remontant le Nil à l'aide d'une voile latine. Le patron de la barque est représenté assis et fumant sur l'avant.

Fig. 2. Plan de l'atelier du châdouf.

Fig. 3. Coupe de l'atelier du châdouf sur la longueur.

Fig. 4. On a représenté dans ce dessin une autre manière assez usitée en Égypte, d'élever l'eau jusqu'aux rigoles d'irrigation, lorsque le niveau du Nil ne se trouve qu'à un demi-mètre environ au-dessous de ces rigoles. Cette manière d'arroser s'appelle *menidl*.

On pratique sur la rive du fleuve une petite tranchée formant une espèce de réservoir. Deux hommes nus se placent en face l'un de l'autre sur les deux bords de cette tranchée. Ils sont à demi assis sur des buttes en terre, pratiquées à cet effet. Ils tiennent de chaque main une corde; aux extrémités de ces quatre cordes est attachée une couffe ou seau fait en feuilles de palmier et recouvert d'un cuir noir : ils lancent le seau dans le fleuve, où il s'emplit; puis, se jetant chacun en arrière, ils l'élèvent jusqu'à la hauteur de la rigole, et y versent l'eau. La tête de cette rigole est garnie de nattes pour contenir la terre, que la chute de l'eau finirait par délayer.

CÉCILE.

## PLANCHE VII.

VUE, PLANS ET COUPES DU MOULIN A SUCRE.

Fig. 1. Vue perspective d'un moulin pour pressurer la canne à sucre, mis en mouvement par un bœuf.

Ce moulin a été dessiné à el-Bayâdyeh, village chrétien au-dessus de Minyeh, dans l'Égypte moyenne.

Au-dessus d'une fosse circulaire de 70 centimètres environ de profondeur, est placé un beffroi, qui porte deux cylindres avec leurs axes, posés horizontalement l'un sur l'autre : deux roues d'engrènage verticales sont adaptées à ces cylindres : elles sont d'un diamètre différent, parce que l'une est fixée au cylindre du bas, et l'autre à celui de dessus. Ces deux roues sont disposées de manière à engrener avec une roue dont l'axe est un arbre vertical auquel on a conservé une branche pour servir de point d'appui au levier auquel le bœuf est attelé.

Dans la fosse au-dessous des cylindres est une grande jarre en terre dans laquelle tombe le jus de la canne à sucre. Un homme debout dans la fosse prend les cannes deux par deux sur un tas placé à sa droite, et les fait passer entre les cylindres : un autre homme puise dans la jarre le jus de la canne, et l'emporte dans un vase fait en forme de sébile; il le verse dans de petites gouttières par lesquelles ce jus coule dans des réservoirs placés dans une pièce voisine.

Ce moulin, quelque imparfait qu'il soit, et quelque grossière que soit son exécution, est cependant une preuve de l'intelligence des Égyptiens. Malgré leur ignorance des principes de la mécanique, et de l'art de calculer les effets des machines, ils ont néanmoins senti qu'étant obligés d'avoir deux roues d'un diamètre différent, et par conséquent d'une vitesse différente, ils devaient donner également à leurs cylindres un diamètre différent : on voit, en effet, que celui qui est attaché à la grande roue, est plus gros que l'autre.

Fig. 2. Plan général de la sucrerie.

A, B, deux pièces ayant chacune un moulin à sucre.

A est le plan de la partie basse du moulin où se trouve la jarre qui reçoit le jus de la canne à sucre; B est le plan au-dessus, avec les rouages d'engrenage.

a. Pièce où le jus de la canne est réduit en sirop.

b, b. Gouttières où l'on verse le jus de la canne, et par lesquelles il coule dans les vases que contient la pièce voisine.

c, c. Jarres en terre cuite, servant de réservoirs, et placées sous les gouttières pour recevoir le jus de la canne, qu'on porte ensuite dans la chaudière.

e. Chaudière pour la fabrication du sirop.

d, d. Formes ou moules pour les pains de sucre.

Fig. 3. Coupe de la pièce a (*fig.* 2) où se fait le raffinage, prise sur la ligne C.D.

a. Chaudière.

Fig. 4. Plan détaillé du moulin à sucre sur une échelle double.

a. Fosse où se place l'homme qui fait passer la canne entre les cylindres.

Fig. 5. Coupe du moulin à sucre sur la ligne AB, *fig.* 4, et sur la même échelle.

Le moulin est composé de deux cylindres horizontaux a b,

d'un diamètre différent, ayant chacun une roue verticale à son extrémité : ces deux roues engrènent dans une roue horizontale adaptée à un corps d'arbre où est fixé le levier du moteur.

Le diamètre de chacun des deux cylindres est proportionnel au nombre de dents dont est garnie la roue verticale concentrique à ce cylindre, de manière qu'en supposant les dents également espacées sur les deux roues, leur vitesse de rotation soit en raison inverse de leurs diamètres.

c. Jarre recevant le jus de la canne à sucre.

d. Fosse où se place l'ouvrier qui fait passer la canne sous les cylindres.

CÉCILE.

# PLANCHE VIII.

### Fig. 1. LA CHARRUE.

Cette vue a pour objet de faire connaître la charrue dont les Égyptiens modernes se servent pour labourer leurs champs. Le fond du paysage représente une partie de la ville du Kaire, dont on aperçoit quelques minarets, des sycomores et des palmiers. Les gerçures qui sont sur le premier plan, résultent de l'effet de la grande chaleur sur la terre argileuse de l'Égypte.

La charrue, nommée en arabe *meharrat*[1], consiste en deux pièces de bois réunies à l'une de leurs extrémités, sous un angle dont on augmente ou diminue à volonté l'ouverture, au moyen d'une cheville qui est fixée à la pièce inférieure, et qui passe dans un trou pratiqué dans la pièce supérieure. Cette cheville est percée de plusieurs trous, dans lesquels on passe une clavette qui rend invariable l'ouverture de l'angle. La pièce la plus longue sert de timon. A son extrémité, est une pièce transversale ou joug auquel les bœufs sont attelés. Le joug est posé sur le cou des animaux, et y est retenu par des cordes de palmier. A la pièce inférieure sont assemblés, à tenons et mortaises, deux montans en bois, qui donnent au laboureur la facilité de diriger la charrue, et d'enfoncer dans la terre le soc en fer dont elle est armée. Ce soc est ici très-pointu; il n'en est pas de même dans tous les endroits de l'Égypte. A Rosette, où j'ai observé la charrue dont on fait usage, j'ai constaté que ce soc est fait en forme de bêche. Comme j'ai recueilli les dessins de cette dernière charrue[2], je vais en donner

---

[1] محرّت

[2] *Voyez* la planche IV.

# PLANCHE VIII.                                          423

les dimensions, et indiquer les petites différences qu'elle offre avec celle que nous venons de décrire.

La pièce de bois inférieure a quatre-vingt-un centimètres de long[1]; elle est revêtue d'une plaque de fer en forme de bêche. Aux deux côtés sont deux planches épaisses, qui s'élèvent verticalement jusqu'à la hauteur d'un mètre et cinq centimètres[2], et qui y sont fixées par encastrement, au moyen de deux chevilles en bois. Ces planches ont treize centimètres[3] de large et vingt-sept millimètres[4] d'épaisseur. Tout ce système est fixé à l'extrémité du timon, au moyen d'un collier de fer retenu par une cheville de fer qui traverse le timon.

La cheville qui lie le timon à la pièce inférieure, et qui donne la facilité d'augmenter ou de diminuer l'ouverture de l'angle que font les deux pièces, est de fer, et elle est percée de plusieurs trous dans lesquels on passe une clavette.

Le timon a deux mètres quatre-vingt-quatre centimètres[5] de longueur; le joug a un mètre sept décimètres[6] de long.

La charrue des anciens Égyptiens présente le même degré de simplicité que celle que nous venons de décrire et qui a été dessinée par M. Conté; elle paraît même, à certains égards, d'un emploi plus simple et plus commode. (*Voyez* le Mémoire sur les grottes d'*Elethyia*, par M. Costaz.)

### FIG. 2. MACHINE A BATTRE LES GRAINS.

Cette figure représente la machine à battre les grains, appelée *noreg*[7] en arabe. On la voit ici en action. Sur le premier plan, sont

[1] Deux pieds et demi.
[2] Trois pieds trois pouces.
[3] Cinq pouces.
[4] Un pouce.
[5] Huit pieds neuf pouces.
[6] Cinq pieds trois pouces.
[7] نرج

des gerbes de grain encore liées; d'autres sont étendues sur l'aire où la machine est mise en mouvement. Le fond du paysage est un village d'Égypte environné de sycomores et de palmiers.

La machine consiste en un châssis horizontal[1], à peu près carré, formé de deux pièces de bois d'un mètre soixante-treize centimètres[2] de long, et de dix-sept centimètres et demi[3] d'épaisseur, réunies par deux traverses horizontales qui y sont assemblées à tenons et à mortaises. Trois essieux en bois, dont les axes sont distans entre eux de trente-deux centimètres[4], sont posés en travers de ce châssis, et assemblés dans les deux pièces les plus longues du chariot. Les deux essieux extrêmes sont armés de quatre roues de fer, de trente-sept centimètres et demi[5] de diamètre, et de neuf à dix millimètres[6] d'épaisseur : l'essieu du milieu n'en a que trois. Tout le châssis est mobile sur les roues de fer, dont la disposition est telle, que celles fixées sur le même essieu correspondent au milieu de l'espace compris entre les roues fixées sur l'essieu suivant. Ce châssis est surmonté d'un siége en menuiserie, où se place le conducteur des bœufs qui font mouvoir cette sorte de chaise roulante. Un anneau en fer, fixé dans la traverse antérieure du châssis, sert à attacher, au moyen d'une corde, un timon, à l'extrémité duquel est une barre transversale ou joug qui est posé sur le cou des bœufs, et qui y est retenu par des cordes de feuilles de palmier.

Quand on veut faire usage de cette machine, on étend sur une aire bien dressée, des gerbes de grain qu'on a déliées. Le conducteur de la machine la fait promener circulairement autant de temps qu'il est nécessaire pour que le grain ait pu être détaché. Un

---

[1] *Voyez* les dessins géométraux de la machine, pl. IX.
[2] Cinq pieds quatre pouces.
[3] Six pouces six lignes.
[4] Un pied.
[5] Quatorze pouces.
[6] Quatre ou cinq lignes.

homme est occupé à repousser avec une fourche sous la machine les pailles et grains qu'elle écarte. Quelquefois le conducteur fait promener la machine en tout sens sur l'aire couverte de paille. Cette opération terminée, on sépare avec des fourches le grain de la paille hachée, et l'on achève de le nettoyer en le projetant en l'air. Le vent emporte les parties les plus légères et laisse le grain. Quelquefois cette opération du vannage se fait en transportant le grain sur les terrasses des maisons.

Cette machine s'emploie pour toute sorte de grains ; mais le riz, après cette opération, a besoin d'être soumis à l'action d'une machine qui sera décrite en son lieu [1], pour être blanchi et séparé de sa balle.

La paille hachée qui résulte de l'opération que nous venons de décrire, sert de nourriture aux chevaux et à tous les animaux employés à l'agriculture.

P.cr. JOLLOIS.

[1] *Voyez* les dessins géométraux de cette machine, *planche* IX.

# PLANCHE IX.

1. CHARRUE. — 2, 3. MACHINE A BATTRE LES GRAINS. — 4...7. MACHINE A BLANCHIR LE RIZ. — 8, 9, 10. MOULIN A FARINE.

Fig. 1. Élévation géométrale de la charrue.

La charrue dont on fait usage à Rosette, est représentée ici en élévation. Elle ne diffère que très-peu de celle que l'on emploie au Kaire et dans d'autres parties de l'Égypte. On trouvera, dans l'explication de la *planche* VIII des Arts et métiers, tous les détails que nous avons recueillis en Égypte sur cet instrument aratoire si utile.

Fig. 2. Plan de la machine à battre le grain.

Cette figure offre le plan coté de la machine à battre le grain. Nous avons déjà décrit fort au long cette machine dans l'explication de la *planche* VIII des Arts et métiers : tout autre détail serait superflu, et n'ajouterait rien à ce qu'apprend l'inspection du dessin lui-même.

Fig. 3. Élévation de la machine à battre le grain.

On a représenté dans cette figure l'élévation latérale de la machine à battre le grain. On y distingue les roues de fer sur lesquelles roule toute la machine, et le siége en menuiserie où s'assied celui qui la conduit. *Voyez*, pour de plus amples détails, l'explication de la *figure* 2 de la *planche* VIII.

Fig. 4. Plan d'une partie d'un bâtiment renfermant une machine à blanchir le riz.

a. Pièces destinées à être habitées.

b. Manége.

c. Pièce où l'on soumet le riz à la percussion de la machine.

Fig. 5. Plan de la machine à blanchir le riz.

Avant d'entrer dans le détail de toutes les parties de cette machine, nous allons en donner une description succincte.

Lorsque le riz sort des mains du cultivateur, il n'est encore que séparé de la paille, opération qui se fait au moyen du *noreg* représenté *fig.* 2 et 3. Les marchands achètent le riz le plus ordinairement à l'état d'orge, et le font blanchir à leurs frais, au moyen de la machine dont il est ici question.

Cette machine consiste en des pilons cylindriques de fer creux, de trois décimètres de hauteur et d'un décimètre de diamètre, fixés à l'extrémité de leviers mobiles dans un plan vertical. Le moûvement des leviers se fait autour d'un axe de fer situé à peu près au tiers de leur longueur totale, et qui repose sur des appuis solides en maçonnerie. Il est imprimé par des mentonnets distribués sur un arbre horizontal et exerçant une pression à l'extrémité du plus petit bras des leviers. A l'arbre horizontal est adaptée une roue dentée verticale, dont les dents sont engrenées par celles d'une roue dentée horizontale, d'un diamètre beaucoup plus grand. L'arbre vertical de cette dernière roue est traversé par des barres de bois horizontales, où l'on attelle les bœufs ou les chevaux. Le riz est placé sous les pilons dans des espèces de mortiers pratiqués dans le sol, espacés entre eux de quarante centimètres, et dont l'ouverture supérieure a cinquante centimètres environ. Au-devant de ces trous sont des escabeaux où s'assied un ouvrier dont l'occupation continuelle est de reporter avec les mains, sous les pilons, le riz qui tend à s'en échapper à chaque percussion. Les trous ou espèces de mortiers, ainsi que les escabeaux, sont espacés de manière que l'ouvrier soit placé convenablement pour exécuter cette opération dans deux trous à-la-fois.

La machine que nous venons de décrire, peut être composée d'un plus ou moins grand nombre de pilons. Dans son Mémoire sur l'aménagement et le produit des terres de la province de Damiette, M. Girard fait mention d'un moulin à deux pilons et des résultats que l'on en obtient. Le moulin dont nous nous occupons, a quatre pilons, et nous l'avons vu en activité à Rosette. On conçoit que, selon la quantité des pilons, la force motrice doit être plus ou moins considérable.

a. Leviers à l'extrémité desquels sont fixés les pilons.

c. Mentonnets exerçant la pression à l'extrémité du petit bras des leviers.

d. Murs sur lesquels reposent les axes des leviers.

e. Arbre horizontal traversé par les mentonnets, et à l'extrémité duquel est une roue dentée verticale.

f. Roue dentée verticale.

g. Roue dentée horizontale. Les dents traversent l'épaisseur de la roue, et sont arrêtées par des clavettes.

h. Arbre vertical de la grande roue dentée.

i. Traverses en bois où sont attelés les chevaux ou bœufs qui impriment le mouvement à la machine.

k. Trous ou mortiers destinés à recevoir le riz en orge que l'on soumet à la percussion de la machine.

l. Escabeaux où s'assied l'ouvrier chargé de reporter avec les mains dans les trous le riz que la percussion en écarte.

Fig. 6. Élévation latérale de la machine à blanchir le riz.

b. Pilons cylindriques de fer creux.

Toutes les lettres de cette *figure* sont les mêmes que celles de la *figure précédente*, et indiquent les mêmes parties de la machine.

Fig. 7. Élévation longitudinale de la machine à blanchir le riz.
Toutes les lettres que l'on remarque sur les différentes parties de la machine, sont les mêmes que dans les deux *figures précédentes*, où nous venons d'en donner l'explication.

Fig. 8. Plan du moulin à farine.

Le moulin à farine tel que nous l'avons trouvé en Égypte, et qu'il est ici représenté, a probablement été importé d'Europe : il est de la plus grande simplicité. Un cheval attelé à une pièce de bois courbe, grossièrement travaillée, imprime le mouvement à toute la machine. Le mécanisme consiste dans une roue horizontale qui engrène une lanterne. Les deux meules sont traversées par l'axe de la lanterne. La meule supérieure, plus petite que la meule inférieure, participe au mouvement de rotation donné par la force motrice : toutes deux sont posées sur un plan incliné, afin que la farine, en sortant, ne puisse s'échapper que par un goulet pratiqué dans la meule inférieure, pour tomber dans la couffe destinée à la recevoir. D'ailleurs, les joints des deux meules sont recouverts par une corde qui empêche la farine de s'échapper par tout autre endroit que celui que nous venons d'indiquer. La caisse en bois placée au-dessus des meules, est une trémie qui contient le blé et le laisse échapper entre les deux meules.

Le moulin à farine représenté dans les *figures* 8, 9 et 10, par un plan, une élévation et une coupe géométrales, a fait le sujet d'une courte notice dans l'explication de la planche du *meunier* (Arts et métiers, *planche* x). On peut la consulter ci-après.

a. Meules.

b. Trémie.

c. Couffe destinée à recevoir la farine.

d. Couffes portatives pour le transport du grain et de la farine.

f. Lanterne.

Fig. 9. Élévation du moulin à farine.

Les lettres qui se trouvent sur cette *figure*, sont les mêmes que celles de la *figure* 8, à laquelle il faut recourir pour en avoir l'explication.

Fig. 10. Coupe du moulin à farine.

Cette coupe offre le détail du mécanisme du moulin à farine. *Voyez* ci-dessus l'explication des *figures* 8 et 9.

P[er]. JOLLOIS.

## PLANCHE X.

#### Fig. 1. LE MEUNIER.

Les Égyptiens n'ont ni moulins à eau ni moulins à vent pour préparer la farine de leurs blés. Ceux dont ils se servent sont rarement banaux; chaque particulier un peu aisé a le sien, placé dans son cellier. Il est mu par un cheval ou par un âne, ou même par un homme.

Ce moulin est, comme on le voit dans la gravure, de la plus grande simplicité : un cheval attelé fort mesquinement à une branche d'arbre qu'on a choisie courbe, mais qu'on ne s'est pas amusé à équarrir, le fait aller en parcourant, à pas précipités, une ligne circulaire autour de deux meules en pierre de lave placées l'une sur l'autre, et dont la supérieure, plus petite, est mobile comme dans tous les moulins d'Europe.

La caisse en bois, placée au-dessus des meules, est une trémie qui contient le blé et le laisse couler entre les deux meules, pour y être écrasé; une couffe, espèce de panier faite de feuilles de palmier, placée au-dessous, reçoit la farine : on en aperçoit deux autres dans lesquelles se trouve ou du blé qu'on va moudre, ou de la farine qu'on doit emporter.

Un domestique debout, et tenant un fouet à la main, fait marcher le cheval à son gré et dirige toute l'opération.

#### Fig. 2. LE BOULANGER.

Il existe en Égypte beaucoup de fours banaux où chacun va faire cuire son pain ordinairement deux fois par jour, et un instant avant les repas. Ce pain, dans la composition duquel entre pour levain un morceau de pâte du dernier fabriqué, ressemble à une galette; il n'a guère que l'épaisseur du pouce et la grandeur du fond d'une assiette. Il est cuit en moins de cinq minutes dans les fours banaux d'une grande capacité, dont la moitié est occupée par des matières combustibles qui y entretiennent la chaleur convenable. Ces fours sont ordinairement placés dans des boutiques, ainsi qu'on le voit dans la gravure. Le maître du four y introduit et y arrange les pains à mesure que les gens les lui apportent, et les leur rend tout cuits; une femme et un enfant sont là pour l'aider dans ses fonctions.

Ces pains, quoique souvent peu levés et peu cuits, et par conséquent un peu indigestes, ont cependant assez bon goût, grâce à l'excellence du froment qui a fourni la farine dont ils sont composés. C'est dans ces mêmes fours à pain qu'on fait torréfier le blé de Turquie.

### FIG. 3. LE PATISSIER.

Les bonbons qui font les délices des Égyptiens, ne sont guère que des espèces de pains d'épice qui se font avec de la mélasse et de la farine de millet, de pois chiches, etc., etc.

Ils portent différens noms, selon les ingrédiens qui les composent et la saveur qu'on leur donne. *Ka'k* est le nom générique: on appelle *semsis* celui qui est couvert de graines de sésame; *hammousis*, celui dans lequel entre la farine de pois chiches; *louz*, celui qui est fait avec des amandes, etc.

On voit, dans l'atelier où on les fabrique, une bassine dans laquelle le bonbonnier a fait le mélange des matières à l'aide d'une spatule, et une autre bassine qui est sur le fourneau, et dans laquelle il a fait cuire ce mélange au point convenable: il est occupé, avec son aide, à malaxer, à détirer la pâte, que sa femme découpe ensuite avec des ciseaux sur un carré de bois à rebord; près d'elle est un vase debout, dans lequel elle prend de la farine pour en saupoudrer les morceaux de cette pâte, afin de les empêcher d'adhérer entre eux. A côté sont les *ballâs* ou pots dans lesquels sont la provision de la mélasse et le vase renversé qui a servi de mesure pour la quantité de farine employée.

FIG. 4. LE CONFISEUR OU LE FABRICANT DE PATES SUCRÉES.

Cet art a moins de rapport avec celui de notre vermicellier qu'avec ceux des faiseurs de pains azymes, d'oublies ou de gaufres, excepté que, pour produire des résultats à peu près semblables aux leurs, le vermicellier égyptien ne se sert pas de ces deux plaques de fer polies intérieurement, et qu'à l'aide de deux longs manches on rapproche quand on a étendu sur l'une la matière à mouler et à cuire, et qu'on éloigne quand on veut retirer cette même matière, après la cuisson.

Un coup d'œil jeté sur la gravure va faire connaître la manière différente qu'emploie l'artiste égyptien.

Sur le devant de sa boutique et à sa droite, est un fourneau cylindrique très-vaste, portant à sa partie supérieure un large plateau de cuivre de même diamètre qu'elle.

Le maître vermicellier tient dans ses mains un vase dont le fond est percé de trous, comme l'est la pomme d'un arrosoir; il est rempli d'un mélange liquide composé de farine de blé de Turquie ou de millet, d'œufs et d'eau : à l'aide d'un mouvement circulaire que fait la main qui porte le vase, la matière qui filtre par les trous s'étend sur toute la surface du plateau chauffé, et s'y cuit en très-peu de temps; elle se détache d'elle-même, et d'autant plus facilement que l'artiste a eu la précaution de graisser légèrement le plateau avec du beurre.

Un aide supporte un bassin contenant la matière qui doit remplacer dans la passoire celle qui s'est écoulée.

Un enfant assis dans la rue et près du foyer du fourneau, y entretient le feu avec des tiges de grand millet, espèce de combustible qu'on transporte de la haute Égypte au Kaire, et qui y est d'une très-grande utilité.

Une femme placée sur le devant de la boutique distribue par portions le vermicel qui vient d'être cuit, et après l'avoir assaisonné avec du sel et du beurre.

Les Égyptiens sont très-friands de cette espèce d'aliment; ils le mangent tout chaud, et souvent dans le lieu même où il a été préparé.

C'est particulièrement dans les grandes chaleurs, pendant les mois d'avril et de mai, qu'ils en font un plus grand usage; on remarque que dans cette saison ils mangent très-peu de viande.

BOUDET.

# PLANCHE XI.

#### Fig. 1. LE VINAIGRIER.

Le vinaigre se fait, en Égypte, de deux manières ; avec du raisin, ou avec des dattes. Les fabriques, dont on compte environ une douzaine au Kaire, portent le nom de *ma'mal el-khall*.

### §. I. *Vinaigre fait avec le raisin.*

On emploie pour cette fabrication du raisin sec apporté de Chypre ou des îles de la Grèce, et qui porte, en Égypte, le nom d'*el-zebyb* ou de raisin du Levant. Le peu de raisin que l'on recueille dans certains cantons de l'Égypte, est mangé tandis qu'il est frais ; ou bien les Qobtes en font, comme dans le Fayoum, un vin qui, n'étant pas susceptible d'être gardé, se consomme sur les lieux aussitôt qu'il est fabriqué.

Pour faire le vinaigre, le raisin s'écrase d'abord sous la meule. Le moulin dont on se sert est d'une construction fort simple [1]. Un massif de maçonnerie cylindrique, d'un mètre d'élévation au-dessus du sol, et de près de deux [2] de diamètre, est destiné à recevoir le raisin : il est légèrement concave dans sa surface supérieure, revêtue de dalles très-exactement jointes et un peu creusées. Au centre de ce massif s'élève un pilier vertical, de cinq pouces d'équarrissage, tournant sur son axe : une traverse horizontale, fixée à ce pilier, lui donne le mouvement, et passe au centre de la meule, qui, posée de champ sur le massif, en parcourt ainsi toute la circonférence à chaque révolution du pilier vertical.

---

[1] *Voyez* la pl. 1, fig. 2 et 3.      [2] Cinq pieds et demi à six pieds

Au lieu d'être cylindrique, cette meule a la forme d'un cône tronqué. Son plus grand diamètre est de deux pieds six pouces, et le plus petit, de deux pieds trois pouces; son épaisseur, d'un pied. Elle est en granit, et cannelée dans sa circonférence; c'est, comme dans la plupart des moulins de cette contrée, un tronçon de colonne antique que l'on a scié et un peu travaillé pour le rendre conique et y former des cannelures.

Sa position offre une circonstance remarquable; c'est que le plus grand diamètre est tourné vers le centre du massif, et le plus petit vers sa circonférence : par conséquent, tandis que la grande base de cette meule achève, en trois révolutions, de parcourir le cercle dans lequel elle se meut, la plus petite base, qui parcourt un cercle dont le développement est double, aurait besoin de sept ou huit révolutions pour le parcourir entièrement, si elle n'avançait qu'en vertu du mouvement de rotation : mais, comme elle marche toujours parallèlement à la grande base, étant fixée avec elle et faisant partie de la même masse, elle achève nécessairement sa course dans le même nombre de tours, c'est-à-dire en trois; il faut donc, pour suppléer aux cinq autres, qu'à ce mouvement de rotation, qui serait fort insuffisant lui seul, se joigne en même temps un mouvement de transport.

Ce double mouvement est ce qu'il y a de particulier au moulin des Égyptiens, et ce que le lecteur doit surtout considérer dans cette machine. Il sentira que, par le mouvement de transport, au lieu de ne faire qu'appuyer, la meule frotte encore sur la matière qu'elle écrase, la soulève continuellement, renouvelle et varie sans cesse les points de contact : le raisin en est beaucoup mieux écrasé, et cela dispense de réitérer l'opération; ce que l'on serait obligé de faire avec une machine qui ne ferait simplement que presser sur la matière, en lui laissant toujours la même situation, comme cela a lieu dans nos pressoirs : aussi dans ces derniers, malgré une force bien supérieure, le marc de raisin n'est jamais parfaitement desséché par une première opération, et l'on est contraint de le repasser à plusieurs reprises. Il est vrai que le but de l'opération est un peu différent dans la fabrication du vinaigre : on s'y propose moins d'exprimer le suc du raisin que de briser et de rompre les grains dans tous les sens.

Au surplus, comme cette sorte de moulin à meule verticale est employée dans plusieurs arts, on pourra voir cet effet présenté sous plusieurs jours différens qui en faciliteront l'intelligence ; et je renvoie à la Description de l'art du plâtrier et à celle du tanneur, qui l'emploient également, l'un pour écraser le plâtre, l'autre pour broyer les écorces de grenades dont on extrait le tan en Égypte.

Il est des fabriques où ces sortes de meules sont mues par un cheval ou par un buffle ; mais dans celles-ci le travail est peu pénible, et les forces d'un seul homme suffisent pour mettre la machine en mouvement.

Quand le raisin a été suffisamment écrasé, on le jette dans des cuves avec de l'eau, et on le laisse fermenter pendant environ quinze jours, plus ou moins, suivant la température de l'atmosphère à cette époque : cette température doit être au moins de quinze à dix-huit degrés.

Dix *qantâr* de raisin écrasé se partagent dans six jarres que l'on remplit d'eau ; elles ont environ sept décimètres [1] de hauteur, sur cinq [2] de diamètre.

On passe la liqueur à travers un tamis de crin ; elle coule dans de grands vases qui portent le nom de *gourmah*, et qui sont enterrés dans l'atelier jusqu'aux deux tiers de leur hauteur ; on y

[1] Vingt-quatre pouces.  [2] Dix-huit pouces.

met du miel; on la laisse achever de fermenter pendant dix jours, et quelquefois davantage quand la température est très-froide : on décante ensuite le vinaigre ; et pour le conserver, on le met dans de très-grandes jarres, que l'on n'emplit qu'aux trois quarts.

La fabrication de cette espèce de vinaigre n'est pas la plus considérable ; elle est la plus coûteuse, à cause de la cherté du raisin, qu'il faut apporter de si loin : mais aussi le vinaigre est beaucoup plus estimé que celui qui se retire des autres matières ; il se vend environ douze médins la mesure équivalente à une pinte, tandis que l'autre ne se vend guère plus de moitié, ou tout au plus les deux tiers de ce prix.

On fait aussi au Kaire une petite quantité de vinaigre avec du vin de Chypre et du vin de Smyrne ; il se vend à peu près au même prix que celui que l'on fabrique avec l'ezebyb.

§. II. *Fabrication du vinaigre de dattes.*

Si la vigne manque presque entièrement à l'Égypte, le dattier, en revanche, y est extrêmement commun ; et c'est presque le seul arbre que l'on rencontre en parcourant le plus grand nombre de ses provinces. Malgré l'immense quantité de dattes qui s'y recueillent, ce fruit devient encore un objet d'importation de la part des caravanes qui partent des différentes parties de l'Afrique ; et la totalité ne pouvant se consommer à l'état de fruit, l'industrie tire parti de l'excédant pour suppléer aux productions qui manquent au pays.

Les dattes renferment, comme le raisin, une grande quantité de matière sucrée. On n'en a jamais fait, je crois, d'analyse exacte ; mais par leur saveur on doit présumer qu'elle y est au moins aussi abondante que dans le raisin. Les dattes sont donc susceptibles de donner comme lui, par un premier degré de fermentation, une liqueur spiritueuse, et par un second degré une liqueur acide. Selon toute vraisemblance, on pourrait parvenir à en tirer une liqueur d'un goût analogue à celui du vin; la séve même du palmier peut fournir une espèce de vin; et l'on en recueille en effet dans plusieurs contrées, au moyen d'incisions qu'on fait dans l'écorce du palmier: mais les Égyptiens attachent peu d'importance à cet objet, les liqueurs spiritueuses étant réprouvées par l'islamisme, et le vin qu'on fabrique en Égypte se conservant d'ailleurs difficilement[1]. Le vinaigre, dont l'usage est général, est un objet beaucoup plus important, et sur lequel s'est principalement portée l'industrie.

C'est pendant l'été qu'on le fabrique : les dattes ne s'écrasent point sous la meule; on se contente de les agiter et de les broyer un peu dans l'eau, jusqu'à ce qu'elles soient bien délayées.

On les expose ensuite au soleil pendant quelques jours, dans les vases mêmes où elles ont été broyées; opération qui dure huit à dix jours. Après cela, on les presse sous un pressoir à vis, pour achever d'en exprimer le suc. C'est cette opération que l'on a figurée dans la *planche* XI. L'ouvrier est représenté tournant le levier destiné à serrer la vis du pressoir. On passe ensuite la liqueur au tamis, après l'avoir suffisamment étendue d'eau.

On mêle du miel avec cette liqueur, et on la laisse encore fermenter pendant dix jours. Pour deux cents livres de dattes on emploie, lorsque l'on veut faire du vinaigre de bonne qualité, trente ou quarante livres de miel, que l'on a fait bouillir auparavant, et que l'on verse aussitôt dans la liqueur des dattes.

Après que la fermentation est achevée, on passe le vinaigre,

---

[1] On retire cependant des dattes une certaine quantité d'eau-de-vie pour l'usage des Qobtes, des chrétiens grecs et des Européens établis en Égypte.

on l'expose au soleil, on le décante de nouveau, on l'enferme dans des jarres, dont on lute les couvercles lorsqu'il a acquis toute sa force.

Ces jarres, qui sont très-grandes et imperméables, ne se fabriquent pas au Kaire; elles viennent des côtes de Barbarie, où l'on s'en sert pour renfermer les huiles que l'on envoie en Égypte. On transvase le vinaigre que l'on vend en détail, dans des pots de terre que l'on enduit de poix ou de résine, pour diminuer leur porosité.

Ce vinaigre ne se vend que six à huit médins la mesure, qui contient environ une pinte : aussi est-il bien inférieur en qualité, comme nous l'avons déjà indiqué, à celui qui se retire du vin ou du raisin.

ROZIÈRE.

## FIG. 2. LE DISTILLATEUR.

La principale opération des distillateurs du Kaire, est la distillation de l'eau-de-vie de dattes; les fabriques d'eau-de-vie s'appellent *matbakh a'raqy*. L'alambic est de terre et de la plus grande simplicité, ainsi que tout l'appareil; sa forme est celle d'une cloche : son diamètre est d'environ dix-huit pouces sur seize de haut; le chapeau a environ quatorze pouces; la hauteur totale de l'appareil est de deux pieds à deux pieds et demi. Il n'y a pas de fourneau ; mais l'alambic pose à terre, et le combustible se place dessous. Les tubes sont de roseau, et lutés sans soin. Au lieu de la pipe avec le serpentin ou réfrigérant usités dans nos ateliers, il y a une terrine pleine d'eau, dans laquelle plonge le vase qui reçoit l'eau-de-vie. On conçoit quelle perte de chaleur il résulte d'une pratique aussi grossière, et combien il se perd de vapeurs dans le laboratoire : aussi ne peut-on comparer, sous aucun point de vue,

PLANCHE XI.   441

ces ateliers du Kaire avec les distilleries de France. Dans une contrée qui passe pour la patrie de la chimie, et qui est celle des premiers auteurs qui ont écrit sur cette science, on s'étonne de rencontrer des instrumens et des procédés aussi imparfaits pour un art chimique aussi ancien que celui de la distillation.

Voici le détail de l'opération : on fait digérer les dattes dans l'eau, pendant quarante jours en hiver, et pendant dix à quinze en été; on les mêle ensuite avec de l'*yensoun* ou anis, et l'on fait bouillir le mélange pendant une demi-journée; ensuite on l'introduit dans l'alambic, et l'on procède à la distillation. Cette opération dure aussi un demi-jour pour un mélange de cinquante rotles[1] de dattes, lequel fournit trois *botses* d'eau-de-vie. Cette eau-de-vie est très-blanche et sent fortement l'anis; quant à sa qualité, elle est inférieure à celle de l'eau-de-vie de vin.

Les dattes dont on se sert sont en pâte et se nomment *a'goueh*: on les paye deux cent dix médins, et jusqu'à deux piastres ou trois cents médins, le qantâr[2]. L'*yensoun* vient principalement de Bardys dans le Sa'yd, et aussi de la basse Égypte; on le vend quarante-cinq à cinquante parats le *rob'* ou quart de boisseau. La botse de la meilleure eau-de-vie se vend de quatre-vingt-dix à cent vingt médins.

Les fabriques du Kaire, au nombre de dix à douze, sont généralement fort mal montées : on n'y fait pas écouler les matières en putréfaction; ce qui répand une odeur infecte dans les ateliers. La plus grande fabrique est celle de l'okel de Solymân tchâouch; elle contient un fort bel appareil de onze alambics.

Le dessin de M. Conté présente un atelier de trois alambics; un

[1] Le rotle vaut quatre hectogrammes et demi, ou environ quatorze onces de la livre de France.
[2] Poids de cent rotles.

homme excite la flamme avec un *moqacheh* ou balai de feuilles de dattier; les paniers qu'on voit sur une tablette du fond, sont des couffes remplies d'a'goueh.

Outre l'eau-de-vie, on distille aussi beaucoup d'eau de rose en Égypte, principalement dans le Fayoum. La plus commune se vend, au Kaire, trente à trente-cinq médins la bouteille; celle du Fayoum se vend jusqu'à quatre-vingts médins. Quant à l'essence de rose, on la vend au poids, savoir, quatre piastres ou six cents médins le *darem*[1]; une mesure d'un darem et demi, qui ne remplit qu'un très-petit flacon, coûte six piastres. L'essence pure se distingue en ce qu'elle demeure figée en hiver. On parlera plus en détail, dans un autre endroit, de ce qui regarde la distillation de l'eau et de l'essence de rose.

E. JOMARD.

[1] Le darem équivaut à plus de trois grammes ou cinquante-huit grains environ.

## PLANCHE XII.

#### VUE INTÉRIEURE D'UN MOULIN A HUILE.

Cette planche représente la vue intérieure d'un atelier dans lequel deux meules sont employées à écraser les graines dont on extrait l'huile en Égypte. Le dessin, fait avec la plus grande vérité, par feu M. Conté, donne une idée complète de la simplicité de la machine et des outils employés dans cette partie de l'art du fabricant d'huile. Tous les procédés de cet art ont été décrits précédemment avec le détail qu'ils exigeaient. Voyez la description de la planche I$^{re}$ des *Arts et métiers*, page 394.

COUTELLE.

# PLANCHE XIII.

### VUE INTÉRIEURE DE L'ATELIER DU TISSERAND.

Le métier du tisserand est composé de quatre poteaux plantés en terre, de deux traverses à chapeau qui les réunissent deux par deux, du battant, des trois rouleaux et des marches.

Les traverses portent plusieurs entailles dans lesquelles on engage successivement le battant, soutenu par ses tourillons, en l'éloignant dans chaque cran à mesure que l'ouvrage avance, pour éviter de rouler souvent la toile. L'ensouple ou rouleau sur lequel la toile est roulée, est porté, ainsi que celui qui est placé en arrière du métier, par des poteaux également plantés en terre.

Le troisième rouleau est fixé près du plancher.

La terre, sous le milieu du métier, est creusée pour placer les marches que l'ouvrier fait mouvoir, assis sur un tabouret très-bas, ou sur un tronçon de palmier.

La chaîne, d'abord ourdie d'une seule longueur, composée de la moitié des fils qui doivent former la toile, est pliée par le milieu, et retenue par un poids sur le troisième rouleau; elle se réunit en passant sous le second pour former la chaîne entière, arrêtée au rouleau le plus près de l'ouvrier.

Lorsque la chaîne est trop courte pour passer sur le rouleau supérieur, une corde fixée par un bâton à cette chaîne, et portant le même poids, la tient également tendue.

Les envergures pour séparer les fils de la chaîne, le peigne, les marches et lames, la navette et la trême, les dévidoirs et ourdissoirs sont assez semblables à ceux qu'on trouve chez les tisserands de nos campagnes.

Le métier, bien plus grossièrement établi, est aussi moins solide ; mais, en rapprochant les points du travail de la partie fixée en terre, on pare en quelque sorte à l'inconvénient du peu de solidité. Néanmoins, pendant le travail, le métier est toujours en mouvement.

Les ateliers, souvent très-vastes, sont placés pour l'ordinaire dans des lieux retirés, situés au nord, et éclairés par de petites ouvertures près du plancher, qui, comme dans la figure, est quelquefois soutenu par des fûts de colonnes de granit ou des tronçons de diamètres inégaux, placés sans ordre les uns sur les autres, ou simplement par des troncs de palmier.

Le peu d'espace qu'occupe chaque métier permet d'en placer un grand nombre dans quelques ateliers.

Les toiles de lin qu'on y fabrique sont généralement claires, légères, de 4 décimètres 6 centimètres de largeur (un quart d'aune et demi environ), unies ou rayées.

Les premières s'emploient pour serviettes, chemises, larges caleçons que portent les hommes et les femmes de toutes les classes, ou sont teintes en bleu pour les robes communes et pour les voiles des femmes du peuple, ainsi que pour l'habillement de la classe peu aisée, des ouvriers et des domestiques.

Les toiles rayées, plus claires que les premières, servent, entre autres usages, à faire les moustiquières de ceux qui ne peuvent pas faire la dépense des moustiquières en gaze.

Le prix du lin brut, tel qu'on l'apporte du Sa'yd, est de 3 pataques la charge de chameau : battu et peigné, il coûte 8 pataques le qantâr ; ce qui revient à 12 pataques et quatre cinquièmes la charge. Le marché du lin est le plus considérable du Kaire ; il se tient deux fois par semaine.

On vend au Kaire beaucoup de toiles faites dans la haute

Égypte, principalement à Syout; on vend aussi beaucoup de toiles à tente, appelées *kheych*, et fabriquées dans le Fayoum. Cette même toile sert à faire les sacs.

La toile de coton se fait sur le même métier que la toile de lin : elle coûte 10 paràts le pyk, achetée en détail.

COUTELLE.

# PLANCHE XIV.

### Fig. 1. LE PASSEMENTIER.

On a donné ici le nom de *passementier* plus particulièrement à l'ouvrier qui fait les cordons, les galons et les ganses, quoique les tresses représentées *fig.* 2 soient aussi de la passementerie, dans l'acception du mot. Le métier est fort simple : les fils de la chaîne sont roulés sur un rouleau placé au bout, qu'on peut appeler *l'ensouple*, et qui est percé de plusieurs trous. Vers le milieu du métier, ces fils sont séparés en deux parties. Par le mécanisme ordinaire des deux lames suspendues à une poulie et des marches placées sous les pieds et qu'on ne peut voir dans la figure, l'ouvrier sépare les deux moitiés des fils de la chaîne; il les croise avec la trame qui est roulée sur un petit bâton servant de navette, et, quand ils sont croisés, il serre à chaque fois son ouvrage, au moyen d'une petite baguette qu'il tient de la main gauche. A mesure que le galon est fait, il le roule à l'autre bout du métier; et pour continuer son travail, il déroule les fils qui sont sur l'ensouple, en changeant de trou le levier qui la retient.

Il y a au Kaire un quartier consacré aux fabricans et aux marchands de cordons de soie, et qu'on appelle *el-A'qadyn*, mot qui veut dire proprement, *les faiseurs de nœud*. Ils font aussi des glands entrelacés de fils d'or ou d'argent, des rubans, des rênes, des boutons, des olives et différens ouvrages de cette espèce, même des houpes et des franges. On fabrique une grande quantité de cordonnets ronds en soie rouge, et plus ou moins riches, pour suspendre les sabres au côté. Les plus beaux se vendent 8 à 10 parats le darem. Outre ces ouvrages en soie, on en fait aussi en coton ou en laine.

Dans le même quartier, on file la soie blanche et jaune sur de petits métiers assez bien faits, qui sont des rouets à deux bobines, mus à l'aide d'une manivelle; et l'on file aussi l'or et l'argent sur la soie. Ces ouvriers s'appellent *armagyeh* et *qassabgyeh;* la plupart sont des Qobtes. On vend 50 parats un mitqâl ou un darem et demi de fil d'or, et 40 parats, un mitqâl de fil d'argent. Le mitqâl pèse 3 grammes neuf centièmes, ou 58 grains trois seizièmes.

FIG. 2. LE FAISEUR DE CORDONNETS.

L'ouvrier, assis à terre, tient dans les doigts de chaque main la moitié des fils qui doivent composer sa tresse : avec beaucoup de promptitude et de dextérité, il les entrelace; et à chaque fois qu'il les a entrelacés, il les applique et les serre contre une cheville bien fixe. Aux fils du cordonnet est attachée une corde qui passe sur deux poulies et qui supporte un poids. Par ce moyen, ils sont fortement tendus quand l'ouvrier les tresse.

Les hommes qui fabriquent les tresses s'appellent *el-habbâkyn.* On nomme *cheryt* les cordonnets ronds ou plats tressés en laine ou en coton.

FIG. 3. LE FABRICANT D'ÉTOFFES DE LAINE.

Le métier, grossièrement fait, est construit en bois brut, attaché avec des clous et des ficelles. On travaille sur ce métier une étoffe de laine qui est le drap du pays.

L'ouvrier, assis sur une pierre, tient la navette de la main droite, ayant la main gauche appuyée sur le métier, et pose les pieds sur les deux marches qui font mouvoir les peignes.

Les étoffes de laine brunes, c'est-à-dire avec la couleur naturelle de la laine, s'appellent *bicht*. On les teint souvent en noir, et on les mélange de quelques fils d'un jaune doré formant différens dessins. Celles-ci s'appellent *a'bdyeh;* on les vend 30 parats le pyk : la largeur est d'un pyk et demi (trois quarts d'aune). Il en faut dix pyks pour une robe d'homme, et ces robes se vendent 300 parats; les autres se vendent 3 pataques. Ces étoffes sont grosses et épaisses; elles forment le plus ordinaire et presque l'unique vêtement des gens du peuple, hommes et enfans.

### Fig. 4. le ceinturonnier.

L'ouvrier qui fait les ceintures et les ceinturons, travaille debout. La largeur de ces ceintures est variable depuis quatre jusqu'à six et huit doigts. Comme une partie du métier est cachée, il faut supposer que les fils de la chaîne sont séparés en deux parties, au moyen des licerons et des lames, lesquelles sont mises en mouvement par les marches qui sont censées sous les pieds de la figure. Le ceinturonnier tient de la main gauche la navette et la trême; à chaque fois que la trame a passé, il serre son ouvrage au moyen d'un large couteau plat en bois. A l'extrémité droite du métier est le rouleau sur lequel sont les fils de la chaîne, et à l'autre, celui sur lequel se roule la ceinture à mesure qu'elle est fabriquée. La corde qui retient les fils est passée autour d'une cheville, et un poids y est suspendu.

On nomme *kamar* les différentes espèces de ceintures. On les fabrique en soie, en coton ou en laine, avec des fils diversement colorés et qui ont une certaine variété de dessins et d'arrangement; elles sont assez longues pour faire deux fois le tour du corps, et se ferment avec des boucles. Les Égyptiens y renferment des papiers, de l'argent, y placent leur pipe et en font divers autres usages. Tous les habitans en portent, sans exception : aussi rien n'est plus varié que la composition des ceintures, depuis celles en cachemire et celles qui sont en soie tissue d'or et qui se vendent jusqu'à 90 pataques, jusqu'aux ceintures en laine qui se font pour le peuple.

Les ceinturonniers font encore des sangles pour les chevaux, les mulets, les chameaux et les ânes. Elles sont larges comme la main, tressées en laine et en coton, et très-solides ; on les appelle *hazâm* : elles se ferment au moyen d'un anneau qui est à un bout, et d'une courroie qui est à l'autre.

E. JOMARD.

# PLANCHE XV.

### Fig. 1. L'arçonneur de coton.

Cette figure représente l'arçonneur qui prépare du coton avec l'*arçon* ou grand archet, qu'il tient de sa main gauche. La corde tendue d'un bout à l'autre de l'arçon est destinée à vibrer chaque fois que l'ouvrier la frappe avec la *coche* ou espèce de maillet qu'il tient de sa main droite.

Les filamens du coton s'entortillent sur la corde qui divise les flocons. Elle se charge de ces filamens lorsque l'arçon est abaissé, et elle s'en dégage lorsqu'il est relevé. L'habileté de l'ouvrier consiste à mouvoir son arçon à propos, et à frapper sur la corde de manière à y faire attacher le coton, ou à le faire quitter.

Un enfant, près de l'arçonneur, met sur un rouleau de bois du coton préparé.

Les Égyptiens emploient un arçon plus petit que celui des ouvriers européens. Ces derniers sont obligés, en se servant d'un arçon très-grand, de le suspendre à une corde verticale, afin de le faire mouvoir en le balançant : ils proportionnent, en se tenant debout, leurs mouvemens à la dimension de l'instrument. Les Égyptiens travaillent assis, et manient avec adresse un arçon plus petit; ils vont dans les maisons pour rebattre le coton des coussins et des matelas, que l'on n'est pas dans l'usage de carder. Ils préparent aussi la laine dans les manufactures de feutre.

### Fig. 2. LE FILEUR DE LAINE.

Le fileur de laine se sert d'un simple fuseau ; il tire une portion de fil à sa droite hors du paquet de laine qu'il tient de la main gauche. Son fuseau est suspendu au fil et s'amincit par le bas, afin qu'il puisse être tourné avec les doigts. Un crochet retient en haut du fuseau le fil qui doit être tordu. Le fileur garnit successivement son fuseau de toutes les portions de fil qu'il tord. La laine filée sert pour diverses étoffes ; les Arabes du désert en font les toiles de leurs tentes.

### Fig. 3. LA DÉVIDEUSE DE LAINE.

La dévideuse pose un de ses pieds sur le châssis d'un dévidoir, à l'une des extrémités duquel elle a monté sur le côté un fuseau. Elle tourne la roue, ou le tambour, qui est la pièce principale du dévidoir. Plusieurs fils croisés entre deux cercles de planches forment la circonférence du tambour, d'où une anse de corde se prolonge sur une bobine qui tourne. On peut, avec ce dévidoir, garnir une bobine ou un fuseau de plusieurs fils à-la-fois, sans y passer beaucoup de temps. Il sert aux femmes dans leur ménage, et aux tisserands dans leurs manufactures. Sa construction, au moyen des fils du tambour, est simple et remarquable.

### Fig. 4. LE TOURNEUR EN BOIS.

Le tourneur se sert de la main et du pied pour tenir son ciseau. Il est assis et courbé ; il travaille à l'archet. Son tour est très-imparfait, et consiste en deux poupées posées sur un plancher, l'une fixée à gauche, et l'autre mobile. Cette dernière s'écarte ou se rapproche pour serrer entre deux pointes les objets à tourner. Ni l'une ni l'autre des pointes n'est à vis. Une longue traverse de fer supporte le ciseau du tourneur, et pèse assez sur les poupées pour assujettir celle qui est mobile. Cette traverse reçoit plus de poids par l'addition d'un cylindre de pierre à l'une de ses extrémités. L'ouvrier supplée par l'adresse à l'imperfection de ses instrumens. Il sait tirer le plus grand parti de son tour à pointes; il n'est presque point d'ouvrages qu'il ne puisse exécuter.

Les tourneurs, occupés en Égypte à des travaux grossiers ou délicats, ne se servent que de tours à archet, construits comme celui qui vient d'être décrit. Ils s'entr'aident pour tourner des mortiers pesans: ils corrigent ensuite hors du tour les défauts qu'ils n'ont pu éviter. D'autres ouvriers mettent beaucoup d'art à tourner de l'ambre ou de l'ivoire pour faire des bouts de tuyaux de pipe. Ils travaillent tous dans la même attitude que le tourneur en bois.

Fig. 5. LE SERRURIER EN BOIS.

Le serrurier en bois travaille assis sur le plancher de sa boutique, comme la plupart des ouvriers égyptiens. Il tient un morceau de bois entre ses pieds, et le dresse avec un rabot. Ses outils sont la plupart autour de lui. Il fabrique des serrures neuves, et il en raccommode de vieilles. Il ajuste les pièces qu'on lui demande; et il leur donne à toutes une proportion telle, qu'une serrure ne peut s'ouvrir qu'avec une clef faite exprès.

Souvent on appelle un serrurier pour ouvrir une serrure difficile. Il tâche alors d'en faire glisser le pêne en le mouillant, et il l'ébranle pour faire jouer les fiches qui le ferment. Il introduit une plaque de tôle au-dessus du pêne, quand une clef est perdue; il frappe sous la serrure, et fait remonter, par des secousses, les fiches sur la plaque. Le pêne peut ensuite être ouvert. Mais une telle méthode est impraticable quand une serrure est bien faite ; le pêne doit assez bien joindre le montant où il est enchâssé, pour ne point laisser d'intervalle. Il faut ordinairement se résoudre à ôter une serrure avec des tenailles, quand on en a perdu la clef. (*Voyez* la description de la serrure égyptienne, *planche* XXX.)

A. DELILE.

# PLANCHE XVI.

### Fig. 1. LE TEINTURIER.

Cette planche représente l'intérieur d'un atelier de teinturier en indigo.

Le massif de maçonnerie placé sur la gauche renferme de grands vases en terre, dans lesquels on introduit le mélange destiné à former la cuve. On voit un ouvrier occupé à agiter ce mélange.

Sur le devant sont des vases en terre cuite, fabriqués avec la terre végétale ou limon du Nil, et qui servent à délayer l'indigo après qu'il a été écrasé, avant de l'introduire dans des vases scellés dans la maçonnerie.

### Fig. 2. LE CORDIER.

La planche représente un atelier de corderie. On aperçoit facilement, en l'examinant, combien est simple l'appareil que les Égyptiens emploient pour faire la corde.

Sur une poupée portée à hauteur d'homme par deux pieds grossièrement travaillés, et tenus debout par une corde dont l'autre bout tient à une pièce plantée en terre, sont fixées par leur axe quatre bobines portant des crochets.

Ces bobines, dont l'axe est mobile dans la poupée, sont mises en mouvement au moyen d'une corde sans fin qui les enveloppe deux fois et leur communique un mouvement égal. C'est à tirer cette corde que sont employés deux hommes que l'on voit debout près de la poupée.

Un autre, placé en avant, tient quatre cordons, et, sans employer le cône à rainures dont se servent nos cordiers, il les dispose avec les doigts de manière à former une corde égale.

La matière employée par les Égyptiens leur est fournie par le palmier. Cet arbre, comme toutes les plantes à un seul cotylédon, porte des feuilles qui, à sa naissance, enveloppent la tige tout autour, et dont le pétiole, s'ouvrant à quelques centimètres plus haut, s'épanouit en éventail. La partie de ces feuilles qui enveloppe la tige, étant développée et privée de son parchemin par la macération, laisse à nu un réseau dont les fils se croisent en losange et offrent un tissu régulier.

Les Égyptiens apprêtent ces feuilles convenablement, et en effilent le tissu. Ils donnent le nom de *lyf* à cette matière ainsi préparée.

Le lyf qui provient des feuilles plus vieilles, est grossier, et sert à faire les grosses cordes communes. Celui que produisent les plus jeunes est fin, d'un jaune de paille brillant, et procure des ouvrages très-agréables.

*Note fournie par M.* HUMBLOT, *gendre de feu*
*M.* CONTÉ.

# PLANCHE XVII.

### Fig. 1. LE BRODEUR AU TAMBOUR.

Cette planche représente l'intérieur d'un atelier de broderie ; on y voit plusieurs apprentis occupés à broder les fleurs qui ont été dessinées par le maître.

L'art de la broderie est fort cultivé chez les Égyptiens. On brode sur presque toutes les étoffes ; sur le drap et les étoffes de soie, pour faire des coussins et des tapis de divan ; sur la mousseline, pour les ceintures et les mouchoirs que l'on est dans l'habitude de donner en présent lorsqu'on fait des visites. Le genre de cette broderie, qui est souvent entremêlée de parties lamées, est remarquable en ce qu'elle n'a point d'envers, et que le dessin est entièrement semblable des deux côtés.

On brode encore sur cuir avec une grande perfection. Ce genre de broderie n'est point fait, comme en Europe, avec un fil de soie sur lequel on roule une lame d'argent, mais au moyen de fils ronds en argent doré et très-fins ; ce qui rend ces broderies plus éclatantes et plus durables. Pour leur donner du relief, on trace les dessins avec du cuir jaune découpé, que l'on colle sur l'étoffe. On appelle *qoubourgyeh* les brodeurs sur peaux et maroquins, et aussi sur velours, tant en or qu'en argent. Ces ouvriers sont regardés comme les plus adroits de tous ceux de la ville du Kaire.

### Fig. 2. LE FABRICANT DE FEUTRES.

Cette figure représente l'intérieur d'une boutique de fabricant de feutres : le maître et deux apprentis sont occupés à feutrer une pièce de laine, en roulant et déroulant sans cesse l'étoffe sur elle-même au moyen des pieds, avec un mouvement régulier et alternatif. Cette manière de fouler a peut-être quelques avantages sur la méthode commune, et c'est un exemple de plus de l'emploi que les Égyptiens font de leurs pieds pour les ouvrages que nous exécutons avec la main. La matière que l'on feutre est de la laine de mouton et d'agneau, ou du poil de chameau. Pour donner à cette matière toute la consistance qu'elle doit prendre, l'ouvrier la baigne dans une dissolution de savon vert chauffée suffisamment; on ignore quelle espèce de colle, ou même si la colle entre dans l'opération. A mesure que l'étoffe se façonne et se feutre, elle se roule par un bout autour d'un bâton, et l'on continue de la fouler par l'autre. Par cette opération, la pièce diminue considérablement d'étendue, et gagne en épaisseur. Ce travail se fait assez promptement. Comme les feutres sont d'un usage très-répandu, on rencontre au Kaire beaucoup de boutiques de cette espèce. La rue principale qui leur est affectée, est appelée *el-Leboudyeh*, près de *Hammâm-el-gedyd*, grand bain du Kaire, et non loin du quartier de l'Hamzâouy. On y fait des feutres blancs et bruns de toute épaisseur. Le nom générique est *lebdeh*. Les uns sont des pièces plus ou moins longues, employées à divers usages domestiques; les autres sont des bonnets blancs très-chauds, qui servent à recouvrir le dessus de la tête, et à maintenir la transpiration en l'absorbant doucement. On met plusieurs bonnets de soie ou de toile sur ce feutre, et par-dessus le tout, un *tarbouch*, bonnet en laine rouge. C'est sur ces enveloppes que le turban s'applique et se roule autour de la tête. Pour façonner les bonnets de feutre, on humecte la laine avec une légère eau de colle, on l'applique sur une forme comme celle de nos chapeliers, et on la presse doucement avec la main jusqu'à ce qu'elle se moule. De temps en

temps on souffle dessus, avec la bouche, une eau de savon, pour
faciliter le foulage, et l'on porte l'étoffe à l'épaisseur convenable.
Le prix de ces bonnets est de 30 médins.

La plus grande partie des feutres sont employés sous les selles
des chevaux, et remplacent les coussins rembourrés dont nos selliers font usage. Pour remplir cet objet, on place immédiatement
sur le cheval quatre ou cinq doubles de ces feutres, cousus ensemble et attachés au bois de la selle par de petites courroies
en cuir, de manière que le tout ne fasse qu'une seule pièce.
Quoique chauds et pesans, ils sont avantageux aux chevaux,
parce qu'ils boivent la sueur et préviennent la suppression de
fortes transpirations : c'est pour cela qu'on les appelle *a'rrâqah*.
Il résulte aussi de leur largeur, que les chevaux sont moins souvent blessés au garrot qu'avec nos selles; avantage précieux pour
les chevaux de Mamlouk, habitués à des exercices violens.

E. JOMARD.

## PLANCHE XVIII.

### Fig. 1. LE MAÇON.

Les maçons travaillent ordinairement debout. Ils emploient un mortier composé de chaux et d'une terre noirâtre, pour lier leurs constructions, qui sont en briques et moellons. Ils ont pour principe de mettre dans un mur de face ou de refend, à deux mètres de distance à peu près, des couches en bois de sapin, dans une ligne horizontale; ce qui empêche le mur de se lier. Un autre vice de construction, c'est que le moellon taillé qu'ils emploient pour les deux faces des murs, est d'une très-petite épaisseur; il est posé sur champ, et le centre est rempli des recoupes et pierrailles, qui, ne se liant pas avec les deux paremens, tendent à les écarter et à faire ébouler le mur.

### Fig. 2. LE COUVREUR.

Le couvreur attache sur les chevrons des roseaux, et souvent il les couvre d'une natte sur laquelle il étale un enduit de mortier. L'enduit se répand également sur les roseaux qui ne sont pas recouverts d'une natte.

Le Père, architecte.

## PLANCHE XIX.

### Fig. 1. LE CHARPENTIER.

Le charpentier travaille toujours assis. L'outil qu'il emploie le plus ordinairement, est une espèce d'herminette qui lui sert à dresser les bois. La besaiguë est inconnue aux charpentiers. Il est très-rare, dans leurs assemblages, qu'ils fassent des mortaises; tous les bois sont taillés en sifflet aux extrémités, et fixés avec des clous. Ils font rarement usage des chevilles.

Le scieur de long se sert d'un moyen bien simple pour mettre en chantier la pièce qu'il veut couper : il appuie verticalement contre le mur deux boulins; au bout des extrémités hautes, est un cordage auquel est suspendu un poids; ce cordage attache horizontalement une pièce de bois qui supporte un des bouts de celle qui est à refendre, et le poids qui est suspendu, en serrant les deux pièces ensemble, et par son tirement, maintient tout l'échafaudage, quel que soit le mouvement occasioné par le trait de scie et l'homme placé sur la pièce; elle est soutenue, en avant, par deux petites potences qui se croisent, que l'on recule et avance à volonté.

La scie est presque semblable à la nôtre. La majeure partie du bois de charpente du pays est de *nabq;* on se sert aussi du *lebbakh.* Le bois se vend à la charge, qu'on appelle *hamleh.* Chaque hamleh de bois non débité, pesant 160 rotles, se vend 150 parats, et de bois débité, 200 à 220 parats.

### Fig. 2. LE MENUISIER.

Le menuisier n'a point d'établi; il travaille à genoux ou assis; il se sert d'un rabot semblable au nôtre, et communément d'un guillaume, pour dresser les planches. Il ne connaît pas la varlope. Il fait aussi usage d'une herminette, mais plus petite que celle du charpentier, et appelée *qaddoum*.

Le Père, architecte.

# PLANCHE XX.

### Fig. 1. LE FAISEUR DE NATTES.

Il n'y a point en Égypte d'usage plus répandu que celui des nattes. Celle qui est ici sur le métier est d'une grande dimension, mais de l'espèce commune. Rien de plus simple que le métier à nattes, et en même temps de mieux approprié à la pratique ordinaire des ouvriers égyptiens de travailler à terre. A un rouleau plus ou moins long, élevé d'un pied de terre environ, est attaché un filet de fortes ficelles, distantes de plusieurs doigts. Sur ce châssis, on applique les tiges de jonc, de souchet ou de roseau, en les passant alternativement dessus et dessous les fils; à chaque rangée faite, l'ouvrier frappe avec un battant de bois qu'il ramène à lui, pour serrer les tiges l'une contre l'autre. Ce battant est supporté par les fils qui passent au travers. Le nattier est soutenu sur la natte par une banquette qu'on avance par-dessous à fur et mesure du travail.

Quand la pièce doit être d'une grande étendue, deux, trois ou quatre ouvriers travaillent de front et de concert, de façon à saisir le battant tous à-la-fois.

Les nattes les plus communes faites au métier se fabriquent avec les tiges de deux espèces de souchets que M. Delile a reconnues pour être le *cyperus alopecuroïdes* et le *cyperus dives;* on fend ces tiges longitudinalement en deux ou trois lanières.

Les joncs employés aux nattes d'appartement s'appellent *samar*, et ces sortes de nattes, *hosr samar*. Il y a deux espèces de joncs: les uns viennent de Terrânch, les autres d'Elouan près de Tor; les premiers sont les plus estimés. On reçoit ceux-ci des Arabes

*Geoudby*, qui les tirent des environs des lacs de Natroun et d'un endroit éloigné de trois grandes journées de *Bahr-beld-má;* ils les apportent à Terrâneh sur le Nil. C'est le *juncus spinosus*. Le *mamleh* de joncs, ce qui est une charge de chameau, se paye 10, 12, 14 piastres. Avant d'employer ces joncs, on les fait sécher au soleil pendant un ou deux mois; puis on les fait digérer pendant vingt jours dans le safranum ou dans les autres teintures; après quoi, ils sont lisses et flexibles. On les teint en jaune, en noir, en rouge, etc., et on les emploie encore mous. Une natte ordinaire de neuf pieds sur trois et demi se vend cinq pataques de 90 parats, à raison de 15 parats le pyk environ, et la natte double, dix pataques. Il y en a qui sont composées de jolis dessins, de losanges noires et jaunes, etc.

Le quartier des marchands de nattes, au Kaire, s'appelle *el-Hosaryeh*. On y vend beaucoup de nattes fabriquées dans le Fayoum.

E. JOMARD.

### FIG. 2. LE FAISEUR DE COUFFES.

Les couffes les plus grossières sont faites de feuilles de dattier vertes et anciennes. On fait les couffes les plus fines avec de jeunes feuilles qui jaunissent en séchant. Ce sont, à proprement parler, les folioles ou les petites feuilles placées le long de la côte des grandes feuilles de dattier, qui servent à faire des tresses, que l'on coud ensuite pour en former les couffes.

Le fil épais qui sert à coudre les tresses ensemble, passe dans le pli que chaque foliole laisse sur le bord de la tresse. Ce fil est fait avec des fibres de grappes de dattier.

Il suffit du tact pour tresser les feuilles de dattier. On voit des aveugles qui réussissent à ce genre de travail.

**PLANCHE XX.**

Les fabricans cousent des tresses suivant la forme que l'on désire, et vendent ces couffes pour beaucoup d'usages. On renferme les dattes, celles de Syouah, par exemple, dans des couffes un peu allongées comme des sacs. Le riz se conserve et se transporte dans des couffes un peu arrondies. En général, les Égyptiens substituent des couffes aux toiles et sacs d'emballage destinés aux diverses marchandises.

A. DELILE.

## PLANCHE XXI.

### Fig. 1. LE CHAUDRONNIER.

La figure représente la boutique du chaudronnier détaillant, plus particulièrement étameur que fabricant.

Les pièces qui doivent être étamées sont placées dans un creux au-devant de sa boutique, qui, comme celle de tous les marchands, est en saillie dans la rue, et élevée de six à sept décimètres.

Des enfans, sur un morceau de natte de couffin ou sur un paquet de feuilles de palmier placé dans la pièce de cuivre, la dégraissent et l'écurent avec du sable ou de l'émeri, en tournant alternativement dans l'un et l'autre sens, les mains appuyées sur le bord de la boutique.

Les pièces étant suffisamment nettoyées, l'étamage est fait à la manière de celui des Européens.

L'atelier du chaudronnier fabricant ne diffère pas sensiblement de celui de nos chaudronniers. La chaudronnerie est un des arts exercés par les Turks de la manière la plus parfaite. On y emploie les mêmes outils, quoique plus grossièrement faits; on y trouve les grandes cisailles et les longues bigornes employées par nos ouvriers, et montées de la même manière.

La forge et les soufflets cylindriques sont les mêmes que ceux des forgerons et taillandiers. Outre les ustensiles de cuisine, les *fânous* ou lanternes, les aiguières, les cafetières et autres vases, qui sont faits avec soin, le chaudronnier coule le cuivre et fabrique les plateaux, les bassines, les chaudrons et les chaudières de toutes les grandeurs : le quartier du Kaire appelé *el-Nahdsyn*

## PLANCHE XXI.

est rempli de boutiques où se fabriquent et se vendent ces ustensiles.

Les pièces de cuivre sont souvent forgées à deux, trois et quatre marteaux, avec une vitesse et une précision qui tient à l'habitude qu'ont les Turks d'accompagner d'un chant mesuré tous les travaux qui demandent l'emploi de plusieurs ouvriers ensemble ou de plusieurs forces réunies, ainsi qu'à l'étude qu'on en fait faire aux enfans dans les écoles publiques.

Cette manière de frapper est particulièrement remarquable dans l'atelier de la monnoie où se forge le métal pour frapper les *parats* ou *médins*. Les lames très-minces qui servent à leur confection, ne sont point passées au laminoir avant d'être découpées; elles sont forgées à chaud et en paquet de six à sept lames ensemble. Une aussi petite épaisseur se refroidissant promptement, elles sont remises au feu, après avoir été frappées sur un tas très-étroit par cinq forgerons armés d'un marteau dont le manche très-court est tenu des deux mains. Les cinq coups successifs qui se distinguent en commençant, sont bientôt confondus pour ne former qu'un roulement, pendant lequel chaque coup n'est plus entendu.

Cette opération, qui ne dure que quelques secondes, après lesquelles le métal est mis au feu, est répétée l'instant d'après, et continuée sans interruption pendant tout le temps que dure le travail, sans que jamais un des marteaux soit heurté par un autre.

Ce travail est un modèle d'activité et de précision.

Le chaudronnier, le forgeron, l'orfévre, le tourneur et presque tous les ouvriers en Égypte, transportent leur atelier et le construisent dans la cour de celui qui veut les employer devant lui. La charge d'un chameau ou d'un âne suffit au transport des outils et de tout ce qui est nécessaire à leur établissement et à leur travail.

## Fig. 2. LE FORGERON.

Les forges, au Kaire, peuvent plutôt être comparées aux forges de campagne qu'à celles de nos serruriers ou forgerons. Elles sont composées d'un massif en maçonnerie, qui porte à une de ses extrémités le garde-feu et le foyer sans hotte, à l'autre l'enclume du forgeron.

Les soufflets sont simples, de forme cylindrique, composés chacun de deux planches : l'une, qui porte la tuyère, est fixée sur deux poteaux plantés derrière le garde-feu; l'autre est arrêtée au milieu d'un châssis en forme de parallélogramme, dont le petit côté inférieur est rendu mobile par ses tourillons, dans deux petits poteaux également plantés en terre.

Le petit côté supérieur forme la poignée, élevée à la hauteur de la main de l'ouvrier, qui incline alternativement ces châssis en avant et en arrière, pour ouvrir et fermer les soufflets.

Ils sont composés d'un seul cuir, cloué à la manière ordinaire sur le bord des deux planches circulaires, qui sont munies dans leur centre chacune d'une soupape, dont l'une, placée du côté du levier, permet à l'air d'entrer, et l'autre, du côté de la tuyère, le laisse sortir et s'oppose à la rentrée des cendres et des charbons.

Ces sortes de soufflets étaient employés verticalement dans le seizième siècle, tant pour animer le feu des forges que pour élever l'eau, soit en raréfiant l'air, soit en le comprimant; ils sont décrits dans l'ouvrage de Ramelli, imprimé en 1588.

Le forgeron confectionne les marteaux, tenailles, pincettes, les fers de bâtiment, les enclumes, les bigornes et les tas des ouvriers en cuivre et des orfèvres.

### PLANCHE XXI.

Il fait également les couplets pour ouvrir et fermer les croisées et le petit nombre des portes qui ne sont pas portées sur des pivots en bois.

Les serrures sont l'ouvrage des ouvriers en bois.

COUTELLE.

# PLANCHE XXII.

VUE INTÉRIEURE DE L'ATELIER DU FABRICANT DE POTERIES.

Les Égyptiens profitent, comme nous, de la propriété qu'ont les terres dites argileuses, de se pénétrer d'eau, de pouvoir former une pâte qui se laisse pétrir, qui prend toutes sortes de formes, soit sur le tour, soit à la main, soit dans les moules, et qui acquiert beaucoup de solidité et de dureté par l'action du feu; mais ils ne font que des ouvrages communs et qui n'inspireraient aucun intérêt, s'ils ne leur donnaient des formes agréables, et s'ils ne les rendaient très-propres aux différens usages auxquels ils les emploient.

Les fabriques de poteries sont extrêmement multipliées en Égypte; elles sont ordinairement le plus à portée possible de la couche d'argile qui les alimente, et placées dans des maisons en ruines où sont des hangars couverts de feuilles de palmier (voyez *planche* XXII). Elles consistent en plusieurs pièces. Dans la première, on reçoit la terre argileuse qui a été divisée, triée, imbibée d'eau, qu'on a long-temps laissé tremper dans une fosse pour la pourrir, c'est-à-dire pour lui faire éprouver un certain degré de fermentation propre à lui donner plus de liant, plus de ténacité : on pétrit cette terre avec les pieds, on la corroie, on la bat avec une masse, etc. Dans la seconde, sont les tours sur lesquels on la forme en vases (voyez *planche* XXII). Dans la troisième, sont placés sur des lattiers les vases fabriqués pour y être séchés. Dans la quatrième est construit le four qui sert à les cuire, et dont la description se trouve ci-dessus à l'article de la pl. II (*fig.* 9, 10 et 11).

Les principales poteries d'Égypte sont représentées dans les planches EE et FF (*É. M.*, vol. II); mais elles ne sortent

## PLANCHE XXII.

pas toutes indistinctement des mêmes fabriques, et ne sont pas les produits des mêmes terres. C'est dans la haute Égypte, et particulièrement à Meylâouy et Manfalout, que se font les grandes jarres et les immenses terrines destinées à l'usage de l'indigotier, du tanneur, du teinturier, du sucrier. Elles sont fabriquées avec une argile jaunâtre qu'on nomme *tafl*, qui se trouve dans le voisinage de ces deux villes, et à laquelle on ajoute un peu de terre du Nil. On les forme de plusieurs pièces qu'on réunit après qu'une légère dessiccation a permis de les manier; on tient ces vases très-épais, et on leur donne une assez forte cuisson. La première fois qu'on y met de l'eau, elles se laissent un peu pénétrer; mais bientôt elles deviennent imperméables.

C'est dans un seul village, qu'on nomme *Belad el-Ballâs*, qu'on prépare les vases nommés *ballâs*. On les a représentés dans les figures 1, 5, 6, 7, 21, 22 et 23; ils sont très-bien cuits et très-peu perméables. On les fait avec une terre argileuse qui n'a pas besoin de l'addition d'une autre terre.

Le vase représenté *figure* 21 est particulièrement employé par les habitans des campagnes et par les ouvriers des villes, pour aller chercher de l'eau au Nil. Les femmes le portent avec beaucoup de grâce sur la tête (*voyez* pl. A, *É. M.*, vol. II); il sert, ainsi que les vases *figures* 5, 6, 7, 23, à contenir du miel, de la mélasse, du vinaigre, etc.

Quant au vase *figure* 22, c'est le chapiteau de l'alambic égyptien : le trou qu'on aperçoit près la pointe du cône, est fait pour recevoir un tuyau de canne qui en doit former le bec (*voyez* ci-dessus l'explication de la *planche* XI, *figure* 2). C'est particulièrement de la fabrique de Qéné que sort cette multitude de petits vases qui servent à rafraîchir l'eau, et qui sont représentés dans la pl. FF (*É. M.*, vol. II).

Le nom générique de ces vases est *bardaque*, mot tiré du turk; mais, d'après quelque différence dans leur forme, ou les accessoires qu'on leur donne, ils prennent différens noms. Ainsi les pots simples terminés comme le haut d'un entonnoir, portent le nom de *qoulleh*; ceux qui ont un orifice étroit, le goulot et la forme d'une bouteille, ont celui de *doraq*; ceux enfin qui ont des anses et un bec, sont appelés *ebryq*.

Toutes ces bardaques ont plus ou moins la grandeur des pots à eau de faïence ou de grès usités dans nos ménages : leur couleur est grise; elles sont très-minces, très-légères et très-perméables à l'eau, d'où vient leur propriété réfrigérante (*voyez* les Mémoires d'antiquités, t. VI). Les bardaques de Qéné ont cela de particulier, qu'elles exhalent une odeur agréable lorsqu'on y met de l'eau; ce qui n'a pas lieu pour les bardaques fabriquées ailleurs, et ce qui fournit un moyen de reconnaître celles-ci.

Quant aux poteries les plus communes, telles que les terrines, les marmites et autres vases de ménage, les pots pour les roues à chapelet, ceux à nicher les pigeons, les vases dans lesquels les portiers et les sâys font du feu et devant lesquels ils se chauffent accroupis, les cônes percés à leur pointe, qui servent pour le sucre, les jarres qu'on place sur un châssis porté par quatre pieds pour recevoir et contenir l'eau apportée du Nil dans des outres, et qui, à raison de leur perméabilité, ont au-dessous un autre vase pour retenir l'eau qui découle[1]; tous ces vases, auxquels on peut encore joindre les briques crues et cuites qui servent à bâtir, et qui, comme eux, peuvent être fabriquées avec le seul limon du Nil, se font généralement dans toute l'Égypte, et surtout au vieux Kaire, à Gyzeh et à Rosette : mais aucun n'est vernissé.

Ce n'est que dans quelques ateliers du Kaire qu'on fabrique

[1] *Voyez* cet appareil, *É. M.*, pl. EE, fig. 12.

d'autres espèces de poteries ayant une couverte, soit en verre de plomb coloré diversement, soit en émail de différentes couleurs. Les principales de ces poteries sont les pots à contenir des confitures, du tabac, etc., et surtout les tasses à café, si généralement usitées, qui sont d'une faïence commune, blanche et à fleurs, et qu'on appelle *fingân belady*, et aussi ces carreaux d'appartement, appelés *qeychâny*, avec lesquels les Égyptiens modernes remplacent les carreaux beaucoup mieux faits par leurs ancêtres, et qu'on se procure en détruisant, dans les anciens monumens arabes, les murailles qui en étaient garnies et ornées.

La terre qui sert aux potiers du Kaire pour leurs ouvrages les plus délicats, et surtout pour les fourneaux de pipes, se nomme *tyneh* : on la tire de Basâtyn et de Deyr el-Tyn, à un myriamètre du Kaire.

Les jarres prennent différens noms, suivant les usages divers auxquels on les applique dans les arts et dans l'économie domestique. On nomme les jarres de l'indigotier, *denn el-nyleh;* celles de l'huilier, *denn el-zeyt;* celles du tanneur, *denn el-madbaghyn*. Celles qui renferment les provisions d'eau, en prennent deux : le premier de ces noms est *zyr*, et s'applique aux jarres qui servent à l'usage du peuple ; les autres, à l'usage des grandes maisons, s'appellent *zela'h*, et il y en a de deux espèces, dont les unes, *zela'h belady*, se font dans le pays, et sont en terre rouge comme les *zyr*, et les autres se nomment *zela'h moghraby*, et viennent de Barbarie : elles sont de couleur blanche. La forme des unes et des autres diffère beaucoup de celle des *zyr*, qui se terminent inférieurement en cône, et qui ont un cou de peu de largeur, tandis que les *zela'h* sont d'une forme arrondie et sans cou, et ont une large ouverture.

BOUDET.

## PLANCHE XXIII.

### LE FABRICANT DE BOUTEILLES DE VERRE.

L'art de la verrerie, qui a été poussé assez loin en Égypte, y est aujourd'hui presque anéanti. Il paraît que les Égyptiens ne fabriquent plus le verre, mais seulement ils le refondent. La matière dont ils se servent pour alimenter leurs fourneaux, est une fritte de verre commun tirée de Venise. Ils en fabriquent des verres plats, légèrement bombés, qui éclairent les dômes des bains; des bouteilles de la forme des nôtres, des ballons pour faire le sel ammoniac, des mortiers de verre, des alambics; de petits pilons qui servent à polir les ouvrages de cuir, les papiers, les cartons; et enfin des bocaux à bords renversés qui leur servent de lampes. Pour rendre les bocaux propres à cet usage, ils établissent au fond un tube qui reçoit une mèche de coton; l'huile est supportée par une certaine quantité d'eau qui ne dépasse pas l'extrémité du tube.

C'est par la voie du commerce qu'ils se procurent les lustres, les cristaux et les porcelaines qu'on voit chez eux. Entre autres produits des fabriques d'Europe, ils tirent de Venise les miroirs, les verres à facettes et les vitres colorées dont ils font grand usage dans l'intérieur des appartemens; et du Japon, de magnifiques porcelaines. Si l'art de la verrerie est aujourd'hui resserré en Égypte dans des bornes aussi étroites, il faut l'attribuer à la perte des anciennes pratiques, à la rareté actuelle du combustible, et à la crainte des avanies auxquelles les fabricans seraient exposés si l'industrie prenait un plus grand essor : mais, d'un autre côté, rien n'est plus économique et plus simple que ces sortes d'éta-

## PLANCHE XXIII.

blissemens; la planche XXIII peut en servir d'exemple. L'atelier n'est qu'une grande salle, au milieu de laquelle est le four construit à peu de frais. Le combustible est la paille de dourah ou du maïs, ou bien la tige du roseau. On ne voit pas dans cette fabrique d'autre produit de la verrerie égyptienne, que des bouteilles en verre assez grossier, et qui sont de la forme de nos bouteilles communes. Le four est celui dont on a vu les projections dans la planche II, *figures* 13, 14, 15, 16. (*Voyez* cette planche et son explication.) Deux ouvriers sont assis devant les trous par où ils doivent prendre la matière en fusion; un troisième, debout, tient une portion de cette matière au bout d'un tube, et la souffle. Au milieu, se voit l'ouverture du foyer, dont le fond va en montant; ce qui tend à augmenter la chaleur (voyez *planche* II, *ibid.*). Dans la partie supérieure du four, on aperçoit d'autres trous qui répondent à la chambre où l'on met les bouteilles à recuire : un homme s'occupe de ranger sur une table les bouteilles fabriquées. Le combustible se voit lui-même à l'angle à droite de la planche.

Une verrerie s'appelle *ma'mal el-qezâz*. Il y en a quatre au Kaire : les deux principales sont situées, l'une dans le quartier *el-Hasanyeh*, et l'autre dans le quartier *el-Faoudleh*. Celle de Gyzeh est assez considérable; comme celle de Mansourah, elle fait partie de la fabrique de sel ammoniac, parce qu'elle est principalement destinée à lui fournir les ballons dont elle a besoin.

BOUDET et E. JOMARD.

## PLANCHE XXIV.

### LE FABRICANT DE SEL AMMONIAC.

Cette planche représente l'intérieur d'un atelier de sublimation pour le sel ammoniac. On voit le fourneau chargé de ballons qui répandent dans l'air une fumée épaisse. Un ouvrier placé auprès de la porte du fourneau entretient le feu avec le combustible (*kers*) placé en tas en avant du fourneau. On aperçoit sur la gauche, par l'ouverture de la porte, quelques ballons lutés qui sont à sécher dans la cour de la fabrique[1].

L'atelier est couvert de poutrelles en bois de dattier, par-dessus lesquelles sont des feuilles du même arbre placées en travers.

Les lignes blanches qui se font apercevoir au-dessous du toit, rendent avec assez d'exactitude l'effet des rayons du soleil qui traversent l'épaisse fumée dont l'atelier est rempli. (*Voyez*, pour les détails, la *planche* II, *fig.* de 20 à 23.)

H. V. COLLET DESCOSTILS.

[1] On a, dans ce dessin, fait un peu trop sortir les ballons au-dessus du fourneau, et l'on n'a pas assez fait sentir que la partie des ballons au-dessous de laquelle se fixe le sel ammoniac, n'est pas enduite de lut.

## PLANCHE XXV.

### Fig. 1. L'ÉMOULEUR.

La méthode de l'émouleur du Kaire ne mérite pas d'être décrite; la seule chose remarquable, c'est l'usage qu'il fait de son pied droit pour faire tourner la manivelle de la meule : on sait que les Égyptiens se servent de leurs pieds avec beaucoup d'adresse pour exécuter toute sorte d'ouvrages. La meule est fixée par un axe auquel tient la manivelle; elle a environ vingt-six pouces de diamètre. On donne à l'émoulage, des sabres, des couteaux, des *khangar*, etc.; je n'ai point vu de meule à émoudre les rasoirs.

Je donnerai ici quelques détails sur l'extraction de la pierre dont les meules du Kaire sont formées, opération dont j'ai été le témoin. Cette pierre est un grès qui se tire du pied de la chaîne du Moqattam, au milieu de l'embouchure de la vallée de l'Égarement, c'est-à-dire à deux lieues et demie au sud du Kaire, et après avoir passé Basâtyn; ce grès forme des collines peu élevées, dont les couches sont verticales, et qu'on exploite de la manière suivante. Après avoir choisi un point sur l'une de ces buttes, et en avoir ôté le sable environnant, on creuse un trou circulaire d'environ huit pouces de profondeur, et plus large que la meule qu'on veut tirer; ensuite on place en-dessous tout autour vingt ou trente coins bien maintenus par des plaques de fer. Un travailleur frappe un coup sur chacun des coins, et il arrive toujours que le dernier coup sépare et enlève la meule; ce qui s'aperçoit à un petit bruit qu'elle fait en se détachant du bloc.

Les ouvriers ont la paresse d'exploiter leurs meules horizontalement, sans faire attention que, dans cet endroit, les lits du grès sont verticaux. Il en résulte qu'une meule est souvent composée de deux à trois lits d'inégale dureté; lorsqu'elle tourne, elle s'use inégalement, et n'est jamais ronde. En outre, le mouvement centrifuge la fait souvent éclater et briser à l'endroit des lits; ce qui occasione des accidens fâcheux pour les ouvriers. Ils ont aussi la méthode de ne jamais exploiter que la partie supérieure des collines, et rarement tirent-ils plus d'une fois des meules d'un même point.

Le grès que l'on choisit est blanc, d'un grain fin et assez dur, parsemé de points ferrugineux et d'impressions de coquilles, mais généralement homogène. Nous avons cherché inutilement à faire comprendre aux ouvriers qu'ils auraient plus d'avantage à exploiter le grès en hauteur, de manière à trouver dans chaque lit une meule ou deux, plus égales, plus solides et beaucoup meilleures.

La rue où M. Conté a représenté l'émouleur du Kaire, ne peut donner au lecteur une idée avantageuse des villes d'Égypte; mais l'aspect en est fidèle. Ces deux femmes qu'on voit avec leurs enfans, assises sur un banc de pierre, forment un spectacle qui est très-commun dans les rues du Kaire. Derrière elles est une fontaine où l'on remarque, pour pierre d'appui, un fragment d'antiquité; ce qui est également fort commun dans cette ville.

### Fig. 2. LE BARBIER.

Le barbier égyptien est d'une promptitude et d'une adresse dignes d'être citées : il lui faut beaucoup moins de temps pour raser la tête entière, qu'il n'en faut à un barbier européen pour raser le menton. Sa pose est d'un aplomb remarquable, que M. Conté a bien exprimé dans ce dessin; la gravure exprime aussi avec fidélité la mise et la physionomie d'un barbier, et celles d'un

## PLANCHE XXV.

homme de la classe des marchands. On voit dans le fond de la boutique tout ce qui compose le mobilier d'un barbier du Kaire : l'un de ces meubles est un miroir grossissant, qu'il donne à tenir à ceux qui se font raser. Après l'opération, il a coutume de parfumer la barbe d'un homme riche avec des eaux aromatiques. Son talent principal est d'arranger la barbe à chacun, suivant sa condition, son âge et sa figure : en parcourant les planches de *Costumes* et d'*Arts et métiers*, le lecteur verra les différences que les Égyptiens observent dans la manière de porter la barbe; ce qui est une des parties essentielles de la toilette d'un musulman.

Les pierres à aiguiser dont on se sert pour donner le fil aux rasoirs, viennent de l'Archipel, et sont d'une excellente qualité : on sait que c'est du Levant que nous recevons les meilleures; l'île de Cos, aujourd'hui Stanchio, a dû son nom à cette espèce de pierre, qui s'y trouvait en abondance. Le barbier égyptien repasse habituellement ses rasoirs sur une longue bande de cuir qu'il porte à sa ceinture; ses rasoirs coupent toujours parfaitement.

Ce sont les barbiers qui coupent les ongles des mains; ils le font aussi à l'aide du rasoir et avec une grande dextérité. Presque tous ils font de la chirurgie et de la médecine, racontent les nouvelles, et se mêlent d'intrigues, comme partout. On trouve chez eux, ainsi que chez les baigneurs, la pommade épilatoire, dont les hommes et les femmes font un grand usage : on sait que cette pommade fait tomber le poil très-promptement et sans douleur, dans toutes les parties du corps où on l'applique. Elle est composée de chaux vive et de réalgar ou oxide d'arsenic. Chez les anciens Égyptiens, les prêtres avaient coutume de se raser le corps entier tous les trois jours, comme nous l'apprend Hérodote; mais on ignore s'ils se servaient de pommades épilatoires. Cet historien fait remarquer que les Égyptiens étaient les seuls qui fussent dans l'usage de se raser la tête et le menton; quand ils avaient perdu leurs proches, ils se laissaient croître les cheveux et la barbe, tandis qu'ailleurs se raser était le signe du deuil : mais aujourd'hui l'on ne voit en Égypte aucun homme fait qui ait le menton rasé, si ce n'est les Mamlouks, les Grecs et les Francs.

E. JOMARD.

# PLANCHE XXVI.

### Fig. 1. LE TAILLANDIER.

L'atelier du taillandier ne diffère pas de celui du forgeron pour la forge et les soufflets ; l'enclume est remplacée par un petit tas ou par une bigorne.

Il fabrique les faucilles, les grands ciseaux pour tondre les chameaux et les ânes, les haches, hachettes, les outils du jardinage, et les *qaddoum* ou herminettes, qui remplacent, chez les ouvriers turks, une partie des outils de menuisier et de charpentier, et leur servent de marteau, de ciseau, de hache, hachette et besaiguë.

COUTELLE.

### Fig. 2. MOULIN A PLATRE.

Cette figure est la vue intérieure d'un atelier où l'on pile le plâtre par le moyen d'un moulin. On a vu, dans la planche I (*fig.* 2 *et* 3), la projection du moulin à huile, presque entièrement pareil à celui-ci, et, planche II (*fig.* 7 *et* 8), l'explication du moulin à plâtre. Il suffit ici de faire remarquer que le dé qui s'élève au centre de l'aire, a une forme conique très-prononcée : on a déjà donné le motif qui a fait choisir pour l'aire la forme de cône. A mesure que le plâtre est pilé, un homme le recueille et le serre dans des sacs ; il s'occupe aussi à remettre sous la meule les morceaux de pierre qui n'ont pas été pulvérisés.

La vue représente une circonstance très-commune dans tous les moulins du Kaire, savoir, l'emploi de fragmens d'antiquités égyptiennes ; un morceau chargé d'hiéroglyphes fait partie du dé, et la meule est un tronçon de colonne de granit de forte dimension, légèrement cannelé, pour être plus propre à broyer le plâtre. Cette meule a communément de douze à quinze et dix-huit décimètres (trois à cinq pieds) de largeur : elle est taillée en cône comme l'aire, ou bien elle prend insensiblement cette forme.

Il est superflu de faire observer combien est simple l'exécution de cette machine, où toutes les pièces de bois, c'est-à-dire le levier et les deux axes, sont des branches grossièrement taillées, ou même encore avec leur écorce : mais cette grossièreté d'exécution n'empêche pas le moulin à plâtre d'être une machine économique et bien conçue.

Le plâtre se pile aussi en Suisse, en Espagne et en France, par le moyen d'un moulin. La méthode la plus vicieuse est celle qu'on suit aux environs de Paris, où l'on pulvérise le plâtre à bras d'homme; ce qui expose les ouvriers à respirer un air chargé de gypse.

E. JOMARD.

FIG. 3. ATELIER OU L'ON BRULE LE CAFÉ.

Le café moka, dont l'usage est habituel dans toutes les classes en Égypte, est apporté de Geddah et d'Yanbo' sur des bâtimens turks qui le débarquent à Qoçeyr et Soueys, d'où il est transporté à Qéné, dans la haute Égypte, et au Kaire.

Pour la consommation intérieure, on le brûle dans des ateliers, sur un large plateau de cuivre, au compte des marchands en détail et des particuliers : ce plateau est scellé à la surface d'un fourneau construit avec de la terre, en pierre ou brique.

L'ouvrier qui brûle le café, entretient d'une main, avec des roseaux, un feu clair sous le plateau, tandis que, de l'autre, il le remue avec une espèce de balai formé de petites branches de palmier.

Le café brûlé est ensuite pilé dans un mortier fait d'un tronçon de colonne de granit, creusé de deux décimètres (sept à huit pouces environ), d'un diamètre à peu près égal par le haut, et d'un décimètre (trois à quatre pouces) près du fond, selon que le mortier a servi plus ou moins de temps, mais généralement trop étroit dans le fond pour que deux pilons puissent y être placés à-la-fois.

Deux et le plus souvent trois ouvriers lèvent et abaissent successivement et avec force, dans le mortier, un pilon de quatre décimètres (quatorze à quinze pouces) de long, du poids de cinq à six kilogrammes (dix à douze livres), et quelquefois plus pesant, en accompagnant leur mouvement d'un chant mesuré, tandis qu'un enfant enfonce et retire sa main dans le mortier, et remue chaque fois le café, en suivant exactement, pour cette opération, la quatrième mesure du chant, lorsque ce travail se fait à trois ouvriers, et la troisième, lorsqu'il se fait à deux, sans jamais suivre des yeux les mouvemens des pileurs. Tandis que les Européens, peu habitués à ce genre de travail, le regardent avec surprise, craignant à chaque instant de voir la main de l'enfant écrasée par les pilons, le chef fume tranquillement sa pipe, et tous remplissent leur tâche sans se douter de l'intérêt qu'on porte à cet enfant.

On enseigne de bonne heure dans les écoles à marquer la mesure, et cette instruction sert dans une foule de métiers, particulièrement pour l'art du pileur de café. Le maître frappe de sa baguette sur une table, et l'enfant doit présenter la main au point précis où a touché la baguette, puis la retirer latéralement. A mesure que le mouvement s'accélère, la main court plus de risque d'être frappée : avec de l'usage, l'élève parvient à éviter la baguette, quoiqu'elle batte à coups redoublés. C'est ainsi qu'on fait faire sans danger, aux plus jeunes enfans, un travail que nous regarderions comme impossible.

COUTELLE.

### FIG. 4. LE MAROQUINIER.

Toutes les préparations de peaux se font, particulièrement au Kaire, dans un vaste établissement, qui consiste en une cour immense, entourée d'une multitude d'ateliers où travaillent deux ou trois cents ouvriers.

Le quartier où est située cette grande fabrique, se nomme *el-Hasanyeh*. L'établissement lui-même est appelé *el-Maddbagh* : il est près d'un lac désigné sous le nom de *Birket el-Saqqâyn*, et qui n'est rempli d'eau que pendant trois mois de l'année, août, septembre et octobre ; en sorte qu'aussitôt que l'eau diminuée s'y couvre d'une fleurée verte, les ouvriers qui employaient l'eau de ce lac pour le travail de leurs peaux, sont obligés de les porter au Nil, en le suivant dans son décroissement. On tanne au Madàbagh, pour les habitans du Kaire et pour ceux de la haute Égypte, les peaux de taureau, de vache, de buffle, de mouton et de chèvre ; mais on n'y donne pas a celles qui sont travaillées pour maroquin les dernières préparations qu'exige cette espèce de cuir. C'est dans un grand okel appelé *Sakhtyân*, situé près du *Soukkaryeh*, qu'on achève les maroquins, et c'est dans un marché connu sous le nom de *Souq el-A'sr,* qu'on les vend tous les matins.

Le maroquin noir, le jaune, et celui qui est teint en rouge, mais simplement avec le *beqqem*, ou le bois coloré, ne s'achètent que soixante à quatre-vingt-dix médins la peau entière, tandis que

**PLANCHE XXVI.**

le prix du maroquin coloré en rouge par le *doud* (le kermès ou la cochenille) s'élève à quatre, cinq et six pataques, et à huit et dix pataques, lorsqu'il vient de Barbarie.

La figure représente un des ateliers du Madâbagh ; on y voit deux hommes nus, occupés, l'un à laver, à fouler les peaux dans une suite de réservoirs, l'autre à les écharner sur le chevalet, avec l'instrument usité en Égypte. (*Voyez* la Notice sur la préparation des peaux en Égypte, *É. M.*, tom. XIV.)

BOUDET.

# PLANCHE XXVII.

### Fig. 1. Le faiseur de tuyaux de pipe.

On appelle *choubouq* les tuyaux de pipe faits en bois de différentes espèces, tels que le noisetier, le cerisier, le lilas ou le jasmin; on les paye soixante, quatre-vingts et jusqu'à cent pataques, lorsqu'ils ont dix *fetr* de long (dix-neuf décimètres environ). Les tuyaux en roseau sont plus ordinaires, et s'appellent *bous dokhân*.

L'ouvrier qui perce les tuyaux de pipe, soit de bois, soit de roseau, se nomme *choubouqgy*; il y a au Kaire un quartier appelé *Chouboŋgyeh*, auprès du Mouristàn, où l'on ne voit que des boutiques occupées par cette espèce d'ouvriers. Le chouboukgy se sert d'une petite machine en forme de châssis, qu'il maintient avec le pied, et qui est garnie d'un gros fil d'archal, appelé *metqáb*. Au moyen d'un archet, il introduit ce fil dans le tuyau, qu'il tient perpendiculairement de la main gauche, et la mèche pénètre successivement jusqu'à l'extrémité. D'après la position du bois ou du roseau, l'on voit que le tuyau se vide de lui-même, sans que l'ouvrier perde du temps à le nettoyer, tellement que cette opération est faite en une ou deux minutes. On a aussi un calibre sur lequel on ajuste le tuyau quand il est percé, ainsi que le représente la figure.

Les tuyaux de bois précieux sont garnis de soie plissée, et à la base, de fils d'argent et de soie entrelacés plus ou moins richement. Quelquefois on les fait de deux parties, pour les rendre plus portatifs; quand on veut fumer, l'on rejoint les deux bouts à l'aide d'une vis.

Voyez le détail de la machine *planche* XXX, *figure* 17, et l'explication de la même planche.

L'examen de cette planche donne lieu de renouveler la remarque de l'usage habituel que l'Égyptien fait de ses pieds. Cette habitude appartient à presque tous les ouvriers. On peut l'attribuer à ce que les gens du pays sont très-souvent déchaussés ; par-là ils ont de fréquentes occasions d'employer le pied à divers usages. Les orteils étant libres, souvent exposés à l'air, et de plus toujours propres et bien lavés, conservent leur souplesse, leur mobilité naturelles, et acquièrent de la force par un exercice constant, comme cela arrive à tous les organes qu'on exerce. L'habileté de certains ouvriers est telle, qu'avec le pied ils saisissent leurs outils, les maintiennent sur un point, et les dirigent même où il faut. A cet avantage, les Égyptiens en joignent un autre, c'est d'avoir les pieds et les ongles bien faits, et non déformés comme chez les Européens qui usent d'une chaussure serrée.

Voyez les *planches* XV, XVII, XX, XXI, XXV.

E. JOMARD.

FIG. 2. LE PILEUR DE TABAC.

Les Égyptiens font usage de tabac pilé et non râpé ; ils y mêlent un peu de natroun pour le tenir humide. Ce sel attire l'humidité de l'air et n'est point malfaisant.

Les mortiers dont ils se servent sont de bois et ont la forme des nôtres ; leurs pilons sont fort différens. Ils emploient pour pilon une massue fort longue, dont l'extrémité la plus étroite est celle qui frappe le mortier et broye le tabac, tandis que l'extrémité supérieure, qui est la plus large, augmente l'action du pilon par le poids plus considérable qui en résulte. Les mortiers et les pilons avec lesquels les Égyptiens pilent le café et diverses drogues, ne ressemblent point aux mortiers ni aux pilons usités pour le tabac.

A. DELILE.

# PLANCHE XXVIII.

### Fig. 1. LA FAISEUSE DE MOTTES.

En Égypte, où il y a fort peu de bois, on n'emploie guère au feu de la cuisine que des mottes faites avec la fiente des animaux. Beaucoup d'enfans et surtout de jeunes filles ramassent cette fiente sur les chemins, et vont la chercher dans les étables et les écuries ; ils la mettent dans de petites *couffes* ou corbeilles de feuilles de dattier, pour la porter aux femmes qui font des mottes. On voit, sur la gravure, deux filles ou femmes qui portent ces couffes sur leur tête ; une troisième fait les mottes en brisant la fiente sèche, et la préparant avec un peu d'eau, de paille et de poussière.

Les faiseuses de mottes choisissent, pour ce métier, quelque cour dans les faubourgs, quelque ruelle ou passage peu fréquenté, ou un emplacement découvert, au-dehors de la ville. Elles pétrissent à terre, avec de l'eau, la fiente des animaux, et pressent, sur la poussière et sur la paille hachée, de petits tas de cette fiente, pour en faire des mottes minces et arrondies : elles font sécher ces mottes par terre, ou les collent contre les murs de leur habitation, d'où elles les ôtent quand elles sont sèches.

Ces mottes, bien allumées, donnent une flamme légère, sans beaucoup de fumée, et sans une aussi forte odeur que l'on pourrait croire. Elles se réduisent en un charbon qui donne long-temps de la chaleur avant de tomber en cendres.

L'usage de ces mottes a introduit celui de la fabrication du sel ammoniac, que l'on retire de la suie et de la poussière des maisons où l'on a ainsi brûlé la fiente des animaux. On n'obtiendrait point ce sel de la suie qui résulterait de la combustion des matières seulement végétales, tandis qu'il est formé et volatilisé naturellement dans la suie, lorsqu'on a brûlé des matières animales.

### FIG. 2. LE CHAMELIER.

Tous les transports de fardeaux se font en Égypte à dos de chameau, et non sur des voitures.

Le chamelier, chargé de soigner un ou plusieurs chameaux, s'occupe aussi de tout l'attirail propre à charger les marchandises.

Le chameau est nourri de paille et de fèves, ou de trèfle, mis à terre devant lui dans sa mangeoire. A la ville, on le mène boire tous les jours ; mais, lorsqu'on se propose de faire quelque voyage dans le désert, on habitue, pendant quelques jours à l'avance, les chameaux à ne boire que tous les deux jours : tous ces soins sont du devoir du chamelier. Il rend cet animal docile à s'agenouiller et à se reposer à terre, pour recevoir ou déposer sa charge. Le chameau est conduit par une simple corde liée autour de sa tête, sans gêner les mâchoires ni le museau. La selle consiste en deux barres longitudinales, liées à deux fourches qui appuient sur des coussins bourrés, pour empêcher le frottement. Le chamelier attache les fardeaux aux barres de la selle, au moyen de cordes ou de filets à larges mailles. La figure représente ces filets, dont un est vide et suspendu, et dont les autres sont déposés à terre et pleins de paille, dans l'écurie, où le chamelier et le chameau sont en repos.

A. DELILE.

# PLANCHE XXIX.

### LE JARDINIER.

L'arrosement des terres ne se fait en Égypte que par inondation. Une des principales occupations du jardinier, est de distribuer l'eau pour arroser. Les jardins sont cultivés à la houe, et partagés en carrés au bord desquels on ménage des ruisseaux qui amènent l'eau. Le jardinier, en remuant la terre, ouvre ou referme les ruisseaux, d'où il a fait couler dans les carrés la quantité d'eau nécessaire. La gravure représente un jardin où l'eau commence à pénétrer d'elle-même, au bord d'un étang, à l'extérieur de la ville du Kaire. C'est la fin de l'été et le moment de l'inondation; le terrain reste abandonné à quelques herbes sauvages.

Le jardinier, travaillant nu-pieds, marche sans inconvénient dans les parties arrosées d'un jardin, et plante dans le limon les racines des herbes qu'il a fait lever de graines : il se fait aider par des femmes et des enfans.

L'habillement fort large et léger de tous les ouvriers, en Égypte, leur laisse une grande liberté pour les exercices du corps; ils retroussent leurs longues manches, au moyen d'une corde fine que l'on voit croisée en sautoir sur leur dos, et qui forme un double anneau en repassant en devant sur chaque épaule.

Le sol est facile à travailler; il n'est point profondément retourné avec la houe, comme il pourrait l'être avec la bêche. La houe est suffisante; elles sert à arracher les mauvaises herbes, à ouvrir et à briser la terre pour l'ensemencer.

La culture des dattiers et de la vigne, que les jardiniers émondent autant qu'il est nécessaire, ne leur a cependant pas fait faire de progrès dans la culture ni dans la taille des autres arbres : ils ne connaissent presque point la greffe, et ne cultivent point d'espaliers ; ils élèvent seulement la vigne sur des treillages de roseaux qui forment de longues allées couvertes.

Le jardinier approvisionne les marchands fruitiers des herbes potagères de chaque saison, et de celles qui sont propres aux assaisonnemens ; il cultive plusieurs plantes à bouquet, parmi lesquelles le basilic fort odorant est toujours recherché ; il cueille les fruits, les dattes, les oranges et les citrons, qui sont fort communs.

A. Delile.

## PLANCHE XXX.

#### OUTILS ET INSTRUMENS.

La figure 1 représente la serrure ordinaire des Égyptiens faite en bois, et qu'ils nomment *dabbeh*. Elle est vue de face, telle qu'elle se trouve posée à une porte.

La figure 2 représente une coupe faite à plat sur l'épaisseur de cette serrure; celle-ci est ouverte, et le verrou prêt à tirer.

La figure 3 est le montant ou la portion verticale de cette serrure, vu séparément avec la coupe transversale du verrou et de la clef : ici la serrure est fermée.

La figure 3' est le plan de la clef.

Cette serrure est de bois et faite de deux pièces : l'une *a a* (*fig.* 1 *et* 2), verticale et fixe, qu'on peut appeler le montant; l'autre *b b*, horizontale et mobile, qui est une espèce de pêne ou de verrou.

Le montant de cette serrure s'attache aux portes avec des clous; il est entaillé transversalement dans plus de moitié de son épaisseur, pour contenir le verrou. (Voyez en *a*, *fig.* 3.)

Au-dessus de l'entaille du montant se trouve un petit dé de bois très-dur (voyez en *d*, *fig.* 2 *et* 3), incrusté dans l'épaisseur même du montant. Ce dé, qui est ordinairement fait de buis, est percé de plusieurs trous, hors desquels s'abaissent de petites fiches de fer, susceptibles aussi de remonter et d'être entièrement cachées dans le dé qui les contient.

Le verrou est plus épais aux extrémités que dans le milieu pour ne pas sortir de l'entaille du montant, tandis qu'il glisse de droite et de gauche dans cette entaille.

## PLANCHE XXX.

Ce verrou est longitudinalement évidé en-dessous, de manière à présenter une coulisse qui se voit en *e* (*fig.* 2), et qui reçoit la clef *c* (*fig.* 1 *et* 2).

Cette clef est un petit morceau de bois propre à être introduit dans la coulisse du verrou. Elle est garnie de six dents de fer qui se voient en *f* (*fig.* 2).

Les dents de cette clef, quand on la soulève dans la coulisse du verrou, pénètrent dans des trous correspondans, percés au haut de la coulisse de ce verrou, et rencontrent dans ces trous les fiches qui se sont abaissées, hors du dé du montant. Ce sont ces fiches qui tiennent la serrure fermée ; et les dents de la clef, en déplaçant ces fiches, ouvrent la serrure.

Les Égyptiens se servent de serrures de cette espèce pour fermer leurs maisons, leurs magasins et leurs armoires. Ils adaptent aussi quelquefois ces serrures à des coffres. Elles sont fabriquées par des menuisiers qui en ont toujours une grande quantité de toutes prêtes dans leurs boutiques, et de différentes grandeurs. Les plus petites sont au moins doubles de la figure 1 et de la figure 2.

On met des serrures d'une grandeur médiocre dans les appartemens : on en met de fort grandes aux larges portes des maisons et des villes. Il y avait à la porte *Bâb el-Foutouh*, au Kaire, une serrure de bois dont le verrou avait environ un demi-mètre (dix-huit pouces) de long, sur environ quinze centimètres d'épaisseur (cinq à six pouces).

On fabrique, dans les grandes villes, ces serrures avec assez de soin, et l'on y emploie des pointes de fer pour faire les fiches de la serrure et les dents de la clef ; mais, dans les villages, on substitue des chevilles de bois aux pointes de fer, et l'on n'a que des serrures grossières et moins solides.

Les figures 4, 5 et 6 représentent diverses parties d'une serrure de bois qui s'ouvre et se ferme avec une clef en fer, de même espèce que les clefs de nos serrures.

La figure 4 est le pêne de cette serrure, vu de côté et en dessous.

La figure 5, le même pêne vu en dessus.

La figure 6 est le montant dans lequel glisse le pêne.

Il y a derrière le pêne de cette serrure un morceau de bois qui est taillé de manière à représenter un tenon qui se loge tantôt au dedans, tantôt au dehors d'une échancrure de pêne *a* (*fig.* 5).

Lorsque la clef rencontre, en tournant, les dents du pêne (*fig.* 4), elle le fait avancer ou reculer; elle soulève aussi le morceau de bois en tenon qui s'arrête dans l'échancrure du pêne, et l'ouvre ou le ferme. Les serrures de cette espèce sont rares en Égypte; elles nous ont paru faites très-grossièrement sur le modèle de quelque serrure apportée d'Europe, et moins bonnes que la serrure (*fig.* 1) que nous avons décrite la première.

La figure 7 est celle d'une *essette* vue de côté et avec son manche.

La figure 8 est la même essette vue en dessus.

Cette essette sert de fermoir et de marteau aux menuisiers égyptiens. Nous avons été très-habitués à les voir manier cet instrument, qu'ils appellent *qaddoum*.

Ils tiennent cette essette d'une seule main; elle ne pèse qu'un demi-kilogramme (environ une livre): elle sert aux menuisiers et charpentiers d'Égypte à tailler les plus petits morceaux de bois aussi bien que les plus gros.

En France, les menuisiers ne se servent point d'essette; mais les couvreurs et les tonneliers sont les ouvriers qui s'en servent: les charrons emploient aussi de très-grandes essettes.

L'essette (*fig.* 7 *et* 8) est de la forme des essettes fabriquées au

Kaire. On en apporte de beaucoup plus minces de Constantinople au Kaire; mais il est rare que les Égyptiens ne leur préfèrent pas celles fabriquées chez eux.

Cette essette est très-commode pour les menuisiers et les charpentiers égyptiens, qui restent le plus qu'ils peuvent assis en travaillant. Ils sont très-adroits à se servir de cet instrument.

La figure 9 représente un *bec-d'âne*, espèce de ciseau propre à faire des mortaises : *a a* est le fer de ce bec-d'âne forgé grossièrement; *b* est un anneau de fer que les menuisiers placent entre le manche et la base de l'outil pour l'affermir. Cet anneau supplée au rebord large et bien forgé qui garnit la base de nos ciseaux de menuisier, et qui les empêche d'entrer trop profondément dans les manches qu'on leur adapte.

La figure 10 est le tranchant du bec-d'âne vu de face.

La figure 11 est un *feuilleret* dont les menuisiers d'Égypte font un très-grand usage. La figure représente ce feuilleret vu en dessous, et réduit à un peu plus de moitié de sa grandeur. Il est plus long que les feuillerets des menuisiers français. Les Égyptiens ne choisissent leur feuilleret aussi long que pour être plus sûrs de bien dresser leur bois, parce qu'ils n'ont point de varlopes, qui sont les longs rabots avec lesquels les menuisiers en France dressent le bois. Le seul procédé suivi par les menuisiers égyptiens pour dresser un morceau de bois, consiste à passer premièrement le feuilleret sur les bords du bois, pour dresser ces bords, et à enlever ensuite avec le rabot la partie de bois inégale restée entre les coups du feuilleret. Cette méthode dont les menuisiers égyptiens ne s'écartent point, et qui est appropriée à leur attitude gênée, puisqu'ils travaillent assis, et qu'ils ne pourraient manier une varlope longue et pesante, est pratiquée quelquefois par nos ouvriers en France. Elle est décrite dans l'art du menuisier ( Encyclopédie de Diderot et d'Alembert, *page* 67 ). C'est assurément une méthode très-convenable.

Les figures 12 et 15 représentent deux rabots. Leur grandeur naturelle est au moins quatre fois celle de la figure. Ces rabots sont grossièrement façonnés. La *lumière* ou espèce de mortaise d'un rabot ordinaire est difficile à faire. Les Égyptiens, pour éviter les difficultés de ce travail, se bornent à faire, sur le côté du fût de leurs rabots, une simple entaille avec la scie pour suppléer à une lumière, et pour tenir le fer au moyen du coin. En France, on nomme *feuillerets*, *gorgets* et *bouvets*, les rabots dont le fer se place ordinairement dans une entaille faite de cette manière, et qui servent plutôt à faire des rainures et des moulures, qu'à dresser et à aplanir le bois. Ainsi, en ne considérant les instrumens *fig*. 12 et 15 que par rapport à leur forme, il faudrait les appeler *feuillerets*; mais, en considérant leur usage entre les mains des Égyptiens, il faut les appeler *rabots*.

La figure 13 est le dessous du rabot *fig*. 12, à lame fort étroite.

La figure 14 est le dessous du rabot *fig*. 15, à lame plus large.

La figure 16 est un *foret* ou *villebrequin* qui peut être regardé comme particulier aux Égyptiens et à quelques peuples de l'Orient.

*a* est le fer ou la mèche de ce foret; *b* est un manche arrondi, sur lequel se roule la corde d'un archet; *c* est la poignée ou extrémité supérieure du manche. La figure représente ce foret d'un tiers de sa grandeur.

On se sert de cet outil en le faisant tourner rapidement par le moyen d'un archet; on le fixe en tenant de la main gauche la poignée, tandis qu'on fait mouvoir l'archet avec la main droite.

La poignée de cet outil est toujours faite d'un noyau de *doum*. Ce noyau est très-dur; il est creux à l'extérieur, et contient un

## PLANCHE XXX.

bouton qui termine le sommet du manche. Les menuisiers égyptiens se servent de ce foret avec une très-grande facilité.

La figure 17 est une machine à forer les tuyaux de pipe.

Cette machine est composée d'un châssis marqué *ff*, qui est destiné à recevoir un ou plusieurs forets. *a* est un de ces forets, dont le manche et les diverses parties sont cotés *b, c, d, e*.

*a* représente particulièrement la mèche qui perce les trous; elle est d'un fil d'archal épais, aigu par le sommet, et qui porte une petite anse à la base pour être fixée dans le manche.

On voit ce manche en *b, c, d, e*; il est arrondi, et tourne par le moyen d'un archet. La corde de l'archet se roule sur la partie *e*.

*d* est un rebord saillant qui fixe le manche sous une des traverses du châssis.

*b* est un anneau de bois ou de métal, mobile sur la partie *e*, et qui, embrassant fortement cette partie, y fixe l'anse du foret.

Cette machine est ordinairement haute d'un mètre et un tiers (quatre pieds).

La figure 18 est une *essette* qui a de la ressemblance avec celle des *figures 7 et* 8, mais dont le côté tranchant a beaucoup moins de largeur. On voit, au Kaire, quelques menuisiers se servir de cette essette pour dresser les côtés intérieurs des mortaises.

La figure 19 est une *équerre à niveau;* elle est garnie du cordeau et du poids de ce niveau. Les joints coudés au-dessus de la traverse de cette équerre sont d'une invention bizarre et manquent de solidité.

La figure 20 représente la *truelle* des maçons d'Égypte. C'est une spatule en fer, coudée comme l'indique la figure, et dont la longueur est d'un pied environ (quatre décimètres).

Les figures 21 à 26 représentent les instrumens qui servent à travailler le cuivre.

La figure 21 est un *marteau* de chaudronnier. Ce marteau est plat par un bout pour travailler sur des surfaces un peu larges, et se termine, par le bout opposé, en une pointe mousse, pour frapper sur des objets diversement figurés.

La figure 22 est une *cisaille* pour couper les feuilles de cuivre.

La figure 23 est une *bigorne*, enclume à deux branches, dont l'une plus forte que l'autre, relevée et terminée en tête.

La figure 24 est un *tas*, haut d'environ un mètre (trois pieds), et dont le sommet est arrondi.

La figure 25 est un *maillet* pour aplanir des plateaux de cuivre.

La figure 26 est une *pince* pour tenir le cuivre et le mettre au feu.

A. Delile et Cécile.

FIN DU TOME DOUZIÈME.

# TABLE

## DES MATIÈRES DU TOME XII.

### ÉTAT MODERNE.

|  | Pages. |
|---|---|
| MÉMOIRE *sur la vallée des lacs de Natroun et celle du Fleuve sans eau, d'après la reconnaissance faite les 4, 5, 6, 7 et 8 pluviose an* VII (23, 24, 25, 26 et 27 janvier 1799); par M. le général Andréossy............................................. | 1 |
| §. I$^{er}$. De la vallée des lacs de Natroun.................. | 3 |
| §. II. Topographie de la vallée du Fleuve sans eau......... | 15 |
| §. III. Des couvens qobtes............................. | 23 |
| §. IV. Des Arabes *Geouâby*, et des Bédouins............... | 29 |
| ITINÉRAIRE de la reconnaissance des lacs de Natroun et du Fleuve sans eau................................................ | 40 |
| MÉMOIRE *sur les finances de l'Égypte, depuis sa conquête par le sultan Selym* 1$^{er}$, *jusqu'à celle du général en chef Bonaparte*; par M. le comte Estève, trésorier général de la couronne, officier de la Légion d'honneur, ex-directeur général des revenus publics de l'Égypte................................................ | 41 |
| INTRODUCTION............................................. | Ibid. |
| Du gouvernement....................................... | 42 |
| Des propriétés......................................... | 50 |
| SECTION PREMIÈRE. *Impositions publiques*.................... | 54 |
| *Chapitre premier.* Impôts sur les terres...................... | Ibid. |
| §. I$^{er}$. Du mâl el-hourr............................... | 55 |
| §. II. De l'administration des villages.................... | 65 |
| §. III. Des perceptions................................. | 68 |
| RÔLE des impositions de l'arrondissement d'*el-Anboutyn*, province de *Gharbyeh*, pour l'an 1213 de l'hégyre.................. | 73 |
| §. IV. De l'Égypte supérieure............................ | 88 |
| RÔLE des impositions du territoire de *Tahtah*, province de *Syout*, pendant l'an 1213 de l'hégyre........................... | 94 |
| §. V. Des ouaqf....................................... | 106 |
| *Chapitre deuxième.* Impôts sur les charges................... | 109 |

# TABLE DES MATIÈRES.

|                                                                                                                                          | Pages. |
|------------------------------------------------------------------------------------------------------------------------------------------|-------:|
| *Chapitre troisième.* Impôts sur l'industrie et les consommations..                                                                       | 117    |
| §. I<sup>er</sup>. Des douanes..........................                                                                                 | *Ibid.* |
| *Importations*...............................                                                                                            | 119    |
| Commerce de Sennâr, de Dârfour, de Fezen, etc............                                                                                | *Ibid.* |
| Commerce d'Europe, d'Asie et de Barbarie................                                                                                 | 120    |
| Commerce de l'Arabie et de l'Inde.......................                                                                                 | 136    |
| *Exportations*............................                                                                                               | 138    |
| Commerce de Sennâr, de Dârfour et de Fezen..............                                                                                 | *Ibid.* |
| Commerce d'Europe, d'Asie et de Barbarie................                                                                                 | 139    |
| Commerce de l'Arabie et de l'Inde.......................                                                                                 | 144    |
| Tarif *des droits que l'on perçoit aux petites douanes de l'Égypte, sur les marchandises provenant de l'étranger et sur celles provenant du sol de l'Égypte*..........................  | 156 |
| Marchandises provenant de l'étranger....................                                                                                 | *Ibid.* |
| Marchandises provenant du sol de l'Égypte...............                                                                                 | 166    |
| §. II. Droits divers...............................                                                                                      | 180    |
| *Chapitre quatrième.* Imposition personnelle..................                                                                           | 192    |
| *Chapitre cinquième.* Résumé des revenus du sultan............                                                                           | 195    |
| Section deuxième. *Dépenses publiques*......................                                                                             | 199    |
| *Chapitre premier.* Dépenses à la charge du sultan, payées sur le myry....................................                               | *Ibid.* |
| §. I<sup>er</sup>. Traitement accordé par le sultan à divers fonctionnaires, indépendamment des concessions de toute nature dont ils avaient la jouissance........................ | *Ibid.* |
| §. II. Dépenses de l'armée.........................                                                                                      | 202    |
| §. III. Dépenses diverses.........................                                                                                       | 203    |
| §. IV. Pensions................................                                                                                          | 211    |
| §. V. Actes et services pieux.........................                                                                                   | 214    |
| §. VI. Caravane de la Mekke.........................                                                                                     | 219    |
| *Chapitre deuxième.* Dépenses à la charge des gens en place......                                                                        | 233    |
| §. I<sup>er</sup>. Dépenses à la charge du pâchà...................                                                                      | *Ibid.* |
| §. II. Dépenses à la charge des beys ou *kâchef* gouverneurs des provinces...........................                                    | 235    |
| *Chapitre troisième.* Résumé des dépenses à la charge du sultan...                                                                       | 239    |
| Section troisième. *Résultat des revenus et des dépenses du sultan; et khaznéh, trésor qui lui est envoyé à Constantinople*............  | 243    |
| Mémoire *sur la Nubie et les Barâbras*, par M. Costaz, membre de l'Institut d'Égypte............................                         | 249    |
| Liste de plusieurs villages ou bourgs situés au-dessus de Philæ, sur                                                                     |        |

# TABLE DES MATIÈRES.    501
Pages.

les deux bords du Nil, donnée par le Barbarin Hàggy Mahammed.................................................. 265

OBSERVATIONS *sur les Arabes de l'Égypte moyenne*, par M. Jomard.................................................. 267
*Chapitre premier.* Arabes cultivateurs........................ 269
§. I.<sup>er</sup>. Tribus anciennement établies................... *Ibid.*
§. II. Tribus nouvellement établies...................... 284
*Chapitre deuxième.* Arabes guerriers et pasteurs, ou Arabes errans.................................................. 309

MÉMOIRE *sur les tribus arabes des déserts de l'Égypte*, par M. Du Bois-Aymé, membre de la Commission des sciences et des arts d'Égypte.................................................. 329

EXPLICATION *des planches des arts et métiers*, par MM. Éd. Devilliers, E. Jomard, Cécile, P<sup>er</sup>. Jollois, Boudet, Rozière, Coutelle, A. Delile, Humblot, Le Père, architecte, et H. V. Collet Descostils.................................................. 393
Planche I<sup>re</sup>.................................................. *Ibid.*
Fig. 1 à 10. Fabrication de l'huile................... *Ibid.*
Fig. 11, 12, 13. Four à poulets........................ 398
Planche II.................................................. 399
Fig. 1, 2, 3. Four à poulets........................... *Ibid.*
Fig. 4, 5, 6. Four à chaux............................. *Ibid.*
Fig. 7, 8. Four à plâtre............................... 401
Fig. 9, 10, 11. Four à poteries........................ 403
Fig. 12. Tour du potier................................ 404
Fig. 13, 14, 15, 16. Four à verrerie................... 405
Fig. 17, 18, 19. Four à verrerie pour le sel ammoniac... 406
Fig. 20, 21, 22, 23. Four à sel ammoniac............... *Ibid.*
Planche III.................................................. 408
Vue et détails de la roue à jantes creuses, ou machine à arroser. *Ibid.*
Planche IV.................................................. 410
Roue à pots ou machine à arroser........................ *Ibid.*
Planche V.................................................. 412
Roue à pots ou machine à arroser........................ *Ibid.*
Planche VI.................................................. 416
Vues et détails de deux machines à arroser, appelées *châdouf* et *mentâl*.................................................. *Ibid.*
Planche VII.................................................. 419
Vues, plans et coupes du moulin à sucre................. *Ibid.*

# TABLE DES MATIÈRES.

| | Pages. |
|---|---|
| *Planche VIII*............................................ | 422 |
| Fig. 1. La charrue.................................... | *Ibid.* |
| Fig. 2. Machine à battre les grains................. | 423 |
| *Planche IX*............................................. | 426 |
| 1. Charrue. — 2, 3. Machine à battre les grains. —4...7. Machine à blanchir le riz. — 8, 9, 10. Moulin à farine....... | *Ibid.* |
| *Planche X*.............................................. | 431 |
| Fig. 1. Le meunier.................................... | *Ibid.* |
| Fig. 2. Le boulanger.................................. | *Ibid.* |
| Fig. 3. Le pâtissier................................... | 432 |
| Fig. 4. Le confiseur ou le fabricant de pâtes sucrées......... | 433 |
| *Planche XI*............................................. | 435 |
| Fig. 1. Le vinaigrier.................................. | *Ibid.* |
| §. I$^{er}$. Vinaigre fait avec le raisin.............. | *Ibid.* |
| §. II. Fabrication du vinaigre de dattes............. | 438 |
| Fig. 2. Le distillateur................................ | 440 |
| *Planche XII*............................................ | 443 |
| Vue intérieure d'un moulin à huile.................... | *Ibid.* |
| *Planche XIII*........................................... | 444 |
| Vue intérieure de l'atelier du tisserand.............. | *Ibid.* |
| *Planche XIV*............................................ | 447 |
| Fig. 1. Le passementier............................... | *Ibid.* |
| Fig. 2. Le faiseur de cordonnets..................... | 448 |
| Fig. 3. Le fabricant d'étoffes de laine.............. | *Ibid.* |
| Fig. 4. Le ceinturonnier.............................. | 449 |
| *Planche XV*............................................. | 451 |
| Fig. 1. L'arçonneur de coton......................... | *Ibid.* |
| Fig. 2. Le fileur de laine............................ | 452 |
| Fig. 3. La dévideuse de laine........................ | *Ibid.* |
| Fig. 4. Le tourneur en bois.......................... | *Ibid.* |
| Fig. 5. Le serrurier en bois......................... | 453 |
| *Planche XVI*............................................ | 455 |
| Fig. 1. Le teinturier................................. | *Ibid.* |
| Fig. 2. Le cordier.................................... | *Ibid.* |
| *Planche XVII*........................................... | 457 |
| Fig. 1. Le brodeur au tambour........................ | *Ibid.* |
| Fig. 2. Le fabricant de feutres...................... | *Ibid.* |
| *Planche XVIII*.......................................... | 460 |
| Fig. 1. Le maçon...................................... | *Ibid.* |
| Fig. 2. Le couvreur................................... | *Ibid.* |

## TABLE DES MATIÈRES.

|  | Pages. |
|---|---|
| *Planche XIX*................................................ | 461 |
| Fig. 1. Le charpentier................................... | *Ibid.* |
| Fig. 2. Le menuisier..................................... | 462 |
| *Planche XX*................................................. | 463 |
| Fig. 1. Le faiseur de nattes............................. | *Ibid.* |
| Fig. 2. Le faiseur de couffes............................ | 464 |
| *Planche XXI*................................................ | 466 |
| Fig. 1. Le chaudronnier.................................. | *Ibid.* |
| Fig. 2. Le forgeron...................................... | 468 |
| *Planche XXII*............................................... | 470 |
| Vue intérieure de l'atelier du fabricant de poteries....... | *Ibid.* |
| *Planche XXIII*.............................................. | 474 |
| Le fabricant de bouteilles de verre....................... | *Ibid.* |
| *Planche XXIV*............................................... | 476 |
| Le fabricant de sel ammoniac............................. | *Ibid.* |
| *Planche XXV*................................................ | 477 |
| Fig. 1. L'émouleur....................................... | *Ibid.* |
| Fig. 2. Le barbier....................................... | 478 |
| *Planche XXVI*............................................... | 481 |
| Fig. 1. Le taillandier................................... | *Ibid.* |
| Fig. 2. Moulin à plâtre.................................. | *Ibid.* |
| Fig. 3. Atelier où l'on brûle le café.................... | 482 |
| Fig. 4. Le maroquinier................................... | 484 |
| *Planche XXVII*.............................................. | 486 |
| Fig. 1. Le faiseur de tuyaux de pipe..................... | *Ibid.* |
| Fig. 2. Le pileur de tabac............................... | 487 |
| *Planche XXVIII*............................................. | 488 |
| Fig. 1. La faiseuse de mottes............................ | *Ibid.* |
| Fig. 2. Le chamelier..................................... | 489 |
| *Planche XXIX*............................................... | 490 |
| Le jardinier............................................. | *Ibid.* |
| *Planche XXX*................................................ | 492 |
| Outils et instrumens..................................... | *Ibid.* |

FIN DE LA TABLE.

ERRATA.

Pages 393, ligne 11, et 295, ligne 20 : *khaff*, lisez *khass*.

VOYAGE PITTORESQUE ET HISTORIQUE DE L'ESPAGNE, *par le comte Alexandre de Laborde*, membre *de l'Institut et de la chambre des Députés, etc.* NOUVELLE PUBLICATION *de deux cents exemplaires premières épreuves*, 91 *livraisons grand in-folio* (*contenant deux cent soixante-quatorze planches et quatre volumes in-folio de texte, imprimerie de P. Didot, caractères neufs de Bodoni.*), *par* M. C. L. F. PANCKOUCKE, *éditeur de la deuxième édition de la Description de l'Egypte, rue des Poitevins,* n°. 14.

## CONDITIONS DE LA SOUSCRIPTION.
*et nouvelles facilités.*

Dans le moment où toute l'attention est portée vers l'Espagne, nous avons pensé qu'il serait d'un grand intérêt d'offrir une nouvelle publication du *Voyage pittoresque et historique* de M. de Laborde, recueil presque entièrement inconnu en France, et de faciliter, par la division des livraisons et des paiemens, l'acquisition d'un de nos plus beaux ouvrages.

Cette nouvelle publication doit présenter d'autant plus d'attrait, que nous n'offrons que des premières épreuves, qui avaient été tirées et mises à part lors de l'origine de l'entreprise.

La collection sera publiée en 91 livraisons grand in-folio.

Chaque livraison contiendra plusieurs feuilles de texte imprimées par P. Didot, et trois gravures grand in-folio, premières épreuves, imprimées en taille-douce sur papier fin satiné.

Le prix de chaque livraison sera de douze francs.

Il paraîtra une livraison tous les vingt jours, et plus tard deux livraisons par mois.

On paye une livraison à l'avance, elle sera le prix de la dernière livraison de l'ouvrage.

Les planches et le texte étant entièrement tirés, les souscripteurs ont l'assurance que rien ne peut ni ralentir, ni entraver la marche de cette publication, qui n'est divisée en 91 livraisons que pour faciliter les moyens d'acquisition.

Nous présenterons aux souscripteurs les gravures dont nous ferons un choix particulier pour chaque livraison, et nous leur ferons connaître successivement les lieux qui peuvent, par les évènemens même, leur offrir le plus d'intérêt.

Les premières livraisons paraissent.

*La souscription est ouverte*

Chez l'éditeur C. L. F. PANCKOUCKE, rue des Poitevins, n. 14; et chez tous les libraires de Paris, des départemens et de l'étranger.

www.ingramcontent.com/pod-product-compliance
Lightning Source LLC
Chambersburg PA
CBHW051134230426
43670CB00007B/802